D1920980

Matthias Rosemann, Michael Konrad

Selbstbestimmtes Wohnen

Mobile Unterstützung bei der Lebensführung

Psychiatrie Verlag

Matthias Rosemann, M.A., ist Psychologe und Soziologe und Geschäftsführer der Träger gGmbH in Berlin. Er ist Vorsitzender der Bundesarbeitsgemeinschaft Gemeindepsychiatrischer Verbünde und Vorstandsmitglied der Aktion Psychisch Kranke e.V.

Dr. Michael Konrad ist Diplom-Psychologe und Leiter des Geschäftsbereichs Wohnen Ravensburg-Bodensee am ZfP Südwürttemberg. Er ist Sprecher der Trägergemeinschaft Gemeindepsychiatrischer Verbund im Landkreis Ravensburg und Mitglied im Vorstand des Dachverbands Gemeindepsychiatrie.

Matthias Rosemann, Michael Konrad

Selbstbestimmtes Wohnen

Mobile Unterstützung bei der Lebensführung

Psychiatrie Verlag

Matthias Rosemann, Michael Konrad
Selbstbestimmtes Wohnen
Mobile Unterstützung bei der Lebensführung
2., vollständig überarbeitete Auflage 2017
ISBN-Print: 978-3-88414-655-2
ISBN-PDF: 978-3-88414-906-5

Bibliografische Information der Deutschen Nationalbibliothek
Die Deutsche Nationalbibliothek verzeichnet diese Publikation in der Deutschen Nationalbibliografie; detaillierte bibliografische Daten sind im Internet über http://dnb.ddb.de abrufbar.

Psychiatrie Verlag im Internet: www.psychiatrie-verlag.de

© Psychiatrie Verlag GmbH, Köln 2011, 2017
Alle Rechte vorbehalten. Kein Teil des Werks darf ohne Zustimmung des Verlags vervielfältigt, digitalisiert oder verbreitet werden.
Lektorat: Karin Koch, Köln
Umschlagkonzeption und -gestaltung: GRAFIKSCHMITZ, Köln, unter Verwendung eines Bildes von careaux mit o., photocase.com
Typografiekonzeption: Iga Bielejec, Nierstein
Satz: Psychiatrie Verlag, Köln
Druck und Bindung: Westermann Druck Zwickau

FSC
www.fsc.org
MIX
Papier aus verantwortungsvollen Quellen
FSC® C110508

STAND DER FORSCHUNG UND DIE PERSPEKTIVE DER NUTZENDEN

PRAKTISCHES UND ALLTÄGLICHES

KLIENTEN MIT BESONDEREN BEDÜRFNISSEN

QUALIFIKATION DER MITARBEITENDEN

Vorwort: Vom Betreuten Wohnen zur mobilen Unterstützung

Matthias Rosemann und Michael Konrad

Das Betreute Wohnen ist tot. Das Bundesteilhabegesetz (BTHG) hat es mit der Einführung der Assistenzleistung zu Grabe getragen. Leider werden wir es in zwanzig Jahren immer noch antreffen. Warum ist das so?

Wir haben ein grundsätzliches Bedürfnis, an Bewährtem festzuhalten und wir haben uns in unserem psychiatrischen Hilfesystem komfortabel eingerichtet. Betreutes Wohnen ist überall anzutreffen, leicht zu beantragen und einfach zu vermitteln. Schließlich ist es noch gar nicht so lange her, dass das Betreute Wohnen keine staatliche Freiwilligkeitsleistung, sondern eine Regelleistung der Eingliederungshilfe wurde. Gefährden wir unsere Klienten, wenn wir das Betreute Wohnen als individuelle Leistung der sozialen Teilhabe aufgeben? Wie viel mühevoller ist es, einen Antrag auf medizinische Rehabilitation wohnortnah durchzusetzen! Aber die Leistungen der Eingliederungshilfe haben in der Vergangenheit eben auch viele Klienten aus der wirklichen Teilhabe am Leben in der Gesellschaft ausgeschlossen. Und daher ist es an der Zeit, sich an die Weisheit der Dakota-Indianer zu erinnern: »Wenn du entdeckst, dass du ein totes Pferd reitest, steig ab.«

In der psychiatrischen Versorgung haben wir uns seit vielen Jahren vorgenommen, den Fokus auf die individuelle Bedarfslage von Menschen mit seelischer Behinderung zu richten. Mit dem Recht auf individuelle Teilhabeplanung als Kernpunkt des BTHG eröffnet sich die Chance der Realisierung. Wir Herausgeber haben uns daher zu der ungewöhnlichen Maßnahme entschlossen, für die 2. Auflage des Handbuchs Betreutes Wohnen den Titel zu ändern. In der ersten Auflage wurde die mobile Unterstützung sowohl als stationäres als auch als ambulant Betreutes Wohnen definiert. Die zweite Auflage kann mit dem Begriff der mobilen Unterstützung nun direkt an der geänderten Gesetzeslage ansetzen: Es geht um die fachliche Assistenzleistung, die durch das BTHG aus der Institution Betreutes Wohnen herausgelöst wird.

Die Strukturen des Betreuten Wohnens werden sich damit nicht in Luft auflösen. Aber das Ziel der Leistung wird in Zukunft ausschließlich die Unterstützung zu möglichst selbstbestimmtem Wohnen sein. Die Leistungsberechtigten müssen nicht mehr ins Heim, sondern haben ein Anrecht, so viel fachliche Unterstützung zu erhalten, dass sie selbstbestimmt wohnen können.
Die zukünftige fachliche Leistung zur sozialen Teilhabe ohne institutionellen Bezug nimmt den Wohnheimen der Eingliederungshilfe das Privileg, eine umfassende Versorgung anbieten zu können und eröffnet den Leistungsberechtigten die Möglichkeit, in der eigenen Wohnung zu leben und über 24 Stunden an sieben Tagen in der Woche eine Anlaufstelle zu haben. Damit wird eine wesentliche Vorgabe der Behindertenrechtskonvention der Vereinten Nationen (UN-BRK) nach Auflösung der institutionellen Versorgung umgesetzt.
Die Auflösung der institutionellen Versorgung ist jedoch kein plötzlicher Vorgang. Das BTHG ist ein Artikelgesetz. Bis 2020 werden verschiedene Gesetze verändert; im Wesentlichen geht es darum, die Eingliederungshilfe aus dem Sozialhilfegesetz SGB XII in das Rehabilitationsgesetz SGB IX zu überführen. Im Jahr 2020 werden bei Bedarf die existenzsichernden Leistungen weiterhin über SGB XII oder andere Leistungsgesetze gewährt, während die Fachleistungen zur sozialen Teilhabe über SGB IX geleistet werden.
In dieser Neuausrichtung der sozialen Teilhabe werden sich die Leistungen zur Assistenz daran orientieren, Unterstützung bei der Gestaltung eines selbstbestimmten Wohnens zu geben. Dieser Rechtsanspruch der UN-BRK bedeutet, dass kein Mensch wegen Art oder Schwere seiner Erkrankung von Unterstützungsleistungen ausgeschlossen wird. Dabei hat der Anspruch auf ein selbstbestimmtes Wohnen oberste Priorität. »Wohnfähigkeit« kann damit keine Kategorie für die Unterstützung in der eigenen Wohnung mehr sein.
Es wird für die Einrichtungsträger und ihre Mitarbeitenden gewöhnungsbedürftig sein, unter Assistenz und Unterstützung auch das Vermitteln von Regeln und das Setzen von Grenzen zu verstehen. Es wird ebenso gewöhnungsbedürftig sein, dass neben die Leistung zur sozialen Teilhabe die Leistung der ambulanten Pflege nach dem SGB XI treten kann. Der neue Pflegebedürftigkeitsbegriff schafft den Betroffenen Zugang zu dieser Leistung und erfordert damit nicht nur eine saubere Abgrenzung, sondern auch die vertiefte Zusammenarbeit von sozialer Arbeit und Pflege.

Es ist jedoch nicht zu erwarten, dass es im Jahr 2020 keine Wohnheime mehr geben wird. Der Unterschied zu heute wird darin bestehen, dass nicht mehr eine pauschale Leistung für die Heimunterbringung finanziert wird, sondern auch im Wohnheim nur die Assistenzleistungen gewährt werden, die dem individuellen Hilfebedarf entsprechen. Dies macht freilich vielfältige Änderungen der Organisation in den Einrichtungen des Wohnens erforderlich. Der mobilen Unterstützung im Sinne von Assistenz zur sozialen Teilhabe kommt wegen ihrer prinzipiellen zeitlichen Unbegrenztheit besondere Bedeutung zu. Aus Beziehungen werden im Idealfall Bindungen und bilden den Ausgangspunkt für langfristige und langsame Entwicklungen – auch aus den institutionellen Formen heraus.

In dem vorliegenden Buch setzen wir an dem Begriff der mobilen Unterstützung aus der ersten Auflage des Handbuchs Betreutes Wohnen an und versuchen, diese Handlungspraxis auf die neue Gesetzeslage anzuwenden. Entsprechende Beiträge zu den Rahmenbedingungen finden sich im ersten Teil. Ihm folgen der Stand der Forschung und die Perspektive der Nutzerinnen und Nutzer, bevor sich der dritte Teil dem Praktischen und Alltäglichen widmet. Wie in der ersten Auflage haben Klienten mit besonderen Bedürfnissen ihren Platz und last but not least beschäftigen wir uns mit der Qualifikation der Mitarbeitenden, die ja mit all diesen Änderungen umgehen müssen. Bei unserem Buch ist es wie bei dem Betreuten Wohnen: Die alten Strukturen sind noch da und doch ist alles anders.

Seit der ersten Auflage haben sich auf mehreren Ebenen weitgehende Änderungen ergeben. Das Spektrum von Leistungen hat sich in den letzten zehn Jahren weiter ausdifferenziert und wird sich weiter ausdifferenzieren. Insbesondere im Bereich der Behandlung sind neue Leistungen entstanden. Mit dem PsychVVG ermöglicht die »stationsäquivalente Leistung« als Krankenhausbehandlung zu Hause das Home Treatment auch jenseits von Modellprojekten.

Damit haben sich insbesondere für den Bereich der Krisenintervention viele neue Ansätze entwickelt. Dies erfordert jedoch die zunehmende Abstimmung der ambulanten Leistungen aus den verschiedenen Sozialleistungssystemen. Als Bindeglied zwischen Behandlung und sozialer Teilhabe kommt noch eine Palette an Rehabilitationsleistungen über den geänderten ersten Teil des SGB IX in Betracht. Das heißt, die Hilfeplanung ist nicht unbedingt einfacher geworden, es eröffnen sich aber neue Möglichkeiten, die es zu nutzen gilt.

Aber: Bei vielen Leistungen der Behandlung, gerade im Rahmen von Krisenintervention, muss man die Kurzfristigkeit der professionellen Beziehungen sehen. Nur noch in wenigen Bereichen sind die Möglichkeiten langfristiger Beziehungen gegeben, in denen sich dann auch grundlegendere Bedarfe und Bedürfnisse feststellen und beantworten lassen. Mobile Unterstützung im Bereich Wohnen ist der größte.
Die praktischen Anforderungen des Alltäglichen und die Besonderheiten sind gleich geblieben. Das BTHG schafft neue Rahmenbedingungen, mit den bestehenden Problemen umzugehen. Diese muss aufseiten der Anbieter ebenso reifen wie aufseiten der Kostenträger und wird nach unserer Einschätzung den Zeitrahmen einer Generation benötigen. Unser aller Engagement vorausgesetzt! Wichtig ist uns, die Chancen des BTHG für die Umsetzung der mobilen Unterstützung zu einem selbstbestimmten Wohnen und in der Folge zu einer selbstbestimmten Teilhabe am gesellschaftlichen Leben darzustellen. Die Probleme werden sich von selbst einstellen.

Michael Konrad und Matthias Rosemann,
Ravensburg und Berlin im Mai 2017

Die **Zitate am Anfang der Hauptteile** dieses Buches sind aus der Arbeit »Ambulant Betreutes Wohnen – und was erleben die Klienten« von Jessica Reichstein zur Erlangung des akademischen Grades Master of Social Work. Allen sieben Interviewpartnern ist gemeinsam, dass sie seit mindestens eineinhalb Jahren ambulante sozialpsychiatrische Eingliederungshilfe in ihren eigenen Wohnungen erhalten. Die Altersspanne in der zur Hälfe aus Männern und Frauen bestehenden Gruppe reicht von 25 bis 53 Jahren.

RAHMENBEDINGUNGEN

»(...) wo ich da eingezogen bin, hab gesagt, so Leute, wenn ich jetzt mit jemandem zusammen hier einziehe, möchte ich auch, derjenige, der mit mir zusammen oben wohnt, in der Zweier-WG, dass dann auch derjenige mit mir putzen tut.«

»(...) schon allein deswegen muss ich mich dann quasi vor mir selber zusammenreißen um dann eben Frau O. empfangen zu können einmal die Woche.« Interviewer: »Geht's da mehr um Kontrolle oder mehr um Entlastung dann?« Frau C.: »Für mich? ... also ich finde Kontrolle ist da einfach als Begriff sehr negativ belastet und Entlastung sehr positiv.« Interviewer: »Ja, na gut, Kontrolle ... Kontrolle ob jemand am Leben ist, kennen Sie vielleicht aus Ihrem Beruf. Ist ja auch was Positives.« Frau C. (belustigt!): »(...) eine Entlastungskontrolle.«

»Weil ich, wie gesagt, nicht in der Lage war, mein Leben selbständig zu führen (...) Weil ich eben auch neben jahrelanger Drogenabhängigkeit stark depressiv war. Nun hat sich das eben, wie gesagt, geändert, und da kam mir der Gedanke mit dem Auszug aus dem Wohnheim. (...) Ich sollte mir dann doch ein Gerüst schaffen, jederzeit Hilfe zu bekommen, also so einen Sicherheitsplan, den man annehmen könnte, falls noch was passiert.«

»Und hab gedacht, Mensch das will ich eigentlich gar nicht aber andererseits muss ich Hilfe annehmen (...)«

Die UN-BRK, das BTHG und die Herausforderungen für die Unterstützung zu einem selbstbestimmten Wohnen

Michael Konrad und Matthias Rosemann

Das deutsche Sozialrechtssystem für Menschen mit Behinderung baut im Gegensatz zu Ländern wie den USA auf dem Anspruch auf Fürsorgeleistungen des Staates auf. Mit der Ratifizierung der UN-Behindertenrechtskonvention (UN-BRK) im Jahre 2009 hat jedoch ein Paradigmenwechsel stattgefunden, aus dem Fürsorgeanspruch ist in Deutschland ein Recht auf persönliche Autonomie und die volle Teilhabe am gesellschaftlichen Leben geworden.

»Mit dem Übereinkommen über die Rechte von Menschen mit Behinderungen verpflichten sich die Vertragsstaaten dieses Übereinkommens die Menschenrechte aller Menschen mit Behinderungen, einschließlich derjenigen, die intensive Unterstützung benötigen, zu fördern und zu schützen.

Artikel 1 UN-BRK
Zweck dieses Übereinkommens ist es, den vollen und gleichberechtigten Genuss aller Menschenrechte und Grundfreiheiten durch alle Menschen mit Behinderungen zu fördern, zu schützen und zu gewährleisten und die Achtung der ihnen innewohnenden Würde zu fördern.«
Zu den Menschen mit Behinderungen zählen Menschen, die langfristige körperliche, seelische, geistige oder Sinnesbeeinträchtigungen haben, welche sie in Wechselwirkung mit verschiedenen Barrieren an der »vollen, wirksamen und gleichberechtigten Teilhabe an der Gesellschaft hindern können«.

Für die psychiatrische Versorgung leiten sich hieraus zum einen die Verpflichtung ab, das Recht der Teilhabe psychisch kranker Menschen zu fördern und zu unterstützen, zum anderen der weitgehende Ausschluss psychiatrischer Behandlung gegen den Willen der Patienten.

Der Paradigmenwechsel von der Fremdbestimmung zur Selbstbestimmung, der durch die Psychiatrieenquete mit der Gleichstellung von psychisch erkrankten Menschen mit somatisch erkrankten Menschen bereits formuliert wurde, muss nun praktisch umgesetzt werden. Zunehmend wird dies in den Gesetzgebungen umgesetzt, praktisch erfordert der Wechsel auf die Selbstbestimmung der Patienten eine massive Änderung des Arzt-Patient-Verhältnisses und wird dementsprechend intensiv diskutiert. Das Recht auf volle Teilhabe wird zwar von der Politik sowie den Leistungs- und Einrichtungsträgern als selbstverständlich vorausgesetzt, ihre Umsetzung ist bei Menschen mit seelischer Behinderung jedoch marginal. Der größte Teil der chronisch psychisch erkrankten Menschen ist aus dem Arbeitsmarkt ausgeschlossen und lebt in einer Nische der Gesellschaft. Im Hinblick auf die Basis des gesellschaftlichen Lebens, das Wohnen, ist Deutschland in der Behindertenpolitik bislang weit von den Prinzipien der UN-BRK entfernt. Dies wurde in der ersten Staatenprüfung festgestellt: »Das Komitee ist über den hohen Grad der Institutionalisierung und das Fehlen von alternativen Lebensarrangements beunruhigt …« (UN 2015, 7; Übersetzung der Autoren). Eine wesentliche Intention des BTHG ist es, diese Einrichtungszentrierung zu ändern.

Artikel 19 UN-BRK

Die Vertragsstaaten dieses Übereinkommens anerkennen das gleiche Recht aller Menschen mit Behinderungen, mit gleichen Wahlmöglichkeiten wie andere Menschen in der Gemeinschaft zu leben, und treffen wirksame und geeignete Maßnahmen, um Menschen mit Behinderungen den vollen Genuss dieses Rechts und ihre volle Einbeziehung in die Gemeinschaft und Teilhabe an der Gemeinschaft zu erleichtern, indem sie unter anderem gewährleisten, dass

a. Menschen mit Behinderungen gleichberechtigt mit anderen die Möglichkeit haben, ihren Aufenthaltsort zu wählen und zu entscheiden, wo und mit wem sie leben, und nicht verpflichtet sind, in besonderen Wohnformen zu leben;

b. Menschen mit Behinderungen Zugang zu einer Reihe von gemeindenahen Unterstützungsdiensten zu Hause und in Einrichtungen sowie zu sonstigen gemeindenahen Unterstützungsdiensten haben, einschließlich der persönlichen Assistenz, die zur Unterstützung des Lebens und der Einbeziehung in die Gemeinde nötig ist, um Isolation und Ausgrenzung aus der Gemeinde zu verhindern;

c. gemeindenahe Dienstleistungen und Einrichtungen für die Allgemeinheit Menschen mit Behinderungen auf der Grundlage der Gleichberechtigung zur Verfügung stehen und ihren Bedürfnissen Rechnung tragen.

Satz 1 ist eindeutig, insbesondere wenn man ihn in Zusammenhang mit Artikel 1 liest, dass der Rechtsanspruch für alle Menschen mit Behinderung, unabhängig von der Schwere gilt. Von Juristen wird immer wieder betont, dass die UN-BRK auch ein Antidiskriminierungsgesetz ist. Das heißt, es ist Menschen mit Behinderung nicht verboten, in besonderen Wohnformen zu leben, aber wenn sie sich für eine eigene Wohnung entscheiden, muss ihnen das ermöglicht werden.
Diese Ermöglichung wird in Satz 2 festgelegt: Sie soll nicht nur durch die Bereitstellung von Wohnformen erfolgen, sondern auch durch gemeindenahe Unterstützungsdienste, die ihre Leistungen ausgehend von der Wohnung der Menschen mit Behinderung erbringen. Sie sollen ihre Leistungen nicht wie bei der Pflege ausschließlich in der Wohnung der Betroffenen erbringen, sondern auch im Sozialraum aktiv werden. Satz 2 besagt eindeutig, dass die Einbeziehung in die Gemeinde kein naturwüchsiger Prozess ist, sondern persönliche Assistenz erfordert.
Die selbstverständliche Einbeziehung in die Gemeinde, die in der Diskussion um die UN-BRK auf das Schlagwort »Inklusion« verkürzt wurde (⇨ Jörg Kastl: Inklusion, Integration und Teilhabe), kommt erst in Satz 3 zur Sprache. Es ist davon auszugehen, dass die Verfasser so realistisch waren, die Überwindung der Exklusion durch einen längeren Prozess der persönlichen Assistenz in der Gemeinde als Voraussetzung für Inklusion zu sehen.

Von der UN-BRK zum BTHG

Angesichts der bestehenden Institutionszentrierung in der Behindertenhilfe, stand die Bundesregierung mit der Ratifizierung der UN-BRK vor der Aufgabe, die Prinzipien von Satz 2 Artikel 19 im Leistungsrecht so zu gestalten, dass die Institutionszentrierung der Eingliederungshilfe überwunden wird, ohne die bestehenden Unterstützungsstrukturen zu zerschlagen: »In der Behindertenpolitik des 21. Jahrhunderts in Deutschland geht es nicht nur um ein gut ausgebautes Leistungssystem, sondern vielmehr um die Verwirklichung von Menschenrechten durch gleichberechtigte Teilhabe am politischen, gesellschaftlichen, wirtschaftlichen und kulturellen Leben. Es geht um Inklusion und Chancengleichheit in der Bildung, um berufliche Integration und um die gesamtgesellschaftliche

Aufgabe, allen Bürgerinnen und Bürgern ein selbstbestimmtes Leben in einer barrierefreien Gesellschaft zu ermöglichen und Diskriminierungen abzubauen.« (Begründung zum Gesetzesentwurf des BTHG, 184) Dementsprechend werden konkrete Ziele in Bezug auf die UN-BRK formuliert, die mit dem BTHG umgesetzt werden sollen.

BTHG-Ziele

Folgende Ziele sollen im Lichte der UN-BRK mit dem Gesetz verwirklicht werden:

- Dem neuen gesellschaftlichen Verständnis nach einer inklusiven Gesellschaft im Lichte der UN-BRK soll durch einen neu gefassten Behinderungsbegriff Rechnung getragen werden.
- Leistungen sollen wie aus einer Hand erbracht und zeitintensive Zuständigkeitskonflikte der Träger untereinander sowie Doppelbegutachtungen zulasten der Menschen mit Behinderungen vermieden werden.
- Die Position der Menschen mit Behinderungen soll im Verhältnis zu den Rehabilitationsträgern und den Leistungserbringern durch eine ergänzende unabhängige Teilhabeberatung gestärkt werden.
- Die Anreize zur Aufnahme einer Tätigkeit auf dem allgemeinen Arbeitsmarkt sollen auf persönlicher und institutioneller Ebene verbessert werden.
- Die Möglichkeiten einer individuellen und den persönlichen Wünschen entsprechenden Lebensplanung und -gestaltung sollen unter Berücksichtigung des Sozialraumes bei den Leistungen zur sozialen Teilhabe gestärkt werden.
- Die Leistungen zur Teilhabe an Bildung sollen insbesondere im Hinblick auf studierende Menschen mit Behinderungen verbessert werden.
- Die Zusammenarbeit der unter dem Dach der Bundesarbeitsgemeinschaft für Rehabilitation (BAR) befindlichen Rehabilitationsträger und die Transparenz des Rehabilitationsgeschehens soll verbessert werden.
- Das Recht der Eingliederungshilfe soll zu einem modernen Teilhaberecht weiterentwickelt werden, in dessen Mittelpunkt der Mensch mit seinen behinderungsspezifischen Bedarfen steht. Gleichzeitig soll keine neue Ausgabendynamik entstehen und die bestehende durch Verbesserungen in der Steuerungsfähigkeit der Eingliederungshilfe gebremst werden.
- Im Zweiten Buch Sozialgesetzbuch – Grundsicherung für Arbeitsuchende – (SGB II) und im Sechsten Buch Sozialgesetzbuch – Gesetzliche Rentenversicherung – (SGB VI) sollen präventive Maßnahmen ergriffen und neue Wege erprobt werden, um die Erwerbsfähigkeit von Menschen mit (drohenden)

Behinderungen zu erhalten und so Übergänge in die Eingliederungshilfe zu reduzieren.

- Im Schwerbehindertenrecht sollen das ehrenamtliche Engagement der Schwerbehindertenvertretungen gestärkt, Mitwirkungsmöglichkeiten von Menschen mit Behinderungen in Werkstätten für behinderte Menschen (WfbM) verbessert und die besonders schweren Beeinträchtigungen von taubblinden Menschen berücksichtigt werden.

(Gesetzesentwurf, Begründung, 190 f.)

Im ersten Paragrafen des Gesetzes wird hervorgehoben, welche Problemlagen angegangen werden sollen und bei welchen Personengruppen ein besonderer Regelungsbedarf hinsichtlich der sozialrechtlichen Bestimmungen besteht. Bemerkenswert ist, dass neben den besonderen Bedürfnissen von Frauen und Kindern die besonderen Bedürfnisse von psychisch erkrankten Menschen angesprochen werden.

§ 1

Selbstbestimmung und Teilhabe am Leben in der Gesellschaft

Menschen mit Behinderungen oder von Behinderung bedrohte Menschen erhalten Leistungen nach diesem Buch und den für die Rehabilitationsträger geltenden Leistungsgesetzen, um ihre Selbstbestimmung und ihre volle, wirksame und gleichberechtigte Teilhabe am Leben in der Gesellschaft zu fördern, Benachteiligungen zu vermeiden oder ihnen entgegenzuwirken. *Dabei wird den besonderen Bedürfnissen von* Frauen und Kindern mit Behinderungen (...) sowie *Menschen mit seelischen Behinderungen* oder von einer solchen Behinderung bedrohter Menschen *Rechnung getragen.* (Hervorhebung durch die Autoren)

Die besondere Berücksichtigung von Menschen mit seelischen Behinderungen betont die Ernsthaftigkeit, die sozialrechtlichen Probleme bei dieser Personengruppe in den Griff zu bekommen. Im Bereich der sozialen Integration ist das Ziel bei Menschen mit seelischer Behinderung vor allem die Förderung des selbstbestimmten Wohnens. Die Eigenverantwortung, die mit der UN-BRK für den Bereich der Behandlung zu einem Rechtsanspruch geworden ist, wird dadurch in den Bereich der Rehabilitation ausgedehnt. Das Bundesministerium für Arbeit und Soziales (BMAS) nahm sich der Aufgabe mit der Konstruktion des BTHG ernsthaft an, indem es einen umfassenden Beteiligungsprozess mit Betroffenen aller Behinderungsarten initiierte.

Für psychisch erkrankte Menschen, bei denen die Behinderung meist nicht gleichbleibend ist und mithilfe rehabilitativer Maßnahmen günstigenfalls ganz verschwindet, ergeben sich daraus reale Chancen für eine volle Teilhabe am Leben in der Gesellschaft – unabhängig davon, ob die psychopathologische Symptomatik endgültig bewältigt ist oder wie bei somatischen Erkrankungen von Zeit zu Zeit wieder behandlungsbedürftig wird. Der entscheidende Paradigmenwechsel für die sozialpsychiatrische Versorgung liegt darin, dass der Fokus nicht auf der krampfhaften Vermeidung von Symptomen liegt, sondern auf der Bewältigung des Alltags mithilfe rehabilitativer Angebote.

Die Angebote der Eingliederungshilfe werden in dem erneuerten Rehabilitationsgesetz dann tatsächlich nachrangig zum Einsatz kommen. Psychisch erkrankte Menschen sollen zukünftig nach der Akutbehandlung bei Bedarf die Leistungen zur medizinischen und beruflichen Rehabilitation endlich gemeindenah in Anspruch nehmen können. Um dies sicherzustellen, wurde das Antragsverfahren bei Inanspruchnahme von Leistungen verschiedener Leistungsträger deutlich klarer geregelt.

Bei der Versorgung von Menschen mit psychischen Erkrankungen wird es demnach darauf ankommen, wie in der Psychiatrieenquete gefordert, frühzeitig mit Maßnahmen der Rehabilitation einzusetzen. Entscheidend wichtig wird dabei sein, dass diese Maßnahmen nicht in – möglicherweise gemeindefernen – Einrichtungen angeboten werden, sondern im gewohnten Lebensfeld unter Beibehaltung des eigenen Wohnraums.

Um dies gewährleisten zu können, wird das gesamte System der psychiatrischen Versorgung umgebaut werden müssen.

Das BTHG als Weiterentwicklung der Psychiatriereform

Im BTHG werden Ziele gesetzlich verankert, die schon Ziele der Psychiatriereform waren. Die Psychiatriereform, die im Westen Deutschlands mit der Psychiatrieenquete (1975) und im Osten Deutschlands mit den Rodewischer Thesen (1963) und den Brandenburger Thesen 1974 ihren Ausgangspunkt nahm, hatte drei zentrale Ziele:

- die Stärkung der Rechte psychisch erkrankter Menschen,

- ihre Gleichstellung mit somatisch erkrankten Patienten,
- ihre »Befreiung« aus institutioneller Verwahrung.

Allerdings gab die Zauberformel von den »elenden und menschenunwürdigen Zuständen« in den psychiatrischen Anstalten die Marschroute vor und nicht menschenrechtliche Prinzipien. Die Erneuerung der psychiatrischen Anstalten und ihre Verwandlung in moderne psychiatrische Kliniken sowie der schrittweise therapeutische Übergang in ein eigenständiges Leben waren die praktischen Ziele der psychiatrischen Erneuerung (Keupp 2015). Die Akutbehandlung mit den noch relativ neu eingeführten Psychopharmaka sollte in den modernisierten psychiatrischen Kliniken endlich wirkungsvoll erfolgen. Für die Wiedereingliederung in die Gesellschaft nach dem Klinikaufenthalt sollte zwei Jahrhunderte nach der Pinelschen Befreiung der »Irren« von den Ketten die »therapeutische Kette« – also eine Abfolge zunehmend weniger institutionell geprägter Angebote wie Tagesklinik, Übergangseinrichtung, Betreutes Wohnen sorgen.

Die Psychiatrie konzentrierte sich infolge der Psychiatrieenquete stärker auf die Behandlung der Patienten, die sich mit zunehmender Verkürzung der stationären Behandlung nahezu ausschließlich auf eine ärztlich bestimmte pharmakologische reduzierte. Die Patienten wurden – zumindest aus Sicht der institutionellen Psychiatrie – besser behandelt, ihre Rechte wurden aber ebenso wenig gestärkt wie ihre Gleichstellung mit somatischen Patienten vollzogen. Das Recht auf Rehabilitation wurde bis zur Einführung der Rehabilitationseinrichtungen für psychisch Kranke (RPK) völlig ignoriert. Ihre Vorgänger, die Übergangseinrichtungen, wurden von der Sozialhilfe finanziert und die Leistungen der RPK wurden weder flächendeckend noch ambulant erbracht. Die Konsequenz war bei schwer beeinträchtigten Personen die Transinstitutionalisierung von der Klinik in Heime (Bitter u.a. 2009) oder in die Forensik (Traub, Weithmann 2014). Sozialrechtlich bedeutete das den Abschluss der Modellprogramme im Anschluss an die Psychiatrieenquete, im besseren Fall der Bezug von Fürsorgeleistungen der Eingliederungshilfe als seelisch Behinderter oder im schlechteren Fall der Hilfe zur Pflege trotz fehlender Pflegebedürftigkeit im Sinne von SGB XI.

Der Effekt dieser Sozialpolitik bei der Versorgung chronisch psychisch erkrankter Menschen ist den Statistiken der Bundesarbeitsgemeinschaft überörtlicher Sozialhilfeträger (BAGüS) und Untersuchungen über psychisch erkrankte Menschen in Pflegeheimen nachzulesen. Bei den Leistungen der Eingliederungshilfe im Bereich Wohnen nahm die Zahl der Leistungsempfänger in den letzten zehn Jahren so stark zu, dass sie im Jahr 2014 mit ca. 175.000 Personen die Zahl der Leistungsempfänger mit geistiger Behinderung erreicht hat. Zwar erhalten 70 % der Personen mit seelischer Behinderung Leistungen im ambulant Betreuten Wohnen, damit verbleiben allerdings immer noch knapp 50.000 Bewohner in Wohnheimen.

Und bei den Leistungen des ambulant Betreuten Wohnens handelt es sich nicht selten um trägerverantwortete Wohnungen, bei denen Mietvertrag und Betreuungsvertrag miteinander assoziiert sind (⇨ Michael Konrad, Matthias Rosemann: Eigene Wohnung, Selbstbestimmung und Wohnrecht: hoher Bedarf und eine komplizierte Gesetzeslage). Problematischer ist allerdings die Tatsache, dass ein weiterer Teil psychisch erkrankter Menschen unter 65 Jahren in Pflegeheimen, und dort zum Teil auf geschlossenen Stationen, lebt. Eine Erhebung des Kommunalverbandes für Jugend und Soziales (KVJS) Baden-Württemberg hat herausgefunden, dass der Anteil der psychisch erkrankten Leistungsempfänger bei der Hilfe zur Pflege höher ist als in der Eingliederungshilfe. Ein nicht unbeträchtlicher Teil dieser Personen hat keine Pflegestufe (Blankenfeld u.a. im Druck). Damit wurde eine Studie in Berlin bestätigt (Vock u.a. 2007).

Der begonnene Prozess der Ablösung der psychiatrischen Behandlung von der psychiatrischen Klinik wird zu einem System umgestaltet werden müssen, bei dem die bisherige Kette (stationär – teilstationär – ambulant) umgekehrt und die stationäre Behandlung zum komplementären Teil der psychiatrischen Versorgung wird. Es ist davon auszugehen, dass es auch schwer beeinträchtigten Personen leichter fällt, psychiatrische Hilfen anzunehmen, wenn damit nicht zwangsläufig die Aufnahme in die Sonderwelt der psychiatrischen Klinik verbunden ist. Das deutsche Sozialrecht bietet jetzt schon die Grundlage dafür. Gemäß § 27 SGB V muss den besonderen Bedürfnissen psychisch kranker Menschen Rechnung getragen werden, mit der häuslichen Krankenpflege und der ambulanten Soziotherapie (⇨ Bruno Hemkendreis: Häusliche Psychiatrische Krankenpflege und ambulante Soziotherapie als zusätzliche Behandlungsleistungen zu selbstbestimmtem Wohnen) sowie der ambulanten Psychotherapie und Ergotherapie. Damit sind die sozialrechtlichen Grundlagen für eine stationsäquivalente Behandlung geschaffen, die vor allem durch eine therapeutische Koordination ergänzt werden müssen.

Eine Versorgung »Rundum ambulant« (Steinhart, Wienberg 2016) bedarf allerdings einer Vernetzung der Versorgungsangebote, die in dem gegliederten deutschen Sozialrechtssystem nicht vorgesehen ist. Die notwendige Vernetzung kann z. B. – wie in Baden-Württemberg – durch die Etablierung von Gemeindepsychiatrischen Verbünden im Rahmen der Psychisch-Kranken-Hilfe-Gesetze geregelt werden.

Der neue Behinderungsbegriff

Die Psychiatrie hat sich mit dem Begriff Behinderung immer schwergetan. Nach der Psychiatrieenquete gab es zwar intensive Diskussionen über den medizinischen Krankheitsbegriff, es ging aber vor allem um die Frage, ob es eine biologische Grundlage gibt. Zwar wurde das bio-psycho-soziale Krankheitsmodell aufgegriffen, dabei aber an dem Begriff der chronisch psychischen Erkrankung festgehalten und die notwendigen Hilfen aus der Erkrankung abgeleitet. Wissenschaftliche Studien zur Enthospitalisierung untersuchten daher in erster Linie die Beeinflussung von Krankheitssymptomen (Konrad, Rosemann 2011). Zubin war hingegen davon ausgegangen, »daß das Vulnerabilitätsmodell den Patienten als prinzipiell gesunden, von Zeit zu Zeit Krankheitsepisoden erleidenden Menschen ansieht« (Zubin 1986, 32).

Das Vulnerabilitäts-Stress-Modell geht nicht mehr von einer dauerhaften Beeinträchtigung aus, sondern spricht von Krankheitsepisoden. Folgen der Krankheitsepisoden können Fähigkeitseinschränkungen wie z. B. Erschöpfung und Antriebslosigkeit sein, die im Rahmen des medizinischen Krankheitsbegriffs als Negativsymptomatik gefasst werden. Behinderung entsteht erst auf der Grundlage der Fähigkeitseinschränkungen. Der aktuelle Behinderungsbegriff der WHO, der der Internationalen Klassifikation der Funktionsfähigkeit, Behinderung und Gesundheit (ICF) zugrunde liegt, definiert Behinderung nicht als Eigenschaft einer Person, sondern als Ergebnis der Wechselwirkung zwischen individuellen Fähigkeitseinschränkungen und Umweltbedingungen. Die Einschränkung der Teilhabe am gesellschaftlichen Leben wurde im BTHG entsprechend definiert.

§ 2 SGB IX (neu)
Begriffsbestimmungen
(1) Menschen mit Behinderungen sind Menschen, die körperliche, seelische, geistige oder Sinnesbeeinträchtigungen haben, die sie in Wechselwirkung mit einstellungs- und umweltbedingten Barrieren an der gleichberechtigten Teilhabe an der Gesellschaft mit hoher Wahrscheinlichkeit länger als 6 Monate hindern können. Eine Beeinträchtigung nach Satz 1 liegt vor, wenn der Körper- und Gesundheitszustand von dem für das Lebensalter typischen Zustand abweicht.

Wie in dem Vulnerabilitäts-Stress-Modell handelt es sich bei der Teilhabeeinschränkung um eine Interaktion zwischen Mensch und Umwelt. Mit entsprechenden persönlichen Ressourcen können gewisse Barrieren überwunden werden, sind die gesellschaftlichen Barrieren hoch, können bereits geringe persönliche Beeinträchtigungen zu einem Ausschluss aus bestimmten Bereichen der gesellschaftlichen Teilhabe führen. Die Barrieren für psychisch erkrankte Menschen sind andere als bei den anderen Behindertengruppen. Bisher richtete sich der gesellschaftliche Fokus nahezu ausschließlich auf Barrieren für Menschen mit Körper- und Sinnesbehinderungen, also auf physisch wahrnehmbare Barrieren. Das hat sich auch mit dem im Jahr 2016 geänderten Behindertengleichstellungsgesetz nicht geändert. Die ICF eröffnet hingegen weitreichende Möglichkeiten der Anpassung auf psychische Erkrankungen bzw. seelische Behinderungen. In dem Kapitel Umweltfaktoren liegt eine umfassende Liste von positiven und negativen Einflussfaktoren vor. Erste Ansätze von gemeindepsychiatrischen Initiativen werden seit geraumer Zeit unternommen (vgl. Wiedemann, Rossberg 2016)
Die seelischen Beeinträchtigungen resultieren aus der psychischen Erkrankung und werden in der ICF als Fähigkeitsstörungen erfasst (➔ Christian Reumschüssel-Wienert: Die ICF, das BTHG und die soziale Teilhabeplanung). Entsprechend der Definition können sie zu Teilhabeeinschränkungen führen, durch »positive Umwelteinflüsse« wie Maßnahmen der medizinischen, beruflichen und/oder bildungsorientierten Rehabilitation (§ 5 SGB IX [neu]) können Teilhabeeinschränkungen reduziert werden. Erst wenn diese Möglichkeiten ausgeschöpft sind, kommen Leistungen zur sozialen Teilhabe im Rahmen der Eingliederungshilfe in Betracht. Die Systematik des SGB IX eröffnet damit die Chance einer integrierten Leistungserbringung über die separaten Leistungsbereiche »Behandlung«, »Rehabilitation« und »soziale Teilhabe«.

Teil 1 SGB IX: der »leistende« Rehabilitationsträger

Die integrierte Erbringung verschiedener Sozialleistungen erfordert eine differenzierte Abstimmung unter den verschiedenen Leistungsträgern. Dies ist in § 9 geregelt.

§ 9 SGB IX (neu)
Vorrangige Prüfung von Leistungen zur Teilhabe
(1) Werden bei einem Rehabilitationsträger Sozialleistungen wegen oder unter Berücksichtigung einer Behinderung oder einer drohenden Behinderung beantragt oder erbracht, prüft dieser unabhängig von der Entscheidung über diese Leistungen, ob Leistungen zur Teilhabe voraussichtlich zur Erreichung der Ziele nach § 1 und § 4 erfolgreich sein können. Er prüft auch, ob hierfür weitere Rehabilitationsträger im Rahmen ihrer Zuständigkeit zur Koordinierung der Leistungen zu beteiligen sind.

Damit im Gegensatz zur Vergangenheit die Leistungsträger sich die Zuständigkeit nicht in langen Verfahren gegenseitig zuschieben, wurden in den §§ 15 ff. SGB IX (neu) neben den eindeutigen zeitlichen Regelungen auch die Erstattungsregelungen für selbst beschaffte Leistungen in das Gesetz aufgenommen. Außerdem hat der leistende Rehabilitationsträger den anspruchsberechtigten Bürger systematisch über den Verfahrensstand zu informieren.
Der Rehabilitationsbedarf soll mit geeigneten Instrumenten ermittelt werden (§ 13 SGB IX [neu]). Im Hinblick auf die in § 1 SGB IX (neu) formulierte Berücksichtigung der besonderen Bedürfnisse von Menschen mit seelischen Behinderungen muss nun der 1997 von der Aktion Psychisch Kranke e.V. entwickelte und vielfach in Deutschland eingesetzte Integrierte Behandlungs- und Rehabilitationsplan (IBRP) auf die gesetzlichen Regelungen hin angepasst werden. Er wurde speziell für die seinerzeit noch nicht bekannte individuelle Hilfeplanung hin entwickelt und ist damit geeignet, die Zuständigkeit verschiedener Leistungsträger im Rahmen einer integrierten gemeindepsychiatrischen Versorgung zu erfassen.
Um die passgenauen Angebote festlegen zu können, ist bei komplexen Bedarfssituationen die Verständigung der Akteure erforderlich. Der Gesetzgeber nimmt auch dies im BTHG auf: Auf Vorschlag des

Leistungsberechtigten bzw. der beteiligten Rehabilitationsträger muss eine Teilhabekonferenz (§ 20 SGB IX [neu]) zur Festlegung des Teilhabeplans (§ 19 SGB IX [neu]) durchgeführt werden, wenn nicht dringende Gesichtspunkte dem entgegenstehen. Damit ist das Recht auf individuelle Teilhabeplanung gesetzlich verankert.
Die Festlegung des Teilhabeplans erfordert eine gute Kenntnis der Fähigkeitsstörungen psychisch erkrankter Menschen sowie einen vollständigen Überblick über die passgenauen regionalen Angebote. An dieser Stelle ergibt sich eine Aufgabe, die in erster Linie durch Sozialpsychiatrische Dienste ausgefüllt werden kann (⇨ Ilse Eichenbrenner: Die endliche und die unendliche Betreuung). In dem PsychKHG Baden-Württemberg, das den Gemeindepsychiatrischen Verbund als Garant der vernetzten Leistungserbringung festgeschrieben hat, wird dem Sozialpsychiatrischen Dienst die Rolle der Leistungskoordination zugeschrieben.

Die Eingliederungshilfe und die Leistung der sozialen Teilhabe

Während die Eingliederungshilfe bisher für nahezu alle Leistungen für psychisch erkrankte Menschen zuständig war – außer den Behandlungsleistungen –, wird sie in Zukunft vor allem für die Leistungen der sozialen Teilhabe zuständig sein. Ihre Aufgabe wird dementsprechend im zweiten Teil des SGB IX definiert.

§ 90 SGB IX (neu)
Aufgabe der Eingliederungshilfe
(1) Aufgabe der Eingliederungshilfe ist es, Leistungsberechtigten eine individuelle Lebensführung zu ermöglichen, die der Würde des Menschen entspricht, und die volle, wirksame und gleichberechtigte Teilhabe am Leben in der Gesellschaft zu fördern. Die Leistung soll sie befähigen, ihre Lebensplanung und -führung möglichst selbstbestimmt und eigenverantwortlich wahrnehmen zu können.

Die Definition der Aufgabe zeigt, dass die Leistungen der Eingliederungshilfe in Zukunft den psychisch kranken Menschen vorbehalten bleiben, denen es mithilfe der Leistungen der medizinischen und beruflichen Rehabilitation nicht gelungen ist, ihre Lebensplanung und -führung

selbstbestimmt und eigenverantwortlich wahrzunehmen. Die Leistung soll weder die Erkrankung beseitigen noch die Erkrankungsfolgen (Fähigkeitsstörungen) verringern, sondern eine selbstbestimmte Lebensführung trotz psychischer Beeinträchtigungen ermöglichen.
Dieser Nachrang wird in § 91 SGB IX (neu) explizit bekräftigt, indem festgelegt wird, dass andere Sozialleistungsträger ihre Leistungsverpflichtungen nicht versagen dürfen, weil der Teil der Eingliederungshilfe entsprechende Leistungen vorsieht. Der entscheidende Unterschied zu den bisherigen Leistungen der Eingliederungshilfe besteht darin, dass sie eine selbstbestimmte Lebensführung ermöglichen sollen. Damit wird unmissverständlich festgelegt, dass auch bei hohem Unterstützungsbedarf die Unterstützung in der eigenen Wohnung des Leistungsberechtigten erfolgen muss, die »Abschiebung« in ein Heim entspricht nicht dem Gedanken des Gesetzes.
Das bedeutet nicht, dass die Versorgung in einem Heim nicht mehr möglich ist. Das Gesetz verpflichtet die Betroffenen nicht, selbstbestimmt zu leben und zu wohnen. Im Sinne der UN-BRK schützt das BTHG vielmehr die Betroffenen davor, an einem selbstbestimmten Leben gehindert zu werden – möglicherweise mit fachlichen Argumenten wie der Notwendigkeit eines abstinenten Lebens bei Suchtkranken. § 104 Abs. 3 SGB IX (neu) verpflichtet zukünftig den Leistungsträger, Wünschen des Leistungsberechtigten zu selbstbestimmtem Wohnen auch dann den Vorzug zu geben, wenn die Leistung teurer ist. Dieser Anspruch ist von weitreichender Bedeutung; es wird sich in der Zukunft erweisen müssen, wie weit er tatsächlich durchsetzbar ist.
Die Rolle der gesetzlichen Betreuung wird sich mit der Entinstitutionalisierung der Leistung zur sozialen Teilhabe ebenfalls ändern. Es wird in Zukunft nicht mehr darum gehen, ob der oder die Betreute ambulant oder stationär oder vielleicht sogar geschlossen versorgt wird, sondern welche Assistenzleistungen er/sie als förderlich für die Teilhabe am gesellschaftlichen Leben hält. Menschen mit Behinderungen erhalten durch das BTHG eine deutlich stärkere Rolle gegenüber den Leistungsträgern. Sie sind über den Stand ihres Antrags zu informieren und immer am Verfahren der Bedarfsermittlung zu beteiligen. Menschen, die diese Rechte nicht selbst wahrnehmen können, bedürfen zur Durchsetzung ihrer Rechte hier der Unterstützung. Dies erfordert sowohl die Kenntnis der Rechte der Betroffenen im Verfahren als auch eine gute Kenntnis der Unterstützungsangebote. Im Zuge der Reform des Betreuungsrechts

wird diskutiert, ob die gängige Betreuungspraxis den Prinzipien der UN-BRK entspricht. Auch hier ist ein Übergang von der vielfach noch immer praktizierten ersetzenden Entscheidung zu einer assistierten Entscheidungsfindung in der alltäglichen Praxis dringend erforderlich. Rechtliche Betreuer sind nicht die Erfüllungsgehilfen der Sozialpsychiatrie, sondern die Interessensvertreter der Klientinnen und Klienten.

Der leistungsberechtigte Personenkreis und die neue Aufgabe der Assistenz

Die Frage des leistungsberechtigten Personenkreises ändert sich bis 2023 nicht. Nach § 99 SGB IX (neu) gilt bis dahin weiterhin § 53 SGB XII. Ab 2020 wird der Zugang zu den Leistungen der sozialen Teilhabe über die Definition der erheblichen Teilhabeeinschränkungen erprobt, wobei bei einer größeren Anzahl von Lebensbereichen der ICF (siehe unten) Teilhabeeinschränkungen vorliegen müssen.
Die Leistungserbringung zur sozialen Teilhabe erfolgt im Rahmen der Eingliederungshilfe bei Menschen mit seelischer Behinderung im Wesentlichen über Assistenzleistungen (§ 113 Abs. 2 Nr. 2 SGB IX [neu]). Der Inhalt der Assistenzleistungen ist im ersten, allgemeinen Teil von SGB IX definiert:

§ 78
Assistenzleistungen
(1) Zur selbstbestimmten und eigenständigen Bewältigung des Alltages einschließlich der Tagesstrukturierung werden Leistungen für Assistenz erbracht. Sie umfassen insbesondere Leistungen für die allgemeinen Erledigungen des Alltags wie die Haushaltsführung, die Gestaltung sozialer Beziehungen, die persönliche Lebensplanung, die Teilhabe am gemeinschaftlichen und kulturellen Leben, die Freizeitgestaltung einschließlich sportlicher Aktivitäten sowie die Sicherstellung der Wirksamkeit der ärztlichen und ärztlich verordneten Leistungen. Sie beinhalten die Verständigung mit der Umwelt in diesen Bereichen.

Der Begriff der Assistenz wurde in der Sozialpsychiatrie bislang nicht verwendet. Er entspringt in erster Linie den Vorstellungen von Menschen mit Körper- und Sinnesbehinderungen über die Form der Unterstützung.

Wie der Gesetzesbegründung zu entnehmen ist, soll der Begriff der Assistenz ein verändertes Verständnis von professioneller Hilfe zum Ausdruck bringen, die Beziehungsgestaltung zwischen Leistungsberechtigten und Leistungserbringern wird neu bestimmt.

Neubestimmung der Beziehungsgestaltung zwischen Leistungsberechtigten und Leistungserbringern

Mit dem neuen Leistungstatbestand wird zur Rechtssicherheit und Rechtsklarheit in der Sozialen Teilhabe der Begriff der Assistenzleistungen eingeführt. Die Assistenzleistungen dienen dem Ziel der selbstbestimmten Alltagsbewältigung und Tagesstrukturierung. (...) Der Begriff der Assistenz bringt in Abgrenzung zu förderzentrierten Ansätzen der Betreuung, die ein Über-/Unterordnungsverhältnis zwischen Leistungserbringern und Leistungsberechtigten bergen, auch ein verändertes Verständnis von professioneller Hilfe zum Ausdruck. Die Leistungsberechtigten sollen dabei unterstützt werden, ihren Alltag selbstbestimmt zu gestalten. Vor diesem Hintergrund wird konsequenterweise auch die Beziehungsgestaltung zwischen Leistungsberechtigten und Leistungserbringern neu bestimmt. (Begründung zum Gesetzesentwurf, 269)

Assistenzleistungen sollen insbesondere die Selbstbestimmung, Selbstverantwortlichkeit, Selbstständigkeit und soziale Verantwortung des Menschen mit Behinderungen stärken. Entsprechende qualifizierte Assistenzleistungen können beispielsweise die Beratung und Anleitung zur Lebensgestaltung sein, aber auch Hilfestellungen bei der Herstellung und Aufrechterhaltung sozialer Beziehungen einschließlich der Partnerschaft. Im Gegensatz zu psycho- oder soziotherapeutischen Leistungen gibt es jedoch keine zeitliche Befristung, es wird lediglich vorausgesetzt, dass die angestrebten Ziele in weiter Ferne erreichbar sind.
Die Assistenzleistungen ersetzen in der Eingliederungshilfe die bisherigen institutionszentrierten Leistungen des ambulant und stationär Betreuten Wohnens. Die Leistungserbringung wird durch die persönliche Assistenz vom Ort der Leistungserbringung abgelöst. Leistungsrechtlich wird dies dadurch unterstrichen, dass die Fachleistungen im Rahmen des SGB IX gewährt werden, während die sogenannten existenzsichernden Leistungen – also die Leistungen zur Sicherung des Lebensunterhalts nach § 93 Abs. 1 SGB IX im SGB XII verbleiben (⇨ Matthias Rosemann, Michael Konrad: Ein Gesetz – multiple Leistungen. Die Kunst personenzentrierter Leistungsfinanzierung).

Die Trennung der Fachleistung von den existenzsichernden Leistungen erleichtert den Umgang mit wechselnden Unterstützungsbedarfen erheblich. Ein großer Nachteil des bisherigen institutionellen Unterstützungssystems ist, dass der Wechsel des Unterstützungsbedarfs zwischen ambulant und stationär einen Wechsel der Wohnform zur Folge hatte. Befreundete Personen konnten nicht in derselben Wohnform leben, wenn die eine einen ambulanten, die andere einen »stationären Hilfebedarf« hatte. Verbesserungen der psychischen Beeinträchtigungen im stationär Betreuten Wohnen hatten im bisherigen System zur Folge, dass das gewohnte Wohnumfeld verlassen werden musste und die Betroffenen dem Stress der Anpassung an ein neues Wohnumfeld ausgesetzt waren. Der erzwungene Wechsel des Wohnumfeldes kann daher als Barriere im Sinne der ICF bezeichnet werden. Nun orientiert sich Unterstützung am Bedarf des Leistungsberechtigten und nicht am Angebot der Einrichtung. Sie folgt dem gemeindepsychiatrischen Paradigma der personenzentrierten Leistung, wie es von der Aktion Psychisch Kranke entwickelt wurde (Kauder 1997) Nachdem der Bedarf an Teilhabeleistung zur sozialen Teilhabe im Rahmen der Gesamtplanung geklärt ist, stellt sich die Frage nach der Form der Leistungserbringung. Die Zuordnung nach dem bisherigen Muster ambulant, teilstationär, stationär ist nicht mehr möglich. Die Angebote werden spezifische Leistungen zur Unterstützung der Teilhabe in den Lebensbereichen der ICF sein, unabhängig davon, ob sie in der eigenen Wohnung oder einer Wohngruppe erbracht werden. In einer Wohngruppe werden sie dann erbracht, wenn sie dem individuellen Hilfebedarf der leistungsberechtigten Person entsprechen und nicht, weil sie zum Leistungsangebot des Heims gehören. Wohngruppen, die von einem Träger verantwortet werden und Assistenzleistungen mit der Überlassung von Wohnraum verbinden, unterliegen entsprechend der Wohn- und Teilhabegesetze als Nachfolger der Heimgesetze, ähnlichen Kriterien wie sie für stationäre Einrichtungen gelten (⇨ Michael Konrad, Matthias Rosemann: Eigene Wohnung, Selbstbestimmung und Wohnrecht: hoher Bedarf und eine komplizierte Gesetzeslage). Wie sich bei den Außenwohngruppen gezeigt hat, kann angesichts der Kriterien der Heimaufsicht jedoch nicht von einem selbstbestimmten Wohnen gesprochen werden. Es wird daher erforderlich sein, für Menschen entsprechende Zwischenformen in den Regelungen für betreute Wohnformen festzulegen. Das Land Baden-Württemberg hat dies durch die Zwischenform der »Teilweise Selbstverantworteten Ambulant Betreuten

Wohngemeinschaften« ermöglicht. Andere Bundesländer haben das Leben in Wohngemeinschaften als ambulante Leistungen begriffen und trennen schon heute die Vergütungen für die Betreuung von der für die Wohnung und den Lebensunterhalt (so z. B. Berlin, Bremen, Rheinland, Westfalen).

Das Nebeneinander verschiedener Assistenzleistungen und Leistungserbringer

Die Unterstützung im Rahmen der Assistenz ist allerdings sehr anspruchsvoll und erfordert vielfältige Kompetenzen (⇨ Michael Konrad, Matthias Rosemann: Von der Betreuung zur Assistenz – Alltagskonflikte und ihre Bewältigung). Die personenzentrierte Leistungserbringung wirft daher die Frage der Bedeutung fester Bezugspersonen für alle Teilhabeleistungen auf. Insbesondere von Heimeinrichtungen wird argumentiert, dass bei psychisch erkrankten Menschen die Beziehungsebene zentral ist und daher die Unterstützungsleistungen immer von der gleichen Person erbracht werden sollten. Allerdings wird bei dieser Argumentation ausgeklammert, dass diese Form der Leistungserbringung organisatorisch nur leistbar ist, wenn lediglich einzelne Leistungen wie z. B. Psychotherapie oder Soziotherapie erforderlich sind. Sobald ein komplexer Unterstützungsbedarf verteilt über den ganzen Tag besteht, ist die Leistungserbringung durch eine Bezugsperson in einem professionellen Unterstützungssystem nicht organisierbar. Die völlige Konstanz einer Bezugsperson ist lediglich in einer Sonderform wie dem Leben in einer Gastfamilie im Rahmen des Betreuten Wohnens in Familien möglich (⇨ Jo Becker: Die Arbeit eines aufsuchenden Fachdienstes am Beispiel des Betreuten Wohnens in Familien). Die Koordination verschiedener Assistenzleistungen gehört deshalb bei den personenorientierten Hilfen unbedingt dazu.

Das BTHG unterscheidet zwischen der »vollständigen und teilweisen Übernahme von Handlungen zur Alltagsbewältigung sowie die Begleitung der Leistungsberechtigten« und der »Befähigung der Leistungsberechtigten zu einer eigenständigen Alltagsbewältigung«, die von »Fachkräften als qualifizierte Assistenz erbracht werden« (§ 78 Abs. 2 SGB IX [neu]). Indem die Assistenzleistung aus der Sozialhilfe herausgenommen wurde, kann sie nun auch Personen gewährt werden, die bei ihren Angehörigen leben. Die Assistenzleistung kann z. B. im ICF-Lebensbereich 3, Kommunikation, zur Klärung von Problemen im Zusammenleben zwischen

einer psychisch erkrankten Person und ihrem Partner oder ihren Eltern genutzt werden. Konkrete Leistungen sind in diesem Lebensbereich die Unterstützung beim »Kommunizieren als Sender und als Empfänger« (ICF, siehe auch Abb. auf S. 98/99). Da ein Teil der Fähigkeitsstörungen bei psychisch erkrankten Menschen Kommunikationsstörungen sind, kann die Assistenzleistung das Zusammenleben erleichtern und den Verbleib bei den Angehörigen sichern.
Assistenzleistungen können allerdings auch von Bürgerhelferinnen erbracht werden (⇨ Achim Dochat: Gemeindeintegration durch Bürgerhelfer). In der Gesetzesbegründung wird zudem ausgeführt, dass das bürgerschaftliche Engagement auch durch die Betroffenen selbst ausgeübt werden soll. Inwiefern diese Formulierung geeignet ist, um Personen mit EX-IN-Ausbildung für die Erbringung von Assistenzleistungen angemessen zu entlohnen, wird zu klären sein. Angesichts der positiven Erfahrungen mit Genesungsbegleitern sollte deren Einsatz für die Unterstützung zu selbstbestimmtem Wohnen auf jeden Fall angestrebt werden. Sie scheinen besonders geeignet zu sein, die Selbstbestimmung und Selbstverantwortung psychisch erkrankter Menschen zu achten (⇨ Angelika Lacroix, Gisbert Eikmeier Willst du etwas wissen, so frage einen Erfahrenen und keinen Gelehrten – Genesungsbegleitung als Assistenzleistung zur sozialen Teilhabe; Anna Aly, Thomas Gervink: Kultureller Wandel durch den Einsatz von Genesungsbegleitern im Betreuten Wohnen).
Die Abgrenzung der Assistenzleistungen der Eingliederungshilfe von Leistungen der Pflegeversicherung wird eines der Probleme sein, mit denen sich Menschen mit Behinderung befassen müssen. Durch die Änderung des Pflegebedürftigkeitsbegriffs und der Entwicklung eines neuen Begutachtungsinstruments werden chronisch psychisch erkrankte Menschen ab 2017 in den Genuss von Leistungen nach SGB XI kommen (⇨ Mattias Rosemann, Michael Konrad: Ein Gesetz – multiple Leistungen. Die Kunst personenzentrierter Leistungsfinanzierung, ⇨ Klaus Wingenfeld: Die Reform der Pflegeversicherung auf der Grundlage des neuen Pflegebedürftigkeitsbegriffs).

Die Evaluation der Assistenzleistungen

Die Wirkung der Assistenzleistungen wird überprüft. Nach § 122 SGB IX (neu) wird zwischen dem Leistungsträger und dem Leistungsberechtigten eine Teilhabezielvereinbarung für die Dauer des Bewilligungszeitraums geschlossen, die gegebenenfalls während der Leistungserbringung angepasst werden muss. Die Zielvereinbarung bezieht sich nicht auf ein Angebot wie Betreutes Wohnen, sondern auf die einzelnen Assistenzleistungen. Dieser Perspektivenwechsel zieht einen Wechsel der Erforschung der Evidenzbasierung der Leistungen im Bereich des Wohnens psychisch erkrankter Menschen nach sich.

Bisher werden die Formen des Betreuten Wohnens in den S3-Leitlinien Psychosoziale Therapien als »Interventionen« behandelt, die entsprechend den Regeln der evidenzbasierten Medizin mithilfe randomisierter Studien erforscht werden (DGPPN 2013). Durch neuere Forschungsergebnisse sind in dem Update zur Leitlinie noch klarere Empfehlungen gegenüber der ersten Version für mobile Unterstützung im Bereich des Wohnens zu erwarten. Allerdings ist es offenbar sehr schwer zu beschreiben, was genau an mobiler Unterstützung wirkt bzw. welche Hilfe wann die beste ist. Die Empfehlungen gehen auf evidenzbasierte Studien bei wohnsitzlosen psychisch Kranken in USA und Kanada zurück. Leff und Kollegen (2009) haben anhand wissenschaftlicher Studien verschiedene Formen des »unterstützten Wohnens« (»supported housing«) herausgearbeitet. Verschiedene randomisierte Studien bei Wohnsitzlosen in den USA haben gezeigt, dass professionelle Unterstützung in selbstbestimmten Wohnformen mindestens so wirkungsvoll ist wie die Versorgung in Heimen (⇨ Dirk Richter und Matthias Jäger: Wohnforschung – Methodische Probleme und aktueller Forschungsstand).

Aber auch in Deutschland sind erste wissenschaftliche Untersuchungen über Betreutes Wohnen bzw. die Teilhabe schwer beeinträchtigter psychisch kranker Menschen erstellt worden. Sie sind sozialwissenschaftlich orientiert und versuchen schwerpunktmäßig mit qualitativer Methodik die Perspektive der Betroffenen zu erfassen (Walther 2014; Effinghausen 2014; Kahl 2016; Tamm 2015). Ein Grund für das geringe Wissen über den Prozess der Unterstützung zur sozialen Teilhabe ist die derzeitige Fixierung auf den naturwissenschaftlichen Evidenzbegriff (Konrad 2017). Russell Jacoby (1978) hat das bereits in den 1960er-Jahren als »soziale Amnesie« bezeichnet. Asmus Finzen (1998) wird zum Glück nicht müde, an die fruchtbaren Ansätze der sozialwissenschaftlichen Schriften der 1950er- und 1960er-Jahren, insbesondere die Rollentheorie von Erving Goffman (1969) zu erinnern.

Bei den Leistungen zur sozialen Teilhabe werden jedoch nicht mehr die Wohnformen, sondern die Assistenzleistungen der Wirkfaktor sein. Es

werden also individuelle Unterstützungssituationen wissenschaftlich erforscht werden müssen, bei denen die Methoden der evidenzbasierten Medizin an ihre Grenzen kommen (KONRAD 2017). Der in Berlin bereits seit vielen Jahren eingesetzte Berliner Behandlungs- und Rehabilitationsplan (BBRP) enthält für die Beschreibung der für jede Person einzeln zur vereinbarenden Ziele der Teilhabeleistungen auch die Beschreibung von individuell passenden Indikatoren für die Zielerreichung. Mit dem in den BBRP integrierten Entwicklungsbericht wird eine Beschreibung der Zielerreichung verlangt und damit das Erfordernis der Wirkungsüberprüfung bereits umgesetzt. Auch der in Berlin seitens der Träger der Eingliederungshilfe eingesetzte Gesamtplan sieht – zumindest theoretisch – eine Wirkungsbeurteilung anhand der individuell benannten Indikatoren für die Zielerreichung vor.
Ein ähnlicher Ansatz ist im Integrierten Teilhabeplan (ITP) zu finden, der von der Hochschule Fulda entwickelt wurde.

Der Unterstützungsbedarf und der Zugang zur Assistenzleistung

Der Unterstützungsbedarf im Rahmen der sozialen Teilhabe wird wie bisher im Rahmen eines – allerdings veränderten – Gesamtplanverfahrens erhoben. Nach § 117 SGB IX (neu) ist der Leistungsberechtigte bei allen Schritten einzubeziehen und hat zu Beginn des Verfahrens Anspruch auf Beratung.
Angesichts der Vielfältigkeit der Assistenzleistungen und Wohnformen ist es für die Beratung erforderlich, die individuelle Problemlage des psychisch erkrankten Menschen zu kennen. Mit dem BTHG werden Grundsätze der Bedarfsermittlung erstmals bundesweit festgelegt.

§ 118 SGB IX (neu)
Instrumente der Bedarfsermittlung
(1) Der Träger der Eingliederungshilfe hat die Leistungen nach den Kapiteln 3 bis 6 unter Berücksichtigung der Wünsche des Leistungsberechtigten festzustellen. Die Ermittlung des individuellen Bedarfes des Leistungsberechtigten muss durch ein Instrument erfolgen, das sich an der Internationalen Klassifikation der Funktionsfähigkeit, Behinderung und Gesundheit orientiert. Das Instrument hat die

Beschreibung einer nicht nur vorübergehenden Beeinträchtigung der Aktivität und Teilhabe in den folgenden Lebensbereichen vorzusehen:
1. Lernen und Wissensanwendung,
2. Allgemeine Aufgaben und Anforderungen,
3. Kommunikation,
4. Mobilität,
5. Selbstversorgung,
6. Häusliches Leben,
7. Interpersonelle Interaktionen und Beziehungen,
8. Bedeutende Lebensbereiche und
9. Gemeinschafts-, soziales und staatsbürgerliches Leben.

(2) Die Landesregierungen werden ermächtigt, durch Rechtsverordnung das Nähere über das Instrument zur Bedarfsermittlung zu bestimmen.

Die Gestaltung des Bedarfsermittlungsinstruments wird demnach in der Verantwortlichkeit der einzelnen Bundeländer bleiben, die Instrumente müssen aber das Kriterium erfüllen, Teilhabeeinschränkungen unabhängig von der Wohnform zu erfassen. Instrumente wie das in mehreren Bundesländern gebräuchliche HMB-W-Verfahren, oft »Metzler-Bogen« genannt, erfüllen dieses Kriterium nicht.
Im Anschluss an die Bedarfsermittlung sind die Bereiche und Angebote der Leistungserbringung festzulegen. Hierfür sieht das Gesetz eine Gesamtplankonferenz vor.

§ 119 SGB IX (neu)
Gesamtplankonferenz

(1) Mit Zustimmung des Leistungsberechtigten kann der Träger der Eingliederungshilfe eine Gesamtplankonferenz durchführen, um die Leistungen für den Leistungsberechtigten nach den Kapiteln 3 bis 6 sicherzustellen. Die Leistungsberechtigten und die beteiligten Rehabilitationsträger können dem nach § 15 verantwortlichen Träger der Eingliederungshilfe die Durchführung einer Gesamtplankonferenz vorschlagen. (...)

In der Gesamtplankonferenz werden demnach nicht nur die Leistungen der sozialen Teilhabe (Kapitel 6) besprochen, sondern entsprechend einem integrierten Unterstützungsplan die Leistungen der medizinischen Rehabilitation (Kapitel 3), der Teilhabe am Arbeitsleben (Kapitel 4) und der Teilhabe an Bildung (Kapitel 5), sofern sie Leistungen der

Eingliederungshilfe sind, anderenfalls wird die Gesamtplankonferenz zur Teilhabeplankonferenz.

§ 119 SGB XI (neu) schreibt nicht vor, dass Sozialpsychiatrische Dienste, Sozialdienste der Klinik und Leistungserbringer an der Teilhabekonferenz beteiligt sind, er schließt deren Beteiligung aber auch nicht explizit aus. Die Erfahrungen in Regionen mit Gemeindepsychiatrischen Verbünden zeigen, dass Hilfeplankonferenzen unter Beteiligung der Einrichtungsträger zu einem Hilfesystem mit einer differenzierten ambulanten Leistungserbringung führen (Konrad 2015). Der entscheidende Vorteil solcher Konferenzen ist die Vertrauensbildung zwischen Leistungsträger und Leistungserbringer, auf deren Grundlage auch schwierige Problemlagen diskutiert werden können. Die Schnittstelle zwischen den Verfahren der Bedarfsermittlung und der Hinführung zu einem Leistungserbringer wird in der Zukunft die Hilfeplankonferenz sein können, wenn sich die Anbieter entsprechend organisieren. Die individuelle Betrachtung jedes Einzelfalls, wie sie durch das BTHG gefordert wird, löst nicht das Problem der Sicherstellung der Versorgung für jeden anspruchsberechtigten Bürger. Diese Versorgungsverpflichtung können Leistungserbringer nur gemeinsam übernehmen. Auch und gerade dazu haben sich Gemeindepsychiatrische Verbünde bewährt

Dr. Michael Konrad *ist Diplom-Psychologe und Leiter des Geschäftsbereichs Wohnen Ravensburg-Bodensee am ZfP Südwürttemberg. Er ist Sprecher der Trägergemeinschaft Gemeindepsychiatrischer Verbund im Landkreis Ravensburg und Mitglied im Vorstand des Dachverbands Gemeindepsychiatrie.*

Matthias Rosemann, *M. A., ist Psychologe und Soziologe und Geschäftsführer der Träger gGmbH in Berlin. Er ist Vorsitzender der Bundesarbeitsgemeinschaft Gemeindepsychiatrischer Verbünde und Vorstandsmitglied der Aktion Psychisch Kranke e. V.*

Link

www.bag-gpv.de

Literatur

Bitter, D.; Entenfellner, A.; Matschnig, T.; Frottier, P.; Frühwald, S. (2009): Da-Heim im Heim!? Bedeutete Ent-Hospitalisierung auch Ent-Institutionalisierung? Psychiat Prax 2009, 36 (6), 261–269.

Blankenfeld, C.; Haug-von Schnakenburg, D.; Konrad, M. (2017): Menschen mit psychischer Erkrankung unter 65 Jahren in Pflegeheimen. Eine empirische Untersuchung in Baden-Württemberg. Sozialpsychiatrische Informationen, 47 (3), im Druck.

DGPPN (Hg.) 2013: S3-Leitlinie Psychosoziale Therapien bei schweren psychischen Erkrankungen. Heidelberg, Berlin: Springer.

Effinghausen, S. (2014): Diagnose psychisch krank – Ein Leben ohne Zukunft? Bewältigungsstrategien von psychisch erkrankten Menschen und Unterstützungsmöglichkeiten durch die Soziale Arbeit am Beispiel des ambulant betreuten Wohnens. Baden-Baden: Nomos.

Finzen, A. (1998): Das Pinelsche Pendel. Die Dimension des Sozialen im Zeitalter der biologischen Psychiatrie. Bonn: Psychiatrie Verlag, Edition Das Narrenschiff.

Goffman, E. (1969) Wir alle spielen Theater. Die Selbstdarstellung im Alltag. München: Piper.

Jacoby, R. (1978): Soziale Amnesie: eine Kritik der konformistischen Psychologie von Adler bis Laing. Frankfurt: Suhrkamp.

Kahl, Y. (2016): Inklusion und Teilhabe aus der Perspektive von Menschen mit psychischen Erkrankungen. Köln: Psychiatrie Verlag.

Kauder, V. (Hg.) (1997): Personenzentrierte Hilfen in der psychiatrischen Versorgung. Bonn: Psychiatrie Verlag.

Keupp, H. (2015): Vom utopischen Überschuss zum desillusionierten Realismus. In: Armbruster, J.; Dietrich, A.; Hahn, D.; Ratzke, K. (Hg.): 40 Jahre Psychiatrie-Enquete. Blick zuruck nach vorn. Köln: Psychiatrie Verlag, 52–64.

Konrad, M. (2015): Ambulantisierung und Flexibilisierung der Leistungen. Wie Hilfeplankonferenzen Planung und Gewährung von Teilhabe erfolgreich steuern. Psychosoziale Umschau, 30 (4), 30–31.

Konrad, M. (2017): Objektive Hermeneutik als qualitative Methode der Evidenzbasierung sozialpsychiatrischer Praxis – am Beispiel der Familienpflege. Sozialpsychiatrische Informationen, 47 (2), 26–30.

KONRAD, M.; BECKER, J.; EISENHUT, R. (Hg.) (2012): Inklusion leben. Betreutes Wohnen in Familien für Menschen mit Behinderung. Freiburg: Lambertus.

KONRAD, M.; ROSEMANN, M. (2011): Vom Wohnheim zur psychosozialen Unterstützung. In: ROSEMANN, M.; KONRAD, M (Hg.): Handbuch Betreutes Wohnen. Bonn: Psychiatrie Verlag, 23–49.

LEFF, H.S.; CHOW, C.; PEPIN, R.; SEAMAN, C. (2009): Does one size fit all? What we can and can't learn from a meta-analysis of housing models for persons with mental illness. Psychiatric services, 60 (4), 473–482.

STEINHART, I.; WIENBERG, G. (Hg.) (2016): Rundum ambulant. Funktionales Basismodell psychiatrischer Versorgung in der Gemeinde. Köln: Psychiatrie Verlag.

UN-CRPD – United Nation, Committee on the Rights of Persons with Disabilities (2015): Commitee on the Rights of Persons with Disabilities, 13. Session, Concluding observations on the initial report of Germany. 13. Tagung, 25.03.–17.04. Deutsche, nicht amtliche Übersetzung verfügbar unter www.institut-fuer-menschenrechte.de/fileadmin/user_upload/PDF-Dateien/UN-Dokumente/CRPD_Abschliessende_Bemerkungen_ueber_den_ersten_Staatenbericht_Deutschlands.pdf (10.04.2017).

TAMM, J. (2015): Ambulant Betreutes Wohnen aus der Perspektive Psychiatrieerfahrener. Siegen: Universitätsverlag Siegen.

TRAUB, H.; WEITHMANN, G. (2014): Gemeinsame Entwicklung, unterschiedliche Inzidenz. Die Zuweisung gemäß § 63 StGB von 1995–2009 (in den alten Bundesländern). Forens. Psychiat. Psychol, Kriminol., 8 (3), 199–207.

VOCK, R.; ZAUMSEIL, M.; ZIMMERMANN, R.-B.; MANDERLA, S. (2007): Mit der Diagnose »chronisch psychisch krank« ins Pflegeheim? Eine Untersuchung der Situation in Berlin. Frankfurt: Mabuse.

WALTHER, C. (2014): Betreutes Wohnen psychisch kranker Menschen – Wirksamkeitsstudien in Deutschland. Soziale Arbeit, 63 (2), 55–62.

WIEDEMANN, S.; ROSSBERG, K. (2016): Barrierefreiheit für psychisch kranke Menschen, was ist das? Psychosoziale Umschau, 31 (3), 4–5.

ZUBIN, J. (1986): Mögliche Implikationen der Vulnerabilitätshypothese für das psychosoziale Management der Schizophrenie. In: BÖKER, W.; BRENNER, H.D. (Hg.): Bewältigung der Schizophrenie. Bern: Huber, 29–41.

Ein Gesetz – multiple Leistungen
Die Kunst personenzentrierter Leistungsfinanzierung

Matthias Rosemann und Michael Konrad

Im Grunde ist alles sehr einfach. Es gibt keine Leistungsform des Betreuten Wohnens mehr. Psychisch erkrankte Menschen haben Anspruch auf vielfältige Leistungen zur Behandlung, medizinischen Rehabilitation, häuslichen Krankenpflege, auf Soziotherapie, Leistungen der Pflegeversicherung, Leistungen der Hilfe zur Pflege und eben auch auf Leistungen der sozialen Teilhabe im Rahmen der Eingliederungshilfe. Wer der Hilfe und Unterstützung bedarf, wendet sich an den zuständigen Kosten- oder Leistungsträger bzw. holt sich eine entsprechende Verordnung vom Arzt.

Im Fall von Leistungen zur Teilhabe und Rehabilitation ist nur ein Leistungsträger anzusprechen, dieser leitet den Antrag an den zuständigen Kostenträger weiter. Tut er das nicht, bleibt er dauerhaft »leistender Rehabilitationsträger« unabhängig von den tatsächlich zu erbringenden Leistungen (§ 14 SGB IX [neu], mit Geltung ab 01.01.2018) und bleibt damit in der Verantwortung.

Behandlungsleistungen und Leistungen der Pflege zählen zwar nicht zu den Teilhabeleistungen und müssen als Leistungen gesondert beantragt werden; sie müssen aber im Rahmen einer Teilhabeplanung und einer Gesamtplanung ebenso berücksichtigt werden wie die Leistungen, die die Jobcenter zur Vermittlung in Arbeit anbieten. Teilhabeplanung stellt also stets eine umfassende Leistungsplanung dar, unabhängig von der Wohnform.

Alles aus einer Hand

Doch was hat dies mit dem Betreuten Wohnen zu tun?

Bisher wurden mit diesem Begriff in der Welt der psychiatrischen Versorgung Leistungen verstanden, die unterstützende Hilfen für einen

Menschen in Verbindung mit Wohnraum als Eingliederungshilfe (Sozialhilfe) nahebringen. Bislang wurde zwischen ambulant Betreutem Wohnen und stationär Betreutem Wohnen unterschieden. Ambulant Betreutes Wohnen wird oft als Begriff benutzt, um die Unterstützung in der eigenen Wohnung (unabhängig von der Frage, wer der Vermieter ist) zu bezeichnen, stationär betreutes Wohnen ist die Umschreibung des traditionellen Wohnheims.

Diese Unterscheidung geht zurück auf ein altes Konstrukt der Sozialhilfe, die Unterscheidung zwischen örtlichem und überörtlichem Sozialhilfeträger, die inzwischen in vielen Bundesländern aufgehoben wurde. Aus dieser Differenzierung ergaben sich fast überall auch Unterscheidungen zwischen Hilfearten und – vor allem – zwischen den Intensitäten von Hilfen. Wer zeitlich intensive Hilfen oder Hilfen rund um die Uhr benötigt, wurde und wird noch immer vielerorts auf Heimversorgung verwiesen, die von den überörtlichen Sozialhilfeträgern finanziert wurde, während die örtlichen für die ambulanten Hilfen zuständig waren. Nur in den Stadtstaaten war diese Trennung der Sozialhilfeträger nicht existent. Sie hatten es daher auch leichter, die Unterscheidung in »viel Hilfe im Heim« und »wenig Hilfe ambulant« zu überwinden. So sind zum Beispiel in Berlin zeitintensive Leistungen ambulant möglich, selbst sogenannte Vorhalteleistungen wie die Erreichbarkeit einer Nachtbereitschaftskraft sind auch im ambulanten Setting seit 2004 üblich.

Zur deutschlandweiten Dimension: Die Arbeitsgruppe Psychiatrie der Arbeitsgemeinschaft der Gesundheitsministerkonferenz nennt für das Jahr 2010 48.682 Menschen mit seelischer Behinderung, die in Heimen leben, und 81.094 Menschen, die ambulant betreut werden.[1] Die Daten zeigen, dass nach wie vor die Zahl der Heimplätze erheblich ist.

Mit der Trennung »örtlich« und »überörtlich« macht das Bundesteilhabegesetz Schluss. Die Sozialhilfeträger werden ersetzt durch die Träger der Eingliederungshilfe, die von den Bundesländern bis zum 01.01.2018 zu bestimmen sind. Die Eingliederungshilfe ist künftig nur noch zuständig für die fachlich notwendige Unterstützung des anspruchsberechtigten Bürgers. Für dessen Unterhaltssicherung, also die Unterkunft mit allen

1 AG Psychiatrie der AOLG (2012): Tabellenanhang zum Bericht »Psychiatrie in Deutschland – Strukturen, Leistungen an die Gesundheitsministerkonferenz 2012«, 30. https://www.gesunde.sachsen.de/download/Download_Gesundheit/Anlagen_GMK-Bericht_2012_der_AG_Psychiatrie_der_AOLG.pdf.

Nebenkosten und den Lebensunterhalt mit allen Bestandteilen müssen andere Leistungsträger aufkommen, wenn ein entsprechender Bedarf besteht. Andere Leistungsträger können die Jobcenter sein, wenn die Menschen einen Anspruch auf deren Leistungen haben, es kann aber auch der Träger der Sozialhilfe im Rahmen der Hilfe zum Lebensunterhalt oder der Grundsicherung sein.
Für die Betrachtung der fachlich notwendigen Eingliederungshilfe ist zukünftig die Betrachtung des Lebensunterhalts nicht mehr bedeutsam. Eingliederungshilfe wird damit eine Leistung nach dem SGB IX, das sich damit zu einem Leistungsgesetz entwickelt (⇨ Michael Konrad, Matthias Rosemann: Die UN-BRK, das neue BTHG und die Herausforderungen für die mobile Unterstützung). Die Hilfen zum Lebensunterhalt hingegen bleiben weiter in der Sozialhilfe verankert und damit auch von der ökonomischen Bedürftigkeit des betreffenden Menschen abhängig.
Mit diesem Grundsatz tritt die Eingliederungshilfe als neue Leistung auf, die weit mehr umfasst, als die bisher vertrauten Hilfen zur Teilhabe am Leben in der Gemeinschaft nach § 53 SGB XII. Mittelpunkt der Leistungen der Eingliederungshilfe sind die Leistungen zur sozialen Teilhabe und hier genauer die Leistungen der Assistenz.
Der Assistenzbegriff ist für viele psychiatrische Akteure befremdlich, sind wir es doch nicht gewohnt, Hilfen, die auch manchmal korrigierenden und Grenzen setzenden Charakter haben, als Assistenz zu verstehen. Aber der Gesetzgeber des BTHG möchte mit diesem Begriff gezielt das Verhältnis zwischen Leistungsberechtigtem und den professionellen Helfern neu ausrichten (⇨ Michael Konrad, Matthias Rosemann: Die UN-BRK, das neue BTHG und die Herausforderungen für die mobile Unterstützung).
Der Assistenzbegriff wird alle Formen der Unterstützung von Menschen entsprechend ihres Bedarfs beinhalten, eine Bindung an eine Form der Unterstützung gibt es in den gesetzlichen Definitionen nicht mehr. Nicht mehr Betreutes Wohnen ist die Leistung der sozialen Teilhabe, sondern vielmehr die erforderliche Assistenz, die sich aus der individuellen Bedarfsplanung für eine möglichst selbstbestimmte und eigenverantwortliche Lebensführung im eigenen Wohnraum und Sozialraum ergibt. Für die Leistungserbringer erfordert diese Änderung die Umstellung von einem Platzangebot auf eine Palette von Assistenzangeboten.
Besonders bedeutsam wird die neue Struktur der Assistenzleistungen für Personen mit hohem Unterstützungsbedarf. Denn der neue Begriff

der Assistenzleistung umfasst auch »Leistungen zur Erreichbarkeit einer Ansprechperson unabhängig von einer konkreten Inanspruchnahme, soweit dies nach den Besonderheiten des Einzelfalls erforderlich ist« (§ 78 Abs. 6 SGB IX [neu]). Mit dieser Formulierung wird klargestellt, dass es Menschen mit einem entsprechenden Bedarf gibt, dem dann auch mit einer entsprechenden Leistung begegnet werden muss.

Das Gesetz legt explizit fest, dass dem Wohnen außerhalb besonderer Wohnformen der Vorzug zu geben ist, wenn dies von der leistungsberechtigten Person gewünscht wird (§ 104 Abs. 3 SGB IX [neu]). In Kombination mit der Vorschrift in § 116 Abs. 2 SGB IX (neu), dass Leistungen für mehrere Leistungsberechtigte gemeinsam erbracht werden können (das sogenannte »Poolen von Leistungen«), lassen sich zukünftig auch Modelle von intensiver Versorgung für Krisensituationen in vollständig ambulanten Strukturen organisieren und damit der rechtliche Anspruch der Leistungsberechtigten tatsächlich umsetzen.

Die Krisenbehandlung, die auch im bestehenden System der Heimversorgung bei chronisch psychisch erkrankten Menschen immer wieder erforderlich wird, könnte zum Teil durch häusliche psychiatrische Krankenpflege oder andere Leistungen der Krankenversicherung erbracht werden (⇨ Bruno Hemkendreis: Häusliche Psychiatrische Krankenpflege und ambulante Soziotherapie als zusätzliche Behandlungsleistungen zu selbstbestimmtem Wohnen).

Für die Finanzierung der Leistungen der Eingliederungshilfe ist wichtig, dass

- in der individuellen Teilhabeplanung zunächst die Ziele der Leistungen und anschließend der zuständige Kostenträger bestimmt werden;
- Eingliederungshilfe auch Leistungen zur medizinischen Rehabilitation, Leistungen zur Teilhabe an Arbeit, Leistungen zur Teilhabe an Bildung und Leistungen zur sozialen Teilhabe enthält;
- soziale Teilhabe verschiedene Leistungen umfasst, von denen die Assistenzleistungen die wichtigsten sind;
- Assistenzleistungen umfassend beschrieben werden;
- zu den Assistenzleistungen auch Vorhalteleistungen gehören.

Um dies praktisch umzusetzen, müssen in den Rahmenverträgen, die zwischen den Trägern der Eingliederungshilfe und den Verbänden der Leistungserbringer auf Landesebene vereinbart werden, verschiedene Leistungen zur Assistenz beschrieben werden. Dazu werden auch die

Merkmale für die Bildung von Gruppen von Leistungsberechtigten mit vergleichbarem Hilfebedarf gehören.
Das Instrument der Bedarfsermittlung muss mit dem System der Vergütung verknüpft werden. Dabei sollte ein Zusammenhang zwischen dem Verfahren zur individuellen Gesamtplanung und der Gruppenbildung in der Vergütung der Anbieter hergestellt werden, um die Gruppenbildung differenzierter als nur durch die Bildung von Leistungstypen nach der Art von Einrichtungen zu entwickeln. In den Verfahren, die aus dem IBRP entwickelt wurden, wie in dem seit Jahren angewandten Berliner Behandlungs- und Rehabilitationsplan, enthält die Bedarfsermittlung auch Angaben zur voraussichtlich erforderlichen Zeit für die Leistung. Auch die Möglichkeit zur Vorhaltung einer Nachtbereitschaft oder einer Anwesenheitsbereitschaft kann in den Rahmenverträgen oder in den Anlagen dazu beschrieben werden. Die Rechtsgrundlage dafür ist nun gegeben.

Die Trennung zwischen Fachleistungen und Unterhaltsleistungen

Aber: So einfach ist es leider nicht. Denn heute leben Menschen in stationären Einrichtungen nur deswegen, weil die oben beschriebenen Leistungen mit einer hohen Betreuungsdichte, einem hohen Versorgungsgrad, der Ansprechbarkeit von Personen im Sinne einer Präsenz in einer selbstbestimmten Wohnform aus Finanzierungsgründen nicht möglich ist.
Im Gegensatz zur institutionellen Finanzierung ist die personenzentrierte Finanzierung jedoch kompliziert. Das komplexe Leistungsgeschehen kann nicht mehr durch die bloße Feststellung »stationär« beschrieben und finanziert werden, sondern muss im Rahmen der Gesamtplanung detailliert ermittelt und in verschiedene Leistungen zur sozialen Teilhabe nach dem individuellen Bedarf übersetzt werden. Die individuelle Beschreibung der Fachleistung erfolgt nach den Regelungen der Gesamtplanung (§§ 117–121 SGB IX [neu]) bzw. der Teilhabeplanung (§ 19 SGB IX [neu]).
Zu der Beschreibung der detaillierten Leistungen müssen Instrumente entwickelt werden, die bei der Teilhabeplanung für alle Leistungsträger übergreifend anwendbar sind. Sie müssen sich an der ICF orientieren (⇒ Christian Reumschüssel-Wienert: Die ICF, das BTHG und die soziale

Teilhabeplanung) und wirkungsorientiert sein (§ 121 SGB IX [neu]). In den Gesamtplänen des Trägers der Eingliederungshilfe müssen sich auch die Leistungen anderer Leistungsträger wiederfinden, insbesondere die der Pflege nach SGB XI.

Institutionelle Aspekte der Leistungserbringung sind kein Bestandteil der Bedarfsermittlung und Teilhabeplanung, sie werden in den entsprechenden Gesetzesnormen nicht erwähnt. Damit wird bewusst der individuelle Bedarf in den Vordergrund gestellt.

Die Trennung der Fachleistungen von den unterhaltssichernden Leistungen wird die Träger von Einrichtungen vor die Aufgabe stellen, mit den Kostenträgern saubere Trennungslinien zwischen den Arten von Leistungen zu vereinbaren. Die Trennungslinie zwischen unterhaltssichernden Leistungen und Fachleistungen wird in der Gesetzesbegründung folgendermaßen definiert:

»Leistungen zum Lebensunterhalt beinhalten ausschließlich die Verbrauchsausgaben wie zum Beispiel Nahrungsmittel; die Verbrauchsausgaben werden statistisch ermittelt. Wird im Rahmen der Gesamtplanung festgestellt, dass Leistungsberechtigte erforderliche Tätigkeiten wie insbesondere die Zubereitung von Mahlzeiten nicht oder nicht vollständig selbst ausüben können und deshalb eine Unterstützung benötigen, sind hierfür Assistenzleistungen zu gewähren. Diese sind Gegenstand der Fachleistungen und nicht Gegenstand des Lebensunterhaltes.« (Begründung zum Gesetzentwurf, 270)

Es findet sich allerdings eine Einschränkung des Prinzips der Trennung von fachlichen Hilfen und unterhaltssichernden Leistungen: Die Trennung der Fachleistung von den unterhaltssichernden Leistungen wird im Gesetz nicht vollständig durchgehalten. Sie wird durchbrochen durch die künftigen Regelungen im SGB XII, die vorsehen, dass ein Teil der Kosten der Unterkunft der Fachleistung zugerechnet werden sollen, wenn sie einen bestimmten Rahmen übersteigen, der im Gesetz definiert ist (Artikel 13 Nr. 15 BTHG, der eine Neufassung des zukünftigen § 42a SGB XII mit Geltung ab 01.10.2020 enthält). Bestandteil dieser Unterkunftskosten sind nicht nur die reinen Mieten, sondern u. a. auch Kosten für Instandhaltungen und Ausstattung mit Haushaltsgroßgeräten.

Der Hintergrund für diese zunächst merkwürdig anmutende Regelung liegt in der Finanzierungsteilung zwischen dem Bund und den Ländern. Die Kosten der Unterkunft erstattet der Bund den Ländern, für die Eingliederungshilfe müssen sie allein aufkommen. Um hier den Kosten

Grenzen zu setzen, werden sie für den Bund gedeckelt. Es wird zu den Aufgaben aller Verbände der Leistungserbringer gehören, nun mit den Trägern der Eingliederungshilfe zu definieren, wie die Kosten der Unterkunft ermittelt werden können und welche Leistungsbestandteile diesen zuzurechnen sind. Daraus wird sich ableiten, welcher Betrag dann nicht als Kosten der Unterkunft durch den Sozialhilfeträger zu gewähren ist, sondern der Fachleistung und damit dem Träger der Eingliederungshilfe zugerechnet werden kann.

Außerdem enthält die Regelung zur Gesamtplanung eine Vorschrift, die lautet, dass im Rahmen der Gesamtplanung festgelegt werden soll, welcher Anteil des Regelsatzes nach SGB XII dem Klienten als »Barmittel« bleiben soll (§§ 119 und 121 Abs. 6 SGB IX [neu]). Auch darin wird erkennbar, dass der Gesetzgeber davon ausgeht, dass Teile des Regelsatzes direkt an den Leistungserbringer als Abgeltung für dessen Sachaufwand gehen können und damit eine veränderte Form der Gesamtvergütung weiter praktiziert werden soll.

Soziale Teilhabe und Pflegeleistungen

Mit der Abgrenzung der Fachleistung von der existenzsichernden Leistung ist jedoch noch nicht das Problem der Abgrenzung zwischen den Fachleistungsgesetzen gelöst. Hier ist das Kapitel 6 der ICF, »Häusliches Leben«, betroffen, in dem die Beschaffung von Lebensnotwendigkeiten und Haushaltsaufgaben aufgeführt sind (⇨ Christian Reumschüssel Wienert: Die ICF, das BTHG und die soziale Teilhabeplanung). Mit den darin beschriebenen Unterstützungsleistungen können Heimaufnahmen vermieden werden, sodass sie eindeutig den Leistungen der sozialen Teilhabe zugerechnet werden können.

Diffiziler wird es bei Kapitel 5, Selbstversorgung. Die Hilfen zur Körperpflege und bei der Einnahme von Mahlzeiten sind ein Kernbestandteil der Pflege. Wenn hier Unselbstständigkeit besteht, wird ein chronisch psychisch erkrankter Mensch zusammen mit den Bereichen Verhaltensauffälligkeiten den Pflegegrad 2 erreichen und damit Anspruch auf ambulante Pflege haben. Im Bereich der Mobilität wird ein körperlich nicht behinderter Mensch den Pflegegrad 2 nicht erreichen, da der Unterstützungsbedarf vollständig auf die Wohnung bezogen ist. Demgegenüber

ist der Bedarf an Unterstützung in Kapitel 4 der ICF wahrscheinlich, da es hier u.a. um die Nutzung von Transportmitteln geht (⇨ Klaus Wingenfeld: Die Reform der Pflegversicherung). Die Möglichkeit der parallelen Erbringung von Leistungen der Eingliederungshilfe und der Pflege im häuslichen Bereich ist demnach stark von der Bedarfsermittlung in den beiden Leistungssystemen abhängig.
Die Beispiele zeigen, dass mit den Leistungen der Pflege und der sozialen Teilhabe unterschiedliche Ziele verfolgt werden. Nach § 90 Abs. 1 SGB IX ist es Aufgabe der Eingliederungshilfe, Leistungsberechtigten eine individuelle Lebensführung zu ermöglichen, die der Würde des Menschen entspricht, und die volle, wirksame und gleichberechtigte Teilhabe am Leben in der Gesellschaft fördert. Nach § 2 SGB XI sollen die Leistungen der Pflegeversicherung den Pflegebedürftigen helfen, trotz ihres Hilfebedarfs ein möglichst selbstständiges und selbstbestimmtes Leben zu führen, das der Würde des Menschen entspricht. Wenn Unterstützung bei der Körperpflege die Verwahrlosung vermeidet, liegt Pflegebedarf vor, wenn sie dazu dient, in den Sphären der Öffentlichkeit akzeptiert zu werden, liegt ein Bedarf an sozialer Teilhabe vor.
Neu ist auch das Verfahren. Der Träger der Eingliederungshilfe hat die Pflegekasse zu informieren, wenn er vermutet, dass auch ein Pflegebedarf besteht. Die Pflegekasse hat sich dann an der Gesamtplanung für den betreffenden Menschen beratend zu beteiligen. Diese neue Vorschrift ist sowohl im § 13 Absatz 4a SGB XI (mit Geltung ab dem 01.01.2020) als auch im § 117 SGB IX (neu) festgehalten.
Treffen beide Leistungen außerhalb von Einrichtungen zusammen, erstellt die Pflegekasse einen Leistungsbescheid, aber der Träger der Eingliederungshilfe übernimmt diese Leistungen dem Klienten gegenüber. Die Pflegekasse erstattet dem Eingliederungshilfeträger dessen Aufwendungen (§ 13 Abs. 4 SGB XI ab 2020).
Beim Zusammentreffen der Leistungen der Hilfe zur Pflege nach dem Sozialhilferecht und den Leistungen der Eingliederungshilfe hat der Gesetzgeber das sogenannte Lebenslagenmodell eingeführt. Beantragt eine anspruchsberechtigte Person erstmals nach dem Erreichen des Alters der Regelarbeitsgrenze eine Leistung der Eingliederungshilfe und benötigt auch Hilfe zu Pflege, geht die Hilfe zur Pflege der Eingliederungshilfe vor. Vor dieser Altersgrenze ist die Eingliederungshilfe vorrangig (§ 103 SGB IX [neu], mit Geltung ab 01.01.2020). Für stationäre Einrichtungen gilt der § 43a SGB XI unverändert weiter.

Neue Aspekte des Wohnens

Wohnst du noch oder lebst du schon? Mit diesem Werbeslogan eines Möbelhauses wird die intensive Verbindung von Wohnen und Lebensform trefflich illustriert. An vielen Orten Deutschlands hat in den letzten 25 Jahren eine Differenzierung von Wohn- und Lebensformen stattgefunden. Wir finden diese Differenzierungen sowohl in den stationären Einrichtungen in Gestalt von Häusern, die finanzierungstechnisch Heime sind, aber aus einer Vielzahl von kleinen Appartements bestehen, in denen sich die Bewohnerinnen und Bewohner vollständig selbstständig versorgen können. Umgekehrt sind im ambulanten Bereich Formen gemeinschaftlichen Zusammenwohnens gewachsen, die nicht mehr die »klassische« Wohngemeinschaft darstellen, sondern aus Einzelappartements bestehen, die Rückzugsmöglichkeiten und zugleich gemeinschaftlich zu nutzende Begegnungsflächen bieten (in Berlin neu als »Cluster-Wohnen« bezeichnet).

Von der Wohnform völlig getrennt sind die Vertragsverhältnisse. Das Wohn- und Betreuungsvertragsgesetz unterscheidet nicht nach Art der Wohnung, sondern nach den tatsächlichen und rechtlichen Verhältnissen (⇨ Michael Konrad, Matthias Rosemann: Eigene Wohnung, Selbstbestimmung und Wohnrecht: hoher Bedarf und eine komplizierte Gesetzeslage). Nun tritt eine neue Unterscheidung der Wohnformen im Sozialhilferecht hinzu: Der Begriff des Wohnens wird im zukünftigen § 42a SGB XII so differenziert beschrieben. Die wesentliche Formulierung im Artikel 13 Nr. 15, Änderungen des SGB XII zum 01.01.2020, lautet: »Wohnung ist die Zusammenfassung mehrerer Räume, die von anderen Wohnungen oder Wohnräumen baulich getrennt sind und die in ihrer Gesamtheit alle für die Führung eines Haushalts notwendigen Einrichtungen, Ausstattungen und Räumlichkeiten umfassen. Persönlicher Wohnraum ist ein Wohnraum, der Leistungsberechtigten allein oder zu zweit zur alleinigen Nutzung überlassen wird, und zusätzliche Räumlichkeiten sind Räume, die ihnen zusammen mit weiteren Personen zur gemeinsamen Nutzung überlassen werden.«

Damit geht das gesamte Sozialhilferecht auch weiterhin von stationären Einrichtungen aus, z. B. im § 27b SGB XII (neu), der den notwendigen Lebensunterhalt in Einrichtungen definiert. Die dort enthaltenen Vorschriften gelten für die Leistungen in Einrichtungen der stationären Pflege, entfalten aber auch Wirkungen auf die Leistungen der Eingliederungshilfe.

Die Regelungen des § 43 a SGB XI, nach denen in stationären Einrichtungen für Menschen mit Behinderungen die Leistungen der Pflege pauschal an den Träger der Eingliederungshilfe abgegolten werden, erhalten allerdings eine Ausweitung auf ambulante Wohnformen, wenn diese so gestaltet sind, dass sie stationären Einrichtungen vergleichbar sind (§ 71 Abs. 4 SGB XI). Zur Abgrenzung wird es Richtlinien geben, die der Spitzenverband Bund der Pflegekassen bis zum 1. Juli 2019 erlassen muss, jedoch der Genehmigung der Bundesministerien für Gesundheit und für Arbeit und Soziales bedarf.
Es kommt also der bewussten Ausgestaltung der Art der Wohnungen und der Vertragsverhältnisse zukünftig eine besondere Bedeutung zu, die – wie bisher in allen Fällen der Sozial- und Eingliederungshilfe – örtlich sehr unterschiedlich ausfallen wird. Vor dem Hintergrund des bundesweit in den Ballungsräumen knapper werdenden Wohnraumangebots werden sich in den künftigen Jahren die Organisationen der Leistungserbringer sehr intensiv mit der baulichen Gestaltung von Unterkünften, Häusern und Wohnungen beschäftigen müssen.

Neue Finanzierungsmöglichkeiten

»Leistungsträger und Träger der Leistungserbringer können Zielvereinbarung zur Erprobung neuer und Weiterentwicklung der bestehenden Leistungs- und Finanzierungsstrukturen abschließen.« (§ 132 Abs. 1 SGB IX [neu]) Diese Bestimmung eröffnet den Trägern der Eingliederungshilfe die Möglichkeit, verschiedene neue Leistungs- und Finanzierungsformen im »Echtbetrieb« zu erproben. Das kann auch eine Öffnungsklausel für verschiedene Budgetmodelle der Finanzierung darstellen, wie sie schon seit mehreren Jahren in Hamburg erprobt werden und sich auch in Berlin bewährt haben.
Angesichts der Umgestaltung des Versorgungssystems bei Menschen mit seelischer und geistiger Behinderung, ist die angstfreie Erprobung der Integration von ICF-basierten Assistenzleistungen eine vertrauensbildende Maßnahme. Das BTHG mit seinen neuen Strukturen und Betreuungsformen bietet durch Gesamtplanung und Teilhabeplanung die Chance, dass die verschiedenen Leistungsträger und Leistungserbringer beginnen, sich bedarfsgerecht über die Versorgung von Menschen mit

Behinderung zu verständigen. Am Ende kann dabei ein verbessertes System zu niedrigeren Gesamtkosten herauskommen.

Matthias Rosemann, M. A., *ist Psychologe und Soziologe und Geschäftsführer der Träger gGmbH in Berlin. Er ist Vorsitzender der Bundesarbeitsgemeinschaft Gemeindepsychiatrischer Verbünde und Vorstandsmitglied der Aktion Psychisch Kranke e. V.*

Dr. Michael Konrad *ist Diplom-Psychologe und Leiter des Geschäftsbereichs Wohnen Ravensburg-Bodensee am ZfP Südwürttemberg. Er ist Sprecher der Trägergemeinschaft Gemeindepsychiatrischer Verbund im Landkreis Ravensburg und Mitglied im Vorstand des Dachverbands Gemeindepsychiatrie.*

Eigene Wohnung, Selbstbestimmung und Wohnrecht: hoher Bedarf und eine komplizierte Gesetzeslage

Michael Konrad und Matthias Rosemann

Der zentrale Grundsatz für die Leistungen nach dem BTHG ist die Trennung von existenzsichernden Leistungen und Fachleistungen. Diese einfache Operation bei der Leistungsgewährung soll vor allem die Bereitstellung von Wohnraum von der Erbringung fachlicher Unterstützung trennen und dadurch die Einrichtungszentrierung aushebeln. Dies ist im Grundsatz die Umsetzung von Artikel 19 der UN-Behindertenrechtskonvention, in der von Unterstützungsleistungen in einer eigenen Wohnung des Menschen mit Behinderung ausgegangen wird. Die Anbieter von Leistungen der Eingliederungshilfe haben sich damit nicht mehr um die Belegung von Plätzen zu kümmern, sondern müssen differenzierte Leistungsangebote entwickeln, mit denen alle Menschen mit Behinderung bei der Teilhabe am gesellschaftlichen Leben unterstützt werden können.

Bereits in der Vergangenheit wurden gesetzliche Voraussetzungen für die neue Form der personenzentrierten Unterstützung geschaffen. Die Trennung der Leistungen für Wohnen und fachliche Unterstützung bringt jedoch massive Probleme mit sich und wirft eine zentrale Frage auf: Werden Menschen mit schweren psychischen und sozialen Beeinträchtigungen außerhalb von Heimen bezahlbare Wohnungen bekommen und behalten können?

Der Wohnraum steht mit Verlassen des Heims nicht mehr einfach zur Verfügung. Das verbriefte Recht auf eine eigene Wohnung verweist den Menschen mit Behinderung auf den freien Markt. Und hier stellt sich eine weitere zentrale Frage: Sind Menschen mit Behinderung »marktfähig«?

Alle bisherigen Erfahrungen zeigen, dass eine Person mit einer schweren psychischen Beeinträchtigung nicht in der Lage ist, die kommunikativen Anforderungen einer entsprechenden Bewerbung und einer Anmietung zu bewältigen. Bei vielen Personen kommt nicht selten ein negativer Schufa-Eintrag hinzu, der fast immer zum Problem bei der Bewerbung um eine Wohnung wird. Daher verbleibt die Aufgabe der Wohnraumbeschaffung oft bei den Anbietern des Betreuten Wohnens.

Mieterschutz? Das Wohn- und Betreuungsvertragsgesetz

Die rechtliche Grundlage für alle Fälle, in denen das Angebot einer Unterstützung mit der Überlassung von Wohnraum verknüpft ist, ist das Wohn- und Betreuungsvertragsgesetz (WBVG) vom 1. Oktober 2009. Dieses Bundesgesetz ist handlungsleitend für die Bundesländer und hat seinen Ursprung in der Föderalismusreform aus dem Jahr 2006. Die im früheren Heimgesetz des Bundes zusammengefassten heimvertrags- und heimordnungsrechtlichen Bestimmungen wurden aufgeteilt. Aufgrund dieser Kombination wird das WBVG vom Deutschen Verein für öffentliche und private Fürsorge als »verbraucherschutzrechtliches Sondergesetz« bezeichnet (Rasch 2012). Auch wenn das Gesetz zum Schutz von alten, hilfe- und pflegebedürftigen Personen verfasst wurde, gilt es ebenso für unterstützungsbedürftige Menschen mit einer Behinderung.
Die Bestimmung des Gesetzes wird im ersten Satz des § 1 beschrieben: »Dieses Gesetz ist anzuwenden auf einen Vertrag zwischen einem Unternehmer und einem volljährigen Verbraucher, in dem sich der Unternehmer zur Überlassung von Wohnraum und zur Erbringung von Pflege- und Betreuungsleistungen verpflichtet, die der Bewältigung eines durch Alter, Pflegebedürftigkeit oder Behinderung bedingten Hilfebedarfs dienen.«
Die für den Sozialbereich ungewohnte Begrifflichkeit bringt die fundamentale Änderung im Status der unterstützungsbedürftigen Personen zum Ausdruck. Sie sind nicht mehr hilfebedürftig, sondern Verbraucher. Damit wurde mehrere Jahre vor der Verabschiedung des BTHG der Fürsorgeansatz über Bord geworfen.
Der Status des Verbrauchers ist eine konsequente Umsetzung der Prinzipien der Behindertenrechtskonvention der Vereinten Nationen (UN-BRK). Insbesondere bei Menschen mit psychischer Erkrankung wird dadurch der lebenslange Patientenstatus durch einen gesellschaftlichen Status ersetzt, der sie auf eine gleichberechtigte Stufe mit Menschen ohne Behinderung stellt. Dass die Behinderung die Wahrnehmung eines

selbstbewussten Verbraucherstatus einschränken kann, ist geradezu selbsterklärend. Daher überträgt die UN-BRK in den Artikeln 4 und 19 den Schutz vor Wohnsitzlosigkeit von den Behinderteneinrichtungen auf den Staat bzw. dessen Stellvertreter, die Kommune. Darauf wird unten zurückzukommen sein.

Im Verhältnis zwischen Einrichtung und dem Menschen mit Behinderung fasst dieser Satz die wesentliche Vorschrift zusammen: Wenn eine Einrichtung einem unterstützungsbedürftigen Menschen einen Wohnraum überlässt und ihm in diesem auch Unterstützungsleistungen anbietet, muss sie mit ihm einen Vertrag abschließen, der in der Vergangenheit als »Heimvertrag« bezeichnet wurde. Damit gilt dann auch das von den Bundesländern geschaffene Ordnungsrecht, das heißt, die Heimaufsicht ist für die Kontrolle der Wohn- und Betreuungseinheit zuständig. Ob leistungsrechtlich eine Heimversorgung oder Betreutes Wohnen erbracht wird, ist irrelevant. Um die Leistung der mobilen Unterstützung erbringen zu können, muss der Mietvertrag mit einem Unternehmer abgeschlossen werden, der unabhängig von dem Anbieter der Unterstützungsleistung ist. Oder es müssen beide Verträge strikt voneinander getrennt werden, dann ist nur ein Betreuungs- oder Unterstützungsvertrag zwischen Anbieter und Klient abzuschließen.

Mit dieser gesetzlichen Regelung wird der »kosmetischen« Umwandlung von Heimplätzen in »Plätze« des ambulant Betreuten Wohnens ein Riegel vorgeschoben. Die Folge davon ist, dass Menschen in Wohnungen bleiben können, die vom Anbieter des »Betreuten Wohnens« vermietet wurden, auch wenn sie die Leistungen nicht mehr benötigen oder eine andere Organisation in Anspruch nehmen wollen.

Die Umsetzung dieses Prinzips läuft schleppend. Viele Träger des ambulant Betreuten Wohnens verweisen in den Mietverträgen ihrer Wohnungen auf die Kündigung des Betreuungsvertrags als Grund für die Kündigung des Mietvertrags. In Berlin ist dies in ambulanten Wohngemeinschaften rechtlich möglich, in anderen Bundesländern entspricht das nicht der Intention des WBVG, blieb aber auch mehrere Jahre nach dessen Verabschiedung gelebte Praxis nach dem Prinzip »Wo kein Kläger, da kein Richter«. Nur in seltenen Fällen wehren sich die Betroffenen oder ihre rechtlich Betreuenden gegen diese Praxis.

Wohn- und Teilhabegesetze haben die Heimgesetze abgelöst

In der Nachfolge des WBVG entstanden in allen Bundesländern neue Heimgesetze, die die Vorgaben des WBVG in unterschiedlicher Weise berücksichtigt haben. Doch bereits in der Nomenklatur unterscheiden sich die Gesetze erheblich. Länder wie das Saarland blieben bei dem Namen Landesheimgesetz, Mecklenburg-Vorpommern verabschiedete ein Einrichtungenqualitätsgesetz, mehrere Bundesländer wählten Wohn- und Teilhabegesetz. Am konsequentesten war Schleswig-Holstein mit einem Selbstbestimmungsstärkungsgesetz. Ob Nomen Omen bedeutete könnte nur mit einer aufwendigen wissenschaftlichen Studie über den Vergleich von Gesetz und Realität beantwortet werden.

Grundsätzlich stehen nach Einschätzung des Deutschen Vereins in allen zum Zeitpunkt 2011 verabschiedeten 13 Ländergesetzen die ordnungsrechtlichen Aspekte im Vordergrund (Hoffer 2012). Die Gefahrenabwehr im Sinne der Vermeidung negativer Beeinträchtigungen habe die neuen Gesetze geleitet. Der Anspruch, »ein Instrument zur umfassenden Optimierung der Wohn- und Lebenssituation älterer pflegebedürftiger und behinderter Menschen zu sein und so zu einem Katalysator sozialpolitisch gewünschter Entwicklungen zu werden« (ebd., 161) sei nur punktuell umgesetzt worden.

Die vorliegenden Gesetze sind auf Schwarz-Weiß gebürstet. Stationäre Einrichtungen unterliegen einer Überregulierung, in denen es Hygienevorschriften wie auf einer Intensivstation gibt. Ambulante Wohneinrichtungen wurden ordnungspolitisch zum Teil überhaupt nicht geregelt, und können dann in einem ehemaligen Wohnheim auf dem Gelände einer großen Behinderteneinrichtung angeboten werden. In Berlin fällt ambulant Betreutes Wohnen dann unter die gesetzliche Regulierung, wenn es von einem Träger in Gruppen über zwei Personen erbracht wird. Übergangsformen vom stationären, ordnungspolitisch eng geregelten Bereich in den ambulanten, ordnungspolitisch nicht geregelten Bereich wurden unzureichend geregelt.

Differenzierung ambulanter Wohnformen

Um den Übergang von der stationären zur ambulanten Unterstützung zu erleichtern, hat die grün-rote Regierung Baden-Württembergs das 2011 verabschiedete Landesheimgesetz nochmals geändert und in dem 2014 verabschiedeten Wohn-, Teilhabe- und Pflegegesetz (WTPG) eine Differenzierung des ambulant Betreuten Wohnens eingeführt. Andere Bundesländer haben diese Differenzierung nicht oder in anderer Form vorgenommen. Die Differenzierung wurde explizit mit Bezug auf die UN-BRK begründet und sollte den Übergang in selbstbestimmte Wohnformen stärken.
Die Eingliederungshilfeleistung des ambulant Betreuten Wohnens wird in Baden-Württemberg bezeichnet als »vollständig selbstverantwortetes ambulant betreutes Wohnen« und unterliegt der Trennung von Miet- und Unterstützungsvertrag gemäß WBVG. In Wohngemeinschaften obliegt es allein den Wohngemeinschaftsmitgliedern, ihre Mitbewohner auszuwählen. Das WTPG findet bei dieser Wohnform keine Anwendung.
Als Zwischenform zwischen ambulanter und stationärer Wohnform wurde in Baden-Württemberg das »teilweise selbstverantwortete ambulant betreute Wohnen« eingeführt. Dadurch werden die bestehenden Außenwohngruppen ordnungsrechtlich geregelt, in denen stationäre Leistungen in einer »normalen« Wohnung gewährt werden. In diesem Fall stellt der Einrichtungsträger die Wohnung mitsamt der Einrichtung inklusive finanzieller Mittel für den Lebensunterhalt zur Verfügung; die Organisation des Haushalts obliegt jedoch den Bewohnern. Das bedeutet nicht, dass die Klienten und Klientinnen bei den Haushaltstätigkeiten nicht unterstützt werden dürfen. Im Gegenteil ist hiermit eine Basis geschaffen, die Unterstützung als Leistung und nicht als Zwang zu erbringen.

Wohnbetreuungsgesetze, der Wohnungsmarkt und die kommunale Ordnungspolitik

So wichtig das WBVG für den Aufbau eines ambulanten gemeindepsychiatrischen Versorgungssystems ist, es löst die wirklichen Probleme nicht. Die Gesetzgebung geht davon aus, dass unbegrenzter Wohnraum

zur Verfügung steht und dementsprechend Menschen mit Unterstützungsbedarf als Verbraucher eine passende Wohnung mieten können. Das hat nichts mit der Realität zu tun, schafft aber bisweilen bizarre Situationen. Da Menschen mit Behinderung oder sonstiger Einschränkung nicht an Wohnungen kommen, werden seit einigen Jahren bezahlbare Wohnungen von Einrichtungsträgern angemietet und an Klienten untervermietet. Viele Träger des ambulant Betreuten Wohnens praktizieren das in rechtlich korrekter Weise, indem sie mit den Leistungsberechtigten einen Untermietvertrag für den Wohnraum und einen Betreuungs- oder Unterstützungsvertrag für die Fachleistung abschließen.
Da der Immobilienmarkt mittlerweile eine Finanzanlage bietet, die eine hohe Rendite verspricht, geraten die Verbraucher mit psychischen und sozialen Beeinträchtigungen in eine schwierige Situation. Wohnungsunternehmen versuchen, solche Mieter aus der Wohnung herauszubekommen, indem sie den Mietvertrag mit dem Einrichtungsträger kündigen. Dieser Mietvertrag ist meist ein gewerblicher Mietvertrag, bei dem der mieterfreundliche Kündigungsschutz eines Wohnmietvertrags nicht besteht. Die Rechtslage ist hier sehr uneindeutig, sodass die Chance auf Abwendung der Kündigung bei 50:50 steht. Die Einrichtungsträger als Untervermieter kommen hier in eine extrem schwierige Position, wenn sie einen riskanten Rechtsstreit führen müssten für eine Sache, für die sie nicht zuständig sind. Paradoxerweise werden die Probleme nicht selten von den Kommunen ausgelöst, die renovierungsbedürftige Sozialwohnungen verkaufen, die dann von profitorientierten Wohnungsunternehmen gekauft, saniert und zu einem für sozial Schwache nicht mehr bezahlbaren Preis vermietet werden.
Das WBVG löst auch die Probleme nicht, die in Einrichtungen mit einem kombinierten Wohn- und Betreuungsvertrag entstehen, wie es durch das WTPG in Baden-Württemberg mittlerweile ermöglicht wird. Im Gegensatz zum vollständig selbstverantworteten ambulant Betreuten Wohnen ist im teilweise selbstverantworteten ambulant Betreuten Wohnen die Wohnraumüberlassung mit der fachlichen Betreuung verbunden, sodass bei einer fehlenden Mitwirkung des Klienten der Vertrag gekündigt werden kann. Wenn sich dieser jedoch nicht nur weigert, Unterstützungsleistungen anzunehmen, sondern auch nicht bereit ist, die Wohnung zu verlassen, sieht sich der Einrichtungsträger mit dem kommunalen Ordnungsamt konfrontiert. Dieses ist gehalten, die Kündigung zu untersagen, wenn dadurch Wohnsitzlosigkeit droht. Eine Räumungsklage

dauert zwischen einem halben und einem Jahr, in dem der Wohnraum nicht nur blockiert ist, sondern Mitbewohner unter den herausfordernden Verhaltensweisen des gekündigten Klienten zu leiden haben. In anderen Bundesländern werden auch die Bewohnerinnen und Bewohner mit Verträgen nach dem WBVG nicht vor Kündigungen geschützt, es entstehen bei Verstößen gegen das Gesetz allenfalls Schadenersatzansprüche.

Solche Beispiele, die sich in den letzten Jahren häufen, zeigen die ungeklärte Verantwortlichkeit für Menschen mit psychischen Beeinträchtigungen, die sich in einem alltäglichen Wohnumfeld störend verhalten. Reagieren die sozialen Organisationen wie »normale« Vermieter, müssen sie zur Wahrung des nachbarschaftlichen Verhältnisses einigen Mietern, die zugleich Klienten sind, kündigen. Sie tragen dann zur Obdachlosigkeit bei. Gleichzeitig bleiben sie auf den oft erheblichen Schäden in den Wohnungen sitzen. Die Kostenträger, meist die Sozialämter, verhalten sich strikt nach ihren Rechtsvorgaben und betrachten es nicht als ihre Aufgabe, sich um die Versorgung mit Wohnraum zu bemühen. Rechtliche Betreuer und manchmal auch die Aufsichtsbehörden vertreten die subjektiven Interessen der Klienten, manchmal ohne Betrachtung der Gesamtsituation in einem Haus. Die sozialen Organisationen geraten in die Zwickmühle: Sie sorgen für den Wohnraum, werden aber mit den damit verbundenen Problemen allein gelassen, oft sogar noch mit den finanziellen Folgen.

Dieser »Falle« kann die Gemeindepsychiatrie nur entkommen, wenn sie in einen engen Kontakt mit der Kommune eintritt, wie Klaus Dörner bereits bei den Gütersloher Fortbildungstagen im Jahre 1990 gefordert hat (Dörner, Walczak 1991). Dies kann nicht in Form einer Forderung geschehen: »Jetzt übernehmt ihr einmal«, sondern muss ein langfristiger Prozess der Zusammenarbeit mit der kommunalen Bauverwaltung, dem Ordnungsamt, der Polizei und weiteren kommunalen Institutionen sein.

Ein geeigneter Einstieg in die Zusammenarbeit ist der soziale oder kommunale Wohnungsbau, der in den letzten Jahren von den Kommunen wiederentdeckt wird. Im sozialen Wohnungsbau treffen sich die Interessen von kommunaler Verwaltung und gemeindepsychiatrischem Versorgungssystem. Längst sind es nicht mehr nur Menschen mit psychischen Beeinträchtigungen, die keinen bezahlbaren Wohnraum mehr bekommen. In verschiedenen Städten entstehen Bündnisse für bezahlbaren Wohnraum. Bei diesen Bündnissen ist sicherzustellen, dass die Interessen

von Menschen mit Behinderung nicht unter den Tisch fallen. Am sinnvollsten wäre es, in einer Übergangszeit die Fördermittel, die bisher im Rahmen der Investitionsförderung für Heime ausgegeben wurden, den Kommunen für inklusiven sozialen Wohnungsbau zu gewähren. Auf diese Weise wäre gewährleistet, dass beim Wegfall von Heimplätzen bezahlbarer Wohnraum zur Verfügung steht und die Einrichtungsträger nicht dafür bestraft werden, dass sie Heimplätze wegfallen lassen.
Die Zusammenarbeit mit den jeweiligen Stadtverwaltungen beschränkt sich freilich nicht auf die Beschaffung von Wohnraum. Das Zusammenleben von Menschen in einer Gemeinde ist nie konfliktlos. Durch die zunehmend heterogene Zusammensetzung von Nachbarschaften wird das Konfliktpotenzial eher größer. Verschiedene Erscheinungsformen psychischer Erkrankungen liefern zusätzliches Konfliktpotenzial (vgl. Konrad, Rosemann 2016, 65 ff.). Wenn dieser Umstand nicht als Katastrophe, sondern lösbare Realität nachbarschaftlichen Lebens betrachtet wird, gibt es durchaus etablierte Formen der Vermeidung und des Umgangs mit Konflikten. Stichworte sind Quartiersmanagement oder Community Organising.
In puncto Konfliktmanagement haben soziale Einrichtungen ein gewisses Maß an Kompetenz entwickelt. Diese stößt bei Stadtverwaltungen auf Interesse und sollte genutzt werden, ein professionelles Quartiersmanagement aufzubauen. Dieses ist nicht nur zur Lösung von Konflikten geeignet, sondern zur Füllung der Lücke, die durch den Rückgang der Vereinskultur im Zuge der zunehmenden Individualisierungsprozesse entstanden ist. Auch hier stellt sich die Frage der Finanzierung. Aber auch in diesem Punkt kann darauf verwiesen werden, dass in Heimen solche Leistungen erbracht werden. Wenn die Heimversorgung wegfällt, werden Mittel frei, die nur von der Kommune verwaltet und verteilt werden können. In der Übergangszeit wird es auch hierfür Landesmittel geben müssen.

Matthias Rosemann, *M. A., ist Psychologe und Soziologe und Geschäftsführer der Träger gGmbH in Berlin. Er ist Vorsitzender der Bundesarbeitsgemeinschaft Gemeindepsychiatrischer Verbünde und Vorstandsmitglied der Aktion Psychisch Kranke e. V.*

Dr. Michael Konrad *ist Diplom-Psychologe und Leiter des Geschäftsbereichs Wohnen Ravensburg-Bodensee am ZfP Südwürttemberg. Er ist Sprecher der Trägergemeinschaft Gemeindepsychiatrischer Verbund im Landkreis Ravensburg und Mitglied im Vorstand des Dachverbands Gemeindepsychiatrie.*

Link

www.biva.de/gesetze/laender-heimgesetze

Literatur

Dörner, K.; Walczak, L. (Hg.) (1991): Landschaftspflege. Aufhebung der Psychiatrie in der Kommune. 42. Gütersloher Fortbildungswoche 1990. Gütersloh: Verlag Jakob van Hoddis.

Hoffer, H. (2012): Die neuen Landesheimgesetze: eine Einführung. In: Rasch, E. (Hg.) Wohn- und Betreuungsvertragsgesetz. Freiburg: Deutscher Verein, 159–165

Konrad, M.; Rosemann, M. (2016): Basiswissen: Betreutes Wohnen. Mobile Unterstützung zur Teilhabe. Köln: Psychiatrie Verlag.

Rasch, E. (Hg.) (2012): Wohn- und Betreuungsgesetz. Kommentar. Freiburg: Deutscher Verein.

Die Reform der Pflegeversicherung auf der Grundlage des neuen Pflegebedürftigkeitsbegriffs

Klaus Wingenfeld

Mit der Verabschiedung des zweiten Pflegestärkungsgesetzes (PSG II) im Jahr 2015 wurde eine grundlegende Reform der Pflegeversicherung eingeleitet. Im Mittelpunkt stand dabei die Einführung eines neuen sozialrechtlichen Pflegebedürftigkeitsbegriffs. Januar 2017 traten die damit verbundenen Neuregelungen in Kraft. Sie könnten zu einem weitreichenden strukturellen Wandel führen, mit dem auch die seit Langem geforderte Ambulantisierung von Unterstützungsleistungen jeder Art erreicht wird.

Reformbedarf

Schon seit Einführung der Pflegeversicherung Mitte der 1990er-Jahre wurde immer wieder das zugrunde liegende enge Verständnis von Pflegebedürftigkeit kritisiert. Mit Pflegebedürftigkeit wurde vorrangig Hilfebedarf bei Alltagsverrichtungen assoziiert. Bei der Zuordnung einer Pflegestufe und damit bei der Bemessung von Leistungsansprüchen konnte nur der Hilfebedarf bei alltäglichen Verrichtungen in den Bereichen Körperpflege, Nahrungsaufnahme, Mobilität und hauswirtschaftliche Tätigkeiten geltend gemacht werden. Besonders die Problem- und Bedarfslagen von Menschen mit kognitiven oder psychischen Beeinträchtigungen, die zum Teil in ihrer gesamten Lebensführung auf Unterstützung angewiesen sind, blieben in vielen Punkten unberücksichtigt. Dies gilt beispielsweise für Hilfen bei der Tagesstrukturierung, für Hilfen im Umgang mit andauernden Angstzuständen oder für Hilfen im Bereich der Kommunikation.

Betroffen war davon vor allem die große Gruppe der an einer Demenz erkrankten Menschen. Aber auch die Situation von chronisch kranken

Kindern, von Menschen mit geistiger und seelischer Behinderung und von einigen weiteren Personengruppen ließ sich mit diesem Verständnis von Pflegebedürftigkeit nicht adäquat berücksichtigen. Im Laufe der Jahre erfolgte zwar eine Ergänzung der Leistungen der Pflegeversicherung durch allgemeine Formen der sozialen Betreuung für Menschen mit einer »eingeschränkten Alltagskompetenz«. Diese Ergänzung erweiterte die Leistungsansprüche allerdings nur in einem stark begrenzten Sonderbereich.

Hinzu kam das Problem der Bemessung von Pflegezeiten. Die Pflegestufe und damit der Leistungsanspruch wurde vor der Reform anhand der Zeit ermittelt, die eine nicht zur Pflege ausgebildete Person für die notwendigen Hilfeleistungen benötigt – bzw. benötigen würde, wenn die Versorgung durch berufliche Helfer mit pflegerischer Qualifikation erfolgt. Dieses Konstrukt führte zu zahlreichen methodischen Problemen im Begutachtungsalltag, aber auch zu Unverständnis bei vielen Pflegebedürftigen und ihren Angehörigen, denn die Zeiten, die letztlich anerkannt werden konnten, standen oft im Widerspruch zu den täglichen Erfahrungen in der häuslichen Umgebung.

Aus wissenschaftlicher Sicht bietet der zeitliche Bedarf generell keinen verlässlichen Maßstab zur Ermittlung des Grads der Pflegebedürftigkeit.

Das verkürzte Verständnis von Pflegebedürftigkeit hat jedoch auch die Verengung des Verständnisses von Pflege stark befördert – ein Verständnis, in dem Pflege oftmals einseitig als Hilfestellung bei körperlichen Einschränkungen erscheint. Präventive und rehabilitative Funktionen oder Anleitung und Beratung sind im Alltag der ambulanten ebenso wie der stationären Pflege noch schwach verankert.

Der neue Pflegebedürftigkeitsbegriff

Mit dem neuen Pflegebedürftigkeitsbegriff hat sich eine grundlegend veränderte Situation ergeben. Nach annähernd zehn Jahren Vorbereitung, in der Wissenschaftler und Prüfdienste die konzeptionellen Grundlagen entwickelten und sich zwei Beiräte des Bundesgesundheitsministeriums um die Umsetzung bemühten (vgl. BMG 2009 und 2013), traten die geplanten Neuerungen im Januar 2017 endlich in Kraft. Für die Ermittlung der neuen Pflegestufen, die jetzt als Pflegegrade bezeichnet werden,

ABBILDUNG 1 Die Berechnung der Pflegegrade

Modul 1: **Mobilität** (5 Items)	**Modul 2:** **Kognitive und kommunikative Fähigkeiten** (11 Items)	**Modul 3:** **Verhaltensweisen und psychische Problemlagen** (13 Items)	**Modul 4:** **Selbstversorgung (Alltagsverrichtungen)** (12 Items)
0 = selbstständig	Fähigkeit ist 0 = vorhanden	0 = nie oder nur sporadisch	0 = selbstständig
1 = überwiegend selbstständig	1 = größtenteils vorhanden	1 = selten (1- bis 2-mal in 2 Wochen)	1 = überwiegend selbstständig
2 = überwiegend unselbstständig	2 = in geringem Maße vorhanden	2 = häufig (2-mal oder mehrmals pro Woche, aber nicht täglich)	2 = überwiegend unselbstständig
3 = unselbstständig	3 = nicht vorhanden	3 = täglich	3 = unselbstständig
Gewichteter Punktwert: 10	**Gewichteter Punktwert: 15**	**Gewichteter Punktwert: 15**	**Gewichteter Punktwert: 40**

sind nunmehr körperliche Beeinträchtigungen ebenso wie kognitive und psychische Einbußen gleichermaßen relevant. Auch der Umgang mit krankheitsbedingten Anforderungen wird berücksichtigt. Bei der Bestimmung der Pflegegrade sind folgende Bereiche relevant (ausführlich dazu Wingenfeld u.a. 2011 b):

Modul 1 Mobilität: Fortbewegung über kurze Strecken und Lageveränderungen des Körpers

Modul 2 Kognitive und kommunikative Fähigkeiten: Gedächtnis, Wahrnehmung, Denken, Kommunikation

Modul 3 Verhaltensweisen und psychische Problemlagen: Verhaltensweisen, die ein Gefährdungspotenzial oder andere Probleme mit sich bringen können, sowie psychische Probleme wie andauernde Ängstlichkeit, Panikattacken oder fehlende Impulssteuerung

Modul 4 Selbstversorgung: Körperpflege, sich kleiden, Essen und Trinken sowie Verrichtungen im Zusammenhang mit Ausscheidungen

Modul 5 Umgang mit krankheits- bzw. therapiebedingten Anforderungen und Belastungen: Aktivitäten, die auf die Bewältigung von Anforderungen und Belastungen infolge von Krankheit oder Therapiemaßnahmen zielen, z.B. Medikamenteneinnahme, Umgang mit Hilfsmitteln oder Durchführung zeitaufwendiger Therapien innerhalb und außerhalb der häuslichen Umgebung

Modul 5: Umgang mit krankheits- / therapiebedingten Anforderungen (14 Items)	Modul 6: Gestaltung des Alltagslebens und soziale Kontakte (6 Items)
Bewertung, ob selbstständig, ansonsten Häufigkeit pro Tag / Woche	0 = selbstständig
	1 = überwiegend selbstständig
	2 = überwiegend unselbstständig
	3 = unselbstständig
Gewichteter Punktwert: 20	**Gewichteter Punktwert: 15**

Gesamtpunktwert 0–12,4	**Kein Pflegegrad**
Gesamtpunktwert 12,5–26,9	**Pflegegrad 1**
Gesamtpunktwert 27–47,4	**Pflegegrad 2**
Gesamtpunktwert 47,5–69,9	**Pflegegrad 3**
Gesamtpunktwert 70–89,9	**Pflegegrad 4**
Gesamtpunktwert 90–100	**Pflegegrad 5**
Bei bestimmter Bedarfskonstellation	**Pflegegrad 5**

Modul 6 Gestaltung des Alltagslebens und soziale Kontakte: Einteilung von Zeit, Einhaltung eines Rhythmus von Wachen und Schlafen, sinnvolles (bedürfnisgerechtes) Ausfüllen von verfügbarer Zeit und Pflege sozialer Beziehungen

Anhand von Einschätzungen in diesen sechs Bereichen wird ein Grad der Pflegebedürftigkeit ermittelt (siehe Abbildung). Jeder Bereich entspricht einem »Modul« im neuen Einschätzungsinstrument, das wiederum mehrere Merkmale beinhaltet. Zunächst wird für jedes Modul ein Einschätzungsergebnis ermittelt. In einem zweiten Schritt werden diese Teilergebnisse nach bestimmten Regeln zu einem Gesamtergebnis zusammengeführt und als Wert auf einer Skala zwischen 0 und 100 Punkten dargestellt. Je höher der Punktwert, umso größer die Beeinträchtigung.

Einen Spezialfall bilden die Module 2 (Kognition und Kommunikation) und 3 (Verhaltensweisen und psychische Problemlagen). Da Beeinträchtigungen in beiden Bereichen oft in Kombination miteinander auftreten und auch die Selbstständigkeit in anderen berücksichtigten Lebensbereichen erheblich reduzieren (z. B. Gestaltung des Alltagslebens oder Selbstversorgung), musste dafür Sorge getragen werden, dass sie das Gesamtergebnis nicht unverhältnismäßig stark beeinflussen. Deshalb wurde festgelegt, dass von den Modulen 2 und 3 nur dasjenige in die Bewertung eingeht, in dem die höchste Beeinträchtigung besteht, und

sie maximal 15 % des Gesamtpunktwertes beisteuern. Diese und einige weitere Bewertungsregeln waren erforderlich, weil ansonsten eine Schieflage entstanden wäre – zulasten von Personen, die ausschließlich körperliche Beeinträchtigungen aufweisen.
Die 100 Punkte umfassende Skala ist in mehrere Bereiche unterteilt, die jeweils einem bestimmten Grad der Pflegebedürftigkeit (»Pflegegrad«) entsprechen. Festgelegt ist eine Unterteilung in fünf Grade der Pflegebedürftigkeit. Dabei wird auch solchen Personen ein Pflegegrad zugeordnet, die relativ geringe Beeinträchtigungen aufweisen. Sonderkonstruktionen wie Härtefallregelungen, die sogenannte Pflegestufe 0 oder die Beurteilung einer »eingeschränkten Alltagskompetenz« entfallen.
Es wird also nicht mehr die erforderliche Pflegezeit als Maßstab bei der Ermittlung eines Pflegegrades dienen, sondern die Selbstständigkeit im Umgang mit Krankheitsfolgen bzw. funktionellen Beeinträchtigungen. Im neuen Begutachtungsverfahren spielt Zeit keine Rolle mehr; entscheidend ist, welche Fähigkeiten der pflegebedürftige Mensch noch hat und wie selbstständig er seinen Lebensalltag gestalten kann. Die neuen Pflegegrade drücken daher den Grad der Selbstständigkeit im Umgang mit gesundheitlichen Problemen und ihren Folgen für den Lebensalltag aus.
Selbstständigkeit ist der zentrale Begriff und Kern der neuen fachlichen »Philosophie« bei der Bestimmung des Grads der Pflegebedürftigkeit (vgl. dazu Wingenfeld u.a. 2011 a). Es handelt sich aus fachlicher Perspektive eher um einen alten Gedanken. Bereits vor rund fünfzig Jahren formulierten anerkannte Pflegetheoretikerinnen wie Virginia Henderson oder Dorothea Orem diese fachliche Perspektive, die im wissenschaftlichen Bereich, in der internationalen Pflegediskussion und auch im Bereich der Methodenentwicklung vielfach aufgegriffen und verfeinert wurde. In der Fachdiskussion wird zu Recht von einem ressourcenorientierten Pflegebedürftigkeitsbegriff gesprochen, denn Pflegebedürftigkeit wird immer im Zusammenhang mit den personalen Ressourcen gesehen, die den Menschen befähigen, mit gesundheitlich bedingten Beeinträchtigungen umzugehen. Eben daraus leitet sich die Kernfrage ab, inwieweit der von einer Erkrankung oder funktionellen Beeinträchtigung betroffene Mensch in zentralen Lebensbereichen und bei wichtigen Aktivitäten auf die Hilfe anderer Personen angewiesen ist.
Das Verständnis von Selbstständigkeit wird im neuen System sehr weit gefasst. Angesprochen sind, wie oben bereits angemerkt, nicht

nur Bereiche wie Körperhygiene oder Mobilität, sondern beispielsweise auch die Selbstständigkeit im Umgang mit belastenden Emotionen oder anderen Problemlagen auf psychischer Ebene.
Ähnliches gilt für die Selbstständigkeit bei der Gestaltung des Alltagslebens. Die Fähigkeit, den Tag sinnvoll zu strukturieren, einen Rhythmus von Ruhen und Schlafen einzuhalten, sich bedürfnisgerecht zu beschäftigen, in die Zukunft gerichtete Planungen vorzunehmen oder auch mit seiner näheren oder weiter entfernt lebenden sozialen Umgebung zu kommunizieren, blieb im alten System bei der Einstufung ausgespart. Nach dem neuen Pflegebedürftigkeitsbegriff führt Unselbstständigkeit in diesen Bereichen zu Leistungsansprüchen. Damit verbessern sich auch für viele Menschen im ambulant Betreuten Wohnen die Möglichkeiten, Leistungen der Pflegeversicherung zu nutzen.
Neu ist des Weiteren, dass unmittelbar krankheits- oder therapiebedingte Anforderungen systematisch berücksichtigt werden. Dazu gehören etwa die Unselbstständigkeit bei der Medikamenteneinnahme oder Selbstständigkeitseinbußen bei der Kommunikation mit Ärzten.
Haushaltsführung und außerhäusliche Aktivitäten sind zwei Lebensbereiche, die im Rahmen der zukünftigen Begutachtungen thematisiert werden, aber nicht in die Ermittlung eines Pflegegrades eingehen. Haushaltsführung umfasst im Sinne des neuen Pflegebedürftigkeitsbegriffs neben der hauswirtschaftlichen Versorgung auch den Umgang mit Geldangelegenheiten oder den Umgang mit Dienstleistern und Behörden. Mit außerhäuslichen Aktivitäten sind die außerhäusliche Mobilität (z. B. die Nutzung öffentlicher Verkehrsmittel) sowie die Teilnahme an Aktivitäten gemeint, die man im weitesten Sinne als soziale Aktivitäten bezeichnen kann (der Besuch kultureller Veranstaltungen, die Nutzung von Bildungsangeboten u. Ä.). Beide Bereiche werden bei der heutigen Begutachtung zwar erfasst, das Ergebnis ist in diesen beiden Fällen allerdings nicht relevant für die Bestimmung des Pflegegrades. Aus methodischer Perspektive liefert die Einschätzung der Selbstständigkeit in diesen beiden Bereichen keine relevante Zusatzinformation. Etwas vereinfacht gesagt: Man braucht keine Informationen über die Selbstständigkeit bei der Haushaltsführung und bei außerhäuslichen Aktivitäten, um verlässlich einen Grad der Pflegebedürftigkeit ermitteln zu können.
Beibehalten wurden diese beiden Bereiche aus einem anderen Grund. Bei der Begutachtung werden wichtige Informationen erfasst, die für andere Handlungszusammenhänge, beispielsweise für die individuelle

Hilfe- oder Versorgungsplanung eine Rolle spielen können. Wenn das Gutachten beispielsweise als Informationsquelle für ein individuelles Fallmanagement genutzt werden soll, sind die Themen Haushaltsführung und außerhäusliche Aktivitäten wichtig. Informationen aus einer Begutachtung können zwar nicht eine differenzierte Einschätzung des Hilfebedarfs ersetzen, sie zeigen allerdings an, in welchen Bereichen überhaupt ein Hilfebedarf zu erwarten ist.
Unterstützung bei der Haushaltsführung gehört zu den elementaren Hilfebedarfen, die bereits im frühen Stadium einer Pflegebedürftigkeit auftreten und die für die Möglichkeit des Verbleibs in der häuslichen Umgebung von wichtiger Bedeutung ist. Die Finanzierung von Hilfen im hauswirtschaftlichen Bereich gehörte daher schon immer zum Leistungsspektrum der Pflegeversicherung. Hilfestellungen im Bereich der außerhäuslichen Aktivitäten (Fortbewegung außerhalb der häuslichen Umgebung, Assistenz bei der Teilnahme an sozialen Aktivitäten usw.) liegen bislang in der Leistungszuständigkeit anderer sozialer Sicherungssysteme, insbesondere der Eingliederungshilfe. Dabei, so die politische Entscheidung, soll es auch bleiben.

Kurzfristige Verbesserungen

Eine wichtige Neuerung des neuen Pflegebedürftigkeitsbegriffs stellt die Einführung eines Pflegegrads 1 für gering pflegebedürftige Menschen dar, die im alten System der Pflegestufen oft keine Leistungen erhalten haben. Aus fachlicher Sicht war es immer schon fragwürdig, Menschen als »nicht pflegebedürftig« zu bezeichnen, weil sie beispielsweise nur 36 statt 46 Minuten notwendige Pflegezeit nachweisen konnten. Durch die Einführung eines Pflegegrads 1 eröffnet sich nun eine Möglichkeit, gering pflegebedürftigen Menschen passgenaue Präventionsangebote näherzubringen. Das Angebot an präventiven Maßnahmen für diese Personengruppe ist noch gering. Mit dem neuen Pflegebedürftigkeitsbegriff wurden jedoch Rahmenbedingungen geschaffen, in dem sich Präventionsangebote zukünftig besser entwickeln können.
Durch den Pflegegrad 1 wird es zu einem Anstieg der Zahl der leistungsberechtigten Personen in der Pflegeversicherung kommen. Wie stark dieser Anstieg sein wird, ist schwer absehbar.

Die unmittelbar spürbaren Auswirkungen der Reform, die mit dem PSG II eingeleitet wurde, bestehen zunächst einmal in höheren Leistungsbeträgen ab Januar 2017 für fast alle Personen, die schon zu diesem Zeitpunkt Leistungen der Pflegeversicherung bezogen haben. Die Leistungsbeträge für ambulante Sachleistungen und vollstationäre Pflege wurden deutlich erhöht. Besonders bei Menschen mit kognitiven Beeinträchtigungen waren es Erhöhungen im Umfang von mehreren hundert Euro pro Monat. Es entstand auch mehr Flexibilität, um ein möglichst gut passendes Hilfepaket zusammenzustellen.

Nur der neue Pflegegrad 2 für Heimbewohner fällt etwas aus dem Rahmen. Für diese Personengruppe sind die Leistungsbezüge nun verhältnismäßig gering bemessen, sodass eher Hemmschwellen für die Heimnutzung entstehen. Die Reform könnte also dazu beitragen, dass Übergänge in die vollstationäre Pflege sich noch mehr in die späten Phasen von chronischer Krankheit und Pflegebedürftigkeit verschieben.

Zu berücksichtigen ist auch, dass bereits mit dem Pflegestärkungsgesetz I wesentliche Leistungsverbesserungen im Vorgriff auf den neuen Pflegebedürftigkeitsbegriff vorgenommen wurden. Dazu zählt vor allem die Ausweitung des Anspruchs auf allgemeine Betreuungsleistungen auf alle Pflegebedürftigen. Beide Reformgesetze sollten also, was die Frage der Leistungsgestaltung auf der Grundlage des neuen Pflegebedürftigkeitsbegriffs betrifft, im Zusammenhang betrachtet werden.

Langfristige Wirkungen

Die Leistungsverbesserungen waren unmittelbar wahrnehmbar. Auf lange Sicht vielleicht noch wichtiger sind jedoch die strukturellen Effekte, die von der Reform ausgehen. Der neue Pflegebedürftigkeitsbegriff zielt nicht nur auf Leistungsverbesserungen, sondern auch auf eine strukturelle Weiterentwicklung der pflegerischen Versorgung, um das ganze System besser auf die Anforderungen des demografischen Wandels auszurichten. Ob dies gelingt, hängt allerdings weniger von den gesetzlichen Vorschriften ab, als vielmehr von den konkreten Prozessen und Lösungen, die im Gefolge der Reform entstehen.

Dies zeigt sich besonders deutlich im Bereich der ambulanten Pflege. Hier führte die Begrenzung auf die genannten Alltagsverrichtungen im alten System zu einer Begrenzung des pflegerischen Aufgabenspektrums: Ambulante Pflege nach den früheren Vorschriften der Pflegeversicherung umfasste Hilfen bei den Alltagsverrichtungen in den Bereichen Körperpflege, Nahrungsaufnahme, Mobilität und hauswirtschaftliche Tätigkeiten (§ 36 SGB XI in der alten Fassung). Mit der Einführung des neuen Pflegebedürftigkeitsbegriffs erweitert sich der Aufgabenbereich der ambulanten Pflege grundlegend. Die neuen gesetzlichen Vorschriften beschreiben das neue Handlungsfeld folgendermaßen: »Maßnahmen in den (...) Bereichen Mobilität, kognitive und kommunikative Fähigkeiten, Verhaltensweisen und psychische Problemlagen, Selbstversorgung, Bewältigung von und selbständiger Umgang mit krankheits- oder therapiebedingten Anforderungen und Belastungen sowie Gestaltung des Alltagslebens und sozialer Kontakte« (neue Fassung des § 36 Abs. 1 SGB XI). Hier ist die Begrenzung auf die Alltagsverrichtungen aufgelöst, und es eröffnen sich gänzlich neue Perspektiven für die ambulante Pflege. Mit dem neuen § 36 Abs. 2 werden weitergehende Akzente gesetzt: die Betonung der ressourcenfördernden, präventiv ausgerichteten Pflege, die Aufwertung von Anleitung der pflegenden Angehörigen (und natürlich des Pflegebedürftigen selbst) und die Aufwertung kommunikationsintensiver Maßnahmen als Bestandteil ambulanter Pflege.

Nicht nur für die ambulante Pflege, sondern für alle Leistungsformen, die im Rahmen der Pflegeversicherung vorgesehen sind, gehen zahlreiche fachliche Herausforderungen einher. Es gibt erst wenige Konzepte, Aufgabenbeschreibungen und Leistungsdefinitionen, die dem neuen Verständnis von Pflegebedürftigkeit entsprechen und beispielsweise auch für Vergütungsvereinbarungen genutzt werden könnten. Dies betrifft besonders die Ausweitung der Möglichkeiten psychosozialer Unterstützung pflegebedürftiger Menschen, die auch im Zusammenhang mit der Reform näher beschrieben wurden: Hilfen bei der Kommunikation, emotionale Unterstützung, Hilfen zur Verhinderung bzw. Reduzierung von Gefährdungen, Orientierungshilfen im Alltag, Unterstützung bei der Beschäftigung, kognitiv fördernde Maßnahmen und weitere kommunikationsintensive Maßnahmen. Zum Teil geht es um Maßnahmen, die nicht an den pflegebedürftigen Menschen selbst adressiert sind, sondern eher als regelmäßige Anleitung und Beratung der pflegenden Angehörigen geleistet werden.

Die Reform der Pflegeversicherung auf der Basis des neuen Pflegebedürftigkeitsbegriffs zielt auf weitere strukturelle Veränderungen, die an

dieser Stelle nicht alle berücksichtigt werden können. Dazu gehören beispielsweise neuartige Formen der Qualitätsbeurteilung, die starke Bezüge zum neuen Verständnis von Pflegebedürftigkeit aufweisen. Zu erwähnen sind auch die Themen Personalanhaltszahlen und Personalbemessungssysteme. Die Frage der Weiterentwicklung von Präventionsangeboten wurde oben bereits angesprochen.
Hinzuweisen ist aber auch auf die Herausforderung, die Zuständigkeit der sozialen Sicherungssysteme voneinander abzugrenzen (⇨ Matthias Rosemann und Michael Konrad: Die Eingliederungshilfe als zentrale Finanzierungsform des Betreuten Wohnens). Durch ein erweitertes Verständnis von Pflege und Pflegebedürftigkeit kommt es häufiger zu Situationen, in denen beispielsweise zu klären ist, ob die Pflegeversicherung oder die Eingliederungshilfe oder andere Sicherungssysteme in die Pflicht zu nehmen sind. Wie dies im Versorgungsalltag möglichst reibungslos geschehen kann, war und ist in den Diskussionen rund um die Reformen ein wichtiges Thema. Nicht nur die Reform der Pflegeversicherung, sondern auch die Veränderungen im Zusammenhang mit dem Bundesteilhabegesetz werfen hier viele Fragen auf.
So gibt es zahlreiche fachliche, konzeptionelle und planerische Herausforderungen, die mit der Einführung des neuen Pflegebedürftigkeitsbegriffs einhergehen. Mit ihm wurden die Rahmenbedingungen für die Weiterentwicklung von Hilfen für Menschen mit Pflegebedürftigkeit grundlegend geändert, doch müssen weitere Prozesse jenseits der Gesetzgebung folgen, damit der angestrebte Strukturwandel tatsächlich stattfindet und den zunehmenden Herausforderungen bei der Unterstützung pflegebedürftiger Menschen adäquat begegnet werden kann.

Dr. Klaus Wingenfeld, *Jahrgang 1960, Geschäftsführer und Projektleiter am Institut für Pflegwissenschaft an der Universität Bielefeld (IPW).*

Literatur

BMG – Bundesministerium für Gesundheit (2009) (Hg.): Bericht des Beirats zur Überprüfung des Pflegebedürftigkeitsbegriffs. Berlin: BMG.

BMG – Bundesministerium für Gesundheit (2013) (Hg.): Bericht des Expertenbeirats zur konkreten Ausgestaltung des neuen Pflegebedürftigkeitsbegriffs. Berlin: BMG.

Wingenfeld, K.; Büscher, A.; Schaeffer, D. (2011 a): Recherche und Analyse von Pflegebedürftigkeitsbegriffen und Einschätzungsinstrumenten. Schriftenreihe Modellprogramm zur Weiterentwicklung der Pflegeversicherung. Band 1. Berlin: GKV-Spitzenverband.

Wingenfeld, K.; Büscher, A.; Gansweid, B. (2011 b): Das neue Begutachtungsinstrument zur Feststellung von Pflegebedürftigkeit. Schriftenreihe Modellprogramm zur Weiterentwicklung der Pflegeversicherung. Band 2. Berlin: GKV-Spitzenverband.

Häusliche Psychiatrische Krankenpflege und ambulante Soziotherapie als zusätzliche Behandlungsleistungen zu selbstbestimmtem Wohnen

Bruno Hemkendreis

Die Leistungen der Eingliederungshilfe werden mit dem Bundesteilhabegesetz aus dem bisherigen institutionellen Rahmen herausgelöst. Alles, was bisher Wohnheim oder stationär Betreutes Wohnen war, wird in eine ambulante Leistung oder anders gesprochen, in eine Leistung im häuslichen Umfeld bzw. im Sozialraum umgewandelt. Dadurch werden von Angehörigen und Einrichtungsträgern Leistungseinschränkungen für Menschen mit schweren psychischen Beeinträchtigungen befürchtet. Doch eröffnet die Ambulantisierung auch Chancen auf passgenau qualifizierte Hilfen aus anderen Sozialleistungsgesetzen. Hier soll es um die Häusliche Psychiatrische Krankenpflege (HKPsych) gehen und die Soziotherapie (zu den Pflegeleistungen nach SGB XI siehe ⇨ Klaus Wingenfeld: Reform der Pflegeversicherung auf der Grundlage des neuen Pflegebedürftigkeitsbegriffs).

Von der ambulanten Pflege zur Häuslichen Psychiatrischen Krankenpflege

In den 1980er- und 90er-Jahren hatten einige Menschen im damaligen Landeskrankenhaus Gütersloh eine gute Idee. Sie wollten den psychiatrischen Langzeitbereich komplett auflösen. Das bedeutete, viele Patientinnen und Patienten, die schon Jahre oder gar Jahrzehnte in der Klinik lebten – ohne dass es offensichtlich zwingende Gründe dafür gab – sollten entlassen und in der Gemeinde angesiedelt werden. Natürlich fielen dadurch gleichzeitig etliche Arbeitsstellen weg. Also mussten nicht nur

Patienten, sondern auch psychiatrische Professionelle enthospitalisiert werden. Die Langzeitpatienten benötigten Begleitung für den Schritt in die Freiheit. Sie hatten nach langer Zeit der Rundumversorgung verlernt einzukaufen, zu kochen und sich in der Gemeinde zu orientieren. Schwestern und Pfleger der psychiatrischen Stationen begannen, sie dabei zu begleiten. Oftmals fand das nach den offiziellen Dienstzeiten im Rahmen von Mehrarbeit statt (vgl. Hemkendreis 2011). Nach und nach entwickelte sich aus diesem Angebot ein erster psychiatrischer Pflegedienst. Die Tätigkeit entsprach dem therapeutischen Auftrag für die Pflege laut Krankenpflegegesetz, nämlich an der »Wiedererlangung, Verbesserung, Erhaltung und Förderung von psychischer und physischer Gesundheit der ihnen anvertrauten Patienten mitzuwirken« (§ 3 Abs. 2–3 KPG, Bundesgesetzblatt 2003).
An einigen anderen Standorten in Deutschland entwickelten sich in dieser Zeit ebenfalls ambulante psychiatrische Pflegedienste. In einer Evaluation konnte gezeigt werden, dass »Ambulante Psychiatrische Pflege durch Sozialstationen in Nordrhein-Westfalen positive Effekte hinsichtlich der Vermeidung und Verkürzung stationärer Aufenthalte hat. Auch eine Verbesserung in Bezug auf Arztkontakte und Medikamenteneinnahme sowie eine Verbesserung der Gesundheits- und Lebenssituation der Klienten wurde beschrieben« (Kretschmann 1988). Alle psychiatrischen Pflegedienste hatten das Ziel, psychisch erkrankte Menschen in ihrem Lebensumfeld zu unterstützen, um ein selbstbestimmtes Leben – weitgehend ohne Klinikeinweisungen – zu ermöglichen.
Seit 2005 ist die Häusliche Psychiatrische Krankenpflege (HKPsych) nach einer Änderung der Häusliche-Krankenpflege-Richtlinie durch den Gemeinsamen Bundesausschusses (G-BA) bundesweit verordnungsfähig (G-BA 2005). Seither ist die Ambulante Psychiatrische Krankenpflege analog zur psychiatrischen Pflege in der Klinik eine Behandlungsleistung der gesetzlichen Krankenversicherung. Obgleich dies auf der einen Seite ein Schritt in Richtung Gleichstellung von Menschen mit psychischer Erkrankung war, wurde durch die Richtlinie auch ein Behandlungsziel und ein Ende der ambulanten pflegerischen Behandlung definiert. Innerhalb von vier Monaten sollten die aus der psychischen Erkrankung resultierenden Fähigkeitsstörungen beseitigt oder reduziert sein. Hier stand dem ärztlich dominierten G-BA ganz offensichtlich die stationäre Logik Pate. Die Konsequenz war ein sehr verhaltener Aufbau von ambulanten psychiatrischen Pflegediensten. Dem lag allerdings ein Missverständnis

zugrunde, das sich hartnäckig hält: Die Grenze von vier Monaten ist eine Empfehlung, keine absolute Grenze.
Obwohl es sich um ein ökonomisch wie therapeutisch sinnvolles Angebot handelt, ist daher HKPsych nur theoretisch für Menschen mit schweren psychischen Beeinträchtigungen bundesweit erreichbar. Das liegt daran, dass in jedem Bundesland andere Voraussetzungen zur Implementierung eines psychiatrischen Pflegedienstes existieren, die von den Krankenkassen einseitig gesetzt werden. Der G-BA hatte es unterlassen, konkrete Umsetzungsbestimmungen vorzugeben. Stattdessen müssen diese von jedem potenziellen Leistungserbringer einzeln ausgehandelt werden. Die Bereitschaft der Kostenträger, Häusliche Psychiatrische Krankenpflege zu etablieren, erwies sich als gering und ist es heute noch. Über zehn Jahre nach der Verabschiedung der HKPsych-Richtlinie sind wir noch immer weit von einer flächendeckenden Versorgung entfernt.

Was kann die Ambulante Psychiatrische Pflege?

Der G-BA-Beschluss von 2005 legt fest, dass HKPsych von einem Facharzt für Psychiatrie, Psychotherapie, Neurologie oder psychotherapeutischer Medizin verordnet werden kann. Bestehen Zweifel an der Behandlungsfähigkeit, wird die Verordnung zunächst nur für 14 Tage ausgestellt und soll dann die Pflegeakzeptanz und den Beziehungsaufbau ermöglichen. Weitere Verordnungen sind auch durch Hausärzte möglich, wenn zuvor von einem Facharzt (z. B. des Krankenhauses) die Diagnose gesichert wurde. Die Einsätze sollen eine abnehmende Frequenz haben. Die Anfangsfrequenz kann bis zu 14 Einheiten pro Woche betragen. Auch dies stellt eine Empfehlung und nicht eine strikte Vorgabe dar.
Vom verordnenden Arzt muss mit der Verordnung ein Behandlungsplan erstellt werden, darin werden aus der Erkrankung resultierende Fähigkeitsstörungen und sich daraus ergebende Behandlungsziele benannt. Hieraus ergeben sich für die psychiatrisch Pflegenden sinnvolle Ansatzpunkte für eine systematische Pflegeplanung. In der Praxis bedeutet das, dass durch die angegebenen Fähigkeitsstörungen eine Basis für ein Erstgespräch mit dem Klienten gegeben ist. Auf dieser Grundlage können

gemeinsam mit dem Klienten Pflegeziele und Pflegeinterventionen verhandelt werden, die die Fähigkeitsstörungen verbessern sollen und vom Klienten als sinnvoll und akzeptabel angesehen werden. Letzteres ist eine Frage der Zeiteinheiten für den Pflegeeinsatz, die in den bestehenden Versorgungsverträgen häufig zu gering angesetzt wurden. Wichtig ist, dass die vom Klienten verfolgten Ziele im Sinne einer Recoveryorientierung geeignet sind, die Erkrankung in das Alltagsleben zu integrieren, indem gelernt wird, mit bestimmten Einschränkungen zu leben. Nicht immer muss oder kann Gesundung das Ziel sein.
Wichtig an dieser Stelle ist es, dass die geplanten Pflegeleistungen auf Augenhöhe, gemeinsam mit der Klientin verhandelt werden. Oftmals gibt es neben den vom Arzt angegebenen Fähigkeitsstörungen und den daraus resultierenden Behandlungswünschen auch noch Wünsche oder sogar Forderungen von Angehörigen, von Nachbarn und eventuell auch noch vom rechtlichen Betreuer. Die partizipative Pflegeplanung berücksichtigt im Idealfall all diese Wüsche, sieht jedoch ganz deutlich die Klientin im Vordergrund: Sie ist die Verhandlungspartnerin, es geht primär um ihre Genesung. Die ausgehandelten Pflegeinterventionen dienen genau dazu und sollen regelmäßig gemeinsam überprüft und – wenn nötig – angepasst werden. Psychiatrische Pflege ist Beziehung und Beziehungspflege. Ihre Tätigkeiten sind zahlreich und vielfältig.

Tätigkeitsinhalte der Ambulanten Psychiatrischen Pflege

- Erstgespräch
- Hilfebedarfsplanung
- Beziehungsgestaltung
- Feststellen, beobachten und dokumentieren des Hilfebedarfs und dessen Entwicklung
- Wahrnehmen und beobachten von Krankheitszustand und -entwicklung
- Anregung und Abstimmung therapeutischer, pflegerischer und ergänzender Maßnahmen
- Zusammenarbeit mit dem verordnenden Arzt
- Hilfe bei der Medikamenteneinnahme
- Vorsorge bei Eigen- oder Fremdgefährdung
- Krisenintervention
- Aktivierung zu elementaren Verrichtungen
- Psychiatrische Entlastung im Alltag
- Training kognitiver, sozialer und emotionaler Kompetenzen

- Hilfe beim Umgang mit beeinträchtigenden Gefühlen, Wahrnehmungen und Verhaltensweisen
- Hilfe bei der Tages- und Wochenstrukturierung
- Zusammenarbeit mit Partnern und anderen Familienangehörigen Kontaktaufnahme und Kooperation mit anderen Diensten, Fachpersonal und Institutionen

(BAPP 2003, gekürzte Fassung)

Obwohl stark gekürzt, zeigt der Tätigkeitskatalog der Bundesinitiative der Ambulanten Psychiatrischen Pflege (BAPP), dass die Aufgaben der HKPsych anspruchsvoll und umfassend sind.

In der ambulanten psychiatrischen Versorgungslandschaft hat die HKPsych das Alleinstellungsmerkmal, umgehend und intensiv beginnen zu können. Sie kann noch am Tage der Verordnung, z. B. am ersten Tag nach einem Klinikaufenthalt beginnen und sieben Tage die Woche zweimal täglich durchgeführt werden. Dies macht die Ambulante Psychiatrische Pflege zu einer ausgezeichneten Möglichkeit, akute Krisen zu bewältigen und Klinikaufenthalte zu vermeiden. In einem guten Zusammenspiel der HKPsych mit niedergelassenen Fachärzten können so komplexe Versorgungssituationen geschaffen werden, die dem – auch in der aktuellen Debatte um das neue Entgeltsystem in der Psychiatrie geforderten – Home Treatment in puncto Qualität und Intensität nahekommen.

Für Fachärzte bietet diese enge Zusammenarbeit mit der HKPsych oftmals eine gute Alternative zu einer Klinikeinweisung ihrer Patienten. Allerdings ist sie leider für die Ärztinnen mit einem sehr viel höheren bürokratischen Aufwand als eine Klinikeinweisung verbunden. Während eine Einweisung von den Kostenträgern fraglos akzeptiert wird, muss die Verordnung zur HKPsych in der Regel mehrfach begründet werden. Im Rahmen der anstehenden Überarbeitung der HKPsych-Richtlinie durch den G-BA kann jedoch eine Änderung erhofft werden.

Die HKPsych stellt eine besonders nutzerfreundliche pflegerische Unterstützung dar. Anders als im stationären Kontext, wo nach wie vor die Bedingungen von den professionellen Helfern diktiert werden, liegt das Hausrecht bei den Klienten. Das Verhalten der Pflegeperson muss so gestaltet werden, dass die Klientin ihr die Tür wieder öffnet. Die ambulante Arbeit erfordert den Umgang auf Augenhöhe. Insofern wäre ein längeres Praktikum in der HKPsych auch lehrreich für die weitere Arbeit in der stationären Psychiatrie.

Wer kann HKPsych in Anspruch nehmen?

In den oben geschilderten regionalen Anfängen der HKPsych konnte diese Leistung noch für alle Menschen verordnet werden, die diese Hilfe benötigten. Seit der G-BA 2005 die Häusliche Psychiatrische Krankenpflege geregelt hat, sind einige Gruppen von Menschen mit bestimmten Diagnosen von der Inanspruchnahme ausgeschlossen, so beispielsweise alle Menschen mit Suchterkrankungen (ICD-Diagnosegruppen F10) und alle Menschen mit Persönlichkeitsstörungen (ICD-Diagnosegruppen F60). Die durchaus positiven Erfahrungen der bis dato existierenden Pflegedienste mit diesen Diagnosegruppen fanden in den Richtlinien keine Berücksichtigung, weil in einer umfangreichen, internationalen Literaturrecherche keine Evidenz dafür gefunden wurde. In der Praxis führte das unweigerlich dazu, dass die verordnenden Ärzte eine anerkannte Diagnose an die erste Stelle setzen.
Vollkommen unverständlich ist der Ausschluss der Borderline-Persönlichkeitsstörungen, bei denen eine ambulante Behandlung in den englischsprachigen Ländern in der Regel einer stationären Behandlung vorgezogen wird. Ambulante Psychiatrische Pflege ist hier bestens geeignet, emotionalen Ambivalenzen auf der Beziehungsebene zu begegnen.
Im ambulanten Versorgungssystem stellt die Ambulante Psychiatrische Pflege eine effektive Intervention dar, die hochfrequent und zeitnah eingesetzt werden kann. Es ist aber sinnvoll, sie im Zusammenhang und im Zusammenspiel mit anderen ambulanten Versorgungsangeboten zu betrachten. Im Rahmen des SGB V als zeitlich begrenzte Behandlungsleistungen sind vor allem ambulante Ergotherapie oder Soziotherapie bei Menschen mit psychischen Erkrankungen sinnvoll einzusetzen. Gemeinsam mit der HKPsych sind sie flankierend zu den Leistungen des ambulant Betreuten Wohnens bzw. ab 2020 zu den Assistenzleistungen im Rahmen der sozialen Teilhabe einzusetzen.

Soziotherapie

Ein weiteres Versorgungsangebot für chronisch psychisch erkrankte Menschen ist die Soziotherapie, die in Deutschland regional sehr unterschiedlich verbreitet ist. Sie ist eine Leistung, die der Gesetzgeber im Jahr

2000 geschaffen hat (§ 37a SGB V), aber von den Krankenkassen im Wesentlichen zu verhindern versucht wurde. Ambulante Soziotherapie ist – anders als z.B. die Häusliche Psychiatrische Krankenpflege – eine spezifisch deutsche Leistung und in anderen Ländern, wie etwa in der Schweiz oder in Österreich, nicht bekannt. Die Soziotherapie soll Patientinnen und Patienten mit schweren psychischen Störungen in die Lage versetzen, Behandlungen in Anspruch zu nehmen, wenn dadurch Krankenhausbehandlung vermieden oder verkürzt werden kann oder Krankenhausbehandlung geboten, aber nicht durchführbar ist. Anders als die Häusliche Psychiatrische Krankenpflege steht daher das Ziel der Krankenhausvermeidung immer im Fokus einer Verordnung.

Soziotherapiemaßnahmen umfassen Trainings- und Motivationsmethoden sowie Koordinierungsmaßnahmen. Mithilfe von Soziotherapie sollen die Möglichkeiten von Kooperation und vermehrter Abstimmung aller am Behandlungsprozess Beteiligten verbessert werden. Darüber hinaus sieht das Leistungsspektrum von Soziotherapie vor, Hilfen in Krisensituationen zur Verfügung zu stellen, beim Verständnis der eigenen Erkrankung ggf. auch mit übenden Verfahren zu helfen und die Klienten zu ermutigen, notwendige Unterstützung in Anspruch zu nehmen.

Von Fachärzten für Psychiatrie, Neurologie, Nervenheilkunde, psychosomatische Medizin und Psychotherapie können 120 Stunden Soziotherapie innerhalb von drei Jahren je Krankheitsfall verordnet werden. Soziotherapie ist unter bestimmten Bedingungen beim Vorliegen jeder psychiatrischen Diagnose verordnungsfähig, sofern die psychische Erkrankung zu erheblichen Einschränkungen der Funktionsfähigkeit des betreffenden Menschen führt. Diese wird in der sog. GAF-Skala gemessen. Einfachere Indikationen für die Soziotherapie mit einem höheren GAF-Wert liegen bei Erkrankungen aus dem schizophrenen Formenkreis vor (ICD-10-Code F20 – F25 mit Ausnahme von F23 sowie affektive Störungen, wenn sie von psychotischen Symptomen begleitet werden, F31.5, F32.3 und F33.3). Zur Verordnung müssen vom Arzt die Funktionsstörungen festgestellt werden. In der Regel werden zunächst fünf Probestunden verordnet, dann werden auf der Grundlage des »soziotherapeutischen Betreuungsplans« jeweils dreißig Therapiestunden vom Facharzt verschrieben. Der Facharzt muss hierzu eine besondere Zulassung durch die Kassenärztliche Vereinigung beantragen, um diese Verordnungen aussprechen zu dürfen. Wenn der Patient nicht bei einem Nervenarzt oder Psychiater in Behandlung ist, kann auch ein Hausarzt zunächst drei Stunden Soziotherapie verordnen, um den Patienten zur Kontaktaufnahme mit dem Facharzt zu motivieren. Seit einer Änderung der Soziotherapie-Richtlinien im Jahr 2015 können auch die Psychiatrischen Institutsambulanzen Soziotherapie verordnen. Der Gesetzgeber hat außerdem geregelt, dass auch psychologische Psychotherapeuten zur Verordnung von Soziotherapie berechtigt sind.

Erbracht wird Soziotherapie regelhaft von Sozialarbeiterinnen, Sozialpädagogen oder Pflegefachpersonen, wobei allerdings die früher geltenden von allen Krankenkassenverbänden formulierten gemeinsamen Anforderungen an die Leistungserbringer ihre Rechtsgrundlage verloren haben. Verschiedentlich kommen sie immer noch zur Anwendung. Andererseits werden in den Verträgen zwischen den Leistungserbringern und den Krankenkassen auch andere Berufsgruppen zur Versorgung zugelassen.

Leider ist die Soziotherapie bisher in der Praxis kaum angekommen. Sie ist oft den Akteuren nicht bekannt, zu schlecht vergütet, dafür mit hohem Dokumentationsaufwand behaftet und regelmäßig werden bei der Verhandlung des Versorgungsvertrags hohe Hürden eingebaut, die gegebenenfalls nur auf dem Klageweg zu beseitigen sind. Das Ende 2016 beschlossene »Gesetz zur Weiterentwicklung der Versorgung und der Vergütung für psychiatrische und psychosomatische Leistungen« (PsychVVG) sieht zur Stärkung der Soziotherapie vor, dass seit 2017 eine Schiedsperson angerufen werden kann, wenn sich Leistungserbringer und Krankenkassen über die Fragen zur Durchführung der Soziotherapie (z. B. Bedingungen der Leistungen, zugelassene Berufsgruppen, Höhe der Vergütung) nicht einigen können (§ 132b Abs. 2 SGB V).

Abgrenzung und Zusammenwirken

Häusliche psychiatrische Krankenpflege und Soziotherapie sind Leistungen der gesetzlichen Krankenversicherung, auf die Versicherte unter bestimmten, im Gesetz und in den Richtlinien definierten Bedingungen Anspruch haben. Sie gehören in Zuständigkeit der Krankenkassen zum Leistungskreis der Behandlung. Sie können folglich auch neben die Leistungen zur sozialen Teilhabe treten und diese ergänzen.

Der Träger der Eingliederungshilfe ist zukünftig gehalten, im Teilhabeplan- oder im Gesamtplanverfahren die verschiedenen möglichen

Leistungsansprüche zu klären und die betreffenden Leistungsträger am Verfahren zu beteiligen. Sie können ebenso neben die Leistungen zur Teilhabe am Arbeitsleben treten wie neben die Leistungen zur Teilhabe an Bildung. Ihr zentrales Ziel ist durch den § 27 SGB V bestimmt: »Versicherte haben Anspruch auf Krankenbehandlung, wenn sie notwendig ist, um eine Krankheit zu erkennen, zu heilen, ihre Verschlimmerung zu verhüten oder Krankheitsbeschwerden zu lindern.«

***Bruno Hemkendreis** ist Präsident der Deutschen Fachgesellschaft Psychiatrische Pflege (DFPP) und arbeitet in der Stabsgruppe Klinikentwicklung und Forschung am LWL-Klinikum Gütersloh.*

Literatur

BAPP e. V. (2003): Tätigkeitskatalog »Ambulante Psychiatrische Pflege«. www.bapp.info/texte/taetigkeiten.pdf (29.03.2017).

G-BA (2005): Beschlussbegründung zur Änderung der Richtlinie über die Verordnung von häuslicher Krankenpflege vom 15. Februar 2005. www.g-ba.de/downloads/40-268-47/2005-02-15-Psychiatrisch-Begruendung.pdf (17.03.2017).

G-BA (2016): Soziotherapie-Richtlinien. www.g-ba.de/downloads/62-492-1179/ST-RL_2015-12-17_iK-2016-05-20.pdf (27.03.2017).

Hemkendreis, B. (2010): Auf ein Wort mit Hans Bentlage. Psych Pflege Heute, 16 (4), 172–174.

Hemkendreis, B. (2011): »Ich habe das nur gemacht, weil ich Angst um unsere Patienten hatte. Psych Pflege Heute, 17 (3), 137.

Hemkendreis, B.; Hasslinger, V. (2014): Ambulante Psychiatrische Pflege. Köln: Psychiatrie Verlag.

Kretschmann, R. (1988): Ambulante psychiatrische Pflege durch Sozialstationen. Bericht zum Modellversuch des Ministers für Arbeit, Gesundheit und Soziales des Landes Nordrhein-Westfalen. Freiburg im Breisgau.

Weissflog, S.; Schoppmann, S.; Richter, D. (2016): Aufgaben und Tätigkeiten der Ambulanten Psychiatrischen Pflege in der Schweiz und in Deutschland: Ergebnisse eines länderübergreifenden Forschungsprojekts. Pflegewissenschaft, 18 (3/4), 180–190.

Die Arbeit eines aufsuchenden Fachdienstes am Beispiel des Betreuten Wohnens in Familien

Jo Becker

Das Betreute Wohnen in Familien (BWF) ist keine Alternative zum ambulant Betreuten Wohnen. Menschen mit einem Handicap, die mit ambulanter Unterstützung in ihrer eigenen Wohnung leben können, werden sich in der Regel für die eigene Wohnung entscheiden. Betreutes Wohnen in Familien ist eine Alternative zur Institution, zum Leben in einem Heim (aber nicht nur, siehe ⇨ Michael Konrad: Gastfamilien als Übergang in ein selbstbestimmtes Leben). Traditionell werden Personen, die wegen einer Krankheit oder Behinderung einen hohen Hilfebedarf haben, durch einen Fachdienst in eine passende Gastfamilie vermittelt. Der Fachdienst betreut sie langfristig weiter wie ein Fachdienst des ambulant Betreuten Wohnens. Auch die Familie wird von diesem Dienst unterstützt und zugleich kontrolliert.

Das Betreute Wohnen in Familien bietet Menschen mit einem stärkeren Handicap ein Leben in einer normalen Wohnung, eine Lebensgemeinschaft mit nicht behinderten Menschen und eine Versorgungsintensität wie in einem Wohnheim. Auf diese Weise können psychisch kranke, geistig behinderte oder hilfebedürftige alte Menschen außerhalb eines Heimes in Beziehungen leben, die mit den Beziehungen zu professionellen Helfern nicht vergleichbar sind. Familien bieten Alltag und damit Normalität, Integration in Nachbarschaft und weitere soziale Kontakte.

Die wesentliche Aufgabe des Fachdienstes liegt in der Unterstützung der Gastfamilie, nicht zuletzt um eine Überlastung der Familie zu verhindern. Deshalb geht es nicht primär um Kontrolle, sondern um die Bereitstellung von fachlicher Hilfe, von entlastenden Begleitmaßnahmen, Anerkennung und Herstellen einer Balance zwischen den Interessen der Klienten und den Möglichkeiten der Gastfamilien. Das gelingt am erfolgreichsten bei einer Begegnung auf Augenhöhe, in einer von gegenseitigem Respekt geprägten Zusammenarbeit.

In diesem Beitrag soll auf die Arbeit des begleitenden Fachdienstes mit dem Fokus auf erfolgreiche Interventionen bei schwierigen Verhältnissen eingegangen werden.

Die Beziehung zur Gastfamilie: eine Herausforderung

Die Beziehungsgestaltung im Verhältnis zu Gastfamilie und Klient ist für den Fachdienst eine Herausforderung. Es ist, als würde man in ein ausbalanciertes Mobile ein neues Teil hängen: Es entsteht eine Phase der Unordnung und Bewegung, bis sich eine neue Balance und Stabilität gebildet hat. Deshalb ist die intensive Begleitung während der ersten Wochen und Monate des Zusammenlebens besonders wichtig. In dieser Startphase hat der Fachdienst die besten Möglichkeiten, auf die künftigen Umgangsformen und die Position des Klienten in der Gastfamilie Einfluss zu nehmen.

Der Fachdienst wird nicht – wie z. B. das Jugendamt – erst bei Problemen eingeschaltet, sondern begleitet von Anfang an. Dadurch bestehen gute Möglichkeiten, eine von Wertschätzung geprägte Zusammenarbeit zu entwickeln. Belastungen können in diesem System frühzeitig erkannt, Mängel durch verbindliche Absprachen abgestellt werden. Der Fachdienst ist Kontrollinstanz und ergänzt Fachlichkeit, die die Familie nicht leisten kann, er ist Stütze und Impulsgeber, wobei er die Belange beider Seiten berücksichtigt. Vor allem aber gibt er – schon allein durch seine Existenz – Anerkennung für die wichtige soziale Leistung der Gastfamilie. Umgekehrt erleben Fachkräfte im BWF eine stärkere Wertschätzung ihrer Arbeit durch die Klienten und Gastfamilien als in vielen anderen Feldern sozialer Arbeit.

Aber auch diese Beziehung hat ihre Höhen und Tiefen. In jeder Partnerschaft, jeder Familie gibt es hin und wieder unangemessenes Verhalten. Die Kunst des Fachdienstes liegt darin, einerseits nicht bei jeder Gelegenheit zu intervenieren, andererseits aber bei einer sich abzeichnenden Fehlentwicklung auch nicht tatenlos zu bleiben.

Ein Risiko der Begleitung liegt darin, dauerhaft in die Familie hineinregieren zu wollen. Die besondere Qualität einer familiären Gemeinschaft, die sich eigendynamisch ihre ganz individuellen Abläufe und Umgangskultur schafft, würde dadurch negativ beeinflusst. Ein weiteres Risiko liegt in der entgegengesetzten Entwicklung: Die Fachkraft wird nach und nach als externes Mitglied der Familie »adoptiert«, ein Distanzverlust tritt ein: Die Gastfamilie will keine Einmischung, die Fachkraft keinen Ärger, mögliche Konflikte werden nicht angesprochen. Deshalb hat sich die Betreuung im Tandem bewährt, wobei die zuständige Fachkraft durch stets die gleiche Kollegin vertreten wird. Dadurch kann die Ko-Betreuerin kollegiale Beratung bieten und bei Bedarf auch kritische Themen in der Gastfamilie ansprechen, ohne dass die Beziehung zur Bezugsbetreuerin belastet wird.

Auf die passende Zuordnung kommt es an

Die wichtigste Weichenstellung für ein gutes Gelingen liegt in der passenden Zuordnung von Klient und Gastfamilie. Eine schematische Zuordnung z. B. nach dem Wohnortwunsch reicht nicht für ein erfolgreiches »matching«. Gute BWF-Teams beherrschen wie gute Eheinstitute die Kunst, passende Beziehungen zu vermitteln, die auf Dauer angelegt sind. Dabei sind rationale Gesichtspunkte wie die Hilfebedarfe eines Klienten und das Leistungsvermögen einer Familie ebenso wichtig wie intuitive Erkenntnisse über beide Parteien. Dieses »Bauchgefühl« können wir durchaus professionell nutzen, indem wir die Vermittlungsgespräche zu zweit führen, anschließend darauf achten, welche Resonanzen eine Gastfamilie oder ein Klient in uns wachrufen und uns dann darüber austauschen.
Schwierige Konstellationen lassen sich nicht immer vermeiden.

BEISPIELE Eine Gastfamilie nimmt den psychisch kranken und suchtkranken Freund ihrer Tochter als BWF-Klient auf. Die Paarkonflikte eskalieren bis zu einem Polizeieinsatz, das Betreuungsverhältnis wird nach drei Monaten beendet. ×
Eine Mutter ist mit der Versorgung ihrer psychisch kranken Tochter überfordert. Die Tochter zieht zur besten Freundin der Mutter, begleitet durch einen BWF-Dienst. Mutter und Freundin konkurrieren fortan, die Mutter verleumdet die Freundin und hetzt gegen sie im ganzen Dorf. Dadurch gerät die Gastmutter unter so starken Druck, dass sie schließlich aufgeben muss. ×

Zwei Klienten in einer Gastfamilie werden von verschiedenen BWF-Teams betreut. Die Gastfamilie spielt die Teams gegeneinander aus und veranlasst schließlich den einen Klienten, zu dem aus ihrer Sicht toleranteren Team zu wechseln. ×

Betreuungsverhältnisse, in denen ein Mitglied der Gastfamilie in einem sozialen Beruf tätig ist, stellen eine besondere Herausforderung dar. Die Kunst besteht darin, eine mögliche kollegiale Konkurrenz zwischen der Fachkraft in der Familie und der BWF-Fachkraft im Auge zu behalten, ohne dass die Zusammenarbeit für den Klienten darunter leidet.

Interventionen

2013 wurden alle BWF-Teams in Deutschland, Österreich und der Schweiz schriftlich befragt, welche Interventionen sie in ihrer Arbeit verwenden. Insgesamt wurden 114 Antwortbögen ausgewertet.
Praktisch alle BWF-Kolleginnen und -Kollegen führen Hausbesuche mindestens einmal im Monat durch (97 %) und sprechen dabei auch regelmäßig unter vier Augen mit ihren Klienten (96 %). Beides ist die wichtigste Form der Qualitätssicherung im BWF, sowohl zur gezielten Unterstützung von Gastfamilie und Gast als auch zum frühzeitigen Erkennen von problematischen Entwicklungen. Deshalb ist es nicht fachgerecht, wenn 4 % der Befragten darauf verzichten, mit ihren Klienten auch unter vier Augen zu sprechen. Weniger als die Hälfte der Teams nutzen die Möglichkeit einer Ko-Betreuung durch eine zweite Fachkraft (Tandem-Betreuung). Erfahrene Teams sprechen bei Bedarf Risikofaktoren offen an und vereinbaren verbindliche Regelungen für wiederkehrende Konfliktsituationen.

Überversorgung und Bevormundung

Unter den problematischen Beziehungsentwicklungen im BWF sind Überversorgung und Bevormundung mit Abstand am häufigsten. Viele Teams sprechen das Problem daher gleich zu Beginn an: Obwohl der Klient in einigen Bereichen auf Hilfe angewiesen ist, soll er nicht erzogen oder zur Veränderung gedrängt werden. Was er selbstständig kann, soll ihm nicht abgenommen werden, auch wenn man selbst es vielleicht besser machen könnte. Dabei gibt es einen weiten Interpretationsspielraum, ab wann Fürsorge zur Überversorgung wird. Klienten, die dauerhaft stark hilfsbedürftig sind, wird man schon bei der Zuordnungsentscheidung eher in fürsorgliche Familien vermitteln. Die BWF-Kollegen aus Geel in Belgien unterscheiden in diesem Zusammenhang zwischen »warmen« und »kalten« Gastfamilien.

Vor allem hilflos wirkende Klienten und Menschen mit einer geistigen Behinderung rufen bei vielen Gastfamilien eine fürsorgliche Haltung hervor. Gastfamilien, deren Kinder schon groß sind, können im Zusammenleben mit einem Klienten ihre Eltern-Kind-Rolle fortsetzen. Das ist eine gute Basis für eine liebevolle Beziehung und Integration in die familiäre Gemeinschaft. Aufgabe der professionellen Begleitung ist es, dass diese Haltung einer Verselbstständigung nicht im Wege steht.

Beim Thema Fürsorge kann es zu einer Konkurrenz zwischen Team und Familie in der Frage kommen, wer besser weiß, was für den Klienten gut ist. Überversorgung und Bevormundung können aber auch Ausdruck eines unbewussten Motivs der Gastfamilie sein, sich selbst als karitativ tätige Menschen zu erleben und vor anderen darzustellen. Nicht selten spielt auch der Machtaspekt »Stark gegenüber Schwach« eine Rolle, wenn ein Mitglied der Gastfamilie den Klienten übermäßig anleitet, kontrolliert oder korrigiert. Hinzu kommt die Abhängigkeit von Versorgung und Wohnen, die einer Gastfamilie die Möglichkeit gibt zu sagen: Entweder du passt dich an oder du musst in ein Heim! Die Hausbesuche des Fachdienstes dienen daher unausgesprochen auch dem Ausgleich der Machtverhältnisse.

Unangemessenes Verhalten

Ein weiteres Problemfeld betrifft grob unangemessenes Verhalten der Gastfamilie gegenüber Klienten. Das passiert nie aus heiterem Himmel, sondern als Reaktion auf Belastungsfaktoren. Meistens leidet die Umgangskultur durch eine allmähliche Überforderung der Gastfamilie, teilweise auch erst nach Jahren.

BEISPIELE Ein geistig behindertes Geschwisterpaar lebt seit sieben Jahren bei einer Gastfamilie. In unregelmäßigen Abständen zeigen die beiden unerwünschtes Verhalten wie Einnässen, in die Zimmerecke urinieren, in die Toilette fassen und Ähnliches. Die Eheleute reagieren darauf mit sehr grober Ansprache und verhängen z. B. Zimmerarrest. Sie verneinen, sich überfordert zu fühlen. Als verschiedene Interventionen erfolglos bleiben, schreitet die Teamleitung mit ihrer Autorität ein: einmal mit dem Aufzeigen klarer Grenzen, aber auch durch Wertschätzung der wirklich schwierigen Arbeit dieser Familie. Seitdem kontrollieren sich die Eheleute in ihrem Verhalten, die Lage entspannt sich, die unerwünschten Verhaltensweisen sind seltener geworden. ×

Die Hygiene einer 18-jährigen Klientin ist katastrophal, ihr Verhalten der Gastmutter gegenüber extrem respektlos. Die Gastmutter reagiert ihrerseits gereizt. Es entsteht eine chronisch aggressive Atmosphäre. Bei Hausbesuchen konkurrieren beide um die Unterstützung durch die BWF-Kollegin und versuchen, diese in eine Schiedsrichterposition zu bringen. Als letzten Versuch vor einer Beendigung führt das Team eine Tandem-Betreuung ein, bei der eine Mitarbeiterin eine Stunde pro Woche die Klientin besucht und die andere nur die Gastmutter unterstützt und anleitet. Seitdem ist eine deutliche Beruhigung eingetreten, es gibt Entwicklungsfortschritte. ×

Unzureichende Versorgung oder Ausbeutung der Arbeitskraft

Eine unzureichende Versorgung des Bewohners oder seine Ausbeutung der Arbeitskraft sind selten eindeutig. Meistens erleben die Gastfamilien ihr Verhalten als angemessen.

Ob z. B. die Essensversorgung zu geizig bemessen oder zu viel Mitarbeit verlangt wird, hängt sehr von der Familienkultur ab. In landwirtschaftlichen Betrieben gehört die Mithilfe aller Familienmitglieder dazu. Auch hier gilt es, die Interessen beider Seiten zu würdigen. In Fällen von unzureichender Versorgung oder übermäßiger Mitarbeit gelingt es aber leichter, klare Vereinbarungen zu treffen, z. B. über Mindeststandards oder eine Bezahlung.

BEISPIELE So geriet eine Familie in den Verdacht, Gelder des Klienten zu veruntreuen. Eine Absprache über Buchführung schaffte Sicherheit. ×

Zwei Gastfamilien, die sich im Urlaub mit der Betreuung ihrer Klienten gegenseitig vertreten haben, ließen ihre beiden Bewohner, einen Mann und eine Frau, in den Ferienwochen in einem gemeinsamen Schlafzimmer übernachten. Gespräche darüber, dass dies nicht angemessen sei, führten zu keiner Einsicht. Darauf kündigte das BWF-Team an, dass Urlaubsvertretungen künftig in einer anderen Gastfamilie erfolgen müssten. Seitdem gibt es getrennte Schlafzimmer. ×

In einem anderen Fall führte die zunehmende Verschuldung der Gastfamilie zu einer unzureichenden Versorgung des Klienten. Er lebt nun in einer neuen Gastfamilie. Auch aus Sicht des Klienten ist das eine gelungene Intervention. ×

Ein Klient lebt seit acht Jahren in einem Mini-Appartement bei seiner Gastfamilie, zunächst mit enger Familienanbindung. Aber seit einigen Jahren kauft die Familie nur noch einmal in der Woche für den Klienten ein, hat oft tagelang keinen Kontakt zu ihm, sagt Hausbesuchtermine kurzfristig ab. Der Klient, der lange alkoholabhängig und obdachlos war, will dennoch nicht mehr weg: Er sei zufrieden mit seinen »Hausleut«, wie er sagt, er hat eine Heimat gefunden. ×

Bis in die 60er-Jahre des letzten Jahrhunderts haben Gastfamilien in erster Linie die Arbeitskraft der Klienten als Lohn der Beherbergung erhalten, eine Ausbeutung war also Alltag. Der schlechte Ruf, den BWF teilweise immer noch hat, rührt von dieser Vergangenheit. Aber auch heute ist manchmal die Abgrenzung zwischen erwünschter Mithilfe in der Gastfamilie und einer Ausnutzung der Arbeitskraft schwierig.

BEISPIELE Ein Klient, erfahren in landwirtschaftlicher Arbeit, wird auf einen Bauernhof mit angeschlossenem Pensionsbetrieb vermittelt. Die Familie ist so sehr in die tägliche Arbeit eingebunden, dass sie keine Zeit hat, auf den Klienten einzugehen. Er wird zwar höflich behandelt, aber in erster Linie als Arbeitskraft gesehen und z. B. gerügt, wenn er morgens nicht pünktlich im Stall ist. Als eine angestellte Aushilfskraft ausfällt, erhöht sich der Leistungsdruck. Das Betreuungsverhältnis wird schließlich vom Fachdienst beendet. ×

Sexueller Missbrauch und Gewalt

Sexuelle Übergriffe oder regelmäßige körperliche Gewalt sind im BWF sehr selten. Sie sind Anlass zur Beendigung des Betreuungsverhältnisses – wenn sie dem Fachdienst auffallen. Gerade in den positiven Eigenschaften einer Familie liegen spezifische Risiken. Nirgendwo ist die Beziehung zwischen Menschen so nah, so intim wie in einer Partnerschaft oder Familie. Damit verringert sich die Distanz zwischen den Personen, die auch eine Hemmschwelle vor Übergriffen auf Dritte darstellt. Klienten, die ihre Bedürfnisse gut einfordern und sich abgrenzen können, sind kaum in Gefahr, Opfer von Gewalt zu werden. Doch BWF-Klienten befinden sich in einem Abhängigkeitsverhältnis und sind in ihrem Durchsetzungsvermögen und in ihrer Abwehrfunktion unterlegen.
Körperliche Aggressionen im BWF sind meistens einmalige Ereignisse. Sie ereignen sich in Überforderungssituationen, z.B. bei aggressiven oder anderen schwer erträglichen Verhaltensweisen der Klienten. Der Fachdienst sollte immer auf Hinweise achten, die auf eine Überforderung hindeuten. Gastfamilien scheuen sich oft, diese zuzugeben. Auch wenn viele Bewohner sich über Kleinigkeiten beschweren und Meinungsverschiedenheiten zum Alltag eines familiären Zusammenlebens gehören, sollten Klagen immer ernst genommen werden, denn die Bewohner sind das schwächste Glied der Familiengemeinschaft. Beklagt sich umgekehrt die Gastfamilie häufig oder anscheinend zu Unrecht über den Bewohner, ist das oft ein Hinweis für eine bereits eingetretene Überforderung.
Als Krisenintervention bei eskalierenden Konflikten oder einmaliger körperlicher Gewalt hat sich bewährt, dass die Klientin oder der Klient vorübergehend in eine andere Wohnumgebung wechselt, z.B. ein Übergangswohnheim oder eine andere Gastfamilie. Dort ist sie oder er weniger einem Loyalitätsdruck oder Sorge vor negativen Konsequenzen ausgesetzt. In neutraler Umgebung können die Beteiligten besser abwägen, ob ein weiteres Zusammenleben von allen drei Parteien gewünscht wird.
Wenn es wiederkehrende Konfliktsituationen gibt, etwa bei der Körperpflege oder dem Rauchverhalten, sollten Möglichkeiten der pädagogischen Einflussnahme einschließlich erlaubter Sanktionen abgesprochen werden, damit Konfliktlösungen im Vorfeld gefunden und Eskalation von Konflikten vermieden werden. Benötigt eine Bewohnerin Unterstützung bei ihrer Körperpflege, sollte der Ablauf so vereinbart werden, dass ihre

Würde gewahrt werden kann und sichergestellt ist, dass die Männer der Familie sich nicht an der Pflege beteiligen.
Auch bei verständlicher Überforderung ist es wichtig, Gewalt nicht als »Ausrutscher« abzutun, sondern gerade den Anfängen zu wehren und bei Übergriffen eindeutig missbilligend zu reagieren. Indem beispielsweise die Gastfamilie ins Büro »einbestellt« wird, statt das Thema bei einem Hausbesuch zu besprechen, signalisiert man ihr, wie ernst das Problem von fachlicher Seite gesehen wird. Schriftliche Ermahnungen oder eine schriftliche Vereinbarung über zukünftiges Verhalten sind weitere Möglichkeiten, ein klares Stoppsignal zu setzen.

Qualitätssicherung und Qualitätsmerkmale

Der Fachausschuss BWF empfiehlt zur Qualitätssicherung, den von ihm entwickelten Bewertungsbogen zu verwenden, um einmal im Jahr das Betreuungsverhältnis auszuwerten. Das geht schnell, er umfasst nur eine Seite, lenkt aber das Augenmerk auf wesentliche Qualitätsmerkmale und mögliche problematische Entwicklungen (www.bwf-info.de/bwf_e3/qs/qs_bewertungsbogen.pdf).
Überversorgung und Bevormundung sind die häufigsten Probleme in der Begleitung von Gastfamilien. Grobe Fehlentwicklungen sind im BWF zum Glück selten. Missstände kommen wahrscheinlich nicht öfter vor als in der Betreuung behinderter Menschen in anderen Settings. Das ist nicht selbstverständlich, sondern dem historisch hohen Standard der aktuellen Praxis zu verdanken: eine gute fachliche Begleitung von Klienten und Gastfamilien und regelmäßige Gespräche mit den Klienten auch unter vier Augen. Diesen Standard müssen wir verteidigen, ihn aber auch selbst einhalten.
Bei professioneller Arbeit des begleitenden Fachdienstes hat BWF für psychisch kranke Menschen mit schweren Beeinträchtigungen klare Vorteile:
Normalisierung: Heime werden von der Bevölkerung wie von den Bewohnern als Behinderteneinrichtung wahrgenommen, Familien mit einem behinderten Mitglied nicht. Dadurch tritt das Handicap in den Hintergrund und ein weitgehend normales Leben in der Gemeinde ist möglich: eine Inklusion, die eine Institution nicht bieten kann.

Gute Rehachancen: Der Anreiz zur Weiterentwicklung von Fähigkeiten ist im Zusammenleben mit Gesunden oft deutlich stärker als in einer Gemeinschaft mit anderen kranken oder behinderten Menschen. Deshalb sind die Rehabilitationschancen im Betreuten Wohnen in Familien in der Regel größer als in einem Wohnheim. Vor allem bei jüngeren Menschen lässt sich diese Form daher gut zur Verselbstständigung und Vorbereitung auf ein Leben in eigener Wohnung nutzen.

Emotionaler Halt: Menschen, die gerne in einer Familie leben möchten, aufgrund ihrer Behinderung aber keine stabilen Beziehungen aufbauen können, finden durch das Betreute Wohnen in Familien soziale und emotionale Integration in eine bestehende Lebensgemeinschaft. Anders als in der eigenen Herkunftsfamilie, in der behinderte Menschen fast immer in der Kindrolle bleiben, ist dies auf partnerschaftliche Weise möglich.

Bei sorgfältiger Vermittlung kann eine sehr individuelle, den Wünschen und Rehabilitationserfordernissen entsprechende Familienintegration gelingen, ein ganz persönlicher Platz im Leben geschaffen werden. Es gibt daher auch kaum ungeeignete Bewohner oder Gastfamilien. Es kommt darauf an, eine passende Beziehung zu finden.

Dr. Jo Becker, Arzt für Psychiatrie und Psychotherapie, ist seit 2009 Geschäftsführer von Spix e. V. Der Verein organisiert gemeindepsychiatrische Hilfen inklusive des Betreuten Wohnens in Familien im Kreis Wesel.

Die ICF, das BTHG und die soziale Teilhabeplanung

Christian Reumschüssel-Wienert

Die Internationale Klassifikation der Funktionsfähigkeit, Behinderung und Gesundheit (ICF, DIMDI 2005) ist ein Standard zur Beschreibung von Gesundheitszuständen, Krankheits- oder Unfallfolgen sowie sozialen Aktivitäten und gesellschaftlicher Partizipation (Teilhabe). Sie gehört zu einer von der WHO entwickelten »Familie« von Klassifikationen für die Anwendung verschiedenster Aspekte, die mit Gesundheit in Verbindung stehen – der Bruder ist die Klassifikation von Krankheitsdiagnosen (ICD). Die ICF findet nur Anwendung, wenn als Ausgangssituation eine Krankheit oder andere Gesundheitsstörung im Sinne der ICD vorliegt.

Mit der Erstellung des SGB IX 2001 fand die ICF Eingang in die deutsche Rehabilitationsgesetzgebung. Auch in der jüngsten Novellierung des Gesetzes zur Gleichstellung behinderter Menschen wurden Aspekte der ICF aufgenommen; beide Male allerdings unter den Bedingungen der in Deutschland historisch gewachsenen Besonderheiten der Rehabilitations- und Behindertenpolitik. Mit dem jüngst verabschiedeten Bundesteilhabegesetz (BTHG), das die vormalige Eingliederungshilfe für Menschen mit Behinderung als soziale Teilhabe neu regelt, bekommt die ICF neuen Auftrieb.

Das Gesetzeswerk rekurriert auf die ICF und in einigen Teilen auch auf die UN-Behindertenrechtskonvention (UN-BRK). Die Träger der Eingliederungshilfe sind bei der sogenannten Gesamtplanung rechtlich verpflichtet, die ICF anzuwenden. Der Bund hat sich verpflichtet, viel Geld für entsprechende Fortbildungen zum Fallmanagement in den Bewilligungsbehörden zu investieren. Es sieht so aus, als ob es der Gesetzgeber mit dem Einsatz der ICF in der Leistungsplanung ernst meint.

Das Konzept der funktionalen Gesundheit

Die ICF nutzt den Begriff der »funktionalen Gesundheit« der Weltgesundheitsorganisation (WHO). Eine Person gilt als funktional gesund, vor ihrem gesamten Lebenshintergrund, wenn

- ihre körperlichen Funktionen einschließlich des geistigen und seelischen Bereichs und ihre Körperstrukturen allgemein anerkannten statistischen Normen entsprechen (Konzepte der Körperfunktionen und -strukturen);
- sie all das tut oder tun kann, was von einem Menschen ohne Gesundheitsproblem im Sinne der ICD erwartet wird (Konzept der Aktivitäten);
- sie zu allen Lebensbereichen, die ihr wichtig sind, Zugang hat und sie sich in diesen Lebensbereichen in der Weise und dem Umfang entfalten kann, wie es von einem Menschen ohne Beeinträchtigung der Körperfunktionen und -strukturen oder der Aktivitäten erwartet wird (Konzept der Teilhabe an Lebensbereichen).

Dieser Definition liegt ein bio-psycho-soziales Modell zugrunde, welches Gesundheit, Krankheit und Behinderung in einem Wechselverhältnis von biologischen, sozialen und individuellen Aspekten verortet. Das Konzept der funktionalen Gesundheit kann folgendermaßen ausbuchstabiert werden:
Ein Gesundheitsproblem kann Auswirkungen auf bestimmte Körperfunktionen bzw. -strukturen haben. Dies kann zu einer verminderten Leistungsfähigkeit führen. Die Person ist in ihren Aktivitäten eingeschränkt, was wiederum ihre Teilhabe am gesellschaftlichen Leben einschränken kann. Ob die Einschränkung zu einer Behinderung wird, hängt nicht allein von dem Ausmaß der Beeinträchtigung ab, sondern wird durch umwelt- oder personenbezogene Kontextfaktoren beeinflusst, die als soziale Barrieren oder soziale Chancen auftreten können. Behinderung ist ein Prozess, der sich aus komplexen Wechselwirkungen auf unterschiedlichen Ebenen ergibt (Schuntermann 2004; Seidel 2011).

Die Kontextfaktoren

Die Kontextfaktoren machen den Lebenshintergrund einer Person aus. Diese Faktoren werden im zweiten Teil der ICF klassifiziert. Sie bestehen aus Umweltfaktoren und personenbezogenen Faktoren.

Umweltfaktoren: Als Umweltfaktoren werden diejenigen Faktoren klassifiziert, die als äußere Einflüsse auf die Funktionsfähigkeit einer Person einwirken:

- Produkte und Technologien (z.B. Hilfsmittel, Medikamente);
- natürliche und vom Menschen veränderte Umwelt (z.B. Bauten, Straßen, Fußwege);
- Unterstützung und Beziehungen (z.B. Familie, Freunde, Arbeitgeber, Profis des Gesundheits- und Sozialsystems);
- Einstellungen, Werte und Überzeugungen anderer Personen und der Gesellschaft (z.B. Vorurteile, Einstellungen zu Teilzeitarbeitsplätzen);
- Dienste, Systeme und Handlungsgrundsätze (z.B. Gesundheits- und Sozialsystem mit seinen Leistungen und Diensten, Rechtsvorschriften).

Diese Faktoren können sich förderlich auswirken oder als Barrieren erweisen.
Personenbezogene Faktoren: Diese sind bisher ohne nähere Klassifikation. Im informellen Gebrauch werden folgende Faktoren verwendet: Alter, Geschlecht, sozialer Hintergrund, Bildung und Ausbildung, Beruf, genetische Prädisposition, Charakter, Lebensstil, Coping, Erfahrung, Motivation, Handlungswille, Mut. Auch personenbezogene Faktoren können als Ressourcen oder Barrieren wirken.

Körperfunktionen und Körperstrukturen

Körperfunktionen sind physiologische und psychologische Funktionen von Körpersystemen. Dazu gehören zum einen Sehen, Gehen oder Verdauungsfunktionen, zum anderen zeitliche, örtliche, personenbezogene Orientierung, das Denken oder der Antrieb einer Person. Der Begriff des Körpers bezieht sich auf den gesamten menschlichen Organismus – Leib und Seele.
Die Klassifizierung der Körperfunktionen und -strukturen erfolgt in acht eigenen Kapiteln, in denen die Strukturen des Nervensystems als mentale Funktionen mit 22 Kategorien das erste Kapitel bilden. Hierbei gibt es unter anderen: spezifische mentale Funktionen (b 140–b 189), wie zum Beispiel Funktionen der Aufmerksamkeit (b 140); Funktionen des Gedächtnisses (b 144), emotionale Funktionen (b 152); Funktionen der Wahrnehmung (b 156) sowie auch Funktionen des Denkens (b 160) oder höhere kognitive Funktionen (b 164), worunter zum Beispiel

Abstraktionsvermögen, Organisieren und Planen, Einsichts- und Urteilsvermögen und Problemlösungsvermögen fallen.
In diesem Zusammenhang bekommt der Begriff der Schädigung nun eine Bedeutung. Schädigungen sind Abweichungen von allgemein anerkannten Gegebenheiten bzw. Standards. Sie können vorübergehend, dauerhaft, statisch oder dynamisch, intermittierend oder kontinuierlich in welche Richtung auch immer verlaufen. Schädigungen können Teil oder Ausdruck eines Gesundheitsproblems sein, sie sind aber nicht notwendigerweise Teil oder Folge einer Krankheit. Sie können andere Schädigungen nach sich ziehen. Vor allem aber stehen sie in einer engen Wechselwirkung mit den oben genannten Kontextfaktoren und haben damit mehr oder weniger Auswirkungen auf Aktivitäten und Teilhabe.

Aktivitäten und Teilhabe – Lebensbereiche

Durch den Bereich der Aktivitäten und Partizipation (Teilhabe) verlässt die ICF das Terrain der rein medizinisch-funktionalen Betrachtungsweise und richtet ihren Blick auf das aktiv handelnde Subjekt in seinen gesellschaftlichen Bezügen.
Eine Aktivität ist die Durchführung einer Aufgabe oder einer Handlung (Aktion) durch einen Menschen. Eine Beeinträchtigung der Aktivität ist eine Schwierigkeit oder die Unmöglichkeit, die Aktivität durchzuführen.
Teilhabe, im englischen Original »participation«, ist das Einbezogensein in eine Lebenssituation (⇨ Jörg Kastl: Inklusion, Integration und Teilhabe). Die gesellschaftlichen und die individuellen Gegebenheiten sind bei der Definition der Teilhabe eng miteinander verwoben. Die unterschiedlichen Lebensbereiche (»life-domains«) stellen daher die Wechselbeziehung zwischen persönlichen und Umweltfaktoren dar. Auf diese rekurriert das BTHG bei der Definition notwendiger Bestandteile eines Instrumentes zur Bedarfsplanung gemäß § 118 BTHG. Die Lebensbereiche sind:

1. Lernen und Wissensanwendung
2. Allgemeine Aufgaben und Anforderungen
3. Kommunikation
4. Mobilität
5. Selbstversorgung
6. Häusliches Leben
7. Interpersonelle Interaktionen und Beziehungen

8. Bedeutende Lebensbereiche
9. Gemeinschafts-, soziales und staatsbürgerliches Leben

Auch die Lebensbereiche (Kapitel) sind wiederum in unterschiedliche Bereiche ausdifferenziert, wie zum Beispiel Kapitel 2: Allgemeine Aufgaben und Anforderungen:

- einfache oder komplexe Aufgaben übernehmen – allein oder in Gruppen (d210);
- tägliche Routine durchführen (d230);
- mit Stress oder anderen psychischen Anforderungen wie Verantwortung und Krisensituationen umgehen (d240).

Kurz erläutert werden soll das Konzept am Beispiel der Mobilität, die im Kapitel 4 beschrieben ist: Mobilität reicht hier von Möglichkeiten der Veränderung von Körperpositionen (d410–d429) über das Tragen von Gegenständen (d430–d449) bis hin zur eigenen Fortbewegung (d450–469) bzw. sich mit Transportmitteln fortbewegen (d470–489).
Eine Person kann nun aufgrund von starken Depressionen oder auch sozialen Ängsten in ihrer Mobilität stark eingeschränkt sein, wenn sie sich z. B. nicht traut, öffentliche Verkehrsmittel (Bus) zu benutzen. Es liegt dann eine Beeinträchtigung der Leistungsfähigkeit vor, sich mit Transportmitteln fortzubewegen (Aktivitäten). Ungünstige Umfeldbedingungen wie z. B. keine helfenden Angehörigen oder eine Wohnung am Stadtrand sorgen für Teilhabeeinschränkungen. Ein Wegetraining, z. B. in Form eines Expositionstrainings, verkoppelt mit einer übenden Begleitung kann dafür sorgen, dass die Person eigenständig die Aktivität einer Busfahrt übernehmen lernt und so am gesellschaftlichen Leben besser teilhaben kann.
Die im Kapitel 7 beschriebenen interpersonellen Interaktionen und Beziehungen, die die Ausführung von Handlungen beschreiben, die für allgemeine (d710–729) und besondere (d730–799) Interaktionen mit Fremden, Freunden, Familie und Liebespartnern in einer kontextuell und sozial angemessenen Weise erforderlich sind, sind ein Lebensbereich, in dem Menschen mit seelischen Behinderungen zum Teil große Schwierigkeiten aufweisen, sei es dass sie gar nicht interagieren oder dass sie zu viel oder zu distanzlos interagieren. Hier wird die Komplexität der Klassifikation deutlich, weil hier z. B. Items in diesem Kapitel mit Items von Kapitel 1 (etwa d160: Aufmerksamkeit fokussieren) oder auch Kapitel 5 (etwa d510: sich waschen) eng verwoben sein können. Darüber hinaus sind in diesem

Beispiel vorhandene oder nicht vorhandene Stigmatisierungsprozesse, wesentliche behindernde oder förderliche Umfeldbedingungen.
Mit den Aktivitäten und Partizipation liegt ein sehr ausdifferenziertes System von Lebensbereichen vor, das je nach individuellen Anforderungen gestaltet werden kann. Die UN-BRK fordert die volle und wirksame Teilhabe von Menschen mit Behinderungen in allen Lebensbereichen. Die Einschränkungen der Teilhabe sind stark abhängig von den Wünschen und der Wahrnehmung der Menschen mit Behinderungen selbst. Die ICF bietet auf Grundlage der UN-BRK die kategoriale Grundlage für die Einschätzung des individuellen, lebensweltbezogenen Hilfebedarfs und damit für eine personenzentrierte Leistungserbringung.

Möglichkeiten und Grenzen des Konzeptes

Die große Stärke der ICF liegt darin, dass sie ein sehr umfangreiches kategoriales Raster zur Beschreibung von Beeinträchtigungen, Förderfaktoren, Ressourcen und Barrieren zur Verfügung stellt, welches implizit auf einem Handlungsmodell beruht (Nordenfelt, zit. nach Schuntermann 2004, 21 ff.; zu weiteren Vorteilen s. Seidel 2011). Aber: Die ICF ist kein Assessmentinstrument, mit dem Beeinträchtigungen, Aktivitäten, und Teilhabechancen und Barrieren gemessen werden können.
Obwohl die ICF als Grundlage für die Einschätzung der Teilhabeeinschränkung im BTHG gewählt wurde, steckt ihre Umsetzung in der bundesdeutschen Fachwelt noch in den Kinderschuhen. Eine Bestandsaufnahme der Bundesarbeitsgemeinschaft für Rehabilitation (BAR) kam hinsichtlich der Teilhabe am Arbeitsleben zu dem Ergebnis, dass nur eine Minderheit der Leistungserbringer ICF-kompatible Instrumente und Verfahren einsetzt und diese äußerst verschieden sind (BAR 2014).
Um angesichts dieser großen Vielfalt einige Instrumente handhabbar zu machen, wurden für einige Bereiche sogenannte Core-Sets entwickelt, das heißt eine ausgewählte Item-Menge, die von Experten als relevant angesehen wird. Für die Rehabilitationseinrichtungen für psychisch Kranke (RPK) wurde von den beteiligten Akteuren ein Core-Set entwickelt, das 146 Items umfasst (Grundmann, Bräuning-Edelmann 2005).
Auch für den Bereich der psychiatrischen Hilfen im Rahmen der Eingliederungshilfe wurde die ICF fruchtbar gemacht. Im Anschluss an die

Vorarbeiten der Aktion Psychisch Kranke (Kruckenberg u.a. 2006, 2007) wurde eine ICF-kompatible Version des Integrierten Behandlungs- und Rehabilitationsplans (IBRP) in Hessen entwickelt und als »Integrierter Teilhabeplan« veröffentlicht. Hier wurde nicht das Instrument an die ICF angepasst, sondern umgekehrt verfahren: Einige ICF-Items wurden in die Systematik des anamnestischen Teils des ITP (IBRP) integriert und auf diese Weise ein Mini-Core-Set kreiert (Gromann 2010).
Einige Einrichtungen der Diakonie haben ein EDV-gestütztes TeilhabeGestaltungsSystem (TGS) entwickelt. Das TGS rekurriert auf die Wünsche und selbstbestimmten Zielsetzungen der Rehabilitanden im Bereich des Wohnens und der Freizeit (Grampp u.a. 2013).
Ein weiteres Projekt führte der Bezirk Oberbayern mit seiner ICF-basierten Förder- und Teilhabeplanung für psychisch kranke Menschen durch. Die Domains der ICF wurden reduziert auf fünf Bereiche sowie personen- und umweltbezogene Faktoren (Witzmann u.a. 2015).
Insgesamt zeigt sich, dass die ICF auf recht vielfältige Weise benutzt und interpretiert wird (im Überblick: Diakonie 2005; BAR 2014, siehe z.B. auch Abb. 1 auf S. 98/99).

Sozialrechtliche Dimension

Das BTHG nimmt für sich in Anspruch, nicht nur die UN-Behindertenrechtskonvention in der Sozialgesetzgebung zu verankern, sondern auch die ICF sehr viel konkreter in die Sozialleistungspraxis einzubringen. So wird in § 1 des BTHG formuliert, dass Menschen mit Behinderungen »Leistungen (erhalten), um Selbstbestimmung und ihre volle, wirksame und gleichberechtigte Teilhabe am Leben in der Gesellschaft zu fördern«.
Definition von Behinderung: Auch die Definition von Behinderung lehnt sich, wenn man von der Sechs-Monats-Frist absieht, in weiten Teilen an die ICF an: »Menschen mit Behinderungen sind Menschen, die körperliche, seelische, geistige oder Sinnesbehinderungen haben, die sie in Wechselwirkung mit einstellungs- und umweltbedingten Barrieren an der gleichberechtigten Teilhabe an der Gesellschaft mit hoher Wahrscheinlichkeit länger als 6 Monate hindern können.«
Planungsinstrumente: In der Planung von Teilhabeleistungen findet die ICF durch den Gesetzgeber große Beachtung, vor allem in Teil 2, der

Neuregelung der Eingliederungshilfe im neuen SGB IX. Hier wird an wichtigen Stellen direkt auf die ICF Bezug genommen. So in der sogenannten »Gesamtplanung«, in der die »Instrumente der Bedarfsermittlung« (§ 118 SGB IX [neu]) sich an den neun Lebensbereichen der ICF orientieren müssen. Die Länder stehen nun in der Pflicht, entsprechende Instrumentarien zu entwickeln.

Leistungsberechtigter Personenkreis: Die ursprünglich vorgesehenen Bestrebungen, den leistungsberechtigten Personenkreis gemäß § 99 SGB IX (neu) an Unterstützungsbedürftigkeit in fünf von den neun Lebensbereichen zu koppeln, wurde bis auf Weiteres aufgegeben und sollen nun in den nächsten Jahren durch Forschung eruiert werden.

Die Bundesregierung meint es mit der ICF-Umsetzung ernst, denn sie will ca. 60 Mio. Euro in den nächsten Jahren investieren, um die Fallmanagerinnen und Fallmanager bei den Leistungsträgern der Eingliederungshilfe fortzubilden. Den Trägern der Eingliederungshilfe obliegt die Ausgestaltung von Bedarfsermittlungsinstrumenten.

Im Sinne der Stärkung der Rechte von Menschen mit Behinderung wäre es am besten, wenn die Fortbildungen zur ICF sozusagen im Trialog von Leistungsträgern, Leistungsberechtigten und Leistungserbringern durchgeführt würden. Dies könnte dazu führen, dass die ICF ihr Potenzial einer gemeinsamen Sprache entfalten kann und nicht zu einem Expertendialekt verkommt. Darüber hinaus könnten in diesem Zusammenhang auch geeignete, praktikable und verständliche Instrumente entwickelt werden. Die Entwicklung eines Core-Sets der ICF in der Eingliederungshilfe würde die Bemessung des Hilfebedarfs versachlichen.

Christian Reumschüssel-Wienert *ist Diplom-Soziologe und Diplom-Sozialwirt und arbeitet als Referent für Psychiatrie/Queere Lebensweisen beim Paritätischen Wohlfahrtsverband LV-Berlin e. V.*

Link

www.dimdi.de/dynamic/de/klassi/downloadcenter/icf/stand2005/

Literatur

APK – Aktion Psychisch Kranke e. V. (Hg.) (2006): Dokumentation im gemeindepsychiatrischen Verbund. Bericht zum Forschungsprojekt »Konzeption, Entwicklung und Erprobung eines integrierten und kompatiblen patientenorientierten Dokumentationssystems. Bonn: Psychiatrie Verlag.

BAR – Bundesarbeitsgemeinschaft für Rehabilitation (2014): Abschlussbericht zum Projekt »Prüfung von aktuellem Stand und Potential der Bedarfsermittlung von Leistungen zur Teilhabe am Arbeitsleben unter Berücksichtigung der ICF (Machabrkeitssudie)«. Frankfurt am Main: BAR.

Diakonie – Diakonisches Werk der Evangelischen Kirche in Deutschland e. V. (Hg.) (2005): Funktionale Gesundheit. Gesundheit und Behinderung im neuen Klassifikationssystem der Weltgesundheitsorganisation (ICF). Stuttgart: EKD.

DIMDI – Deutsches Institut für Medizinische Dokumentation und Information (2005): ICF. Internationale Klassifikation der Funkrionsfähigkeit, Behinderung und Gesundheit. www.dimdi.de/dynamic/de/klassi/downloadcenter/icf/stand2005/ (29.03.2016).

Gromann, P. (2010): Die internationale Klassifikation von Funktionen und ihre Bedeutung für die wirkungsorientierte Steuerung in der Eingliederungshilfe. In: Reiss, H. C. (Hg.): Steuerung von Sozial- und Gesundheitsunternehmen. Baden-Baden: Nomos.

Grampp, G.; Jackstell, S.; Wöbke, N. (2013): Teilhabe, Teilhabemanagement und die ICF. Köln: Balance buch + medien.

Grundmann, J.; Bräuning-Edelmann, M. (2005): Praxisorientierte Anwendung der Internationalen Klassifikation der Funktionsfähigkeit, Behinderung und Gesundheit (ICF) in der medizinischen Rehabilitation von psychisch erkrankten und behinderten Menschen. Zeitschrift für Praxis und Forschung in der Rehabilitation, 44 (6), 335–343.

KRUCKENBERG, P.; REUMSCHÜSSEL-WIENERT, C.; GRAMPP, P. (2006): ICF und IBRP – die Anwendung der Internationalen Klassifikation der Funktionsfähigkeit, Behinderung und Gesundheit (ICF) bei der personenzentrierten Hilfeplanung für Menschen mit psychischen Erkrankungen mit dem Integrierten Behandlungs- und Rehabilitationsplan. In: Aktion Psychisch Kranke e. V. (Hg.) (2006): Dokumentation im gemeindepsychiatrischen Verbund. Bericht zum Forschungsprojekt »Konzeption, Entwicklung und Erprobung eines integrierten und kompatiblen patientenorientierten Dokumentationssystems«, Bonn: Aktion Psychisch Kranke e. V., 192–200.

KRUCKENBERG, P.; REUMSCHÜSSEL-WIENERT, C.; GRAMPP, P. (2007): Betrifft Rehabilitationsplanung – ICF kann in den IBRP integriert werden. Psychosoziale Umschau, 21 (2), 34–37.

SCHUNTERMANN, M. F. (2003): Grundsatzpapier der Rentenversicherung zur internationalen Klassifikation der Funktionsfähigkeit, Behinderung und Gesundheit (ICF) der Weltgesundheitsorganisation (WHO). Deutsche Rentenversicherung, Jg. 58, Heft 1–2, 52–59.

SCHUNTERMANN, M. F. (2004): Einführung in die Internationale Klassifikation der Funktionsfähigkeit, Behinderung und Gesundheit (ICF) der Weltgesundheitsorganisation (WHO) unter besonderer Berücksichtigung der sozialmedizinischen Begutachtung und Rehabilitation. Frankfurt am Main: VDR (www.vdr.de, 4.10.2016).

SEIDEL, M. (2011): Die ICF und ihr Potenzial für die Teilhabeförderung. In: ROSEMANN, M.; KONRAD, M. (Hg.): Handbuch Betreutes Wohnen. Von der Heimversorgung zur ambulanten Unterstützung. Bonn: Psychiatrie Verlag, 325–340.

WITZMANN, M.; KRAUS, E.; GERLACH, T.; WEIZEL, R. (2015): ICF-basierte Förder- und Teilhabeplanung für psychisch kranke Menschen. Bern: Huber.

ABBILDUNG 1 Zusammenstellung von relevanten Items aus den 9 Kapiteln der Klassifikation

Die Items werden für die Erstellung der Hilfeplanung im Geschäftsbereich Wohnen Ravensburg-Bodensee des ZfP Südwürttemberg verwendet. Sie dienen nicht zur Abfrage, sondern sind als Hilfe für die koordinierende Bezugsperson gedacht, um keine relevanten Bereiche zu vergessen. In der Ziel- und Hilfeplanung mit den Klientinnen und Klienten werden nicht alle Unterstützungsbereiche übernommen, in denen eine Einschränkung der Teilhabe besteht, sondern nur die, für die die Klientinnen und Klienten für einen bestimmten Zeitraum am gesellschaftlichen Leben teilhaben möchten. Die Kombination der verschiedenen Teilhabebereiche eröffnet eine individuelle Hilfeplanung, bei der die unterschiedlichen Intensitäten der Unterstützung berücksichtigt werden können. Außerdem kann eine Trennung der Leistungsbereiche Rehabilitation, soziale Teilhabe und Pflege bedarfsgerecht vorgenommen und die Erreichung der vereinbarten Ziele erhoben werden.

Beschreibung des Ausmaßes			
0	Problem nicht vorhanden	(ohne, kein, unerheblich ...)	0–4 %
1	Problem leicht ausgeprägt	(schwach, gering ...)	5–24 %
2	Problem mäßig ausgeprägt	(mittel, ziemlich ...)	25–49 %
3	Problem erheblich ausgeprägt	(hoch, äußerst ...)	50–95 %
4	Problem voll ausgeprägt	(komplett, total ...)	96–100 %

1. Lernen und Wissensanwendung

- d 115 Zuhören
- d 120 andere sinnliche Wahrnehmungen
- d 155 sich Fertigkeiten aneignen
- d 160 Aufmerksamkeit fokussieren
- d 163 Denken
- d 175 Probleme lösen
- d 177 Entscheidungen treffen

2. Aufgaben und Anforderungen

- d 210 Einzelaufgaben übernehmen
- d 220 Mehrfachaufgaben übernehmen
- d 230 tägliche Routine durchführen
- d 240 mit Stress und sonstigen psychischen Anforderungen umgehen

3. Kommunikation

- d 310 Kommunizieren als Empfänger gesprochener Mitteilungen
- d 315 Kommunizieren als Empfänger non-verbaler Mitteilungen
- d 325 Kommunizieren als Empfänger von schriftlichen Mitteilungen
- d 350 Konversation
- d 355 Diskussion
- d 360 Kommunikationsgeräte benutzen

Aktivitäten und Partizipation (Teilhabe)« der ICF

4.	**Mobilität**
	d 470 Transportmittel benutzen
	d 475 Fahrzeuge fahren
5.	**Selbstversorgung**
	d 510 sich waschen
	d 520 seine Körperteile pflegen
	d 530 Toilette benutzen
	d 540 sich kleiden
	d 570 auf seine Gesundheit achten
6.	**Häusliches Leben**
	d 610 Wohnraum beschaffen
	d 620 Waren und Dienstleistungen des täglichen Bedarfs beschaffen
	d 630 Mahlzeiten vorbereiten
	d 640 Hausarbeiten erledigen
	d 650 Haushaltsgegenstände pflegen
	d 660 anderen helfen
7.	**Interpersonelle Interaktionen und Beziehungen**
	d 710 elementare interpersonelle Aktivitäten
	d 720 komplexe interpersonelle Interaktion (insbesondere Beziehungen eingehen und pflegen)
	d 730 mit Fremden umgehen
	d 740 formelle Beziehungen
	d 750 informelle Beziehungen
8.	**Bedeutende Lebensbereiche**
	d 810 informelle Bildung (z.B. handwerkliches Geschick
	d 840 Vorbereitung auf Erwerbstätigkeit
	d 845 Arbeit erhalten, behalten ...
	d 850 bezahlte Tätigkeit
	d 855 unbezahlte Tätigkeit
	d 860 elementare wirtschaftliche Transaktionen
	d 865 komplexe wirtschaftliche Transaktionen
	d 870 wirtschaftliche Eigenständigkeit
9.	**Gemeinschaftliches, soziales und staatsbürgerliches Leben**
	d 910 Gemeinschaftsleben (z.B. Feiern)
	d 920 Erholung und Freizeit
	d 930 Beteiligung an religiösen und spirituellen Aktivitäten
	d 950 politisches Leben und Staatsbürgerschaft

Inklusion, Integration und Teilhabe

Jörg Michael Kastl

»Inklusion« ist zu einem mit hohen Erwartungen verknüpften Schlagwort geworden. Gleichberechtigung der Zugänge, voraussetzungslose Anerkennung von Vielfalt, Gemeinschaft, Selbstverwirklichung, Barrierefreiheit, Teilhabe für alle an allem, von Anfang an – all das schwingt mit, wenn von Inklusion die Rede ist. Dies gilt auch und gerade in einem Kernbereich des sozialen Lebens, dem selbstbestimmten Wohnen, der »Inklusion in die Gemeinde«, wie die UN-Behindertenrechtskonvention das in ihrem Artikel 19 nennt. Das taugt ohne Zweifel als soziale Utopie, aber wie nützlich kann ein derart weites und entgrenztes Konzept noch für fachliches Handeln sein? Sind damit Zielkonflikte nicht schon vorprogrammiert?
Im Folgenden sollen die Begriffe Inklusion, Integration und Teilhabe auf ihre rechtliche, semantische und fachliche Kernbedeutung zurückgeführt und gegeneinander abgegrenzt werden. Dabei soll gezeigt werden, dass es weder sinnvoll ist, sie synonym zu gebrauchen, noch etwa – was im Fall von Inklusion und Integration mitunter geschieht –, sie als konkurrierende Paradigmen zu verstehen.

Inklusion in der UN-BRK

Häufig wird das 2009 in Deutschland ratifizierte »Übereinkommen der Vereinten Nationen über die Rechte von Menschen mit Behinderungen«, die sogenannte UN-Behindertenrechtskonvention (UN-BRK), für ein weites Inklusionsverständnis in Anspruch genommen, verdichtet in der Formel: »Inklusion ist Menschenrecht«. Freilich verdankt sich diese Berufung meist eher dem Hörensagen als einer genauen Lektüre dieses Dokuments. Stutzig machen muss schon, dass in der UN-BRK das angebliche Zentralkonzept »Inklusion« gar nicht definiert wird, sondern an lediglich sechs Stellen in der alltagssprachlich-lexikalischen Bedeutung des englischen »inclusion« benützt wird. Inklusion heißt

einfach »Einbeziehung« bzw. perfektiv »Einbezogensein«. Die amtliche deutsche Übersetzung des Konventionstextes übersetzt das genau so, mit einer einzigen und zu Recht kritisierten Ausnahme in Artikel 24, in dem »inclusion« fälschlich mit »Integration« wiedergegeben wird.
In vier von sechs Stellen kommt »inclusion« in der stehenden Wendung »inclusion and participation« vor. Zum Vergleich: Teilhabe (»participation«) erscheint fast dreimal so häufig und mehrheitlich als Einzelbegriff. Daraus folgt: Inklusion und Teilhabe sind ganz sicher keine Synonyme. Eindeutig versteht die UN-BRK Inklusion nicht selbst als Menschenrecht, sondern als ein allgemeines Prinzip unter anderen (vgl. Art. 3 UN-BRK). Ihr Anliegen liegt vielmehr in der Bekräftigung der Gültigkeit bestehender Menschenrechte auch für Menschen mit Behinderung. Demgemäß geht es nicht einfach um »Einbeziehung aller in alles«, sondern in die relevanten Bereiche sozialen Lebens, die in den verschiedenen Menschenrechtsdeklarationen hervorgehoben werden: zum Beispiel Zugang zu unabhängigen Gerichten, zu Bildung, zur Gründung einer Familie, zum Gesundheits- und Rehabilitationssystem, zu Freizügigkeit und Wohnen in der Gemeinde, zum kulturellen Leben, zu Arbeit.
Insbesondere, dass die UN-BRK »inclusion« und »participation« konsequent unterscheidet, spricht dafür, die drei Begriffe differenzierter einzusetzen, als es derzeit im sozial- und bildungspolitischen Diskurs geschieht. Dies ist möglich, wenn man weniger an den eher diffusen Sprachgebrauch der Sonder- und Inklusionspädagogik anknüpft, sondern an den der Soziologie und Sozialarbeitswissenschaft. In der Soziologie gehören die Begriffe Inklusion, Integration und Teilhabe seit den 1950er-Jahren zum Bestand der Grundbegriffe. Hier kann nicht im Detail auf die Geschichte und die verschiedenen inhaltlichen Facetten der Begriffe eingegangen werden (vgl. dazu z.B. Kastl 2017a, 2017b; Merten, Scherr 2004; Wansing 2005, 2013a, 2013b). Im Folgenden geht es darum, eine Art kleinsten gemeinsamen Nenner festzuhalten.

Inklusion

Inklusion meint strukturelle Einbeziehung von Individuen in gesellschaftliche Zusammenhänge. Damit ist gemeint, dass eine Person die prinzipielle Möglichkeit des Zugangs zu einem sozialen System hat, in diesem Sinne Mitglied des jeweiligen sozialen Systems ist. »Strukturell« heißt, dass diese Zugänglichkeit durch verlässliche und wechselseitig sicher erwartbare Vorkehrungen oder Dispositionen gewährleistet ist. Man könnte auch sagen, dass von vornherein mit den jeweiligen Personen oder Personenkategorien »gerechnet« wird, man sozusagen auf sie eingerichtet ist. Solche strukturellen Dispositionen sind vor allem die »drei R«: Rechte, Rollen und Ressourcen.

Rechte: In modernen Gesellschaften sichern vor allem Menschen-, Grund- und Bürgerrechte sowie an sie anknüpfende konkrete Rechtsnormen die Zugänglichkeit sozialer Zusammenhänge, z. B. im Sozialrecht, im Schulrecht, im Zivilrecht, im Prozessrecht, im Wahlrecht usw. Es ist eine zentrale Aufgabe sozialer Arbeit, für und mit den Klienten solche Rechte zu erkennen und dazu beizutragen, dass sie diese wahrnehmen können. Der Zugang zur Unterstützung durch soziale Arbeit kann gegebenenfalls selbst ein solches Recht darstellen.

Rollen: Es müssen soziale Handlungsformate zur Verfügung stehen, in denen die Rechte mit oder ohne Hilfe von Individuen auch wahrgenommen und ausgefüllt werden können. Diese Formate können z. B. sein: Schüler, Wähler, Berufstätige, Zeitungsleser, Kläger vor Gericht, Theaterzuschauer, Wohnungsinhaber, Mitglied einer Krankenversicherung u.a. Soziale Arbeit hat in vielen Fällen die Funktion, die Einbeziehung in solche Rollen bzw. ihre Ausübung zu initiieren, darauf vorzubereiten, sie zu erleichtern, zu flankieren und zu begleiten.

Ressourcen: »Having rights but no resources and no services available is a cruel joke!« (Rapapport 1981, 13) Gerade für benachteiligte soziale Gruppen sind zur faktischen Wahrnehmung von Rechten und Rollen immer auch zusätzliche Ressourcen nötig. Diese lassen sich unterscheiden in

- personenbezogene Ressourcen sowohl in Form von kulturellem Kapital (Kompetenzen, Bildung) wie auch in Form von ökonomischem Kapital (Geld, Wohnung);
- umweltbezogene Ressourcen, z.B. Zugänglichkeit und Barrierefreiheit der physischen und symbolischen Umgebung, sowie die Infrastruktur selbst von Einkaufsmöglichkeiten bis zur gemeindepsychiatrischen Versorgung.

Auch in diesem Bereich hat soziale Arbeit wichtige Funktionen: Gerade beim Wohnen geht es sehr oft um die Vermittlung von Kompetenzen,

Fertigkeiten und Kenntnissen, die zur Aufrechterhaltung einer eigenen Wohnung nötig sind. Darüber hinaus müssen immer wieder finanzielle und infrastrukturelle Ressourcen erschlossen werden, um damit zusammenhängende Probleme zu lösen, z. B. Hilfen zum Lebensunterhalt, zur Gestaltung der Tagesstruktur, Mobilität und Erschließung kommunaler Infrastruktur.

Integration

Man kann von Personen sagen, sie seien gut in eine Gruppe, in Nachbarschaft oder in eine Schulklasse integriert. Gemeint ist mit »gut integriert« dann nicht, dass Personen als »Gruppe in der Gruppe« wahrgenommen werden oder sich einseitig anpassen. Gemeint ist einfach, dass Menschen stabile und tragfähige Beziehungen zu anderen Gruppenmitgliedern, Nachbarn und Mitschülern unterhalten, dass soziale Bindungen bestehen, die Personen zusammenhalten. Das ist eine Form der Integration, die in der Soziologie nach Lockwood als Sozialintegration bezeichnet wird.
Der andere Fall von Integration ist die sogenannte »Systemintegration«. Man kann auch von einer Familie, einem Nachbarschaftsverband oder einer Schulklasse als sozialem System sagen, sie sei gut integriert. Gemeint ist damit, dass die unterschiedlichen Teile und Subsysteme koordiniert sind, in strukturierter Weise zusammenwirken, miteinander verknüpft sind, einen hohen Grad an Vernetzung aufweisen. In diesem Sinne formuliert Esser (2000, 262): »Integriert wäre beispielsweise eine Nachbarschaft als soziales System, wenn sich die Familien kennen und gegenseitig besuchen, sogar, wenn sie Krach miteinander haben (...). Nicht integriert bzw. segmentiert wäre die Nachbarschaft, wenn die Familien zwar räumlich beieinander wohnen, aber sonst nichts miteinander zu tun haben, isoliert nebeneinander her existieren und voneinander keinerlei Notiz nehmen.«
Sowohl bei der Sozial- als auch bei der Systemintegration geht es also um Fragen des Zusammenhalts und Zusammenwirkens von Personen bzw. sozialen Einheiten, um die Bindungen und Bindungskräfte, die zwischen Personen bzw. sozialen Einheiten wirken. Dies legt auch die lateinische Grundbedeutung von Integration (integer = ganz, voll, unvermindert) nahe: gut integriert ist etwas, was ein »nicht wegzudenkender Bestandteil

eines Ganzen« ist. Das Gegenteil von Integration ist »Segmentation«, der Zerfall eines Systems in verschiedene Einheiten.

Teilhabe

»Teilhabe« ist eine Lehnübersetzung des Nomens Partizipation (participation), das sich aus dem lateinischen Verb »participare« ableitet. Mit Teilhabe bezeichnen wir den positiven »Ertrag« der Teilnahme von Individuen an sozialen Kontexten, z. B. in Form von ökonomischen Vorteilen (Teilhabe am gesellschaftlichen Reichtum), politischer Mitbestimmung, »Beziehungen«, Prestige, sozialer Anerkennung, Selbstverwirklichung, Bildung. Es geht dabei also immer um etwas, was individuell und sozial als etwas Positives, Anzustrebendes, eben als »Gut« oder »Wert« betrachtet wird, um etwas, von dem man »profitiert«. Wer von »Teilhabe an Arbeit« spricht, meint immer ihre positiven Aspekte: Geldverdienen, Prestige, Anerkennung, Selbstverwirklichung, positive soziale Kontakte und nicht etwa, dass man im Arbeitsleben ausgebeutet wird, dass die Gesundheit durch Stress und körperliche Belastungen leidet oder dass einen Vorgesetzte drangsalieren und Kollegen nerven.

Spannungsverhältnis von Inklusion, Integration und Teilhabe

Inklusion, Integration und Teilhabe bilden insgesamt unterschiedliche Aspekte der Zugehörigkeit von Individuen zu sozialen Zusammenhängen (Kontexten, sozialen Systemen) und ihrer Teilnahme daran. Inklusion bezeichnet den Aspekt struktureller Einbeziehung bzw. Einbezogenseins. Integration bezeichnet den Aspekt der sozialen Einbindung (Kohäsion, Zusammenhalt). Teilhabe (Partizipation) bezeichnet den Aspekt der Beteiligung an gesellschaftlich anerkannten Gütern und Werten, z. B. Bildung, ökonomische Ressourcen, politische Mitbestimmung, »Beziehungen«, Prestige, soziale Anerkennung.
In entwickelten Wohlfahrtsstaaten stehen für benachteiligte Gruppen systematisch Hilfen zur Verfügung, die die Wahrnehmung von Rechten

und Rollen, einen Mindeststandard an Teilhabe auch unter problematischen Lebensbedingungen gewährleisten. Dazu gehören Leistungen der sozialen Sicherungssysteme, Geldleistungen einschließlich Sozialhilfe und Sozialarbeit. Auch die Förderung von Integration und Teilhabe sind klassische Aufgaben sozialer Arbeit.

Inklusion bedeutet nicht automatisch ein hohes Maß an sozialer Einbindung oder uneingeschränkte Teilhabe. Vielmehr können die drei Aspekte – je nach den Gegebenheiten des Einzelfalls – auch in einem Spannungsverhältnis stehen bzw. frei variieren. Das kann man sich mit einem Bild von drei Schiebereglern veranschaulichen (siehe Abbildung).

ABBILDUNG 1 Das Verhältnis von Inklusion, Integration und Teilhabe
© Harald Riedinger, Jörg M. Kastl

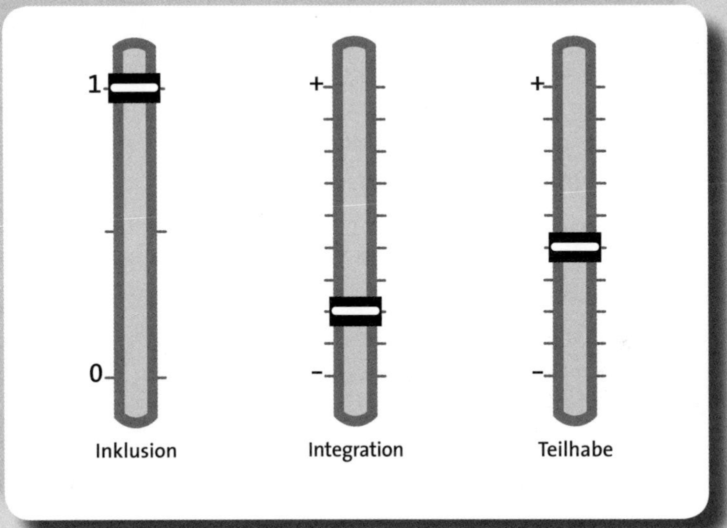

So können Menschen zum Beispiel in eine Gemeinde inkludiert sein, also das Recht und die Möglichkeit haben, dort zu wohnen und Zugang zu allen dort vorhandenen Angeboten vom Kirchenchor bis zum Schwimmbad zu haben, aber – aus freien Stücken oder zwangsweise – ein geringes

Maß an sozialen Bindungen zum Beispiel zu Nachbarn, Verwandten, Bekannten unterhalten (inkludiert, aber wenig integriert). Genauso können Menschen inkludiert und gut in ein soziales Netzwerk integriert sein, aber nur verhältnismäßig geringe Teilhabemöglichkeiten erschließen. Sie beteiligen sich nicht an politischen und kulturellen Prozessen, haben ein geringes Maß an Bildung und ökonomischen Möglichkeiten und genießen wenig Sozialprestige (integriert und inkludiert, aber geringes Maß an gesellschaftlicher Teilhabe). Insbesondere Gudrun Wansing hat den Gesichtspunkt, dass Inklusion gerade auch für behinderte Menschen keine Teilhabegarantien enthält, betont und differenziert dargestellt (Wansing 2012, 2013 b). Schließlich wäre auch der Fall zu nennen, dass Menschen zwar gut integriert, aber nicht inkludiert sind: Dies wäre zum Beispiel der Fall bei einem geduldeten, zunächst minderjährigen Flüchtling, der eine Schule besucht hat, gut Deutsch spricht, hervorragend Fußball spielt, in Sportverein und andere soziale Netzwerke eingebunden ist, dem aber mit der Volljährigkeit die Ausweisung droht.

Inklusion und Wohnen

Die vorgeschlagenen soziologischen Begriffe haben den Vorteil, dass sie solche und andere in der sozialen Wirklichkeit vorkommenden wechselnden Kombinationen und Grade von Inklusion/Exklusion, Integration/Desintegration und Teilhabe/Nichtteilhabe differenziert abbilden können. Dies ist im Sinne etwa einer differenzierten Diagnostik, wie sie die ICF bietet, von größter Bedeutung, auch im Hinblick auf Fragen der Unterstützungs- und Förderplanung im Betreuten Wohnen. Auf diese Ebene wollen wir die drei »R«, die Rechte, Rollen und Ressourcen nun herunterbrechen.

Rechte: Maßgebliche Rechte im Lebensbereich sind zunächst grundlegende von unserer Verfassung garantierte Freiheitsrechte, die die Wahl des Wohnorts dem Einzelnen überlassen. Das folgt im Grundgesetz allgemein aus der persönlichen Handlungsfreiheit (Art. 2) und im Speziellen aus der Gewährleistung von Freizügigkeit (Art. 11), die auch die freie Wahl des Wohnortes und der Wohnung sowie das »Recht auf Verbleiben am Aufenthalts- und Wohnort der eigenen Wahl« einschließt (negative Freizügigkeit). Auch Artikel 19 UN-BRK sichert Menschen mit Behinderungen zu, »gleichberechtigt die Möglichkeit (zu) haben, ihren

Aufenthaltsort zu wählen und zu entscheiden, wo und mit wem sie leben und nicht verpflichtet sind, in besonderen Wohnformen zu leben« (Art. 19 UN-BRK).

Im Grundgesetz und in der UN-BRK ist das Recht auf Unverletzlichkeit der Wohnung zudem eng verknüpft mit dem Schutz der Privatsphäre und der Familie (Art. 13 GG; Art. 18, 19, 22, 23 UN-BRK). Am deutlichsten ist dieser Zusammenhang in der UN-BRK formuliert: »Menschen mit Behinderungen dürfen unabhängig von ihrem Aufenthaltsort oder der Wohnform, in der sie leben, keinen willkürlichen oder rechtswidrigen Eingriffen in ihr Privatleben, ihre Familie, ihre Wohnung oder ihren Schriftverkehr oder andere Arten der Kommunikation oder rechtswidrigen Beeinträchtigungen ihrer Ehre oder ihres Rufes ausgesetzt werden. Menschen mit Behinderungen haben Anspruch auf rechtlichen Schutz gegen solche Eingriffe oder Beeinträchtigungen.« (Art. 22 UN-BRK)

In der UN-BRK findet sich keine eindeutige Verpflichtung des Staates, Wohnformen für behinderte Menschen nötigenfalls auch zu finanzieren oder auch nur finanziell zu unterstützen. Artikel 19 und 22 UN-BRK sind als Abwehrrechte formuliert, sie begründen eine Schutzpflicht der Staaten, aber keine greifbaren sozialen Rechte. Es wird sogar, wie das Landessozialgericht Nordrhein-Westfalen in einer Urteilsbegründung von 2014 analysiert, die Verwendung eines Begriffs wie »Anspruch« bewusst vermieden (LSG NRW, Beschluss vom 06.02.2014, L 20 SO 436/13 B ER). Das deutsche Sozialhilferecht sieht dagegen die Übernahme von Hilfen zum Lebensunterhalt, einschließlich der Kosten für eine angemessene Wohnung sowie Hilfen zum Wohnen vor. Überdies finden sich im SGB IX eine Reihe von Teilhabeleistungen im Zusammenhang mit dem Leben in der Gemeinschaft.

Rolle: Die Kernrolle, über die sich Inklusion in die Wohngemeinde vollzieht, ist soziologisch gesehen die Rolle des Wohnungsinhabers. Diese Rolle ist die Voraussetzung für eine weitere Palette von Rollen, insbesondere die Nachbarschaftsrolle, die Rolle des Bürgers einer Gemeinde und potenziell weitere Rollen im Bereich der Privatsphäre (Partner, Gatte, Haushaltsvorstand, Eltern). Durch einen festen Wohnsitz ist jemand in freier Weise sozial adressierbar, sozialräumlich verortet, ohne »festgesetzt« zu sein.

Diese Form der Inklusion unterscheidet den Wohnungsinhaber vom Obdachlosen, vom Heimbewohner, vom Häftling, vom dauerhaft stationär Aufgenommenen, vom Asylanten oder Geduldeten. Das Grundrecht der

Unverletzlichkeit der Wohnung markiert einen sozialen und räumlichen Schutzbereich der Privatheit, das »Recht, in Ruhe gelassen zu werden«. Die Wohnung ist zugleich eine soziale Institution, normativ durch soziale Anerkennung konstituiert und nicht nur durch die räumliche Umgrenzung. In der Abgeschlossenheit und Abschließbarkeit der Wohnung dokumentieren sich ein Verhältnis wechselseitiger sozialer Anerkennung und eine Rechtsbeziehung. Der Wohnungsinhaber kann die Öffnung oder Schließung der Grenzen seiner Wohnung selbst regulieren. Er hat das Recht, Personen und Sachen in die Sphäre seiner Wohnung einzubeziehen oder auszuschließen.

Durch die Anerkennung der Abgrenzung eines persönlichen Raumes ist zugleich eine Dimension sozialer Nähe und des Abstandes hergestellt. Sie konstituiert Nachbarschaft und zwar unabhängig vom konkret realisierten Ausmaß an Kontakten und Bindung, also der Frage der Integration in die Nachbarschaft. Nachbar ist auch der, mit dem nicht oder wenig kommuniziert wird. Die eigene Wohnung ist insgesamt eine wesentliche Bedingung für den Zugang zu dauerhaften »sozialen Nahbeziehungen« (Martin Kronauer) und demnach auch für soziale Integration. Die durch die Inklusion in die Rolle des Wohnungsbesitzers entstehende Privatsphäre ist zugleich eine entscheidende Voraussetzung für die Realisierung von Intimbeziehungen, von Partnerschaft und Familie.

Wohnungsbesitzer und Mitglied einer Gemeinde zu sein heißt außerdem, autonome Zugänge zu kommunalen Dienstleistungen und kommunaler Infrastruktur zu haben: von Wasser und Elektrizität, Müllabfuhr, Gewährleistung von Sicherheit, Straßenbeleuchtung bis hin zur Nutzung von Einkaufsmöglichkeiten und kulturellen Angeboten, des öffentlichen Nahverkehrs sowie politischer Rechte (Kommunalwahlrecht). Dies ist zugleich auch eine normative Forderung der UN-BRK (z. B. nach angemessenem Lebensstandard, sauberem Wasser u. a. in Artikel 28).

Ressourcen: Individuelle Ressourcen als Voraussetzung für die faktische Wahrnehmung von Rollen und Rechten sind insbesondere:

- ökonomische Ressourcen (ökonomisches Kapital), mit denen eine Wohnung erworben, gemietet und instand gehalten werden kann;
- individuelle Kompetenzen (Bildungskapital), dazu gehören Geschäftsfähigkeit, elementare Kulturtechniken wie Lesen, Rechnen, Schreiben;
- sonstige Ressourcen zur Begründung und Aufrechterhaltung des Wohnverhältnisses und seiner Verwaltung notwendigen Kenntnisse und Fertigkeiten einschließlich der Haushaltsführung.

Die ökonomischen Ressourcen werden in der Regel durch eigene Erwerbsarbeit bereitgestellt, darüber hinaus sind für solche Fälle, in denen das nicht oder nicht in ausreichendem Maße gewährleistet ist, Kompensationen auf der Basis sozialer Rechte möglich (Wohngeld, Hilfen zum Lebensunterhalt). Dies gilt insbesondere für Menschen mit Behinderungen. Darunter fallen auch individuelle Rechtsansprüche auf ambulante Eingliederungshilfe, aber auch häusliche Pflegeleistungen.
Das setzt voraus, dass in der Umwelt der betroffenen Personen eine entsprechende Infrastruktur an Diensten, Einrichtungen u.a. besteht. Dies berührt nicht nur die Infrastruktur direkter Hilfen beim Wohnen, sondern auch gesundheitsbezogene Leistungen, die Versorgung mit Gegenständen des täglichen Bedarfs und die Sicherung von Mobilität.
Die UN-BRK verknüpft ausdrücklich die strukturelle Zugänglichkeit anderer Lebensbereiche mit der Wohnsituation, wie etwa die lokale Erreichbarkeit von medizinischen Dienstleistungen und Rehabilitationsmöglichkeiten (Art. 25 und 26), von Bildungsangeboten (Art. 24), den Zugang zu Informationen und Massenmedien (Art. 21 und Art. 30), Fortbewegungsmitteln (Art. 20), die Partizipation am politischen und Partizipation am öffentlichen Leben (Art. 29) sowie die Teilhabe an Kultur, Freizeit und Sport (Art. 30).
Dabei ist wichtig zu sehen, dass die UN-BRK die von ihr postulierten Rechte behinderter Menschen nicht auf den Aspekt der Inklusion (strukturelle Einbeziehung) begrenzt, sondern darüber hinaus ausdrücklich eine im Einzelnen nicht bestimmte – und nicht bestimmbare – faktische Teilhabe an wichtigen Lebensbereichen fordert (Partizipation) sowie Maßnahmen zur Vermeidung von nicht erwünschter sozialer Isolation und Absonderung (Integration) verlangt.
Allerdings sind genau diese weitergehenden Aspekte der Integration und Teilhabe hochgradig abhängig von individuellen Lebensentwürfen und Selbstkonzepten. So ist es beispielsweise gerade für viele Menschen mit psychischen Erkrankungen eine wichtige Errungenschaft, inkludiert zu sein, aber die Balance sozialer Nähe und Distanz, die Dichte von Bindungen, das Maß an Integration selbst bestimmen zu können. Es ist eine vielfach dokumentierte Erfahrung beim Wechsel von stationären in ambulant betreute Wohnformen, dass alleine der Status des Wohnungsinhabers und die damit einhergehenden Rechte und Pflichten als solche Bedeutung für Menschen haben. Das kann gelegentlich zu überraschenden Veränderungen von Kompetenzen, der psychosozialen Identität und sogar der

klinischen Symptomatik führen. Wohnungsbesitzerin und Bürger einer Gemeinde zu sein, kann als solches eine Errungenschaft sein, eben weil damit nicht automatisch Bindungszumutungen einhergehen. Darin liegt eine wichtige generelle zivilisatorische Errungenschaft der modernen Gesellschaft: Inklusion ist diejenige Form sozialer Zugehörigkeit und Zugänglichkeit, die auch nicht integrierte Personen, Außenseiter geltend machen können.

Aufgabe des Betreuten Wohnens

Welches Maß an Integration und Teilhabe mit der Inklusion in die Gemeinde einhergeht, welche besondere Konstellation der Einstellungen der drei Schieberegler sich ergibt, ist eine Frage, die in jedem Einzelfall anders beantwortet werden muss. Genau hier liegt die zentrale Aufgabe einer personenzentrierten und zugleich lebensweltorientierten sozialpsychiatrischen Arbeit. Es ist erforderlich, auf die persönlichen Wünsche und Bedürfnisse der Klienten und Klientinnen zu achten, mit ihnen immer wieder neu zu klären, welches Maß an sozialer Einbindung und Teilhabe sie anstreben und ertragen, welche sozialen Rollen sie einnehmen wollen, welche eher nicht und welche Ressourcen dazu erforderlich sind.
Allerdings sollte das Bild der Schieberegler nicht dazu verführen, Inklusion, Integration und Teilhabe einseitig als sozialpädagogische, sozialarbeiterische oder sozialpsychiatrische Konzepte technokratisch zu verstehen. Es geht hier um komplexe Konstellationen sozialer Zugehörigkeit und Teilnahme. Hier gehen alle biografischen, individuellen und sozialen Lebensumstände eines Klienten und seines konkreten Wohnumfelds ein. Soziale Arbeit kann hier immer nur ein Faktor sein. Aber immerhin: Sie kann ein Faktor sein.

Prof. Dr. Jörg Michael Kastl hat einen Lehrstuhl für Soziologie der Behinderung und sozialer Benachteiligung an der Pädagogischen Hochschule Ludwigsburg/Reutlingen. Seine Forschungsschwerpunkte sind Wohnen, Arbeiten, Biografien von Menschen mit Behinderungen und psychischen Erkrankungen, soziologische und sozialrechtliche Aspekte von Inklusion sowie die Soziologie des Körpers und des Gedächtnisses.

Literatur

AICHELE, V. (2013): Inklusion als menschenrechtliches Prinzip: der internationale Diskurs um die UN-Behindertenrechtskonvention. In: Archiv für Wissenschaft und Praxis der sozialen Arbeit, 44 (3), 28–37.

ESSER, H. (2000): Soziologie. Spezielle Grundlagen. Band 2. Frankfurt a. M.: Campus.

KASTL, J. M. (2013): Inklusion und Integration. In: DEDERICH, M.; GREVING, H.; MÜRNER, C.; RÖDLER, P. (Hg.): Behinderung und Gerechtigkeit. Heilpädagogik als Kulturpolitik. Gießen: Psychosozial-Verlag, 133–152.

KASTL, J. M. (2017a): Einführung in die Soziologie der Behinderung. 2. Auflage. Wiesbaden: VS.

KASTL, J. M. (2017b): Inklusion. In: OTTO, H.-U.; THIERSCH, H.; TREPTOW, R.; ZIEGLER, H. (Hg.): Handbuch Soziale Arbeit. München: Reinhardt.

MERTEN, R.; SCHERR, A. (Hg.) (2004): Inklusion und Exklusion in der Sozialen Arbeit. Wiesbaden: VS.

RAPPAPORT, J. (1981): In praise of paradox. A social policy of empowerment over pretention. In: American Journal of Community Psychology, 9 (1), 1–25

WANSING, G. (2005): Teilhabe an der Gesellschaft. Menschen mit Behinderungen zwischen Inklusion und Exklusion. Wiesbaden: VS.

WANSING, G. (2012): Inklusion in einer exklusiven Gesellschaft. Oder: Wie der Arbeitsmarkt Teilhabe behindert. In Behindertenpädagogik, 51, 381–396.

WANSING, G. (2013a): »Mit gleichen Wahlmöglichkeiten in der Gemeinschaft leben« – Behinderungen und Enthinderungen selbstbestimmter Lebensführung. In: BECKER, U.; WACKER, E.; MINOU, B. (Hg.): Inklusion und Sozialraum. Behindertenrecht und Behindertenpolitik in der Kommune. Baden-Baden: Nomos, 69–86.

WANSING, G. (2013b): Der Inklusionsbegriff zwischen normativer Programmatik und kritischer Perspektive. In Archiv für Wissenschaft und Praxis der sozialen Arbeit, 44 (3), 1–27.

STAND DER FORSCHUNG UND DIE PERSPEKTIVE DER NUTZENDEN

»Also manchmal wünsche ich mir irgendwo, dass ich mehr betreut wäre, weil das dann eben gegeben wäre, dass immer jemand da ist. Aber auf der anderen Seite denke ich, ist es dann nicht mehr der Punkt, dann muss man so etwas wie Selbständigkeit entwickeln. (...) Jetzt mache ich meine Ausbildung und werde irgendwann hoffentlich dem ersten Arbeitsmarkt zur Verfügung stehen und es ist dann schlecht, wenn ich dann höher betreut werde.«

»Meine Freundin oder meine Oma, mit der kann ich auch gut reden. (...) Allerdings wollte ich sie halt auch nicht belasten damit, ich wollte sie nicht zumüllen mit meinen Sachen, weil sie genug eigene Sorgen hat und dann hab ich gedacht, o.k. ich nehme ihr lieber was als das ich ihr noch was aufbürde und mhm ... Ja da einfach aus dieser Abhängigkeit irgendwie ein Stück raus zu kommen.«

»Das find ich ganz wichtig, da jemand von außen zu haben, dass man dann auch, wo ich dann das ein Stück weit trennen kann, das ist jemand, der ist dafür da um mir zuzuhören oder mal mit anzupacken ...«

Wohnforschung
Methodische Probleme und aktueller Forschungsstand

Dirk Richter und Matthias Jäger

Wohnforschung ist ein relativ junger Forschungsbereich. Die ersten bedeutsamen Studien wurden während der Deinstitutionalisierung der psychiatrischen Versorgung in den 1980er- und 1990er-Jahren durchgeführt. Trotz der erheblichen finanziellen Relevanz – in Deutschland kann ein finanzieller Umfang von ca. drei Milliarden Euro für Wohnen in der Eingliederungshilfe zugrunde gelegt werden – mangelt es an guten Studien, welche die Wirkung verschiedener Wohnformen untersuchen. Im deutschsprachigen Raum sind nahezu ausschließlich Querschnittsstudien durchgeführt worden, die zwar Probleme benennen, aber keine kausalen Zusammenhänge aufklären können.

Im ersten Teil dieses Kapitels befassen wir uns deshalb mit methodischen Problemen und Lösungsansätzen bei der Evaluation komplexer Systeminterventionen wie den Angeboten der Wohnrehabilitation zusammen. Im zweiten Teil werden schließlich die wichtigsten Forschungsergebnisse zu verschiedenen Formen der Wohnversorgung und Betreuung psychisch kranker Personen vorgestellt.

Wissenschaftliche Evidenz gewinnt bei der Ausgestaltung des Versorgungssystems für Menschen mit psychischen Erkrankungen sowie der Implementierung neuer Interventionen zunehmend an Bedeutung. Entscheidungsträger in der Versorgungssteuerung rekurrieren u.a. auf evidenzbasierte Versorgungsleitlinien wie die S3-Leitlinie »Psychosoziale Therapien bei schweren psychischen Erkrankungen« (DGPPN 2013), um unter der Prämisse der WZW-Kriterien (Wirksamkeit, Zweckmäßigkeit, Wirtschaftlichkeit) gezielt Behandlungs- und Versorgungsangebote zu fördern. Daher ist ein empirischer Nachweis dieser Kriterien für neue (wie auch bestehende) psychosoziale Interventionen von höchster Bedeutung.

Probleme konventioneller Studien

Evidenzniveaus werden üblicherweise in mehrere Stufen eingeteilt, wobei der höchste Evidenzgrad auf randomisierten kontrollierten Studien (RCT: »randomized controlled trial«) basiert. Dieses Studiendesign folgt dem Prinzip, dass eine (neue) Intervention mit einer Kontrollbedingung verglichen wird, meist der bisher besten Standardbehandlung (»treatment as usual«). Randomisierung bedeutet hierbei, dass die Klientinnen und Klienten nach dem Zufallsprinzip der Interventions- oder Kontrollgruppe zugewiesen werden, um eine gleichmäßige Verteilung verschiedener Einflussfaktoren auf beide Gruppen sicherzustellen und hierdurch eine mögliche Verzerrung der Ergebnisse durch diese Faktoren zu minimieren. Die Anwendung dieses »Goldstandards« für interventionelle Forschung ist generell, jedoch insbesondere bei der Evaluation komplexer Systemintervention wie der Wohnversorgung, mit einer Reihe von Problemen verbunden. Nicht zuletzt aus ethischen Gründen sind naturalistische quasi-experimentelle Studien sowie deskriptive nicht experimentelle Studien in diesem Bereich häufiger, ihnen wird aber eine geringere Evidenz zugeschrieben, das Ergebnis ist weniger aussagekräftig. Diese Studiendesigns haben jedoch Vorteile in der praktischen Anwendung für den Bereich der psychosozialen Rehabilitation. Forschende müssen deshalb für die Wahl ihres Studiendesigns immer verschiedene Aspekte abwägen.

Klinische Validität: Ein wesentlicher Vorteil von RCT ist die hohe interne Validität. Durch die zufällige Zuteilung der Probanden auf die Interventions- und Kontrollgruppe wird davon ausgegangen, dass beide Gruppen sich hinsichtlich der Charakteristika der Probanden nicht unterscheiden und die Unterschiede der Zielparameter (z. B. Zufriedenheit, Lebensqualität, Symptombelastung, Funktionsniveau, Teilhabe) daher als Effekt der Intervention gewertet werden können. Hingegen bestehen bei vielen RCT Zweifel an der externen Validität. Durch meist zahlreiche Ausschlusskriterien für die Teilnahme an der Studie (z. B. Multimorbidität, Art der Vorbehandlung, akute Symptomatik, unfreiwillige Behandlung) muss von einem Selektionseffekt ausgegangen werden, d. h., dass die Studienpopulation nicht den Personen entspricht, um die es in der »Realität« geht. Insbesondere schwerer kranke Personen oder solche mit komplexen Krankheitsbildern kommen oftmals nicht für eine Studienteilnahme infrage. Ebenso ausgeschlossen sind meist fremdsprachige Personen oder solche, die nicht aus eigener Motivation eine Behandlung aufsuchen. Dies schränkt die Übertragbarkeit der Ergebnisse auf die Versorgungspraxis stark ein (Bartlett u.a. 2005).

Klientenpräferenz: Ein weiterer Nachteil der RCT steckt in der zufälligen Zuteilung eines Studienteilnehmers zur (neuen) Intervention bzw. der Kontrollbedingung. Da aus ethischen Gründen meist eine vollumfängliche Information des Probanden zu allen Aspekten der Studie gefordert wird, müssen auch alle Behandlungsoptionen offengelegt werden. Eine Informationsstrategie, die einem Patienten Details zu Behandlungsoptionen vermittelt, die ihm schlussendlich gar nicht zur Verfügung stehen, werden in der klinischen Praxis als unethisch beurteilt (Firth 2007).

Zugang zur Intervention: Ist eine neue Intervention nur im Rahmen einer Studie zugänglich, kann dies ein Anreiz für einige Studienteilnehmer sein, die sich jedoch mit hoher Wahrscheinlichkeit von der Teilnahme wieder zurückziehen, sollten sie nicht die gewünschte Intervention erhalten (Relton u.a. 2010). Umgekehrt gilt aber auch: Wenn bereits alle Behandlungsoptionen der Studie in der Routineversorgung verfügbar sind, kann der Zugang zu einer Intervention üblicherweise nicht mehr an die Bedingung einer Studienteilnahme gebunden werden, was sich sehr ungünstig auf die Bereitschaft zur Studienbeteiligung auswirken kann. Dies ist insbesondere in Versorgungssituationen der Fall, die sich lange Zeit theoriegeleitet bzw. auf der Basis klinischer Plausibilität entwickelt haben, wozu in weiten Teilen auch der Bereich Wohnversorgung für psychisch Kranke gehört (Fakhoury u.a. 2002).

Vergleichbarkeit verschiedener Interventionen: Zur Unterstützung von Menschen mit psychischen Erkrankungen im Bereich Wohnen und Alltagsbewältigung sind eine Vielzahl unterschiedlicher Komplexinterventionen verfügbar. Das Spektrum reicht von Wohn- und Pflegeheimen, Übergangseinrichtungen und soziotherapeutischen Einrichtungen über Familienpflege und betreute Wohngruppen bis hin zu ambulanter Wohnbetreuung einschließlich intensiv betreuten Einzelwohnens. Eine einheitliche Taxonomie betreuter Wohnformen, das heißt, die gleiche Bezeichnung für gleiche Wohnformen, die verlässliche Rückschlüsse auf das Angebot zulassen würde (Wohnmöglichkeit, Betreuungsintensität, Flexibilität, Zugangsvoraussetzungen usw.), existiert bislang auf überregionaler oder gar internationaler Ebene nicht (Siskind u.a. 2013).

Dies führt zusammen mit Unterschieden bei den Teilnehmergruppen sowie den erhobenen Variablen und verwendeten Messinstrumenten dazu, dass die Ergebnisse verschiedener Studien zur Evaluation von

Wohnangeboten normalerweise nicht direkt miteinander verglichen werden können. Die Schlussfolgerungen dieser Studien können sich daher üblicherweise nur auf Personen mit definierten Charakteristika in einer bestimmten Versorgungsregion beziehen und sind, wenn überhaupt, nur sehr eingeschränkt übertragbar auf einen anderen Versorgungskontext.

Lösungsansätze

Um die beschriebenen Probleme zu berücksichtigen und dennoch eine möglichst hohe Ergebnisqualität zu erreichen, wurden einige alternative Studiendesigns entwickelt. Hierzu gehört z. B. das »Randomised Consent Design« (Zelen's Design), welches das Problem der Klientenpräferenz dadurch löst, dass zuerst die Randomisierung erfolgt und dann der Studienteilnehmer über die zugeteilte Behandlungsoption informiert wird. Dies ist aus ethischer Perspektive allerdings hoch umstritten (Torgerson, Roland 1998). Ein anderes Beispiel ist das »Patient Preference Design«, bei welchem alle Personen, die eine Präferenz haben, dem entsprechendem Studienarm zugeteilt werden. Die Klientinnen und Klienten ohne Präferenz werden wie im klassischen RCT randomisiert (Lambert, Wood 2000).

Diese und andere Alternativen zum klassischen RCT benötigen meist eine höhere Teilnehmerzahl, was den Aufwand erheblich vergrößern kann.

Aufgrund dieser komplexen methodischen Problematik sind bis heute nur wenige RCT zum Thema Wohnen psychisch Kranker verfügbar. Die meisten Publikationen beziehen sich auf naturalistische quasi-experimentelle oder rein deskriptive Studien.

Aktueller Forschungsstand

Die aktuelle Forschung zum Wohnen für Menschen mit psychischen Störungen wird durch zahlreiche neue Studien aus Nordamerika geprägt. In den Vereinigten Staaten und Kanada existiert ein massives Problem mit der Obdachlosigkeit psychisch kranker Menschen. Aufgrund von

Problemen mit der Krankenversicherung und fehlender Anschlussversorgung nach einem stationären Aufenthalt landen viele Betroffene sprichwörtlich auf der Straße. Daher verwundert es nicht, dass zurzeit zahlreiche Studien mit einem hohen Evidenzgrad – wie zuvor beschrieben – dort durchgeführt werden. RCT lassen sich verständlicherweise bei diesen Personen leichter durchführen als bei Personen, die ein Dach über dem Kopf haben.

»Housing first« für obdachlose Personen – Wohnen vor Therapie

»Housing first« (HF) heißt der Slogan dieser neueren Projekte, die mit guten Studien evaluiert wurden (Benston 2015). Damit ist gemeint, dass obdachlose Personen mit psychischen Störungen ohne Auflagen und Vorbehandlungen direkt von der Straße oder Notschlafstellen in eine eigene Wohnung gebracht werden. Dieses Verfahren steht in einem krassen Gegensatz zur bisherigen Praxis der Wohnversorgung. Lange Zeit ging man – auch im deutschsprachigen Raum (Ciompi 1988) – davon aus, dass Personen, die sich rehabilitieren wollen, eine Stufenleiter durchlaufen müssen, die ihnen hilft, mit den Anforderungen der sozialen Umwelt besser zurechtzukommen. Das bedeutete etwa, dass suchtkranke Klientinnen und Klienten vor der Aufnahme in ein Wohnprogramm eine abstinenzorientierte Therapie erfolgreich absolviert haben mussten. Daran schlossen sich häufig jahrelange Aufenthalte in Wohnheimen und anderen Settings an, bevor am Ende dann die eigene Wohnung in Aussicht gestellt wurde.
Die Abbruchrate in diesen Stufenleiterprogrammen war wie zu erwarten hoch, nur wenige Personen erreichten tatsächlich das Ziel der eigenen Wohnung. »Housing first« versucht nun, aus der Not eine Tugend zu machen, und platziert die Menschen aus der Zielgruppe direkt in einer eigenen Wohnung, um sie dort anschließend professionell zu unterstützen. Ganz ähnlich wie bei der Arbeitsrehabilitation, wo sich der Ansatz »Erst platzieren – dann trainieren« durchgesetzt hat, wird im Rahmen von »Housing first« versucht, dem Ziel der »unterstützen Inklusion« zu folgen (Richter u.a. 2016). Nicht ganz überraschend zeigt sich auch beim Wohnen eine Überlegenheit dieses Ansatzes gegenüber Heimeinrichtungen bzw. gegenüber dem Stufenleiterprinzip.
Selbst bei Menschen mit einem sehr großen Betreuungsbedarf wurde im Rahmen von randomisierten Studien mit »Housing first« gefunden, dass

diese eine größere Wohnstabilität erzielten, besser in der sozialen Umgebung zurechtkamen und eine höhere Lebensqualität hatten. Bei weiteren Indikatoren wie der Inanspruchnahme von medizinischen Leistungen und der sozialen Integration zeigten sich keine Unterschiede (Aubry, Goering u.a. 2015; Aubry, Tsemberis u.a. 2015). Diese Ergebnisse bestätigen einen Trend, der sich bei Wohnprojekten für Wohnungslose schon seit Längerem andeutete. Frühere Studien hatten schon die Gleichwertigkeit von unabhängigem Wohnen mit eher institutionellen Umgebungen herausgestellt (z.B. Gulcur u.a. 2007).

In Westeuropa stellt sich die Problemlage etwas anders dar als in Nordamerika. Zwar leben auch hier Menschen mit psychischen Störungen auf der Straße oder in Notunterkünften, allerdings ist das Angebot zur Nachbetreuung und Rehabilitation hier deutlich besser und erreicht auch mehr Personen. Auch können die Resultate der Studien mit Obdachlosen nur begrenzt auf die hiesigen Verhältnisse übertragen werden. Menschen, die längere Zeit in Obdachlosigkeit gelebt haben, weisen beispielsweise höhere Raten von Abhängigkeitserkrankungen auf und haben insgesamt einen stärkeren sozialen Ausschluss von der Gesellschaft erlebt.

Wohnforschung bei nicht obdachlosen Menschen mit psychischen Störungen

Leider gibt es nur sehr wenige Studien, die sich mit den Auswirkungen von Wohnsettings auf nicht obdachlose Personen befasst haben. Für diesen Personenkreis ist bis anhin nicht eine einzige randomisierte und kontrollierte Studie publiziert worden. Die bisher publizierten Studien sind in der Regel quasi-experimentell angelegt, das heißt, zwei oder mehr Wohnbedingungen wurden im Zeitverlauf miteinander verglichen. Was bei diesem Studiendesign entscheidend fehlt, ist die zufällige Zuweisung der Klientinnen und Klienten zu den Wohnsettings. Wie oben bereits beschrieben wurde, ist bei derartigen Studien mit Selektionseffekten zu rechnen; bestimmte Personen gehen – aus welchen Gründen auch immer – überzufällig in bestimmte Wohneinrichtungen.

Die Resultate dieser ebenfalls überwiegend nordamerikanischen Studien unterscheiden sich interessanterweise nicht wesentlich von den RCT mit obdachlosen Menschen. Auch hier – darunter war auch eine deutsche Studie (Kallert u.a. 2007) – erwies sich das unabhängige Wohnen anderen, mehr institutionalisierten Wohnformen als mindestens ebenbürtig, in einigen Bereichen auch besser (siehe etwa Nelson u. a. 2007; Tsai u. a. 2011).

Wirkung von Wohnsettings und Klientenwünsche

Zusammenfassend kann man den Stand der Wirkungsforschung von Wohnsettings folgendermaßen beschreiben: Unabhängiges Wohnen in der eigenen Wohnung ist auch bei Menschen mit schweren psychischen Störungen und mit massiven sozialen Benachteiligungen wie etwa Obdachlosigkeit mindestens ebenso erfolgreich wie die Versorgung in Heimen oder heimähnlichen Einrichtungen. Aktuelle Forschungsresultate lassen sogar auf eine leichte Überlegenheit schließen.
Allerdings darf in der modernen Versorgung von Menschen mit psychischen Störungen nicht allein auf »Wirkungen« geschaut werden, es müssen auch die Wünsche der Klientinnen und Klienten berücksichtigt werden. Und in diesem Zusammenhang ist die Forschungslage sehr eindeutig: Die Präferenzen liegen bei der eigenen Wohnung und nicht bei Heimen und heimähnlichen Einrichtungen (Richter, Hoffmann 2017).

***Dr. phil. habil. Dirk Richter**, Jahrgang 1962, ist Soziologe und Pflegefachmann. Er ist Leiter Forschung und Entwicklung in der Direktion Psychiatrische Rehabilitation an den Universitären Psychiatrischen Diensten Bern und Dozent am Fachbereich Gesundheit der Berner Fachhochschule.*

***PD Dr. med. Matthias Jäger**, Jahrgang 1976, Facharzt für Psychiatrie und Psychotherapie, Leiter des Zentrums für Akute Psychische Erkrankungen, Klinik für Psychiatrie, Psychotherapie und Psychosomatik an der Psychiatrischen Universitätsklinik Zürich.*

Literatur

Aubry, T.; Goering, P.; Veldhuizen, S.; Adair, C. E.; Bourque, J.; Distasio, J.; Latimer, E.; Stergiopoulos, V.; Somers, J.; Streiner, D. L.; Tsemberis, S. (2015): A Multiple-City RCT of Housing First With Assertive Community Treatment for Homeless Canadians With Serious Mental Illness. Psychiatr Serv: appips201400587.

Aubry, T.; Tsemberis, S.; Adair, C. E.; Veldhuizen, S.; Streiner, D.; Latimer, E.; Sareen, J.; Patterson, M.; McGarvey, K.; Kopp, B.; Hume, C.; Goering, P. (2015): One-year outcomes of a randomized controlled trial of housing first with ACT in five Canadian cities. Psychiatr Serv 66 (5): 463–469.

Bartlett, C.; Doyal, L.; Ebrahim, S.; Davey, P.; Bachmann, M.; Egger, M.; Dieppe, P. (2005): The causes and effects of socio-demographic exclusions from clinical trials. Health Technol Assess 9 (38): iii–iv, ix–x, 1–152.

Benston, E. A. (2015): Housing Programs for Homeless Individuals With Mental Illness: Effects on Housing and Mental Health Outcomes. Psychiatr Serv 66 (8): 806–816.

Ciompi, L. (1988): Resultate und Prädiktoren der Rehabilitation. Rehabilitation in der Psychiatrie. In: Hippius, H.; Lauter, H.; Ploog, D.; Bieber, H.; van Hout, L.: Rehabilitation in der Psychiatrie. Heidelberg: Springer: 27–35.

DGPPN (2013): S3-Leitlinie Psychosoziale Therapien bei schweren psychischen Erkrankungen. Heidelberg, Berlin: Springer.

Fakhoury, W. K.; Murray, A.; Shepherd, G.; Priebe, S. (2002): Research in supported housing. Soc Psychiatry Psychiatr Epidemiol 37 (7): 301–315.

Firth, J. (2007): Should you tell patients about beneficial treatments that they cannot have? No. BMJ 334 (7598): 827.

Gulcur, L.; Tsemberis, S.; Stefancic, A.; Greenwood, R. M. (2007): Community integration of adults with psychiatric disabilities and histories of homelessness. Community Ment Health J 43 (3): 211–228.

Jäger, M.; Hierlemann, F.; Kawohl, W.; Kaiser, S.; Seifritz, E.; Hoff, P. (2014): Psychiatrischer Versorgungsbedarf in betreuten Wohneinrichtungen. Neuropsychiatr 28 (1): 12–18.

Kallert, T. W.; Leisse, M.; Winiecki, P. (2007): Comparing the

effectiveness of different types of supported housing for patients with chronic schizophrenia. J Public Health 15: 29–42.
LAMBERT, M. F.; WOOD, J. (2000): Incorporating patient preferences into randomized trials. J Clin Epidemiol 53 (2): 163–166.
NELSON, G.; SYLVESTRE, J.; AUBRY, T.; GEORGE, L.; TRAINOR, J. (2007): Housing choice and control, housing quality, and control over professional support as contributors to the subjective quality of life and community adaptation of people with severe mental illness. Adm Policy Ment Health 34 (2): 89–100.
RELTON, C.; TORGERSON, D.; O'CATHAIN, A.; NICHOLL, J. (2010): Rethinking pragmatic randomised controlled trials: introducing the »cohort multiple randomised controlled trial« design. 4 340: c1066.
RICHTER, D. (2010): Evaluation des stationären und ambulant betreuten Wohnens psychisch behinderter Menschen in den Wohnverbünden des Landschaftsverbands Westfalen-Lippe. Psychiatr Prax 37: 127–133.
RICHTER, D.; HERTIG, R.; HOFFMANN, H. (2016): Psychiatrische Rehabilitation – Von der Stufenleiter zur unterstützten Inklusion. Psychiatr Prax 43, 444–449.
RICHTER, D.; HOFFMANN, H. (2017): Psychiatrische Wohnforschung. Der Nutzen systematischer Übersichten und Meta-Analysen. Sozialpsychiatrische Informationen, 47 (2), 21–25.
SISKIND, D.; HARRIS, M.; PIRKIS, J.; WHITEFORD, H. (2013): A domains-based taxonomy of supported accommodation for people with severe and persistent mental illness. Soc Psychiatry Psychiatr Epidemiol 48 (6): 875–894.
TANZMAN, B. (1993): An overview of surveys of mental health consumers' preferences for housing and support services. Hosp Community Psychiatry 44 (5): 450–455.
TORGERSON, D. J.; ROLAND, M. (1998): What is Zelen's design? BMJ 316: 606.
TSAI, J.; BOND, G. R.; DAVIS, K. E. (2010): Housing Preferences among Adults with Dual Diagnoses in Different Stages of Treatment and Housing Types. Am J Psychiatr Rehabil 13 (4): 258–275.
TSAI, J.; STROUP, T.; ROSENHECK, R. A. (2011): Housing arrangements among a national sample of adults with chronic schizophrenia living in the United States: A descriptive study. Journal of Community Psychology 39 (1): 76–88.

Wie erleben Nutzerinnen und Nutzer des ambulant Betreuten Wohnens ihre Teilhabe?

Yvonne Kahl

Mit der UN-Behindertenrechtskonvention (UN-BRK) ist seit dem Jahr 2009 die Verpflichtung der Vertragsstaaten zur Stärkung der Teilhabechancen von Menschen mit Behinderungen rechtlich bindend festgeschrieben. Diese explizite gesetzliche Verankerung hat vierzig Jahre nach der Psychiatrieenquete auch in der Bundesrepublik der Forderung und Entwicklung von inklusiv ausgerichteten Konzepten der Sozialpsychiatrie neue Schubkraft verliehen: So stehen die Mitarbeitenden und ihre Träger in der Verantwortung, bisherige Hilfeformen – und damit auch das Betreute Wohnen –, auf Grundlage der UN-BRK zu überprüfen und weiterzuentwickeln, um die Teilhabe ihrer Klientel zu verbessern. Menschen mit Behinderungen müssen als zentrale Akteure dabei in alle Entwicklungsprozesse eingebunden werden, welche die Förderung ihrer Rechte und damit auch Teilhabechancen betreffen (vgl. Artikel 4 der UN-BRK).

Vor diesem Hintergrund entstand das hier dargestellte Forschungsprojekt, in dem Nutzer sozialpsychiatrischer Einrichtungen zu ihrem subjektiven Teilhabeerleben befragt wurden. Die ausführlichen methodischen, theoretischen und empirischen Bezüge des Projektes sind dem zugehörigen Buch »Inklusion und Teilhabe aus der Perspektive von Menschen mit psychischen Erkrankungen« (Kahl 2016) zu entnehmen. An dieser Stelle werden die Forschungsergebnisse des Projektes zusammenfassend dargestellt, die sich auf Nutzerinnen und Nutzer des ambulant Betreuten Wohnens beziehen.

Im Rahmen des Forschungsprojektes wurde zunächst ein Interviewleitfaden auf Grundlage einer theoretischen Analyse von Literatur und Forschungsergebnissen zur Thematik Inklusion und Teilhabe entwickelt. Mit zwölf psychisch erkrankten Personen, hierunter sechs Nutzer bzw. Nutzerinnen des ambulant Betreuten Wohnens, wurden anschließend Interviews durchgeführt, in denen die Menschen zu ihren subjektiv

erlebten Chancen auf Teilhabe an Arbeit, an sozialen Kontakten und an Aktivitäten im Gemeinwesen befragt wurden.
Basierend auf der qualitativen Untersuchung wurde anschließend ein standardisierter Fragebogen entwickelt und von 236 psychisch erkrankten Menschen ausgefüllt. Mehr als die Hälfte der befragten Personen erhielt zum Zeitpunkt der Fragebogenerhebung Hilfen durch das ambulant Betreute Wohnen – hierunter jeweils circa zur Hälfte Männer und Frauen im Alter von durchschnittlich 46 Jahren (häufigste Diagnosen: Psychosen, Schizophrenien und Depressionen). Voraussetzung für die Studienteilnahme war neben dem Vorliegen einer psychischen Erkrankung, dass die Befragten zum Zeitpunkt der Erhebung außerhalb einer stationären Wohneinrichtung (bzw. einer Einrichtung mit umfassendem Leistungsangebot) lebten. Ebenso musste eine Beeinträchtigung im Bereich Arbeit und Beschäftigung vorliegen (nachgewiesen durch einen Schwerbehindertenstatus, durch den Erhalt von Erwerbsminderungsrente, Sozialhilfe oder Arbeitslosengeld II). Dieses Kriterium wurde gewählt, da für Menschen mit erschwertem oder fehlendem Zugang zu Erwerbsarbeit die Gefahr einer insgesamt eingeschränkten Teilhabe im Besonderen besteht (vgl. KRONAUER 2006, 34 f.).

Ergebnisse der qualitativen Untersuchung

Die Auswertung der qualitativen Interviews lässt sich in fünf Themen zusammenfassen, die als Überschriften für das Teilhabeerleben der Menschen gelten können. Jeweils mehrere dieser Themen tauchen in den Erzählungen der Befragten mit unterschiedlicher Gewichtung auf – abhängig von Belastungen, aber auch Ressourcen in den abgefragten Lebensbereichen.
Benachteiligungserleben: Insgesamt fühlt sich die Mehrzahl der Interviewten benachteiligt. Die Befragten haben das Gefühl, dass es anderen Menschen besser gelingt, Kontakte zu gestalten, an Aktivitäten im Gemeinwesen teilzuhaben oder einer regelmäßigen Beschäftigung nachzugehen. Die jeweiligen Beeinträchtigungen, die mit der psychischen Erkrankung einhergehen, sind hierbei der Hauptfaktor für das Erleben von Benachteiligung. Sie gelten laut den Befragten als wesentlicher Grund dafür, dass das eigene Leben nicht selbstständig und den

eigenen Vorstellungen entsprechend gestaltet werden kann. Selten wird in den Interviews der Blick darauf gerichtet, dass möglicherweise eigene Ressourcen zur Verfügung stehen, die andere Menschen nicht haben. Naheliegend ist, dass ein entsprechendes Empfinden auch mit einem geringeren Selbstwertgefühl verbunden ist, wenn permanent die eigenen Grenzen bewusst sind und den Fähigkeiten und Möglichkeiten anderer Personen gegenüberstehen.

Fehlendes Zugehörigkeitsgefühl: Insbesondere in Bezug auf den Bereich Arbeit fühlen die Befragten sich von der Gesellschaft ausgeschlossen. Aber auch darüber hinaus besteht das Gefühl, nicht normal bzw. nicht wie andere Menschen zu sein. Das geringe Einkommen – resultierend aus fehlender oder eingeschränkter Erwerbstätigkeit der Menschen – spielt hier eine herausgehobene Rolle. Mangelnde Alltagsstruktur und Beschäftigung sowie vorhandene Erkrankungssymptome verhindern laut den Befragten darüber hinaus, dass sie sich unbefangen bei der Teilhabe an Aktivitäten im Gemeinwesen und bei der Gestaltung sozialer Kontakte verhalten können.

In diesem Kontext wird das Bedürfnis nach mehr Verständnis gegenüber psychisch Erkrankten und nach mehr Begegnung zwischen Psychiatrie und Gemeinwesen deutlich. Erlebte Stigmatisierungen führen dazu, dass die Befragten sich wie zu einer anderen gesellschaftlichen Gruppe zugehörig fühlen. Zugehörigkeit wird vor allem dann erlebt, wenn sich Erkrankungssymptome bessern, Einschränkungen abnehmen und somit eine Annäherung des eigenen Verhaltens an gesellschaftliche Normen stattfindet.

Fehlende Teilhabe: Alle Interviewten erleben bestimmte Teilhabedefizite, die sie im Verlauf des Interviews beschreiben. Berichtet wird von fehlenden sozialen Kontakten, zu denen vertraute und verlässliche Beziehungen bestehen, oder von einer geringen und nicht zufriedenstellenden Teilnahme an Außenaktivitäten. Auch in Bezug auf Möglichkeiten der Erwerbsarbeit, die den individuellen Bedürfnissen und Fähigkeiten entspricht, bemerkt die Mehrzahl der Befragten, dass diese ihnen nicht oder nur sehr eingeschränkt zur Verfügung stehen.

Vielfach wird versucht, die Teilhabedefizite durch eine Teilhabe an der Sozialpsychiatrie zu kompensieren, die jedoch für einige Personen eher ein Ersatzsystem zum sonstigen Leben darstellt. Aktuelle Teilhabechancen werden dabei nicht selten daran gemessen, was vor der Erkrankung einmal möglich war bzw. daran, was anderen Menschen tagtäglich möglich ist. Insbesondere dieser Vergleich führt bei den meisten Befragten zu einem Bewusstsein von fehlenden Teilhabechancen. Gelingt es Befragten, in einzelnen Bereichen Teilhabe zufriedenstellend zu gestalten – wie etwa soziale Kontakte zu pflegen –, wirkt sich dies in der Regel förderlich auf weitere Lebensbereiche aus, z. B. auf die Teilnahme an kulturellen Ereignissen.

Eigenverantwortung: Obwohl in den Interviews eine Vielzahl von Umweltfaktoren erkenntlich wird, die die individuelle Lebenssituation beeinflussen, werden diese kaum als Ursache des Benachteiligungserlebens gesehen. Viele Befragte äußern hingegen, dass insbesondere die Änderung des eigenen Verhaltens und der eigenen Denkweisen dazu verhelfen könnte, mehr an sozialen Kontakten, an Arbeit und am Gemeinschaftsleben teilzuhaben. Hemmnisse der Inklusion werden somit in der Regel nicht in der Gesellschaft liegend gesehen. Stattdessen besteht vermehrt die Überzeugung, dass Menschen mit psychischen Erkrankungen selbst Initiative ergreifen sollten und individuelle Verantwortung für ihre Teilhabesituation tragen.

Zufriedenheitserleben: Trotz der dargestellten Einschränkungen berichten die Befragten auch von persönlichen Ressourcen und externer Unterstützung, die Teilhabe ermöglichen und sicherstellen. Die Kontakte zu Sozialarbeitern und Sozialarbeiterinnen im Kontext des ambulant Betreuten Wohnens werden beispielsweise immer wieder als Bereicherung genannt: Sie unterstützen die Teilnahme an kulturellen und anderen Aktivitäten außerhalb der eigenen Wohnung und fördern so auch die soziale Interaktion mit anderen Menschen.

Ebenso benennen nicht alle Befragten für jeden abgefragten Lebensbereich Veränderungswünsche in Bezug auf ihre Teilhabe – zum Teil auch dann nicht, wenn sie sich vorrangig im System der Psychiatrie bewegen. Obwohl von allen Befragten geäußert wird, dass der gesellschaftliche Umgang mit psychischen Erkrankungen belastend sei, bedeutet dies nicht zwangsläufig, dass die Befragten mehr in die Gesellschaft inkludiert werden möchten (siehe auch Zechert, Görres 2011, 12).

Akzeptanzerleben: In den Interviews wurde allerdings auch deutlich, dass sich einige Befragte mit bestimmten Lebensumständen abfinden und Änderungswünsche nicht formulieren, obwohl die jeweilige Situation nicht als zufriedenstellend beschrieben wird. Stigmatisierung durch andere Personen, eigene psychische Einschränkungen und letztendlich auch die eingeschränkte soziale Teilhabe werden akzeptiert in der Überzeugung,

dass sich an den Umständen nichts ändern lässt. Dies scheint zunächst ein nützlicher Mechanismus zu sein, um mit schwierigen Situationen umzugehen und die eigene eingeschränkte Teilhabe auszuhalten. Zugleich weist dieses Ergebnis aber auch auf einen Zustand von Resignation hin, bei dem Betroffene scheinbar keine Chancen auf Veränderung mehr sehen.
Wie die Auswertung der Interviews zeigt auch die Fragebogenuntersuchung, dass viele Personen erst mit Überwindung der eigenen psychischen Problematik das Gefühl haben, zufriedenstellende Teilhabe an den untersuchten Lebensbereichen zu erleben.

Ergebnisse der quantitativen Untersuchung

Die quantitative Untersuchung gibt mit der Betrachtung einer größeren Stichprobe und der dadurch möglichen Untersuchung von Gruppenunterschieden Hinweise auf die Reichweite der Ergebnisse der vorausgehenden qualitativen Untersuchung.
Die in den Interviews sichtbaren Gegensätze zwischen Zufriedenheits- und Benachteiligungserleben werden auch bei einer größeren Stichprobe deutlich: Die Mehrzahl der Studienteilnehmenden ist der Ansicht, dass Freizeitangebote selbstständig und ohne Unterstützung genutzt werden können. Zugleich bestehen Wünsche nach mehr Teilhabe, die trotz der angegebenen Selbstständigkeit nicht umsetzbar sind.
Hinsichtlich der Möglichkeiten zur Teilhabe an Freizeitaktivitäten zeigt die quantitative Untersuchung Unterschiede zwischen Nutzern bzw. Nutzerinnen von ambulant Betreutem Wohnen und anderen Studienteilnehmenden. Diese anderen Studienteilnehmenden nahmen zum Befragungszeitpunkt keine Leistungen des ambulant Betreuten Wohnens in Anspruch, nutzten aber andere sozialpsychiatrische Angebote, wie z. B. Kontakt- und Beratungsstellen oder Tagesstätten. Nutzer und Nutzerinnen des ambulant Betreuten Wohnens sind im Vergleich zu dieser Gruppe häufiger der Ansicht, dass sie Unterstützung bei der Teilnahme an Freizeitaktivitäten benötigen und dass psychische Beeinträchtigungen die Teilhabe an Freizeitaktivitäten erschweren. Ebenso geben sie häufiger an, dass sie Freizeitangebote nicht wie gewünscht nutzen können und dass andere Menschen bessere Möglichkeiten haben, ihre Freizeit zu gestalten.

Die psychischen Beeinträchtigungen werden als Hauptgrund genannt, warum nicht mehr oder andere Freizeitaktivitäten genutzt werden. Die häufig durch die Erkrankung bedingte Erwerbsunfähigkeit wirkt sich zusätzlich auf die finanzielle Situation der Menschen aus, was weitere Einschränkungen der Teilhabemöglichkeiten bedingt.

Die Untersuchungsergebnisse weisen darauf hin, dass die Zielsetzung der Inklusion geschlechtersensibel betrachtet werden muss. So zeigt die quantitative Untersuchung sowohl für die Gesamtgruppe der untersuchten Personen als auch für die spezifische Gruppe der Nutzer und Nutzerinnen des ambulant Betreuten Wohnens, dass Männer häufiger unzufrieden mit ihrem bestehenden sozialen Netzwerk sind als Frauen. Frauen geben hingegen häufiger als Männer an, Ängste bei der Teilnahme an Freizeitaktivitäten zu erleben. Insgesamt zeigt die Untersuchung bezüglich der Teilhabe an sozialer Interaktion jedoch keine signifikanten Unterschiede zwischen Nutzerinnen bzw. Nutzern des ambulant Betreuten Wohnens und Personen, die diese wohnbezogene Hilfe nicht in Anspruch nehmen.

Hilfesysteme, welche die Befragten bei der Teilhabe unterstützen, scheinen nicht in dem Maße zur Verfügung zu stehen, dass sie Teilhabedefizite und -beeinträchtigungen kompensieren könnten. Dennoch macht die Untersuchung deutlich, dass psychiatrische Unterstützungsangebote bereits jetzt einen Beitrag dazu leisten, Teilhabe zu einem gewissen Teil zu ermöglichen. Hier fällt auf, dass Nutzer und Nutzerinnen des ambulant Betreuten Wohnens Unterstützung durch verschiedene psychiatrische Hilfen als besonders hilfreich beurteilen.

Die Fragebogenuntersuchung macht darauf aufmerksam, dass trotz der beschriebenen Beeinträchtigungen keineswegs alle befragten psychisch erkrankten Menschen mit ihrer Teilhabesituation unzufrieden sind; nicht für alle besteht somit Veränderungsbedarf. Ein beträchtlicher Anteil der Befragten gibt – unabhängig von der Inanspruchnahme von Leistungen des ambulant Betreuten Wohnens – an, dass keine Änderungswünsche in Bezug auf die Teilnahme an Freizeitaktivitäten bestehen und dass vorhandene soziale Kontakte zufriedenstellend sind.

Bei der Analyse der Studienergebnisse fällt im Besonderen auf, dass Nutzer und Nutzerinnen des ambulant Betreuten Wohnens zwar insgesamt im Vergleich aller untersuchten Personen eine recht starke Beeinträchtigung der Teilhabe angeben, diese bei solchen Personen, die zusätzlich in einer Werkstatt tätig sind, jedoch abgemildert ist. Auch ein eigenes

Einkommen begünstigt, unabhängig davon, ob unterstützende Sozialleistungen bezogen werden, die Zufriedenheit mit der eigenen Teilhabesituation. Im Kontext der leitfadengestützten Interviews wurde von Studienteilnehmenden jedoch auch Kritik an der Struktur der Werkstätten geäußert, die einer zufriedenstellenden Teilhabe im Weg stehen kann: Bemängelt werden das Lohnsystem und fehlende Berührungspunkte zu Menschen ohne Behinderungen.

Schlussfolgerungen

Umweltfaktoren bzw. gesellschaftliche Rahmenbedingungen, welche in Wechselwirkung mit dem Gesundheitsproblem eines Menschen stehen (vgl. DIMDI 2005, 14), sind bisher keinesfalls so geartet, dass Teilhabe auch bei Behinderung für alle Menschen möglich ist. Zusätzlich erschwert die Symptomatik der Erkrankungen, dass persönliche Hemmschwellen und gesellschaftliche Barrieren der Teilhabe überwunden werden. Die aktive Nutzung von durch die Gesellschaft zur Verfügung gestellten Räumen ist den Betroffenen daher nur begrenzt möglich. Um Teilhabe psychisch Erkrankter zu stärken, gilt es in der direkten Arbeit mit Klienten und Klientinnen, die subjektiven Erfahrungen von Beeinträchtigungen zu erfassen und auf dieser Grundlage Optionen der Teilhabe gemeinsam zu erarbeiten und zu erproben. Hier stehen Mitarbeitende psychiatrischer Einrichtungen vor der Herausforderung, auch sensibel für die Lebenslage solcher Menschen zu sein, die zwar psychische Beeinträchtigungen aufweisen, aber keinen konkreten Änderungsbedarf bezüglich ihrer Teilhabe benennen. Zu beachten ist, dass bei der Beurteilung der eigenen Teilhabe auch Bewältigungsmechanismen wie die zuvor beschriebene Akzeptanz von Lebensumständen zum Tragen kommen, welche gegebenenfalls verhindern, dass Änderungswünsche wahrgenommen und formuliert werden. Keinesfalls dürfen Nutzern und Nutzerinnen der Sozialpsychiatrie jedoch pauschal Teilhabedefizite zugeschrieben und Maßnahmen zur besseren Inklusion verordnet werden, ohne die individuelle Perspektive der Person selbst einzubeziehen.

Insgesamt verweisen die Forschungsergebnisse darauf, dass der Mehrzahl der Menschen mit manifesten psychischen Erkrankungen gesellschaftliche Räume fehlen, in denen Teilhabe subjektiv zufriedenstellend möglich

ist. Professionelle Hilfen stellen hier wichtige Wegbegleiter dar, die Schritte zu vermehrter Teilhabe innerhalb und außerhalb des psychiatrischen Umfeldes begleiten. Für die Zielsetzung der nachhaltigen Förderung von Inklusion der Zielgruppe im Sinne der UN-BRK ist die ausschließliche Unterstützung auf individueller Ebene hierbei jedoch nicht ausreichend. Vielmehr besteht mit der UN-BRK insbesondere die Verpflichtung, an gesellschaftlichen Prozessen anzusetzen, welche die Teilhabe psychisch Erkrankter behindern, um die in der Umwelt liegenden Ursachen für Ausgrenzung zu bearbeiten. Mitarbeitende des ambulant Betreuten Wohnens können diesen Prozess durch das Mitwirken an öffentlichkeitswirksamen Projekten oder durch die zunehmende Vernetzung von psychiatriespezifischen Angeboten mit weiteren Angeboten des Gemeinwesens unterstützen und so Offenheit gegenüber psychisch Erkrankten fördern.
Zugleich ist festzustellen, dass Gesellschaftsstrukturen mit vereinfachten und vermehrten Teilhabemöglichkeiten, zum Beispiel im Bereich Arbeit, nicht automatisch mit dem Gefühl zufriedenstellender Teilhabe aufseiten der Menschen mit psychischen Erkrankungen einhergehen. THOMAS (2004, 47 f.) macht deutlich, dass auch bei inklusiveren Gesellschaftsstrukturen Symptome von Betroffenen bestehen bleiben, die individuell belasten, das Gelingen von Teilhabe erschweren und gegebenenfalls der Behandlung bedürfen. Beeinträchtigungen und Symptome, die insbesondere in akuten Erkrankungsphasen auftreten, stellen die erkrankten Menschen vor konstante Herausforderungen. Für die Mitarbeiterinnen und Mitarbeiter des Betreuten Wohnens heißt das weiterhin: Um Teilhabe des Einzelnen dauerhaft zu stärken, braucht es kontinuierliche Begleitung und Unterstützung, die sich personenzentriert an den individuellen Bedarfen des Menschen mit psychischer Erkrankung ausrichtet.

***Dr. Yvonne Kahl** ist klinisch-therapeutische Sozialarbeiterin (M. A.) und arbeitet im Landschaftsverband Rheinland für den LVR-Klinikverbund im Fachbereich »Planung, Qualitäts- und Innovationsmanagement«.*

Literatur

Beauftragte der Bundesregierung für die Belange behinderter Menschen (2014): Die UN-Behindertenrechtskonvention. Übereinkommen über die Rechte von Menschen mit Behinderungen. Online verfügbar unter www.behindertenbeauftragter.de/SharedDocs/Publikationen/DE/Broschuere_UNKonvention_KK.pdf?__blob=publicationFile, zuletzt geprüft am 02.03.2017.

DIMDI – Deutsches Institut für medizinische Dokumentation und Information (2005): Internationale Klassifikation der Funktionsfähigkeit, Behinderung und Gesundheit. Genf: World Health Organization.

Kahl, Y. (2016): Inklusion und Teilhabe aus der Perspektive von Menschen mit psychischen Erkrankungen. Köln: Psychiatrie Verlag.

Kronauer, M. (2006). »Exklusion« als Kategorie einer kritischen Gesellschaftsanalyse. Vorschläge für eine anstehende Debatte. In: Bude, H.; Willisch, A. (Hg.): Das Problem der Exklusion. Ausgegrenzte, Entbehrliche, Überflüssige. Hamburg: Hamburger Edition, 27–45.

Thomas, C. (2004): Theorien der Behinderung. Schlüsselkonzepte, Themen und Personen. In: Weisser, J.; Renggli, C. (Hg.): Disability Studies. Ein Lesebuch. Luzern: Schweizerische Zentralstelle für Heilpädagogik, 31–56.

Zechert, C.; Görres, B. (2011): Inklusion fördern! Exklusion vermeiden! Die Ergebnisse einer Befragung von Psychiatrie-Erfahrenen und Psychiatrie-Mitarbeitern zeigen, dass Arbeit und finanzielle Grundsicherung Schlüssel zur sozialen Teilhabe sind. In: Psychosoziale Umschau 26 (2), 12–14.

Och – ’ne Betreuung hätte ich auch gerne

Gruppengespräch mit Psychiatrie-Erfahrenen, moderiert und aufgezeichnet von Sibylle Prins

Zum Gruppengespräch rund um das Thema Betreutes Wohnen waren vier Personen erschienen. Mit ihren Äußerungen können sicherlich nicht alle Facetten des Themas abgedeckt werden. Doch es kann zumindest ein Einblick in die Sichtweisen von Psychiatrie-Erfahrenen gegeben werden, die diese Form der Unterstützung nutzen. Es nahmen teil:

Martina M. 45 Jahre alt, wird seit mehreren Jahren mit einer Stunde wöchentlich von einem gemeindepsychiatrischen Trägerverein betreut. Zusätzlich wird sie noch durch eine Haushaltshilfe unterstützt. Bis vor Kurzem wurde sie auch von einem Menü-Lieferservice mit warmem Mittagessen beliefert. Ferner werden wegen körperlicher Einschränkungen durch einen Pflegedienst kleinere Pflegearbeiten durchgeführt.

Ulrike S. 48 Jahre alt. Seit zehn Jahren im ambulant Betreuten Wohnen, wobei sie im Laufe dieser Jahre zweimal den Anbieter gewechselt hat. Seit drei Jahren wird sie von demselben Trägerverein betreut wie Frau M.

Thomas H. 44 Jahre, lebte von 2003 bis Frühjahr 2010 als beurlaubter Maßregelvollzugspatient in einem Dauerwohnheim, seit einigen Monaten im ambulant Betreuten Wohnen, wobei er von einem früheren Wohnheimträger betreut wird.

Andreas S. 54 Jahre, lebte sechs Jahre in einer Wohngruppe, wird seit 15 Jahren in seiner eigenen Wohnung von demselben Träger wie Frau S. und Frau M. betreut.

Alle Gesprächsteilnehmer leben allein.

In der Einführung für die Gesprächspartner versuche ich, das Anliegen dieses Gesprächs zu verdeutlichen. Als ich darauf hinweise, dass die Herausgeber keinen prinzipiellen Unterschied zwischen stationär und ambulant unterstützten Wohnformen machen wollen, erhebt sich Protest.

Thomas H.: »Ich habe da schon große Unterschiede erlebt. Ich finde es auch nicht gut, wenn diese Unterschiede nicht benannt, einfach weggewischt werden. Damit vergibt man Entwicklungschancen.«

Sibylle Prins: »Was war denn grundlegend anders?«
Thomas H.: »Im Wohnheim wurde ich doch sehr reglementiert. Ich hatte Ausgangsregelungen, mein Geld wurde eingeteilt, ich durfte keinen Handyvertrag abschließen. Diesem System musste ich mich ziemlich unterwerfen. Als ich dann in die eigene Wohnung kam, war das für mich eine wunderbare Befreiung! Ich kann nackt durch die Wohnung laufen, ich kann sogar rauchen, was man im Wohnheim auch nur in den dafür bestimmten Bereichen durfte. Ich genieße die himmlische Ruhe in meiner Wohnung. Aber ich merke jetzt mit der Zeit auch, dass Freiheit auch ein ganzes Stück mehr Einsamkeit bedeuten kann. Es sind immer mindestens zwei Seiten.«
Andreas S. ergänzt: »Zum stationären Wohnen muss man sagen: Ein Zimmer ist keine Wohnung! Die Bewohner müssen sich Küche, Bad, Gemeinschaftsräume mit anderen teilen, die man sich nicht ausgesucht hat. Das ist mitunter schwierig. In der eigenen Wohnung ist das anders. Außerdem ist beim stationären Wohnen das Wohnen an die Betreuung gekoppelt. Im ambulanten Wohnen ist das zum Glück voneinander unabhängig.«

Was bedeutet für Psychiatrie-Erfahrene das Betreute Wohnen?

Wie aber nennen Psychiatrie-Erfahrene diese Art der Unterstützung?
Martina M. macht den Anfang: »Für mich ist das eine Hilfe in allen Lebensbereichen. Ich habe das Glück, dass ich nun schon seit 21 Jahren in meiner Wohnung leben kann. Und gut zurechtkomme mit der Nachbarschaft und der Vermieterin, die nebenan wohnt. Für mich ist das auf jeden Fall eine Hilfe, jemanden zu haben, der neutral ist, mit dem ich über Familie, Freunde, Psychiatrie reden kann.«
Ulrike S. fährt fort: »Ich habe etwas gegen den Begriff ›psychische Erkrankung‹. Ich sehe das so, dass ich in einer Lebenskrise bin. Und darin habe ich Unterstützung in jeglichen Bereichen, in denen ich sie aufgrund meiner Ängste benötige. Das ist praktisch eine Art Lebensbegleitung.«
Thomas H. holt etwas weiter aus: »Ausgehend von meinem Menschenbild, dass wir letztendlich alle irgendwie behindert sind und einander brauchen, sehe ich das, nach der längeren Zeit im Wohnheim und in der

Forensik, mehr als eine Assistenz zur Unterstützung meiner persönlichen Entwicklung. Ich mache auch öfter einen Rollentausch. Ich sehe es eigentlich als eine persönliche Unterstützung und Assistenz.«

Andreas S. greift die Geschichte des Begriffs auf: »Der Begriff ambulant Betreutes Wohnen ist ja erst ins Rollen gekommen, als ein großer Teil der Heime aufgelöst wurde. Ich werde seit zehn Jahren von dem gleichen Betreuer betreut. Ob man dafür nun einen anderen Begriff finden soll – ich weiß es nicht. Für mich ist das die Tür zu sozialpsychiatrischen Hilfen aller Art. Nun habe ich nicht nur meinen Betreuer, sondern auch meine Nervenärztin und meine Anlaufstelle in der Tagesklinik. So greift das eine in das andere. Bei meinem Betreuer geht es aber hauptsächlich um den Alltag.«

Ich kann es aber nicht lassen, zum Begriff Betreuung noch einmal genauer nachzufragen, und offeriere den Gesprächsteilnehmern Begriffe, die sich alternativ verwenden ließen – etwa Hilfe, Begleitung, Assistenz, Beratung, Pflege oder Förderung – und bin gespannt, wie sie darauf reagieren.

Ulrike S. bevorzugt den Begriff Assistenz. Was sie genau darunter versteht? »Dass mir jemand bei den Problemen, die ich habe, zur Seite steht. Ich mache das schon selbst, aber ich bekomme Vorschläge.«

Thomas H. kann nicht viel mit dieser Liste anfangen: »Für mich sind das alles formale Begriffe. Ich mache mir viel Gedanken über die spirituelle Ebene von Erkrankung oder Behinderung und ich finde, diese Begriffe können alle umschlagen in eine Diktatur der Normalen über die Anderstickenden. Deshalb möchte ich gerne, dass man nicht immer bei diesen formalen Dingen stehen bleibt, sondern sich mehr Gedanken über die inhaltlichen Aspekte macht.«

Den Begriff Betreuung erlebt nur Andreas S. als positiv. Er sieht ihn als Garant für die Verbindlichkeit und Verlässlichkeit der Unterstützung. Das sei ein guter Schutz gegen erneute psychische Krisen. »Ich habe auch schon Leute gehört, die sagten: ›Och – ’ne Betreuung hätte ich auch ganz gerne‹.«

Das Thema Verlässlichkeit bewegt auch Martina M. Sie berichtet, dass ihre Betreuerin aus nicht ganz nachvollziehbaren Gründen drei Wochen ausfiel. »Sie hat mir sehr gefehlt. Ich war dann sehr froh, als sie plötzlich doch unverhofft vor meiner Tür stand. Ich musste nämlich Grundsätzliches ein Formular für meine Rente ausfüllen, darauf bin ich ja angewiesen. Da habe ich schon Ängste ausgestanden.«

Für Ulrike S. hat der Begriff Betreuung eindeutig einen negativen Klang. Sie verspürt dabei auch Bevormundung. Deshalb sind ihr andere Begriffe lieber.
Thomas H. erlebte das Hilfeplanverfahren, insbesondere den auszufüllenden Hilfeplanbogen, sehr negativ: »Ich fühlte mich als Mensch, als Individuum, darin sehr reduziert dargestellt. Daraus hätte man schon eine ganze Gesellschaftskritik machen können, um mich zu positionieren. Ich habe dann aber im Miteinander mitbekommen, dass das ja alles Menschen sind, die auch ihre Abgründe haben. Und dass es ein wechselseitiger Lernprozess sein kann. Wenn man von Betreuung spricht, ist das ein wechselseitiger Prozess, in dem man aneinander wachsen kann. Natürlich kann das auch ein leidvoller oder schwieriger Prozess sein. Für mich ist das erstmal ein neutraler Begriff.«

Schwerpunkte der Wohnbegleitung

Vielleicht sollten wir uns doch den Inhalten der sogenannten Wohnbegleitung zuwenden. Was genau machen die Betreuerinnen eigentlich?
Andreas S. berichtet: »Hilfen in allen Lebenslagen, bei Behördengängen, Problemen am Arbeitsplatz, mit dem Vermieter. Beratung, Vermittlung zu anderen Stellen.«
Ulrike S. berichtet nicht nur von solchen ganz praktischen Hilfen: »Bei meiner Betreuung ist es so, dass wir oft entlastende Gespräche führen. Wenn mich irgendwas bedrückt oder wenn ich etwas vorhabe. Dann berät meine Betreuerin mich, wie ich das umsetzen kann und gibt mir Tipps. Da ich unter Ängsten und Antriebsschwäche leide, begleitet sie mich auch an irgendwelche Örtlichkeiten oder zum Zahnarzt. Das gibt mir in vielen Situationen Sicherheit, wenn eine vertraute Person an meiner Seite ist. Vor allem neue Situationen machen mir oft Angst, dann gehe ich mit meiner Betreuerin in diese neue Situation, und beim nächsten Mal versuche ich, sie alleine zu meistern.«
Thomas H. hat ganz praktische Hilfen erfahren: »Als ich aus dem Wohnheim ausgezogen bin, hat mir die ambulante Betreuung beim Umzug geholfen, beim Transport meiner Möbel. Bei praktischen Dingen, z.B. einen Schrank aufzubauen, bin ich auch ziemlich verloren. Ich bekomme auch Hilfen bei der Nutzung des Computers. Ich bin auch als Künstler

tätig und nutze oft das Internet. Da habe ich auch öfter Fragen und bekomme dann Unterstützung.«

Martina M. ist vor allem die Rückenstärkung wichtig: »Meine Betreuerin sagt oft: ›Frau M., Sie schaffen das schon!‹ Sie ermutigt mich bei vielen Dingen. Sie war auch die Erste, die mir zutraute, jetzt diesen kleinen Job anzunehmen. Das war sogar ihre Idee. Ich bin dadurch gewachsen, vielleicht etwas erwachsener geworden. Dafür bin ich sehr dankbar. Aber viele Dinge, z. B. meine Arztbesuche, schaffe ich auch alleine. Wenn ich mal mit dem Auto irgendwo hingefahren werden muss, springt oft meine Familie ein, zu der ich einen guten Kontakt habe. Vor allem vor ein paar Jahren, als ich mir den Fuß gebrochen hatte und nicht laufen konnte, haben mir meine Eltern sehr geholfen. Ich bin froh, dass ich sie noch habe. Aber auch, dass ich diese Betreuerin habe, die mir manchmal vorschlägt, wie ich auf irgendwas reagieren könnte. Sie unterstützt mich auch darin, meine Medikamente zu reduzieren oder wieder selbst zu kochen, keine gelieferten Fertigmenüs mehr zu nehmen.«

Angehörige, Freunde und soziales Umfeld

Da in der trialogischen Psychiatrie immer viel von Angehörigenarbeit die Rede ist und fachlicherseits vermehrt darauf geachtet werden will, Psychiatrie-Erfahrene auch in ihrem Lebenskontext zu sehen, drängt es mich zu der Frage, ob bei der Wohnbetreuung auch Menschen aus dem Umfeld einbezogen wurden. Das können Familienangehörige sein, aber auch Nachbarn, Kolleginnen, Freundinnen. Bei den Gesprächsteilnehmern, die ja allesamt allein leben, ergibt sich dies nicht automatisch.

Auf diese Frage berichtet nur Andreas S., dass in den Anfangsjahren seiner Wohnbetreuung häufig gemeinsame Gespräche mit seiner Mutter geführt worden seien. Diese hätten das familiäre Verhältnis spürbar entspannt.

Die Familie von Frau S. lebt geografisch zu weit entfernt, sodass keine Kontakte stattgefunden haben. Ein einziges Mal wurden ihr Heilpraktiker und die Wohnungsbaugenossenschaft einbezogen. »Wenn ich mit jemandem ein Problem habe, bespreche ich das mit meiner Betreuerin und kläre dann den Konflikt allein.«

Ob sie sich das überhaupt wünscht?

»Aus heutiger Sicht hätte ich mir das schon gewünscht, dass meine Familie einbezogen worden wäre, damit sie meine Erkrankung besser verstehen kann. Aber das ist leider nicht möglich.«
Thomas H. hat außer einer weit entfernt lebenden Tante keine Angehörigen und Frau M. hat auch noch nie gemeinsame Gespräche mit der Betreuerin und Menschen aus dem Umfeld geführt. Also ein eher mageres Ergebnis.
Das veranlasst mich, noch einmal zu der Aufgabe zu kommen, die beim Betreuten Wohnen zentral ist: Hat diese Form der Unterstützung primär etwas mit dem Wohnen an sich, der »Wohnarbeit«, zu tun?
Andreas S. verneint dies: »Zum eigentlichen Wohnen braucht man eine Haushaltshilfe, die ich zusätzlich noch habe. Mein Betreuer führt mit mir hauptsächlich entlastende Gespräche, die ich sonst nicht bekommen könnte.« Auf die Frage, was der Unterschied wäre zu psychotherapeutischen Gesprächen, weiß Andreas keine Antwort: »Ich habe keine Erfahrung mit Psychotherapie. Mein Betreuer ist jedenfalls kein Psychotherapeut, sondern Sozialarbeiter.«
Thomas H. hat durchaus praktische Hilfen bekommen, die mit seiner Wohnsituation zusammenhingen. Ihm sind aber inhaltliche Fragen auch wichtig. »Ich hatte z.B. Probleme, meine Tätigkeit in der Werkstatt für behinderte Menschen zu akzeptieren. Darüber gab es inhaltliche Diskussionen. Der Betreuer wäre auch bereit, z.B. mit dem Werkstattleiter und mir ein Gespräch zu führen.«
Martina M. hat das Gefühl, dass sie – mit Unterstützung der Haushaltshilfe im Bereich Wohnen – selbst ganz gut zurechtkommt.

Integration in die »Normalgesellschaft«

Es war die Rede von der Unterstützung bei persönlichen Problemen und bei Problemen mit dem Umfeld. Wie steht es aber mit der Hilfe zur Integration oder Inklusion in die sogenannte Normalgesellschaft? Trägt das ambulant Betreute Wohnen dazu bei?
Andreas S. meint: »Ja, auf jeden Fall! Integration in sozialpsychiatrische Hilfen in jeder Lebenslage, ein verlässlicher Ansprechpartner, Hilfen bei der Tagesstruktur und im Freizeitbereich – das trägt alles zur Integration bei. Alleine hätte ich das vielleicht nicht auf die Beine stellen können.«

Wie es ihm gehen würde ohne diese Begleitung?
»Dann würde ich mich nicht so sicher fühlen und vielleicht wieder in eine psychische Krise rutschen.«
Thomas H. findet die Frage nach der Integrationskraft des Betreuten Wohnens paradox: »Für mich ist es ganz einfach ein zwischenmenschlicher Kontakt. Wenn ich z.B. Probleme mit meinem Computer habe, habe ich jetzt meinen Nachbarn kennengelernt, der darin sehr fit ist. Er hat mir auch schon mal vier Stunden geholfen. Ich weiß nicht, ob man eine Unterscheidung machen soll. Aber durch die Betreuung lerne ich nicht unbedingt andere Netzwerke kennen. Darum muss ich mich in Eigeninitiative kümmern. Es ist nicht meine Erwartung, dass die mich in die Gesellschaft integrieren muss. Wobei das für mich sowieso ein großes Problem ist, weil ich kein normales Leben geführt habe und deswegen im ambulant Betreuten Wohnen bin. Ich versuche aber, dieses nicht nur unter dem Aspekt der Kontrolle und Maßregelung zu sehen, wie ich es leidvoll erfahren habe, als ich im Wohnheim und in der Forensik war.« Außerdem fragt Thomas H. sich, ob man diese ganze Diskussion um Integration und Inklusion überhaupt führen solle, denn da würde ja wieder zwischen den Menschen – der Gesellschaft und den zu Integrierenden – unterschieden. Wenn man diese Unterscheidung machen wolle, müsse man sehen, dass jeder Mensch integrierte und (von der Gesellschaft) abgelehnte Anteile in sich trage.
Ulrike S. fällt ein Konflikt mit einem Nachbarn ein: »Es gab dann ein Gespräch gemeinsam mit dem Nachbarn und der Sozialarbeiterin. Die Betreuerin hat sich für mich eingesetzt. Das war zwar nicht so erfolgreich. Das lag aber an meinem Nachbarn, der so stur war. Was die Integration in die Gesellschaft betrifft, muss man vielleicht erstmal klären, was man überhaupt darunter versteht. Für mich bedeutet Integration, dass man nicht nur mit Gleichbetroffenen zusammen ist, sondern auch mit ›normalen‹ Bürgern. In dieser Hinsicht findet durch die Betreuung keine Integration statt. Die Kontakte mache ich meistens selbst, wenn ich sie brauche.«
Martina M. sieht einen anderen Aspekt: »Ich möchte noch erwähnen, dass ich einen sehr guten Psychiater und Neurologen habe. Ich bin – so ist mein Gefühl – erstmals medikamentös gut eingestellt. Dadurch geht es mir sehr viel besser und ich fühle mich viel wohler. Das ist für mich auch sehr wichtig.«
Andreas S. prägt einen interessanten Satz: »Teilhabe ist ja erstmal weniger als Teilnahme! Aber Teilhabe wird groß auf die Fahnen geschrieben.«

Als Psychiatrie-Erfahrene betreuen?

Angesichts einiger neuerer Entwicklungen möchte ich von den vieren noch wissen, ob sie sich vorstellen können, dass Menschen mit eigener Psychiatrie-Erfahrung als Betreuer im ambulant Betreuten Wohnen arbeiten.
Andreas S. kann sich dies gut vorstellen: »Die unmittelbare Erfahrung kann eine wichtige Brücke sein.«
Thomas H. sagt dazu: »Ich kann mir dies nicht nur vorstellen, ich praktiziere das seit einigen Jahren. Allerdings auf informellem Weg. Da sind einige Menschen, die ich in der Forensik oder der Psychiatrie kennengelernt habe, und es haben sich viele Verbindungen und Freundschaften entwickelt, wie man sich gegenseitig unterstützt. Es haben sich regelrechte Netzwerke entwickelt, allerdings nicht auf einer offiziellen Ebene.«
Ulrike S. äußert Skepsis: »Zum heutigen Zeitpunkt kann ich mir das nicht vorstellen. Ich brauche ein paar aufmunternde Worte, ich brauche jemanden, der mir meine negativen Gedanken nimmt. Und das macht meine Sozialarbeiterin sehr gut, die kann mich wunderbar aufbauen. Bei Menschen, die selber Psychiatrie-Erfahrung haben, ist es so, dass ich die Ängste der anderen spüre, und das hemmt mich.«
Martina M. sind die Kontakte zu anderen Psychiatrie-Erfahrenen sehr wichtig, sie schätzt sie sehr, möchte aber auf die professionelle Betreuung zurzeit nicht verzichten.
Die Fragerunde ist abgeschlossen. Haben die Gesprächspartner noch weitere Anmerkungen zur Wohnbegleitung?
Ein Beispiel für strukturelle Probleme berichtet Ulrike S.: »Ich hatte drei Jahre lang ein sehr gutes Verhältnis zu einer Betreuerin. Sie war Sozialpädagogin. Dieses gute Verhältnis brach dann von heute auf morgen weg, weil ihr gekündigt wurde. Als Fachkraft sei sie nach der Finanzierungsumstellung zu teuer. Danach hatte ich vier Betreuungswechsel, weil ich mit den neuen Betreuern nicht klarkam. Deswegen habe ich dann den Betreuungsverein gewechselt. Ich hatte das Gefühl, nach den vielen Betreuungswechseln wäre man bei meinem alten Verein schon voreingenommen gegen mich. Mit dem Wechsel habe ich dann gute Erfahrungen gemacht.«
Thomas H. spricht das Schlusswort: »Psychiatrie-Erfahrene haben nicht nur negative Gedanken, sind nicht nur Nihilisten, weil sie tiefe Krisen hatten, und ›Normale‹ sind nicht nur das Nonplusultra. Es braucht beides.

Neulich traf ich eine Sozialarbeiterin, die bei mir in der Hilfeplankonferenz gesessen hat. Dort, wo ich so viel Angst vor dem Fragebogen hatte, und dachte, mein Gott, wie wirst du denn da katalogisiert. Wir hatten ein wunderbares Gespräch und haben uns auf einer menschlichen, fast kameradschaftlichen Ebene so gut verstanden. So etwas ist auch möglich. Es gibt auch so etwas wie grenzenlos menschlich. In allen Bereichen.«

Sibylle Prins, *Jahrgang 1959, ursprünglich Sonderschullehrerin, später zwölf Jahre als Verwaltungsangestellte tätig, jetzt berentet. Seit 1991 ist sie aktiv in der Selbsthilfe für Psychiatrieerfahrene und in der trialogischen Psychiatrie, zahlreiche Tagungs-, Zeitschriften- und Buchveröffentlichungen. www.sibylle-prins.de.*

Betreutes Wohnen – och nee, oder?

Ekmi Sma Björn

Ich bin froh, dass ich nicht mehr betreut werde. Ich wurde allerdings durch abruptes Absetzen der Unterstützungsleistung zu diesem Glück gezwungen. Der betreuungsfreie Zustand ist also nichts, das ich mir aktiv ausgesucht hätte. Ein langsames Reduzieren hätte ich mit Sicherheit vorgezogen – so hat es sich beim Absetzen von zu ähnlichen Zwecken verordneten Medikamenten ja auch bewährt. Doch es handelt sich bei der Begleitung in Situationen persönlicher Hilflosigkeit ja nicht um zweifelhaft hilfreiche chemische Substanzen, sondern um etwas meist Schöneres, Wesentlicheres und Wirksameres: eine Beziehung zwischen Menschen (wobei auch hier die Chemie unbedingt stimmen sollte).

Beziehungen sollten niemals abrupt abgesetzt werden, es sei denn, es handelt sich um offensichtlich sehr schädliche. Oder beide oder eine der beiden Seiten wünschen die Beendigung.

Es besteht kein Zweifel daran, dass eine ungute, nicht hilfreiche Beziehung im Betreuungszusammenhang keinen Sinn macht, allseits vergeudete Ressourcen und von Amts wegen rausgeschmissenes Geld bedeutet. Wenn eine im sozialen Bereich tätige und mit der Betreuung beauftragte Person ohne jegliches Interesse an dem Menschen ist, den sie begleitet, dessen Vorhaben, Wünsche und Probleme teilnahmslos und ohne Empathie bestenfalls zur Kenntnis nimmt und stur weiterarbeitet, halte ich dies für frech und überaus schädlich.

Stimmt die Beziehung zwischen den beiden aber, so gestalten sich die Aufgaben, um die es bei einer Betreuung vordergründig geht, fast wie von selbst: die kurzfristigen Erledigungen und Bewältigungen von Herausforderungen des Alltags, der Umgang mit Rückschritten und Phasen der Entmutigung durch die sogenannte Realität, die Initiierung von Lernprozessen, die Unterstützung in lebenspraktischen Dingen und endlich das längerfristige Klarkommen der betreuten Person mit ihrem Leben und sich selbst.

Wie und von wem lässt sich aber am besten einschätzen, wer zum jeweiligen Zeitpunkt und für den jeweiligen Entwicklungsprozess beziehungsmäßig für wen am besten geeignet ist? Hierbei handelt es sich in meinen

Augen um die wesentlichste Entscheidung, die im ganzen Betreuungsprozess getroffen werden muss und der hoffentlich genaue Überlegungen und treffsichere Intuition vorangehen. Und wenn diese Entscheidung treffsicher war, erklärt sich von selbst, dass niemand aus eigener Motivation den Kostenträger auffordert, eine Bindung und Beziehung zu beenden, die als hilfreich empfunden wird, an die man sich gewöhnt hat und die einem im besten Fall auch ans Herz gewachsen ist.

Auch die Einschätzung, ab welchem Zeitpunkt jemand wieder in der Lage ist, sein Leben »alleine« zu bewältigen, ist keine leichte. Sehr wichtig ist es daher, beide Entscheidungen unbedingt mit den Beteiligten gemeinsam zu treffen.

Wie auch immer: An meiner Tür klingelt jedenfalls niemand mehr, um mir bei was auch immer zu helfen oder gar beim Anblick meiner Person oder meines Zustandes – und manchmal ist man wirklich nur noch Letzteres – auszurufen »Das geht so alles nicht!«. Meine Güte. Natürlich sieht von außen alles ganz anders aus als von innen.

Durch Mut, Anstrengung, Ahnungslosigkeit, Wiedergewöhnung an die Abwesenheit von Betreuung und einige glückliche Zufälle – mit deren Eintritt nicht grundsätzlich gerechnet werden sollte – konnte ich selbst bald denken: »Okay, geht doch!« Durch reines Zeitverstreichen bin ich irgendwie dem Zustand der Hilfsbedürftigkeit entwachsen und eine Rückkehr ist nur noch äußerst selten vorstellbar. Ich habe auch gar nicht mehr das unsichere Gefühl, dass dies notwendig wäre. Ich fühle mich endlich wieder nicht hilfebedürftig.

Das lässt sich natürlich leicht sagen, wenn sich die Gesamtsituation zum wesentlich Besseren gewendet hat. Aber so ist es ja wohl auch gedacht: dass die Situation nach der Hilfe irgendwie eine bessere sein sollte als vor der Hilfe.

Ich weiß gar nicht, ob ich es heute eigentlich noch »schaffen« würde, betreut zu werden. Nicht nur Betreuen ist Arbeit, sondern auch Betreut-Werden. Trotz Hilfe und Erleichterungen ist es eine sehr anstrengende Zeit gewesen!

Ausgesetztsein

Bis überhaupt ein Betreuungsverhältnis gefunden ist, in dem die Chemie stimmt und die echten persönlichen Ziele verfolgt werden können, können mehrere Betreuerwechsel nötig sein. In meinem Fall kam es – aus sehr unterschiedlichen Gründen – fünfmal zu einem solchem Wechsel. Das bedeutet: sich immer wieder neu kennenzulernen, jedes Mal fast bei null zu beginnen, in einem Fall auch sehr viel wertvolle Zeit verschwendet zu haben. Der interessierten Leserin und dem interessierten Leser möchte ich insbesondere die einzelnen unerfreulichen Details der konkreten Interaktionen der zuletzt genannten »Hilfe« ersparen. Nur so viel: Es handelte sich um äußerst ausgeprägte Gleichgültigkeit der Person mir und ihrer Aufgabe gegenüber, inklusive des logischen Folgeverhaltens wie permanente unpersönliche Terminabsagen per SMS, offenkundig interessiertes Zeitunglesen während einer offensichtlichen Krise – und Schlimmeres mehr.

Hierbei ist wichtig, sich klarzumachen, dass die »Hilfe« im Falle des Betreuten Wohnens in den eigenen Räumen stattfindet und keine weitere Person anwesend ist, welche in so einem Fall die Situation zusätzlich beurteilen könnte. Ist das Verhalten der betreuenden Person wirklich inadäquat oder erwarte ich zu viel? Was ist eigentlich »erlaubt« vonseiten der Betreuenden? Wie verbindlich müssen Betreuende sein, wann ist das Verhalten vielleicht sogar meldepflichtig bei Fachdiensten? Darüber hinaus kann einen im schlimmen Fall die Sorge umtreiben, ob sich andere, von einer inkompetenten Person betreuten Menschen vielleicht noch weniger zur Wehr setzen können als man selbst und dieser Person völlig ausgeliefert sind. Aus diesen Gründen ist es für eine Person, welche Unterstützungsleistung bekommt, sehr wichtig, immer zu wissen, an wen sie sich bei Unsicherheiten, Problemen oder Beschwerden wenden kann.

Wenn zwischen Betreuerin bzw. Betreuer und der zu betreuenden Person hingegen eine Vertrauensbasis entstehen konnte, so sind die nächste Hürde die Termine, die es einzuhalten, »zu schaffen« gilt. Sie bedeuten eine geduldige Arbeit an der eigenen Lebenssituation, an der Verbesserung der Lebenszufriedenheit und damit an der gesundheitlichen Situation. Es ist das Eingehen einer vertraglichen Verbindlichkeit und einer verbindlichen Beziehung.

Es ist manchmal auch ein soziales Ausgesetztsein in psychischen Zuständen, in denen sich kein Mensch zeigen möchte und sich jedes Tier instinktiv in eine Ecke verkriechen würde. Das kann für beide Seiten eine

Überforderung und soziale Bedrohung bedeuten, die schlimmstenfalls in Zwangsmaßnahmen enden kann. Ein Ausweg bzw. eine Lösungsstrategie kann für die betroffene Person daher sein, die Termine mit den Betreuenden abzusagen oder, wenn dies zustandsbedingt nicht mehr möglich ist, die Tür nicht aufzumachen.
Paradoxerweise sind es meist genau diese psychischen Zustände, in denen das Vernichtungsgefühl und die Vernichtungsangst ein solches Maß erreichen, dass jegliche Hilfe sofort einsetzen müsste. Eine Vertröstung auf einen späteren Zeitpunkt scheint in diesem Zustand unmöglich. Es ist zudem auch gar kein Zeitgefühl mehr vorhanden – eine Minute ist eine Ewigkeit. Man ist warteunfähig.

Die Schwierigkeit, Hilfe anzunehmen

Es ist nicht an allen Tagen gleichermaßen leicht, Hilfe anzunehmen. Dafür kann es Tausende von Gründen geben. Unter den ersten ist die nicht leicht zu entdeckende und sich auch nicht leicht einzugestehende Angst vor Veränderungen jeglicher Art. Mit dieser eng verwandt ist die hartnäckige Überzeugung, dass einem bei alldem sowieso niemand helfen kann, da alles derart untrennbar miteinander verknüpft ist, dass es sich gleich um mehrere Teufelskreise handelt, in denen es keinen sichtbaren Anfang, kein klares Beginnen und auch kein Entrinnen geben kann.
In meinem Fall waren es oftmals Zwangs(-krampf)zustände, die vermeintlich der Ordnung und Klärung dienen sollten, paradoxerweise jedoch zu Unordnung und Chaos führten. Je nachdem, um welches Thema herum sich der Zwang anordnet, kann ein Waschzwang aufgrund von Bakterien- und Virenangst derart umständliche und zeitraubende Rituale einfordern, dass ein Aufräumen und Saubermachen im eigentlichen Sinne nicht stattfinden kann. Aufgrund des Chaos in der eigenen Wohnung müsste man jedoch eigentlich aufräumen, bevor man jemanden hereinlassen kann, da man kognitiv den Überblick verloren hat und emotional aufgebracht ist, weswegen man Hilfe bräuchte. Deshalb müsste man jemanden in die Wohnung lassen. Aber die Scham über den Zustand der Wohnung erschwert das. Überhaupt ist die Wohnung ja eigentlich gar nicht das Problem. Die Wohnung ist Teil eines größeren, existenzielleren Problems. Man möchte in der eigenen desolaten Situation

sowieso nicht das viel zu viel Geduld erfordernde kleinschrittige Teilproblem lösen, sondern das Gesamtproblem. Ich will und kann mich der vermeintlich unwichtigen kleinen Aufgabe nur stellen, wenn diese in das eigene Gesamtvorhaben verständlich eingebettet werden kann. Dies hat mehrmals zu weit auseinanderklaffenden Positionen zwischen mir und der betreuenden Person geführt.

Ich glaube, jeder betreute Mensch spürt recht schnell, ob er in seinen wesentlichsten Wünschen oder Vorhaben glaubhaft unterstützt wird. Ist dies nicht der Fall, so bleibt es ein unterschwelliges und zähes Miteinander-Ringen. Es ist wichtig, sich über die Ziele des zu unterstützenden Menschen zu verständigen, seine Wünsche in Worte oder Bilder zu fassen, sich der Ziele gegebenenfalls regelmäßig erneut zu versichern. Phasenweise hätte ich sogar einen Überblick gebraucht, eine Visualisierung dessen, wie und auf welche Weise die einzelnen Vorhaben und Themen miteinander zusammenhängen und welche genauen Schritte zu meinem Ziel führen. Auch die Verdeutlichung und Zusammenführung von Langzeit- und Kurzzeitperspektive hätte mir Sicherheit gegeben. In meiner Welt war ich nur fähig, Letztere zu sehen, angetrieben hat mich jedoch der nur langfristig zu verwirklichende Traum und Wunsch nach Eigenständigkeit, also die Langzeitperspektive. Gelingt es nicht, zwischen beiden Polen eine Verbindung deutlich und greifbar herzustellen, so wird die eigentlich zur Verfügung stehende Lebensenergie zu einer ineffektiven und vor allem qualvollen Getriebenheit.

Neben diesen Schwierigkeiten gibt es zu guter Letzt noch die Scham über Kosten und Aufwand, welche die eigene Hilfebedürftigkeit verursacht und auf die vom Kostenträger gern mal hingewiesen wird. (Dass man total teuer ist und damit alle Steuerzahler mindestens finanziell überstrapaziert, ist besonders gut zu wissen, wenn man zu Schuldgefühlen neigt und sich nicht unbedingt als offiziell wertschöpfendes Mitglied der Gesellschaft sieht und sich in seinem Sosein wertlos fühlt.)

Selbstüberwindung

Gedanken, Ängste, Zwänge, Befürchtungen und Einstellungen, die immer wieder überwunden werden müssen, noch bevor es an der Wohnungstür klingelt und die Hilfe überhaupt einsetzen kann – Hürden, Steine im

Weg. Die regelmäßige Konfrontation damit, wie kompliziert das eigene Sein einem mit der Zeit geworden ist, ist oft schwer zu ertragen. Wie konnte es so weit kommen?

Man sitzt in der Falle. Man ist ein unfassbarer Klotz am eigenen Bein, unbeabsichtigt das kleine große Zentrum, um das sich alles dreht – und bei all dem nicht im Besitz der schlichtesten Lebensstrategien. Es nützt aber kein »I hate myself and I want to die« (Song der Band Nirvana). Man muss handeln, sonst wird man behandelt. Man muss Kraft aufbringen. Man muss über sich hinauswachsen. Man muss Ruhe bewahren. Man darf sich nicht kleinkriegen lassen. Man muss abwarten können. Man muss sich entspannen können. Man muss dranbleiben. Man muss klarkommen. Wenn nicht, muss man sich normal verhalten. Man muss funktionieren. Man muss es schaffen. Man muss Freude am Leben haben. Man muss das Müssen aber auch wollen, sonst ist es nicht echt. Ich habe vergessen, was man alles muss. Es ist anstrengend und nicht bequem. Es sollte vielleicht auch gar nicht bequem sein?

Die ehrliche Einschätzung, was bewältigt werden muss, weil es bewältigt werden kann und manchmal auch nur wider Erwarten bewältigt werden kann, darf nicht verloren gehen, vorhandenes Selbstvertrauen nicht abtrainiert werden. Ehrliche Selbstreflexion ohne Ausrede ist gefragt. Betreut werden ist wie gesagt Arbeit. Unterforderung ist bekanntermaßen genauso nervig, stressig und schädlich wie Überforderung. Im Einzelfall lässt sich natürlich entdecken: Der eine kommt tendenziell besser mit leichter Überforderung klar, die andere besser mit leichter Unterforderung.

Es wäre natürlich nicht gerecht, die Inanspruchnahme der Hilfe allein als anstrengend hinzustellen. Sie hat ein Potenzial, von dem ich sehr profitiert habe und dafür bin ich total dankbar. In erster Linie war es nicht anstrengend wegen der Hilfe, sondern trotz der Hilfe. Mich jedenfalls hat niemand gezwungen, diese anzunehmen. Allerdings hätte ich auch niemals aktiv nach ihr gesucht oder danach gefragt.

Als sie mir angeboten wurde war ich eher erschrocken, dass jemand auf die Idee kam, ich hätte »so etwas« nötig. Es ist ja auch nicht unbedingt so, dass man von vornherein weiß, was bei dieser Form der Hilfe eigentlich passieren soll, was das genau sein soll, was das überhaupt bringen soll und vor allem, ob das nicht alles noch schlimmer macht, indem man damit erst so richtig ins psychiatrische Hilfssystem einsteigt. Im Nachhinein bin ich eher erstaunt, nach wie vielen Jahren persönlicher Krisen, beruflicher

Ausfälle, Aufenthalten in psychiatrischen Krankenhäusern, Nötigungen und Zwangsmaßnahmen zur Einnahme von Medikamenten, die mir alle, von Abilify bis Zyprexa, nicht nur nicht genützt haben, sondern im Gegenteil alles verschlimmert und verkompliziert haben, endlich jemand auf die Idee gekommen ist zu thematisieren, ob nicht vielleicht eine andere Form der Hilfe mir viel grundsätzlicher und besser helfen könnte.

Es ist sicher für keinen Menschen leicht, Hilfe anzunehmen, selbst wenn ihm diese angeboten wird und er der Meinung ist, sie zu benötigen. Auch im ambulant-psychiatrischen Bereich können einem verschiedene Grade und Übergangsstadien von Nötigung bis Zwang begegnen, etwa die Prophezeiung des sozialen Abstiegs und ähnlich unerfreulicher – welcher allwissenden Quelle eigentlich entnommenen? – Zukunftsprognosen. Oder durch Androhung von Konsequenzen bei Nichteinhaltung irgendwelcher Bedingungen. Oder, oder, oder. Das kann dazu führen, dass man als betroffener Mensch ausnahmslos dem gesamten System inklusive aller darin tätigen Personen misstraut. Im wesentlich schlimmeren Fall aber glaubt der betroffene Mensch ausnahmslos alles, was geredet und prophezeit wird, um damit – auch dank des für jede Inanspruchnahme von Hilfe völlig überflüssigen Konzeptes der Krankheitseinsicht – als Person vom psychiatrischen System geschluckt zu werden. Der Grundstein dafür ist gelegt, wenn man selbst anfängt, am eigenen Verstand zu zweifeln und eher diesem misstraut als offensichtlicher psychiatrischer Arroganz. Ich war nicht krank. Und jetzt bin ich nicht gesund.

Für mich schien jedenfalls alles besser, als in meinem Einzugsgebietskrankenhaus vor mich hin zu dümpeln hinter geschlossenen Türen, dicker Glastrennwand und halb gepanzerter Tür zum Schlüsselpersonal hin, von welchem man hauptsächlich beobachtet statt angesprochen wird (wovon allein ich schon paranoid werden kann).

Ich habe eine psychiatrische Station erlebt, in der es gelungen war, die Gesamtheit des Sozialen (zwischen Personal und Patient) gegen das »Biochemische« auszutauschen – wo die geringe soziale Kommunikation nur noch der Feststellung diente, ob biochemisch irgendetwas zu passieren hätte oder zu verändern ist, ob irgendein Medikament rauf oder runter dosiert werden muss, ob ein altes Medikament ausgeschlichen und ein anderes eingeschlichen werden sollte. Unter solchen Bedingungen kann jede Frage nach dem Befinden eines Menschen keine ehrliche Frage mehr sein. Was für eine Entwertung und Verschwendung des heilsamen Potenzials einer authentischen sozialen Kommunikation und Interaktion.

Hatte das alles eigentlich noch mit den realen Problemen zu tun, die anfangs mal da waren, bevor sie vollständig überlagert wurden? Ich habe mich selbst nicht mehr wiedererkannt! Dass die Psychiatrie für viele Menschen eine Drehtürpsychiatrie ist, wundert mich überhaupt nicht. Gar nichts lässt sich auf zu lange Sicht unterdrücken.
Der Fairness halber möchte ich einräumen, dass es auf so mancher Station Personen gibt, die sich ehrlich und menschlich mit Herz und Verstand um die dortigen Menschen und unfreiwilligen Gäste bemühen und die sich hiermit bitte automatisch aus den »Einer-flog-übers-Kuckucks-nest«-Szenarien (Miloš Forman aus dem Jahr 1975) ausgeklammert fühlen möchten.
Ab einem bestimmten Zeitpunkt hätte ich jedenfalls alles getan und jede andere Form der Hilfe und Unterstützung angenommen, um in der Zukunft weitere zeit- und nervenaufreibende Aufbewahrungen meiner Person auf derartigen Akutstationen zu vermeiden.
Dreimal auf Holz geklopft – seither ist es mir gelungen.
An dieser Tatsache, im Zusammenhang mit anderen Veränderungen zum Besseren – wie der Beendigung eines Studiums, welches lange Zeit brachgelegen hatte – hat die ambulante Hilfe meiner Einschätzung nach großen Anteil. Ich muss sogar sagen: Ich hätte es ohne sie nicht geschafft.
War ich deshalb abhängig von der Hilfe? Ja, wenn man es so nennen möchte. Aber im Vergleich zu unfreiwilligen Unterbringungen (und auch freiwilligen, aus großer Not entstandenen Unterbringungen) war ich mit dieser Form der Hilfe nun eher auf dem positiven Spektrum angekommen. Ohne mein aktives Dazutun hätte die Hilfe außerdem ihre eigentliche Aufgabe, nämlich hilfreich zu sein, gar nicht schaffen können.
Ich meine, ich bin auch jetzt – im Grunde genommen immer – von irgendetwas und irgendjemandem abhängig. Meist merke ich dies erst, wenn etwas nicht funktioniert oder nicht wie gewohnt zur Verfügung steht, wie ein Ausfall der Heizung im Winter oder dem Streik der öffentlichen Verkehrsmittel. Von der grundsätzlichen Abhängigkeit von sozialen Beziehungen ganz abgesehen. Ich bin ein soziales Wesen und lebe in sozialen Gefügen. »Allein« ist wohl kaum jemand auf lange Zeit überlebensfähig. Auch hätte ich es ohne einige andere Menschen, Freunde, ohne einige richtige Begegnungen im richtigen Moment »nicht geschafft«.

Management der Beziehungen

In der Tat gab es in der Betreuungsbeziehung immer wieder Momente, in denen die Abhängigkeit, das Aufeinander-bezogen-Sein, sehr spürbar war. Je schlechter es mir ging, je hilfloser, hilfebedürftiger und schwächer ich mich fühlte, je weniger ich selbst in der Lage war, mich aus der hilflosen Situation zu befreien, kurzum: Je angewiesener ich auf Hilfe war, desto größer empfand ich diese Abhängigkeit. Dabei ist man auch darauf angewiesen, dass der helfende Mensch einem wohlgesinnt ist. Sadismus lässt sich in so einer Art der Beziehung allein dadurch ausleben, dass die Betreuerin/der Betreuer absichtlich zu jedem Treffen eine halbe Stunde zu spät kommt bei gleichzeitigem Wissen, dass die betreute Person Warten als etwas äußerst Unangenehmes oder Qualvolles empfindet. Die grundsätzliche Haltung, persönliche Motivation und die sozialen Kompetenzen der betreuenden Person sind ohne Frage sehr wichtig in der Arbeit mit Menschen. Umgekehrt verdient der offiziell helfende Mensch sein Geld mit dieser Arbeit, von der er abhängig ist. Das Wissen um die Bezahlung desjenigen, der mir zur Seite gestellt wurde, brachte einen sehr entlastenden Dienstleistungsaspekt in die ganze Betreuungsangelegenheit. Dass ich meine echten Freundschaften und Familienbeziehungen über die schwierigen Jahre retten oder aufrechterhalten konnte und nicht alles zerrüttet worden ist, ist meiner Einschätzung nach auch ein Resultat der Unterstützung von außen. Irgendwann ist der Punkt erreicht, wo die eigene Psyche nicht nur die betroffene Person selbst überstrapaziert, sondern womöglich auch andere. Es ist schwer einzuschätzen, ob man seinem direkten sozialen Umfeld eigentlich noch zuzumuten ist, wenn man es mit sich selbst nicht mehr aushält. Auch das Ausmaß, das man vielleicht mittlerweile an alltagspraktischer Unterstützung benötigt, etwa durch jahrelange Unfähigkeit, sich um seine wichtigen persönlichen Belange zu kümmern, hat vielleicht längst die für unseren Kulturkreis tolerierbare Obergrenze an sozialer Hilfsbereitschaft überschritten. Nur, wie soll man sich eigentlich sozial verhalten?

Versucht man, in solchen Phasen am normalen gesellschaftlichen Leben teilzunehmen, so passiert es häufig, dass man andere Menschen überfordert – vielleicht auch direkte Ablehnung oder Freundschaftskündigungen erfährt, was zu einem solchen Zeitpunkt besonders schlecht zu ertragen ist. Zieht man sich hingegen sozial zurück, etwa um andere Menschen zu schützen, oder weil man in der Unmöglichkeit zur Verbindlichkeit

und Planung von Verabredungen feststeckt, wird man Freundschaften nicht ausreichend pflegen und damit nicht langfristig aufrechterhalten können. Umgekehrt ist es nach einer besonders guten, gewissermaßen viel zu guten Phase schwierig, die hunderte in dieser Zeit neu hinzugewonnenen »Freundschaften« der Realität zuzuführen. Wer überhaupt in solch unübersichtlichen Zeiten ein echter Freund ist, ist ohnehin schwer zu erfassen. Ich war ein Zuviel oder ein Zuwenig. Es führt kein Weg daran vorbei: Psychisches Leid ist ein soziales Leid.
Ich war ehrlich erleichtert, dass endlich eine Person dafür bezahlt wurde, mich so zu ertragen und akzeptieren, wie ich zu jener Zeit war. Ich war froh über eine zwischenmenschliche Beziehung, die von den Schwierigkeiten des zusätzlichen Stresses des sozialen Managements in dem ganzen psychischen Chaos weitestgehend ausgeschlossen war, die ungefährdeter und ungefährlicher war als sämtliche andere Beziehungen in einem sozialen Gefüge mit allen Selbstverständlichkeiten und Erwartungen. Und auch wenn der Geldaspekt mir natürlich nicht ununterbrochen bewusst war, rief er mir doch regelmäßig ins Bewusstsein, dass es sich bei alldem nicht um eine Freundschaft handelte. Ich war auch nicht auf der Suche nach einer Freundschaft. Ich war auf der Suche nach einer Möglichkeit, irgendwie mein normales Leben wieder aufzunehmen. Ich brauchte dringend sehr konkrete lebenspraktische Hilfe, um eine Ordnung herzustellen, eine äußere und innere Struktur zu entwickeln oder zu finden, mit der ich meine wirklichen Wünsche verfolgen würde, mit der ich der Aneinanderreihung von »Lücken« in meinem Lebenslauf eine andere Perspektive, eine unerwartete Option oder eine Lebensalternative ermöglichen könnte. Ich wollte raus aus der Psycho-Kiste als Dauerzustand und Fulltime-Job.
Meiner damaligen Sehnsucht nach einem normalen Leben kann ich hier gar nicht genug Ausdruck verleihen. Was ein normales Leben ist? Das ist jenes Leben, in das die im psychosozialen Bereich Tätigen nach getaner Arbeit zurückgehen. Das ist jenes Leben, das man von außen wie durch eine unsichtbare Wand beobachtet, weil man auf unerklärliche Weise herausgefallen ist. Wie kommt man auf die andere Seite? Ich weiß es nicht – es war irgendwie ein längerer Prozess. Es war ein Versuch. Es war einen Versuch wert. Es war mehrere Versuche wert.

***Ekmi Sma Björn** lebt seit vier Jahren ohne professionelle Hilfe und seit drei Jahren in einem unbefristeten Arbeitsverhältnis als Psychologin.*

Die Angst vor der Fremdbetreuung und die Bedeutung des Kaffeetrinkens

Julia Tamm

Wie Nutzerinnen und Nutzer mit einer psychiatrischen Diagnose ambulant Betreutes Wohnen erleben und welche Aspekte für sie besondere Bedeutung haben, soll Thema dieses Beitrags sein, Er beruht auf einer Forschungsarbeit (Tamm 2015), die in einer engen Kooperation zwischen dem Landschaftsverband Rheinland (LVR), der Arbeitsgemeinschaft Psychiatrie im Rheinland (AGPR), der Buschstiftung und der Universität Siegen entstanden ist.

Die Studie fragt bewusst nicht nach der Perspektive der Helfer, welchen normalerweise die Deutungsmacht über den Unterstützungsbedarf und die passende Hilfe zugeschrieben wird. Ziel ist es vielmehr, die Adressatinnen und Adressaten als Experten ihres Lebens ernst zu nehmen. Der Zugang einer partizipativ orientierten Forschung gibt den Psychiatrieerfahrenen Raum, sich zu äußern und ihre Erfahrungen im Rahmen ihrer Lebenswelt zu schildern.

Wie Klientinnen und Klienten das ambulant Betreute Wohnen erleben, kann nur aus den Kontexten ihrer Lebens- und Fallgeschichte heraus verstanden werden. Deshalb wurden narrative Interview als Forschungsmethode gewählt. Ausgehend von einem Erzählstimulus wurden die Befragten in einem ersten Teil dabei unterstützt, ihre Wahrnehmung der Hilfe und ihres Lebens als Geschichte zu erzählen. Dabei interessierte vor allem, was und wie sie über ihre Hilfe berichten und wie sie diese mit ihrem Leben in Verbindung bringen. Was erzählen sie beispielsweise über soziale Kontakte, ihre Helferinnen und Helfer, andere Psychiatrieerfahrene, ihre Alltagsstruktur, Angebote der Anbieter, Freizeitgestaltung, Zugänge zur Hilfe, Hilfeplankonferenzen und ihre Vorstellungen eines guten Lebens? In einem zweiten Teil des Interviews – dem Nachfrageteil – wurden gezielte Fragen zu den Leitthemen lebensweltorientierter partizipativer Unterstützung in der Gemeindepsychiatrie gestellt. Auch hier wurde darauf geachtet, Fragen mit narrativer Generierungskraft zu stellen, d.h. primär Fragen nach dem »Wie« von Ereignisabläufen.

Insgesamt wurden 21 Interviews mit Nutzerinnen und Nutzern aus sieben am Forschungsprojekt beteiligten BeWo-Diensten geführt, transkribiert und analysiert und auf Grundlage der Grounded Theory (vgl. GLASER, STRAUSS 1998) ausgewertet.
Ziel der Grounded-Theory-Methodologie ist die Entwicklung einer in den Daten (in diesem Falle in den Interviews zu findenden Inhalte des Gesagten) gegründeten bzw. verankerten (grounded) Theorie. Dabei werden sukzessive Kategorien gebildet und miteinander in Beziehung gesetzt und so letztlich zu einer Theorie verdichtet. Charakterisierend ist dabei ein Wechsel von Datenerhebung (hier das Führen von Interviews im Feld) und der Datenanalyse und Theoriebildung (durch die Codierung und Reflexion von Textstellen).
Die Grounded-Theory-Methodologie geht über die bloße Deskription hinaus und möchte (durch Konzeptualisieren, permanentes Vergleichen, Sicherstellung des Theoretical Sampling und das Memo Writing), die hinter den Daten liegenden Konzepte erfassen und analysieren. Durch die Offenheit dieser Methode werden Thesen nicht im Voraus gebildet, sondern die Auswertungskategorien ergeben sich direkt aus dem empirischen Material. Dies ist eine wichtige Voraussetzung für die konsequente Orientierung an der Perspektive der Nutzerinnen und Nutzer. Ein weiteres Spezifikum dieser Methode liegt darin, dass sich die Auswertung auf relevante Phänomene konzentriert. Es geht also darum, innerhalb der Interviews typische Phänomene zu finden und diese aus der Perspektive der Adressaten dicht und nah am Material zu analysieren.
Bei der Stichprobe wurde auf eine möglichst große Variation geachtet: Es gab ein ausgewogenes Verhältnis von Männern und Frauen unterschiedlichen Alters (von Anfang zwanzig bis Mitte sechzig) mit unterschiedlichen psychiatrischen Diagnosen. Sie wurden unterschiedlich lange betreut, der Umfang der wöchentlichen Fachleistungsstunden variierte und es wurde auf Unterschiede in der Wohnform, den Partnerschaften, Kindern und dem Besitz von Haustieren geachtet. Alle Namen der Befragten und von ihnen erwähnten Personen wurden anonymisiert.

Wesentliche Themen der befragten Psychiatrieerfahrenen

Aus Sicht der Befragten sind in Bezug auf das ambulant Betreute Wohnen bestimmte Themen besonders wichtig, sie tauchten in vielen Interviews in vielen Facetten auf. So wurde mehrfach berichtet, dass der Erstkontakt meist erst durch eine Vermittlerperson möglich wurde. Im ersten Moment stellte der Erstkontakt aber auch eine Hürde für die Angesprochenen dar, denn es gilt, einer fremden Person die eigene Lebensgeschichte zu erzählen, Hilfe anzunehmen, eine Fachkraft in die Wohnung zu lassen und Vertrauen aufzubauen. Dabei wurde deutlich, dass sich aus Nutzersicht eine professionelle Zusammenarbeit und eine Beziehung mit freundschaftlichen Attributen im Alltag nicht immer klar trennen lassen. Dies hat damit zu tun, dass BeWo im Alltag der Nutzerinnen und Nutzer erlebt und gelebt wird. »Durch BeWo bin ich mehr im Leben drin«, sagte zum Beispiel eine Interviewpartnerin. »BeWo ist aber auch ständig in meinem Leben drin«, sagte hingegen ein Befragter. Und genau dies macht das Verhältnis von Betreuerin und Klientin aus. Es geht den Betreuten darum, eine gesunde Mischung zu erleben. Eine Mischung aus professioneller Unterstützung und respektvollem, im Bestfall freundschaftlichem Umgang.
Betreutes Wohnen hilft aus Nutzersicht dabei, sich weniger alleine zu fühlen. »Ich weiß, da ist immer jemand da, auch wenn ich alleine wohne«, sagte zum Beispiel Lara auf die Frage, warum BeWo ihr Stabilität im Alltag gibt. Stabilität ist aus Sicht der Nutzer ein hohes Gut. Genauso wie Selbstständigkeit zu erleben und wiederzuerlangen. Freunde zu finden und sich auf die Suche nach einer sinnstiftenden Tätigkeit zu machen. So ist BeWo aus Adressatenperspektive ein Schutzraum, in dem man sich selbst finden kann. Bei dieser Suche zu unterstützen und Selbstbefähigung zu stärken, ist die wichtigste Aufgabe der Mitarbeiter und Mitarbeiterinnen im Betreuten Wohnen.

Angst vor der Fremdbetreuung

Klientinnen und Klienten, die noch nicht lange im System des ambulant Betreuten Wohnens sind, berichten, dass sie Angst hatten, entmündigt zu werden, als sie erstmals mit der Unterstützungsmöglichkeit Betreutes

Wohnen konfrontiert wurden. Das lag zum einen daran, dass Mitarbeiter stationärer Einrichtungen für die Klienten nach Anbietern und Angeboten des Betreuten Wohnens suchten und versäumten, bei der Suche die Klienten zu beteiligen. Von einem Befragten wurde das als »vor vollendete Tatsachen stellen« bezeichnet, was zeigt, dass aus Sicht der Nutzerinnen und Nutzer dieses Vorgehen übergriffig wahrgenommen und fremdbestimmend erlebt wurde. Aber trotz anfänglicher Skepsis berichteten alle Interviewten von ihrer Erleichterung, die Hilfe zu bekommen und in Anspruch nehmen zu dürfen.

Zum anderen löste der Begriff »Betreutes Wohnen« bei einigen Befragten negative Assoziationen aus. Viele Klientinnen und Klienten können den Fachbegriff und die damit verbundenen Bedeutungen nicht richtig einordnen, wenn sie ihn das erste Mal hören, oder bringen ihn mit einem ambulanten Pflegedienst in Verbindung. Rose (Mitte zwanzig, seit sechs Jahren im Betreuten Wohnen) schildert dazu folgende Situation:

»Am Anfang hätte ich mir das gar nicht vorstellen können. Ich denke: ›Oh Betreutes Wohnen, jetzt kannst du nix, jetzt bist du nix.‹ (...) Da hatte ich das erste Vorstellungsgespräch bei dem Herrn Frank. (...) Und der hat mich halt aufgeklärt, was Betreutes Wohnen ist. (...) Und dann hab ich gesagt: ›Kann ich mir vorstellen.‹ (...) Also ich hab einfach gesagt: ›(.) Ja.‹ Weil ich einfach Schiss hatte (...) und ähm ja (.) Schiss hatte, dass ich das nicht alleine bewältigen kann. Und dadurch, dass er mir das noch mal erklärt hat. Also ich hab Betreutes Wohnen, hatte ich so gedacht, dass ich behindert bin und nix alleine hinkriege.«

Zunächst löste die Bezeichnung »Betreutes Wohnen« in Rose eine Abwehrreaktion aus. Sie dachte bei dem Wort Betreuung, sie sei behindert. Sie hatte Angst, ihr Betreuer würde sie für so krank halten, dass er ihr nichts mehr zutraut. Betreuung schien ihr zu bedeuten, fortan nichts mehr alleine machen zu können und löste Selbstzweifel aus: »jetzt kannst du nix, jetzt bist du nix«. Ihr Selbstwert schien also durch das Angebot zunächst gelitten zu haben. Gleichzeitig hatte sie aber auch »Schiss«, dass der Übergang in eine eigene Wohnung und die Bewältigung der beruflichen Reha eine große Belastung sein könne, weshalb sie in die Betreuung einwilligte.

Etwa ein Viertel der Befragten hatte den Eindruck, die Bezeichnung Betreutes Wohnen wecke unklare, negativ behaftete Gedankenverknüpfungen und schrecke andere Betroffene ab. Die Bezeichnung Betreutes Wohnen hatte aus ihrer Sicht wenig mit dem tatsächlich zu erwartenden

Hilfsangeboten zu tun. Das Wort Betreuung geht oft mit der Vorstellung von Pflegebedürftigkeit und Fremdbestimmung einher. Und die damit verbundenen Bezeichnungen des Betreuers können ebenso missverständlich interpretiert werden. So berichtete zum Beispiel Lara (Anfang dreißig, seit sieben Jahren im Betreuten Wohnen):

»Ja, also ich könnte mir vorstellen, dass viele, die es nicht kennen, sich erstmal erschrecken vor diesem Betreuten. Und dieses Wort Betreuer oder ja ›Was, du hast einen Betreuer?‹ Das ist, ähm, das ist ein schwieriger Begriff, aber ich würde es auch nicht anders nennen wollen. Also ich sag das auch: ›Also ich hab 'ne Betreuerin. Die hilft mir bei meinen alltäglichen Sachen, mit der kann ich reden.‹«

Laras Aussage macht eine Ambivalenz deutlich. Sie sieht die Schwierigkeiten des Begriffs, vor allem für Menschen, die das Angebot nicht kennen. Dennoch nutzt sie die Bezeichnung »Betreuer«. Mit der Aussage, »Also ich sag das auch«, möchte Lara wohl zum Ausdruck bringen, dass sie zu der Betreuung in ihrem Alltag steht und »dieses Wort« nicht weiter hinterfragt. Die Begriffe können sich also mit der Zeit im alltagssprachlichen Wortschatz der Psychiatrieerfahrenen verankern, auch wenn sie bei genauer Betrachtung etwas Stigmatisierendes implizieren. Die Fachbegriffe des Betreuten Wohnens werden von den Akteuren in diesem Feld nicht weiter hinterfragt, wenn die Bedeutungen richtig verstanden und von allen Beteiligten aktiv gelebt werden. Jemanden, der neu mit dem Betreuten Wohnen in Berührung kommt, können diese Bezeichnungen irritieren, wenn er sie wörtlich nimmt. Dann können Nuancen von Fremdbestimmung, Machtgefälle und Unmündigkeit mitschwingen und Skepsis hervorrufen.

Die Interviews werfen die Frage auf, ob die Begriffe »ambulant Betreutes Wohnen« beziehungsweise »Betreutes Wohnen« nicht neu definiert werden sollten, um Irritationen zu vermeiden. Es darf nicht vergessen werden, dass diese Begriffe historisch betrachtet aus der Zeit nach der Psychiatrieenquete stammen. 1979 lautete eine wichtige Forderung: »Ambulant vor stationär«. Damit sollten die Enthospitalisierung der Anstalten eingeleitet und neue Wege stationärer Unterstützungsmöglichkeiten geschaffen werden. Aus diesem Grund begegnet man in der Sozialpsychiatrie immer noch dem Begriff »ambulant Betreutes Wohnen«. Den Nutzerinnen und Nutzern fehlt aber dieser Kontext, weshalb neue Definitionen zur Modernisierung der Gemeindepsychiatrie angebracht wären. Als Alternativen zum Begriff der »Betreuung« wurde in einem

Mitarbeiterworkshop von Fachkräften der beforschten Einrichtungen der Begriff »Begleitung« vorgeschlagen. Dieser Begriffswechsel sei in der Behindertenhilfe schon längst erfolgt, die Gemeindepsychiatrie in diesem Zusammenhang rückschrittlich. Als Alternativen zu »Betreutes Wohnen« können »Alltagshilfe« oder »Hilfe, um die selbstständige Wohnform zu erhalten« oder »Unterstütztes Wohnen« diskutiert werden.

Die Bedeutung des Kaffeetrinkens

Als eine große Hilfe der selbstständigen Wohnform wurde von den Nutzerinnen und Nutzern immer wieder das Kaffeetrinken erwähnt. Es scheint eine Form der Vergemeinschaftung zu sein, welches viele Synonyme aufweist. Dieses von den Befragten sehr wichtige und immer wieder erwähnte Thema wird im Folgenden näher beleuchtet.
Kaffeetrinken scheint ein wichtiges Ereignis im Betreuungsalltag der Klientinnen und Klienten zu sein. Es wird entweder innerhalb der Erzählungen als etwas Schönes erwähnt oder taucht im Zusammenhang mit den Dingen auf, die Adressatinnen und Adressaten mit ihren Betreuern gerne unternehmen. Kaffeetrinken beruht auf dem Prinzip einer Zeit des Miteinanders zwischen Betreuerin und Klientin, die geplant oder zufällig genommen wird. Die Beteiligten vereinbaren dazu einen Termin oder es wird spontan ein Kaffee getrunken, zum Beispiel nach einem Einkauf oder Arztbesuch. Kaffeetrinken ist aus Klientensicht nichts Regelmäßiges, aber etwas Besonderes, das einmal oder mehrmals monatlich vorkommt.
Es stellt sich im fachlichen Diskurs immer wieder die Frage, worin denn die Fachlichkeit des Kaffeetrinkens besteht und was es bei den Klienten an Emotionspotenzial und Ressourcen der Selbstwirksamkeit hervorbringen kann. Das entscheidende Kriterium für alle Befragten ist, dass Kaffeetrinken ein Ereignis ist, bei dem sie sich einfach unterhalten. Die Adressaten beschreiben das Ereignis des Kaffeetrinkens mit Begriffen wie »von Hölzchen auf Stöckchen« kommen oder über »Gott und die Welt« reden. Sie kommen dabei also von einem Thema zum anderen und können sich einfach mal unbeschwert unterhalten, ohne verkopft zu hinterfragen, was gesagt wird. Die Aussagen der Befragten lassen auf eine unbeschwerte Zeit schließen. Dies sei gerade bei der persönlichen

Assistenz wichtig, denn Kaffeetrinken erzeugt im Betreuungsverhältnis eine Momentaufnahme ohne Probleme und Sorgen, in der sich die Betreuten etwas von der Seele reden können und viel reden dürfen. Dazu erzählt eine Befragte:

»Und dann ist man mit ihr ja auch immer von Hölzchen auf Stöckchen gekommen und das war einfach. Ja man erzählt so, wie meine beste Freundin das erzählen würde.«

Kaffeetrinken wird als etwas nicht Zielgerichtetes wahrgenommen, als Moment, in dem Vertrautheit entsteht wie bei einer »besten Freundin«. Kaffeetrinken sorgt scheinbar für eine gewisse Leichtigkeit im Miteinander und stellt ein ungezwungenes Setting dar, in dem auch Spontaneität Platz findet. Die getakteten Fachleistungsstunden verlieren dabei ihre Konturen. Kaffeetrinken wird so zu einem Highlight in der Woche, auf das sich die Klienten freuen.

Eine Interviewpartnerin erinnert sich an folgende Situation:

»Wir sind zum Café, haben uns einen Kaffee geholt und dann hab ich ihr alles erzählt, was in der ganzen letzten Woche alles vorgefallen ist. Man konnte ja das auch alles so erzählen. Und die hatte auch alles so verstanden, dass die das nicht irgendwie so befremdlich fand, es war voll auf meiner Wellenlänge.«

Aus subjektiver Sicht dieser Befragten bedeutet Kaffeetrinken, sie kann mit ihrer Betreuerin auf einer »Wellenlänge« sein. Klientin und Betreuerin bewegen sich auf einer gemeinsamen zwischenmenschlichen Ebene und das erzeugt Nähe.

Für manch andere bedeutet Kaffeetrinken aber auch, genau nicht über alles zu reden, sondern gezielt »Small Talk« zu führen, weil man sich z.B. humoristisch auf einer Wellenlänge befindet. Hier zielt der Fokus darauf ab, in diesen Momenten einmal nicht über die Krankheit und das Befinden zu sprechen.

Kaffeetrinken beschreibt aus der Nutzerperspektive eine Situation, in der sie eine gute Zeit und Freude haben, nicht arbeiten, sondern etwas nur für sich tun. Das ist unter anderem deshalb so wichtig, weil es sonst nicht so viele schöne Sachen im Betreuungsalltag gibt, worauf man sich freut.

Das Kaffeetrinken wird von manchen aber auch genutzt, um über private Probleme zu reden, wenn man sonst keinen hat, mit dem man etwas besprechen kann:

»Dass ich mal über meinen Mann Dampf ablassen kann. Ich werde von der Arbeit abgeholt, ich werde nach Hause gefahren. Wir trinken einen Kaffee zusammen und so Sachen. Das mach ich ja mit sonst niemanden.«

Diese Probleme privater Natur werden von den Klientinnen gezielt außerhalb der eigenen Wohnung besprochen, besonders wenn sie in einer Wohngemeinschaft leben oder mit einem Partner zusammenwohnen.

Zu diesen verschiedenen Facetten des Kaffeetrinkens gehören aber noch andere Situationen, die in dem Interview mit Sebastian gut zum Ausdruck kommen:

»Da war so schönes Wetter und ich hab das Problem, ich kann nicht aus der Wohnung gehen, ich weiß es nicht, woran es liegt. Ich hatte zuerst gedacht, das ist Angst oder so, aber das muss irgendwie was anderes sein. Ich kann zur Reha-Maßnahme gehen. Ich kann einkaufen gehen, ohne Probleme. Aber für mich mal rausgehen, mal ein bisschen spazieren gehen oder so, das klappt irgendwie nicht. Und da hatte ich einen Tag, da war so schönes Wetter und ich stand hier am Fenster, habe rausgeguckt und dann kam die Frau Honnigen und sachte: ›Wollen wir uns nicht irgendwo in ein Café setzen?‹ und das war, das tut so gut da. Cappuccino und dann die Leute angucken, die vorbeigehen und danach, da ging's mir eigentlich auch 'ne ganze Weile besser, muss ich sagen.«

Die Erzählung von Sebastian macht deutlich, dass Kaffeetrinken ein Mittel sein kann, sich selbst aus der Isolation zu helfen. Kaffeetrinken schafft für Sebastian ein Gefühl von Normalität und gesellschaftlicher Teilhabe. Sebastian bekommt neuen Antrieb und kann Genussfähigkeit üben und das in einem Moment, in dem er von sich aus nicht alleine rausgegangen wäre. Kaffeetrinken hatte für Sebastian eine nachhaltige Wirkung. Es ging Sebastian »eine ganze Weile besser« und er freute sich, endlich aus der Wohnung gekommen zu sein und etwas anderes gesehen zu haben. Er lässt sich von Frau Honnigen motivieren und erkennt rückblickend, dass ihm diese Motivation gutgetan und geholfen hat. Die ganze Situation war Sebastian sehr wichtig, er erzählte diese Geschichte auf die Frage hin, welchen Betreuungsmoment er besonders schön fand. Dieser kleine Moment bedeutete Sebastian wahrscheinlich mehr, als die Fachkraft geahnt hat und trug viel zu seiner Selbstbefähigung bei.

Ich hoffe, diese Beispiele können deutlich machen, dass eine Fachkraft die Qualität der Unterstützungsleistung »Kaffeetrinken« unbedingt wahrnehmen, erkennen und gezielt nutzen sollte. Es ist ein Hilfsmittel, um gemeinsam mit dem Klienten ein gutes Leben zu üben. Die Zeit des Kaffeetrinkens dient auch dem Aufbau und der Vertiefung der Beziehung, weil starke Momente der Nähe und des Vertrauens geschaffen werden können. Fachkräfte sollten sich bewusst sein, dass sie durch einen Kaffee viel mehr bieten als Freude, sie bieten einen Ausgleich zum Betreuungsalltag. Fachleistungsstunden und das künstlich angelegtes Setting der ambulanten Hilfe werden vergessen. Dieses Potenzial gilt es zu nutzen und gemeinsam zu genießen. Kaffeetrinken qualifiziert sich damit als effiziente Unterstützungsleistung zur Teilhabe am gesellschaftlichen Leben. Im Rahmen des Bundesteilhabegesetzes wird es darauf ankommen, diese Aktivität auf Grundlage der ICF unter den Aspekten Aktivitäten und Partizipation als Teilhabeleistung zu qualifizieren (siehe auch den Beitrag von Christian Reumschüssel-Wienert in diesem Buch). Kaffeetrinken könnte die Lücke zwischen Menschenrechten im Sinne der UN-Behindertenrechtskonvention und der Wirtschaftlichkeit im Sinne der Kostenträger schließen.

Dipl.-Päd. Julia Tamm*, arbeitete sechs Jahre studienbegleitend im ambulant Betreuten Wohnen in Münster. Aktuell leitet sie das Modellprojekt »Barrierefreie Gesundheitsversorgung« des hessischen Ministeriums für Soziales und Integration.*

Literatur

Glaser, B.; Strauss, A. (1998): Grounded Theory: Strategien qualitativer Sozialforschung. Bern: Huber.

Glinka, H.-J. (1998): Das narrative Interview. Eine Einführung für Sozialpädagogen. Juventa: Weinheim.

Strauss, A. (1994): Grundlagen qualitativer Sozialforschung: Datenanalyse und Theoriebildung in der empirischen und soziologischen Forschung. München: Wilhelm Fink Verlag.

Tamm, J. (2015): Ambulant Betreutes Wohnen aus der Perspektive Psychiatrieerfahrener. Siegen: Universitätsverlag Siegen.

Willst du etwas wissen, so frage einen Erfahrenen und keinen Gelehrten[1]

Genesungsbegleitung als Assistenzleistung zur sozialen Teilhabe

Angelika Lacroix und Gisbert Eikmeier

Im Menschenbild der Postmoderne haben Autonomie und Selbsterkenntnis einen hohen Stellenwert: Der Einzelne soll individuell und frei sein, sich seinen Lebenssinn selbst schaffen, sich selbst steuern und mit Deutungsunsicherheiten produktiv umgehen. Dies spiegelt sich auch in den Forderungen von Aktivisten der Recoverybewegung wider: Trotz möglicherweise fortbestehender Beeinträchtigungen durch eine psychische Störung kann das Leben selbstbestimmt, sinnerfüllt und hoffnungsvoll sein und jeder Einzelne eine positive Identität und eine positive soziale Rolle haben. Wir stellten uns vor fast zehn Jahren die Frage, wie eine moderne sozialpsychiatrisch ausgerichtete Institution Psychiatrieerfahrene dabei effektiv unterstützen kann.

Empirische Untersuchungen zu dieser Frage lagen zum damaligen Zeitpunkt nicht vor, aber es gab ein neues Konzept: Experience-Involvement, kurz EX-IN. Seit 2005 wurde eine heute 300-stündige EX-IN-Ausbildung angeboten. Ziel der Ausbildung ist die Entwicklung eines gemeinsamen Verständnisses von Gesundheit und Krankheit und deren Bedeutung für den Genesungsprozess. Wir überlegten, Psychiatrieerfahrene, die sich durch eine EX-IN-Ausbildung mit ihrer eigenen seelischen Krise auseinandergesetzt haben, als Genesungsbegleiter einzustellen und in die Behandlungsteams zu integrieren. Wir hatten die Hoffnung, dass dadurch unsere Behandlungs- und Hilfeangebote passgenauer werden könnten und sich auch das therapeutische Milieu auf den Stationen verbessern würde. Zwischenzeitlich arbeiten acht Genesungsbegleiter mit einer wöchentlichen Arbeitszeit von dreißig Stunden an unserer Abteilung. Darüber hinaus stellten wir in 2014 drei ausgebildete Gesundheits- und Krankenpflegerinnen ein, die Experten durch Erfahrung sind.

1 Chinesische Lebensweisheit

Schon zu Beginn unseres Organisationsentwicklungsprozesses waren wir uns bewusst, dass es nicht ausreichen würde, nur Genesungsbegleiter einzustellen und im Übrigen so weiterzuarbeiten wie bisher. Deshalb haben wir trialogische Veranstaltungen geplant, die traditionellen Oberarztvisiten auf allen Stationen durch Behandlungskonferenzen ersetzt und allen Mitarbeitern die Teilnahme an Inhousefortbildungen zur Verbesserung der sozialpsychiatrischen Kompetenzen und der Interprofessionalität im Team ermöglicht.

Durch die Diskussion mit den bei uns beschäftigten Genesungsbegleitern gelangten wir zu der Überzeugung, dass die Förderung und Unterstützung bei der Übernahme der Verantwortung für das eigene Leben und damit auch für die eigene Genesung unabhängig von der aktuellen psychischen Stabilität und der derzeitigen Lebens- und Wohnsituation erfolgen kann. Genesungsbegleiter sollten daher nicht nur in Kliniken, sondern bei allen anderen Anbietern psychosozialer Hilfen arbeiten. Für die am Prinzip der Förderung von Selbstbestimmung und Selbstverantwortung ausgerichteten Assistenzleistungen im Rahmen der Leistungen zur sozialen Teilhabe sind sie besonders geeignet, wie wir anhand unserer mittlerweile sechsjährigen Erfahrungen im Folgenden darstellen werden.

Von der Theorie zur praktischen Umsetzung

Nachdem wir die Geschäftsführung von unserer Idee überzeugt hatten, haben wir die Mitarbeiter der Abteilung über unser Vorhaben informiert. Dabei galt es insbesondere deren Bedenken ernst zu nehmen. Von einem Teil der Kollegen wurde die Einstellung von Genesungsbegleitern als Chance für eine stärker personen- und ressourcenzentrierte Ausrichtung unserer Behandlung betrachtet. Viele befürchteten aber zusätzliche Belastungen nicht nur durch die Verantwortung für die Arbeit der Genesungsbegleiter, sondern auch durch die vermeintliche Verantwortung für deren psychische Gesundheit. Die Genesungsbegleiter wurden teilweise auch als privilegierte Konkurrenz bei der therapeutischen Arbeit betrachtet. Dies haben wir als Ausdruck der Sorge vor einer Veränderung in der traditionellen Rollenverteilung innerhalb der Institution interpretiert.

Berechtigt war sicherlich die Befürchtung, dass es – wenn auch nicht unmittelbar, so doch im weiteren Verlauf unserer Organisationsentwicklung – durch die Einstellung von »billigeren« Mitarbeitern zu Einsparungen im Bereich der anderen Berufsgruppen kommen könnte. Diese Themen dominierten auch immer wieder Teamsitzungen und Supervisionen. Wir haben uns deshalb letztendlich entschlossen, zwei Workshops für alle interessierten Mitarbeiter durchzuführen, in denen diese Sorgen angesprochen und diskutiert werden konnten. Dies geschah mit großer Offenheit und führte dazu, dass die ersten beiden zum 15.10.2010 eingestellten Genesungsbegleiter von den Stationsteams wohlwollend aufgenommen wurden.

Die Einstellungsgespräche für Genesungsbegleiter finden – wie im öffentlichen Dienst üblich – mit einem Betriebsratsmitglied, einem Mitarbeiter der Personalabteilung und dem Gleichstellungsbeauftragten statt. Um eine einladende Atmosphäre zu gewährleisten, war im Vorfeld gemeinsam mit Psychiatrieerfahrenen und in der Psychiatrie Beschäftigten ein Gesprächsleitfaden für diese Vorstellungsgespräche erarbeitet worden.

Damals wie heute werden Genesungsbegleiter für zwei Jahre befristet mit einer Wochenarbeitszeit von zwanzig Stunden und einer Vergütung nach Entgeltgruppe 1 im öffentlichen Dienst, Stufe 2 eingestellt. Nach zwei Jahren erhalten sie einen unbefristeten Arbeitsvertrag. Dann ist ein »Aufstocken« über die Agentur für Arbeit nicht mehr erforderlich.

In den ersten zwei Wochen ihrer Tätigkeit lernen die neu eingestellten Genesungsbegleiter durch einen schon länger an der Abteilung beschäftigten Genesungsbegleiter die Stationsmilieus, die Mitarbeiter und die stationsübergreifenden Angebote der Abteilung kennen. In der dritten und vierten Woche sollen sie Eindrücke und Stimmungen aufnehmen, dann in der fünften und sechsten Woche erste eigene Angebote für Patienten machen. Inzwischen haben wir insgesamt zehn Genesungsbegleiter eingestellt. Nur zwei fühlten sich in den letzten Jahren trotz dieser behutsamen Einarbeitung nicht ausreichend stabil für die Arbeit und haben diese nach sieben bzw. acht Wochen wieder beendet.

Ein Muss: das Jobcoaching für Genesungsbegleiter

Die Genesungsbegleiter arbeiten nach einem festen, ihren Bedürfnissen angepassten Dienstplan und ergänzen in erster Linie die Arbeit der Pflege. Sie unterstützen die Patienten sozial und emotional bei deren individueller Tagesstrukturierung, informieren bei sozialen Fragen und bei der Orientierung in den oft nur schwer durchschaubaren Strukturen der Klinik und des gemeindepsychiatrischen Hilfesystems. Ziel ist es, durch »Erfahrungswissen« der Selbsthilfe, Eigenverantwortung und Eigenständigkeit den Weg zu bahnen. Durch ihr Rollenmodell des gemeinsamen Tuns und oft einfach »nur« Dasein ermutigen sie und vermitteln Hoffnung.
Die Patienten erleben die Genesungsbegleiter wegen deren aus der Betroffenenperspektive rührenden Empathie und authentischen Berührbarkeit als verständnisvoll und bringen ihnen schnell Vertrauen entgegen. Dadurch werden sie immer wieder zu Vermittlern zwischen Patienten und Mitarbeitern der anderen Berufsgruppen. Ihr Verständnis der subjektiven Seite des Krankseins ist oft hilfreich, wenn das Verhalten einzelner Patienten dem Behandlungsteam als nicht einfühlsam und unberechenbar erscheint. In solchen Situationen entstehen schnell ein Gefühl der Unzulänglichkeit und der Wunsch, die Patienten zügig zu entlassen. Die Erklärungen der Genesungsbegleiter tragen dann oft dazu bei, die betroffenen Patienten wieder in die therapeutische Gemeinschaft zu integrieren. Sooft ihr individuelles Arbeitsfeld es ihnen ermöglicht, nehmen sie deshalb an Übergaben, Behandlungskonferenzen und Teamsupervisionen teil. Die Genesungsbegleiter selbst wollen aber keinesfalls als Besserwisser gelten, sie verstehen sich als »Anderswisser«.
Wie mit anderen Mitarbeitern finden auch mit den Genesungsbegleitern einmal jährlich Mitarbeiterentwicklungsgespräche statt. Die Inhalte werden dokumentiert, im Folgegespräch reflektiert und fortgeschrieben. Ein Fokus liegt dabei immer auch auf der Anpassung von Zielen, die sich im Arbeitsprozess verändert haben oder aus persönlichen Gründen nicht erreicht wurden. Zusätzlich können Krisengespräche vereinbart werden, wenn diese gewünscht oder erforderlich sind.
Es besteht die immanente Gefahr, dass sich die Genesungsbegleiter zu stark an die traditionellen Krankenhausstrukturen anpassen und sich in die Rollen anderer Berufsgruppen hineindrängen lassen oder versuchen,

diese zu übernehmen. Um dieser Gefahr zu entgehen, wurden sie von Anfang an engmaschig supervidiert. Einmal pro Woche treffen sich die Genesungsbegleiter zu einer verbindlichen, von der Pflegedienstleitung moderierten gemeinsamen Reflexion ihrer Arbeit. Dort können Themen aus dem Arbeitsalltag, neue Ideen für die milieutherapeutische Gestaltung der Stationen, aber auch persönliche Probleme im Umgang mit Kollegen oder Patienten thematisiert werden. Der Ansatz ist systemisch-lösungsorientiert.

Diese Supervision trägt auch zur Stärkung der Solidarität der Genesungsbegleiter untereinander als neuer Berufsgruppe bei. Während der ersten zwei Jahre haben sich die Genesungsbegleiter zusätzlich einmal wöchentlich getroffen, um ohne die Dienstvorgesetzte eine kollegiale Intervision durchzuführen. Diese Treffen finden jetzt nur noch in sehr unregelmäßigen Abständen statt, um ganz gezielt vorher festgelegte Themen zu diskutieren. An Stelle der kollegialen Intervision ist zunehmend die berufsgruppenübergreifende Supervision auf den Stationen getreten. Dies betrachten wir als Indiz dafür, dass die Genesungsbegleiter zu einem selbstbewussten Teil der Behandlungsteams geworden sind.

Probleme und Konflikte

Der Versuch, unser Behandlungs- und Hilfeangebot durch die Einbeziehung von Genesungsbegleitern in die Behandlungsteams stärker nach Recoverygrundsätzen auszurichten, verlief nicht geradlinig. Nach einer anfänglich fast euphorischen Begeisterung drohte der Prozess später wiederholt ins Stocken zu geraten. Es gab Phasen mit Stillstand und sogar der Gefahr von Rückschritten. Einige der langjährig in der Abteilung beschäftigten Fachpersonen standen den intendierten Veränderungen von Beginn an sehr kritisch, wenn auch nicht offen destruktiv gegenüber. Bei der Behandlungsplanung kam es immer wieder zu Kontroversen, ob dem vermeintlichen Patientenwohl oder dem Selbstbestimmungsrecht die Priorität eingeräumt werden müsse. Dadurch machte sich Resignation breit – nicht nur, aber auch bei den Genesungsbegleitern.

An diesen kritischen Stellen des Entwicklungsprozesses war es uns einerseits wichtig, die vorgetragenen Argumente ernst zu nehmen und zu diskutieren, andererseits versuchten wir auch, die durch den

Veränderungsprozess ausgelösten Emotionen wahrzunehmen und zu verstehen. Das Abschiednehmen von lieb gewonnenen Routinen und das sich Einlassen auf etwas Neues ist immer mit Emotionen verbunden, die ihren Ausdruck auch in einer Flut von vorgetragenen Bedenken finden können. Die dadurch entstehenden Blockaden lassen sich meistens nicht allein durch rationales Argumentieren lösen. Wichtig ist es, sich diesen Ängsten und Sorgen wie den eigenen Emotionen zu stellen und sie konstruktiv für den Veränderungsprozess zu nutzen.
Ein anderes immer wieder auftretendes Problem resultiert aus dem oft von außen schwer durchschaubaren Rollenset einer psychiatrischen Institution. Wie schnell es zu Intra- und Interrollenkonflikten kommen kann, wird an drei Beispielen deutlich:

BEISPIELE Auf einer unserer Stationen werden schwerpunktmäßig Patienten mit Abhängigkeitserkrankungen behandelt. Auf dieser Station arbeitet ein Genesungsbegleiter, der selbst eine schwere Suchterkrankung bewältigt hat und in einer Selbsthilfegruppe aktiv ist. Teil unserer qualifizierten Entgiftungsbehandlung ist eine dreimal wöchentlich stattfindende Motivationsgruppe, die von einem Psychologen oder einem Arzt geleitet wird. Gelegentlich hat der Genesungsbegleiter an dieser Gruppe teilgenommen. Zunächst von uns unbemerkt war er dann vom Stationsteam aufgefordert worden, diese Gruppe zu leiten, wenn der Fachkollege im Urlaub oder erkrankt war. Dies war mit dem Hinweis geschehen, er sei dazu am besten befähigt. Das Stationsteam wie der Genesungsbegleiter waren zunächst nicht davon zu überzeugen, dass dies zu Rollenkonflikten führt. Für die Leitung der verhaltenstherapeutisch ausgerichteten Gruppenarbeit war der Genesungsbegleiter weder ausgebildet noch eingestellt worden. Letztendlich führte erst die Ankündigung einer Dienstanweisung dazu, dass die Motivationsgruppe immer psychologisch oder ärztlich geleitet wird und der Genesungsbegleiter jetzt für Patienten mit einer Abhängigkeitsproblematik eine eigene Gruppe »Recovery und Sucht« anbietet, mit einem Schwerpunkt auf den persönlichen Lebenszielen der Teilnehmer. ×
Eine von einer Genesungsbegleiterin angebotene Recoverygruppe verfolgt das Ziel, dass die teilnehmenden Patienten sich auf ihre eigenen Stärken und Ressourcen konzentrieren und dadurch lernen, wieder an sich selbst zu glauben, optimistischer in die Zukunft zu blicken und auch kleine Schritte in Richtung Genesung positiv zu bewerten. Von

einer psychologischen Mitarbeiterin wurde der Wunsch geäußert, an dieser Gruppe teilzunehmen, um später Inhalte daraus in ihr eigenes Gruppenangebot zu integrieren. Das hat zu erheblichem Unmut bei den Genesungsbegleitern geführt, da ihr durch die eigene psychische Krise erworbenes Erfahrungswissen etwas qualitativ anderes sei als die während eines Studiums und einer späteren Weiterbildung erworbenen therapeutischen Kenntnisse und Fertigkeiten. ×

Eine der bei uns beschäftigten Genesungsbegleiterinnen hatte während ihrer eigenen psychischen Krise erfahren, dass Zuwendung, Nähe und freundschaftliche Kontakte für den Genesungsprozess wichtig sind. In der Interaktion mit einzelnen Patienten gelang es ihr aber wiederholt nicht, diese »professionelle Nähe« zu kontrollieren. Sie verstrickte sich in Spaltungstendenzen und Bagatellisierungsversuche einzelner Patienten. Es gelang ihr nicht, diese Probleme im Team anzusprechen. Vielmehr stellte sie die eigene Verstrickung gegenüber den anderen Teammitgliedern als das Thema eines Dritten dar, suchte so offenbar um Rat und Hilfe nach. Als ihr die Problematik zu entgleiten drohte, versuchte sie die Situation durch unangemessenes Verhalten zu retten, was wiederum im Team zu einem nicht mehr aufzulösenden Misstrauen ihr gegenüber führte. Nachdem wir versucht hatten, ihr Verhalten gemeinsam mit ihr in Mitarbeiterentwicklungs- und Krisengesprächen zu reflektieren, bat sie nach vierjähriger Tätigkeit als Genesungsbegleiterin an unserer Abteilung um eine Auflösung ihres Arbeitsvertrages. ×

Diese Fallvignetten zeigen, wie rasch Rollengrenzen verschwimmen können und wie schnell es zu widersprüchlichen Verhaltenserwartungen kommen kann – trotz der EX-IN-Ausbildung, die Psychiatrieerfahrenen unter anderem mehr Sicherheit im Umgang mit Nähe und Distanz gibt. Auch um solche Rollenkonflikte rechtzeitig zu erkennen, ist wohl ein Jobcoaching der Genesungsbegleiter sinnvoll und erforderlich.

Auch bei den drei Mitarbeiterinnen mit einer Krankenpflegeausbildung, die selbst schwere psychische Krisen bewältigt hatten, und die wir deshalb bewusst als Gesundheits- und Krankenpflegerinnen eingestellt haben, entwickelten sich Rollenkonflikte, mit denen wir in diesem Ausmaß nicht gerechnet hatten. Gehofft hatten wir, dass diese Mitarbeiterinnen ihr in der eigenen Krise erworbenes Erfahrungswissen auch in die Behandlung der Patienten einbringen könnten. Allen Mitarbeitern der Abteilung war bekannt, dass diese drei Kolleginnen auch Betroffene durch Erfahrung sind. Völlig unterschätzt hatten wir aber die Schwierigkeiten dieser Mitarbeiterinnen, sich gegenüber den Patienten als Psychiatrieerfahrene zu offenbaren. Die eigene Rollenzuschreibung wie die Rollenzuschreibung im Team und durch die Patienten blieb die einer ausgebildeten Pflegekraft.

Institutionen verändern sich

Die Einbindung der Genesungsbegleiter in unsere Behandlungsteams hat dazu geführt, dass die Mitarbeiter der anderen Berufsgruppen sich häufiger selbstkritisch hinterfragen müssen, ob und wie ihr Handeln sich auf die Selbstbestimmung und das Selbstwertgefühl der Patienten auswirkt. Wir haben den Eindruck, dass die Wünsche und Bedürfnisse unserer Patienten einen höheren Stellenwert bekommen haben und sie mehr Gelegenheit bekommen, ihre Behandlungsmöglichkeiten auszuhandeln. Unser Ziel ist es, den Patienten mehr Eigenverantwortung im Umgang mit Gesundheit und Krankheit zu ermöglichen, dadurch ihr Empowerment zu fördern und sie auf ihrem persönlichen Recoveryweg zu unterstützen. Gegenüber zu starker Fremdbestimmung und vor allem gegenüber Zwangsmaßnahmen sind wir sehr viel sensibler geworden. Unser Kommunikationsstil ist auch in Abwesenheit der Patienten wertschätzender geworden. Zu dieser Entwicklung haben die Genesungsbegleiter viel beigetragen. Allerdings legen wir in allen Berufsgruppen bei der Auswahl von neuen Mitarbeitern neben der Qualifikation durch die Ausbildung auch großen Wert darauf, dass diese Kollegen sich mit unseren Entwicklungszielen identifizieren und bereit sind, sich an deren Umsetzung aktiv zu beteiligen.

Voraussetzung für die Veränderung der Werte einer psychiatrischen Institution in Richtung einer stärkeren Recoveryorientierung ist die Tatsache, dass die Genesungsbegleiter einen normalen Arbeitnehmerstatus haben, tariflich entlohnt und in die Behandlungsteams integriert werden. Zweifel haben wir, dass institutionelle Veränderungen auch eintreten, wenn Genesungsbegleiter auf der Basis eines 450-Euro-Jobs eingestellt werden oder als Ehrenamtliche nur eine Aufwandsentschädigung bekommen.

Unsere Erfahrung ist, dass die Arbeit von Genesungsbegleitern umso effektiver ist, je intensiver sie ihre durch die aktive Auseinandersetzung mit der eigenen Vulnerabilität erworbene, ganz spezifische Qualifikation in die Hilfeangebote für andere Betroffene einbringen können. Dabei sollte die Grundhaltung aller in der Einrichtung tätigen Mitarbeiterinnen und Mitarbeiter geprägt sein durch die uneingeschränkte und vorbehaltlose Förderung und Unterstützung von Selbstbestimmung der Patienten. Diese beruht nicht zuletzt auf der Überzeugung, dass seelische Erschütterungen einen Sinn haben.

Angelika Lacroix, *Jahrgang 1955, ist Pflegedienstleiterin der Klinik für Psychiatrie, Psychotherapie und Psychosomatik am Klinikum Bremerhaven Reinkenheide gGmbH.*

Gisbert Eikmeier, *Dr. med., Jahrgang 1953, ist Chefarzt der Klinik für Psychiatrie, Psychotherapie und Psychosomatik am Klinikum Bremerhaven Reinkenheide gGmbH.*

Literatur

Jahnke, B. (2014): EX-IN-Kulturlandschaften. Zwölf Gespräche zur Frage: Wie gelingt Inklusion? Neumünster: Paranus.

Bock, T.; Krämer, U. M. (Hg.) (2015): Auf Augenhöhe: Peer-Begleitung – eine Chance. Nervenheilkunde 34 (4). Themenheft.

Utschakowski, J. (2015): Mit Peers arbeiten. Psychosoziale Arbeitshilfen 32. Köln: Psychiatrie Verlag.

Kultureller Wandel durch den Einsatz von Genesungsbegleitern im Betreuten Wohnen

Anna Aly und Thomas Gervink

Betreutes Wohnen hat die Aufgabe, die gesellschaftliche Teilhabe und soziale Inklusion seiner Klienten zu fördern. Es gilt, Menschen mit einer psychischen Beeinträchtigung so zu unterstützen, dass diese ihre persönlichen Interessen und Fähigkeiten bestmöglich ausbauen, entfalten und wiederentdecken können. Dies bezieht sich auf die vermeintlich starken Klienten ebenso wie auf die vermeintlich schwachen. Gerade weil unsere Klienten sehr unterschiedlich sind, benötigen wir individuell mit dem jeweiligen Klienten erarbeitete, bedürfnisorientierte Herangehensweisen in deren jeweiligem Lebenskontext (vgl. Rosemann 2015).

Betroffene fordern zunehmend, dass der Umgang mit ihnen nicht überwiegend an Diagnosen und vermeintlich objektiven Erkenntnissen ausgerichtet werden sollte, sondern in erster Linie auf Empathie, gegenseitigem Verständnis und der Herstellung von persönlichen und biografischen Zusammenhängen beruhen sollte (Nuissl 2016; Schulz 2016). Sie wünschen sich eine Anerkennung als Experten ihrer selbst und eine Zusammenarbeit auf gleicher Augenhöhe. Dieser Forderung möchte VIA Perspektiven durch eine entsprechende Haltung und Arbeitsweise ihrer Mitarbeiter angemessen begegnen.

Die praktische Umsetzung dieses Anspruchs ist unter den gegebenen Rahmenbedingungen – einer Institution mit vielen unterschiedlichen Arbeitsbereichen – nicht immer einfach. Zaumseil (1997, 197 f.) schreibt: »Was fehlt, sind Zonen oder Lebensräume, in denen man sich als aktiv gestaltendes Subjekt auch unter den Bedingungen eingeschränkter Möglichkeiten erfahren kann. Die professionell veranstalteten und dominierten Arrangements zum Therapieren, Wohnen, Arbeiten und zur Freizeitgestaltung werden oft als künstlich erlebt und gehen offenbar an dem vorbei, was Subjektkonstitution im spätmodernen Sinne ausmacht.« Um dieser Gefahr, an den eigentlichen Bedürfnissen der Klienten vorbeizuarbeiten, entgegenzuwirken, haben wir in den letzten Jahren den Einsatz von Genesungsbegleitern in unseren Betreuungsteams kontinuierlich ausgeweitet. Zu ihrem Aufgabenspektrum gehört die Betreuungsarbeit in therapeutischen Wohngemeinschaften und im Betreuten Einzelwohnen. Das umfasst Tätigkeiten in vier Bereichen:

- Selbstversorgung und Wohnen;
- Tages-, Freizeit- und Kontaktgestaltung;
- Beschäftigung, Arbeit und Ausbildung sowie
- andere Ziele im Zusammenhang mit den Beeinträchtigungen aufgrund der psychischen Erkrankung.

Im Alltag übernehmen die Genesungsbegleiter somit wie alle übrigen Kollegen Bezugsbetreuungen in Zweier- oder Dreierteams. Darüber hinaus haben wir in den letzten Jahren für die Genesungsbegleiter weitere, spezifische Aufgabenfelder erschlossen, auf die wir im Folgenden noch zurückkommen werden.

Das VIA-Konzept zur Implementierung von Genesungsbegleitern

Nach Davidson und Kollegen (2006, 443) ist der Einsatz von Genesungsbegleitern sinnvoll, weil Menschen, die Schwierigkeiten ausgehalten und überwunden haben, für andere Menschen in ähnlichen Situation nützliche Unterstützung, Ermutigung und Hoffnung bieten können. Darüber hinaus können diese Erfahrungen wichtige Impulse für die praktische Arbeit liefern.

Im Rahmen einer Masterarbeit haben wir darauf aufbauend ein Konzept zur Implementierung von Genesungsbegleitern erarbeitet (Aly 2015), welches Erkenntnisse der aktuellen Forschung, einen praktisch ausgerichteten Leitfaden (Utschakowski 2015) und Ergebnisse eigener qualitativer Befragungen unserer Genesungsbegleiter und Führungskräfte gleichermaßen berücksichtigt.

Alle bei uns tätigen Genesungsbegleiter können eine EX-IN-Ausbildung und Praktikumserfahrung vorweisen. Damit wird sichergestellt, dass sie die eigene seelische Erschütterung bereits umfassend reflektiert und mit den Erzählungen anderer Betroffener abgeglichen haben. Auch mit der speziellen Rolle des Genesungsbegleiters und mit der Frage nach einer hilfreichen Haltung sowie mit den theoretischen Konzepten von Salutogenese (Antonovsky 1979), Empowerment (Knuf 2016) und Recovery (Amering, Schmolke 2012) haben sich die Genesungsbegleiter bereits vor Aufnahme ihrer Tätigkeit ausführlich beschäftigt. Dies ist für uns ein zentrales Merkmal der Qualitätssicherung.

Angemessene Vergütung von Genesungsbegleitern stellt aus unserer Sicht sowohl eine Selbstverständlichkeit als auch eine zwingende Notwendigkeit dar. Allerdings werden Genesungsbegleiter aufgrund der bisher fehlenden Anerkennung des Berufsbildes nicht zu den Fachkräften nach den Anforderungen des Berliner Senats gezählt. Wir haben Genesungsbegleiter deshalb gehaltsmäßig in der Gruppe anderer Berufsgruppen ohne Fachausbildung angesiedelt. Wenn ein Mitarbeiter sowohl eine fachliche Qualifikation als auch die EX-IN-Qualifikation vorweisen kann, so wird selbstverständlich nach der im monetären Sinne höherwertigen Qualifikation vergütet. Um weitere gut ausgebildete Genesungsbegleiter finden zu können, wurde zwei interessierten Mitarbeitern die EX-IN-Trainerausbildung finanziert. Diese sind als Dozenten in den Berliner EX-IN-Kursen tätig.

Zur Begleitung und Weiterentwicklung unserer Angebote zusammen mit den neu eingestellten Genesungsbegleitern haben wir im Unternehmen einen EX-IN-Qualitätszirkel gegründet. Die EX-IN-Trainer und alle aktuell bei uns tätigen Genesungsbegleiter kommen in diesem regelmäßig zusammen und befassen sich mit vielfältigen, selbst gewählten Aufgaben wie etwa der Erstellung einer Stellenbeschreibung für Genesungsbegleiter, der Planung einer Recoverygruppe oder auch der Entwicklung von Flyern und Kooperationen. Auch das Angebot der bereits bestehenden Peerberatung wurde durch den EX-IN-Qualitätszirkel konzeptionell überarbeitet und im Anschluss durch die Genesungsbegleiter erneut aufgenommen. Die wichtigste Neuerung ist, dass die Peerberatung nun in erster Linie aufsuchend stattfindet. Die Genesungsbegleiter besuchen nach Bedarf und auf Anfrage die verschiedenen Standorte der Organisation, sodass sämtliche Klienten und Mitarbeiter niedrigschwellig von der Peerberatung profitieren können. Die Genesungsbegleiter informieren vor Ort umfassend über ihre Tätigkeit und bieten für interessierte Klienten Einzelberatungen an. Zugangsbarrieren wurden dadurch abgebaut. Und die Genesungsbegleiter üben neben der teameigenen Betreuungsarbeit durch die Peerberatung auch eine unternehmensweite, teamunabhängige Funktion aus.

Parallel zum EX-IN-Qualitätszirkel beschäftigt sich die Leitungsebene damit, wie die Implementierung von Genesungsbegleitern gefördert und bei der weiteren Planung berücksichtigt werden kann. Die Genesungsbegleiter nehmen an der für alle Mitarbeiter verpflichtenden, regelmäßigen Teamsupervision teil sowie wahlweise an einer von uns angestoßenen unternehmensübergreifenden Supervision speziell für Genesungsbegleiter, die von dem betroffenenkontrollierten Verein »expeerienced – erfahren mit seelischen Krisen e. V.« angeboten wird. Unser Träger stellt sowohl hierfür als auch für ebenfalls von »expeerienced« koordinierte unternehmensübergreifende EX-IN-Netzwerktreffen Räumlichkeiten zur Verfügung. In diesen finden sich angestellte Genesungsbegleiter und interessierte Kollegen aus ganz Berlin zusammen. Es wird die Möglichkeit geboten, gemeinsam neue Perspektiven zu entwickeln und sich über die Konzepte und Arbeitsbedingungen der jeweils anderen Teilnehmer auszutauschen. Ziel ist eine Verstetigung und Weiterentwicklung des EX-IN-Gedankens und die Schaffung von Synergieeffekten durch die damit einhergehende Vernetzung.

Effekte und Ziele des Konzepts Genesungsbegleitung

Zur Unterstützung von Empowerment und Recovery der Klienten im Betreuten Wohnen ist nach unseren bisherigen Erfahrungen der Einsatz von Genesungsbegleitern ein überaus wirkungsvolles Instrument. Genesungsbegleiter haben selbst in ihrem Leben sowohl schwache als auch starke Phasen durchlebt und können deshalb leichter Potenziale von Klienten erkennen. Zusätzlich stellen sie ein kraftvolles Signal dar. Nicht trotz, sondern wegen der Erfahrungen, die sie mit eigener seelischer Erschütterung und mit der damit einhergehenden Angst gemacht haben, sind sie wertvolle Teammitglieder. Durch ihre Anwesenheit stehen sie symbolisch für die Möglichkeit, die Rolle des Betreuten eines Tages zu verlassen, zu genesen und gesellschaftliche und berufliche Teilhabe in vollem Umfang wiederzuerlangen.
Genesungsbegleiter haben Zeiten von Erschütterung, Orientierungslosigkeit und Verlust erfahren und dennoch für sich neue, sinnstiftende Lebensperspektiven erschließen können. Immer wieder erinnern

Genesungsbegleiter ihre Klienten, ihre Kollegen und ihr gesamtes Arbeitsumfeld daran, dass psychische Beeinträchtigung kein statischer, sondern ein dynamischer und auch ein veränderbarer Zustand ist. Sie fordern uns heraus zu mehr Mut und Kreativität. Sie führen zu mehr Offenheit für ungewöhnliche Lösungen und zu mehr Toleranz von Eigensinn.
Der Einsatz von Genesungsbegleitern geht einher mit einem generellen Paradigmenwechsel in der Behandlung psychisch schwer kranker Menschen, insbesondere auch von Menschen mit Psychoseerfahrung (Bock, Heinz 2016; Lempa u. a. 2016). So machen Mahlke und Kollegen (2015) Hoffnung, dass durch den Einsatz von Genesungsbegleitern in der psychiatrischen Versorgung die Stigmatisierung psychisch Kranker abnehmen und auch Zwangsmaßnahmen seltener zum Einsatz kommen.
Eine gelungene Implementierung von Genesungsbegleitern in bereits bestehende Betreuungsteams erfordert eine große Offenheit vonseiten der Mitarbeiter, bedarf einer guten Vorbereitung auf institutioneller Ebene und wird bei erfolgreicher Umsetzung zu einem umfassenden unternehmerischen Perspektivwandel führen (Heumann u. a. 2015). Hierbei ist klar, dass die ersten Genesungsbegleiter in besonderem Maße Pionierarbeit leisten, die sorgfältig begleitet werden sollte. Unser Ziel ist es, in unserem gesamten Unternehmen eine Kultur zu schaffen, in welcher die Berücksichtigung der Sichtweisen aller Akteure gewährleistet ist. Maßgeblich für unser Handeln soll jedoch in erster Linie die Sichtweise der Klienten sein.

Anna Aly, *Diplom-Kauffrau, Bachelor of Science in Psychologie, Master of Arts in Integrierte Versorgung psychotisch erkrankter Menschen (Psychosentherapie), Fachberaterin für Opferhilfe, EX-IN-Trainerin. Projektleitung im Betreuten Wohnen bei VIA Perspektiven gGmbH.*

Thomas Gervink, *Magister in Psychologie, Diplom-Pädagoge, Qualitätsmanager, Geschäftsführer der VIA Perspektiven gGmbH und der VIA Verbund gGmbH.*

Literatur

Amering, M.; Schmolke, M. (2012): Recovery. Das Ende der Unheilbarkeit. 5., überarbeitete Auflage. Köln: Psychiatrie Verlag.

ANTONOVSKY, A. (1979): Health, Stress and Coping. San Francisco: Jossey-Bass.

ALY, A. (2015): Erarbeitung von Empfehlungen zur weiteren Implementierung von Genesungsbegleitern für die VIA Sozialpsychiatrie gGmbH. Unveröffentlichte Masterarbeit.

BOCK, T.; HEINZ, A. (2016): Psychosen: Ringen um Selbstverständlichkeit. Köln: Psychiatrie Verlag.

DAVIDSON, L.; CHINMAN, M.; SELLS, D.; ROWE, M. (2006): Peer Support among adults with serious mental illness: A report from the field. In: Schizophrenia Bulletin 32 (3), 443–450.

HEUMANN, K.; UTSCHAKOWSKI, J.; MAHLKE, C.; BOCK, T. (2015): Implementierung von Peer-Arbeit. In: Nervenheilkunde, 34 (4), 275–278

KNUF, A. (2016): Recovery und Empowerment in der psychiatrischen Arbeit. 5., erweiterte Auflage. Köln: Psychiatrie Verlag.

LEMPA, G.; HAEBLER, V. D.; MONTAG, C. (2016): Psychodynamische Psychotherapie der Schizophrenien. Ein Manual. Gießen: Psychosozial Verlag.

MAHLKE, C.; KRÄMER, U.; KILIAN, R.; BECKER, T. (2015): Bedeutung und Wirksamkeit von Peer-Arbeit in der psychiatrischen Versorgung. Übersicht des internationalen Forschungsstands. In: Nervenheilkunde, 34 (4), 235–239.

NUISSL, K. (2016): Nutzen und Risiko von Diagnosen in der Psychiatrie. In: Sozialpsychiatrische Informationen, 46 (4), 29–32.

ROSEMANN, M. (2015): Wohnen – von Orten zum Leben zum Leben am Ort: Wege der Enthospitalisierung. In: AMBRUSTER, J.; DIETRICH, A.; HAHN, D.; RATZKE, K. (Hg.): 40 Jahre Psychiatrie-Enquete: Blick zurück nach vorn. Köln: Psychiatrie Verlag, 215–224.

SCHULZ, G. (2016). Besondere Chancen der Peerarbeit. In: BOCK, T.; HEINZ, A. (2016): Psychosen: Ringen um Selbstverständlichkeit. Köln: Psychiatrie Verlag.

UTSCHAKOWSKI, J. (2015): Mit Peers arbeiten. Leitfaden für die Beschäftigung von Experten aus Erfahrung. Köln: Psychiatrie Verlag.

ZAUMSEIL, M. (1997): Modernisierung der Identität von psychisch Kranken. In: ZAUMSEIL, M.; LEFERINK, K. (Hg.): Schizophrenie in der Moderne, Modernisierung der Schizophrenie. Bonn: Psychiatrie Verlag, 145–200.

PRAKTISCHES UND ALLTÄGLICHES

»Und es hat ne Weile gedauert, bis ich diese Hilfesuche dann auch wirklich als Stärke empfinden konnte. Weil ich hab immer gedacht, wenn ich es alleine nicht schaffe dann. (Pause) Ich tick nicht ganz richtig oder bin nicht stark genug, das alleine zu schaffen und es hat ne ganze Weile gedauert bis es wirklich geklickt hat, wo ich gedacht hab, ok Schwäche zeigen oder Schwäche zugeben, zeigt auch von Stärke. (...) Und dann konnte ich mich auch darauf einlassen.«

»Ich weiß nicht, der Träger betreut ja bis zum Lebensende. Ich hoffe dass ich es nicht so lange brauche, aber ich hoffe dass ich noch lange betreut werde.«

»Weil ich unentschlossen werde, also weil das Problem bei mir ist, dass ich nicht selber losgehe und also merke, wenn es mir schlecht geht, aber ich nicht irgendwo hin zu einem Arzt und sage, hör mal zu, mir geht's grad schlecht, ich brauche jetzt jemanden. Und deswegen ist es ganz gut für mich wenn ich irgendjemand treffe, der in meine Problematik eingeweiht ist. (...) Und weiß, da kommt einmal die Woche jemand und guckt einfach wie es mir geht. (...) Ich würde jetzt auch niemals Frau O. anrufen und sagen, mir geht's schlecht, kommen Sie vorbei.«

»... wenn es mir schlecht geht, dann melde ich mich gar nicht.«

»Im Wohnheim war eine Gemeinschaft, wir haben zusammen mit 4, 7 bis 8 Leuten abends am Abendbrottisch gesessen, haben Abendbrot gegessen, die Zusammenarbeit, Abendbrot vorbereiten mit allen drum und dran und sauber machen, Küche sauber machen, bis alles wieder sauber, äh, in Ordnung war, dann war Ruhe. Und ja, mir fehlt eben hier jetzt hier, in (neuer Wohnort) die Gemeinschaft.«

Vor- und Nachteile unterschiedlicher Wohnformen

Rüdiger Klein

Wohnen Sie doch wie Sie wollen! – Oder können Sie nicht?
Wir leben heute in einem Spannungsfeld: Auf der einen Seite stärken die Segnungen der UN-Behindertenrechtskonvention und des Bundesteilhabegesetzes langsam, aber sicher die Rechte von Menschen mit Behinderungen bei der Wahl der eigenen Wohnform. Auf der anderen Seite zeigen uns die Bilder von Millionen Flüchtlingen, wie wenig selbstverständlich es sein kann, überhaupt ein Dach über dem Kopf zu haben. Ist es da ein Luxusproblem, sich Gedanken über die Vor- und Nachteile unterschiedlicher Wohnformen zu machen? Nein, es ist und bleibt ein Auftrag für die Soziale Arbeit.

Wohnen im Heim als Leitmodell

Die Lebens- und Wohnformen der Menschen in Deutschland sind heute sehr vielfältig. Warum sollte das bei psychisch kranken Menschen anders sein? Die Praxis der Unterstützung behinderter Menschen hat allerdings jahrzehntelang eine bestimmte Sonderform des Wohnens zum Leitmodell erhoben: Das Wohnen im Heim.
Wer nicht bereit war, aus seiner gewohnten Umgebung auszuziehen, bekam jahrzehntelang praktisch keine Eingliederungshilfe in der Bundesrepublik Deutschland. Daran hatte auch die Festschreibung des Vorranges der ambulanten vor der stationären Hilfe im Bundessozialhilfegesetz im Jahr 1968 zunächst kaum etwas geändert. Mit dem Bundesmodellprogramm Psychiatrie wurden im Westteil der alten Bundesrepublik von 1980 bis 1985 erstmals ambulant betreute Wohnformen gezielt erprobt. Aber erst seit Mitte der 1990er-Jahre wird im vereinten Deutschland ernsthaft und flächendeckend der Ausbau des ambulant Betreuten Wohnens vorangebracht. Mittlerweile erhalten zwar gemäß den Zahlen der Bundesarbeitsgemeinschaft der überörtlichen Träger der Sozialhilfe

(BAGüS) nur noch ca. 57.000 Menschen mit seelischer Behinderung Hilfen in Heimen und ca. 120.000 Menschen im ambulant Betreuten Wohnen, dennoch wurde 2014 in Deutschland immer noch das Doppelte (ca. 2,4 Mrd.) für Hilfen in Einrichtungen ausgegeben als außerhalb von Einrichtungen (ca. 1,2 Mrd.).
Diese jahrzehntelange Praxis hat die Wirklichkeit geprägt und bestimmt auch heute noch das professionelle Denken und Handeln. Noch immer wird teilweise in therapeutischen Ketten gedacht und bei der Auflösung von Heimen nach wohngemeinschaftsfähigen Bewohnern gesucht, um deren Enthospitalisierung voranzubringen. Dieses häufig klinisch geprägte Denken sieht in der Wohnform eher ein mehr oder weniger passendes therapeutisches Setting als eine Form der individuellen Lebensgestaltung.
Eingliederungshilfe hat immer zum Ziel, die Eigenständigkeit des Menschen zu stärken und ihn weitgehend unabhängig von fremder Hilfe zu machen. Deshalb sind künstliche Wohnformen, die an eine bestimmte Art der Hilfebedürftigkeit geknüpft sind, zu vermeiden. Erst recht sollte ein Mensch nicht umziehen müssen, damit er die für ihn notwendige Hilfe bekommt. Die Hilfe soll an der Person ausgerichtet werden und nicht die Person an der Hilfe. Dabei ist das Wunsch- und Wahlrecht eines Menschen bei der Gestaltung seiner Wohn- und Lebensform ein hohes Rechtsgut. Sie hat bei der Suche nach einer geeigneten Wohnform auf der einen und nach einer geeigneten Art der Hilfeleistung auf der anderen Seite als Leitlinie zu dienen.

Vielfalt der Wohn- und Lebensformen

Die Vielfalt der Wohn- und Lebensformen kennt keine Grenzen. In ihr drücken sich Persönlichkeit, Individualität und Lebenslust eines Menschen aus – manchmal auch sein Scheitern. Den Unterschied zu erkennen ist nicht immer ganz einfach und nicht selten auch ein schmerzhafter Prozess. Ihn zu begleiten ist häufig die Aufgabe professioneller Begleitung in der Psychiatrie.
Beispiele unterschiedlicher Wohn- und Lebensformen sind:

- Wohnen zur Miete oder im Eigentum
- Wohnen im Appartement oder Wohnblock

- Wohnen im Penthouse oder Souterrain
- Wohnen auf dem Lande oder in der Stadt
- Wohnen auf dem Bauernhof oder in einer Kate
- Wohnen bei den Eltern, mit den Kindern, mit dem Partner
- Wohnen in einer Wohn- oder Hausgemeinschaft
- Wohnen in einem Single-Haushalt mit oder ohne Wochenendbesuch
- Wohnen als verlängerter Wochenendbesuch auf Klappbett oder Koffermatratze
- Wohnen mit Hund oder Katze, Fisch oder Vogel
- Wohnen zur Untermiete oder unter einer Brücke
- Wohnen im Hotel oder in einer Pension
- Wohnen im Zelt oder Wohnmobil oder in der Gartenlaube
- Wohnen im Asylantenheim oder im Wohncontainer
- Wohnen aus dem Koffer
- Platte machen

Die Liste erhebt keinen Anspruch auf Vollständigkeit, weitere Beispiele sind denkbar. Wahrscheinlich wecken die verschiedenen Wohnformen in jedem Menschen unterschiedliche Erinnerungen und Gefühle. Einige Wohnformen halten sie für erstrebenswerter als andere, einige haben sie ausprobiert und verworfen, manche Wohnform finden sie romantisch, aber unpraktisch, andere würden sie ihrem ärgsten Feind nicht wünschen.

Profis finden einige der genannten Wohnformen vielleicht aus pädagogischen, psychologischen oder anderen gut gemeinten Gründen unpassend für bestimmte Klientinnen und Klienten. Doch Vorsicht ist geboten: Die Geschmäcker sind verschieden und die Menschen hängen aus den verschiedensten Gründen auch an scheinbar ungesunden Wohn- und Lebensformen. Wer jemals beharrlich, aber erfolglos versucht hat, einen anderen aus einer vermeintlich prekaren Lebenssituation zu befreien, weiß, wovon die Rede ist.

Wer als Anbieter betreuter Wohnmöglichkeiten – genauer gesagt: als Anbieter von Unterstützung für Menschen in unterschiedlichen Wohnformen – dem Bedarf der Klientinnen und Klienten gerecht werden will, muss von deren aktueller Wohnsituation ausgehen und sie verstehen lernen.

Gemeinsam mit ihnen ist zu prüfen, ob die aktuelle Wohnsituation erhalten und gestützt oder verändert werden soll. Bei Veränderungswünschen

ergeben sich aus dem Verständnis der aktuellen Wohnsituation in der Regel wichtige Hinweise für das, was auch künftig notwendig sein wird. Und das Hilfeangebot hat diesem Bedarf zu folgen.
Dabei sind von der Ausgangssituation her (mindestens) drei Gruppen zu unterscheiden:

- Menschen mit festem Wohnsitz in einem Heim,
- Menschen mit festem Wohnsitz in einer privaten Wohnung,
- Menschen ohne festen Wohnsitz.

Zu diesen drei Ausgangssituationen werde ich im Folgenden einige typische Erfahrungen, Problemlagen und Lösungswege aus der Praxis darstellen.

Menschen mit festem Wohnsitz in einem Heim

Hier setzen pädagogische und therapeutische Bemühungen an, die gemeinhin als Enthospitalisierung bezeichnet werden. Ziel ist es, die künstliche Wohnsituation zu überwinden. Wohnen im Heim – früher oft als lebenslange Unterbringung vorgesehen – soll heute nur noch eine Lösung auf Zeit oder keine mehr sein.
Erste Bemühungen, die künstlichen Wohn- und Betreuungsform der psychiatrischen Langzeitbereiche zu überwinden, bestanden allerdings im Paradigma der therapeutischen Kette: Menschen, die in großen Bettensälen lebten, sollten in kleinen Wohngemeinschaften das gemeinschaftliche Zusammenleben, Selbstversorgung, Hygiene und andere wichtige Dinge lernen, um dann gegebenenfalls in einer dem Heim angegliederten Einzelwohnung mit Betreuung auf das eigenständige Wohnen in der Gemeinde vorbereitet zu werden. Die Idee der therapeutischen Kette bringt dabei vor allem ein Problem mit sich: Sie verkettet bestimmte Wohnformen mit bestimmten Hilfeangeboten. Für einen Klienten, der die therapeutische Kette durchlaufen soll, schafft sie jedoch beim Übergang von einem Schritt zum anderen mehr Schnittstellen als Verbindungen.
Viel nützlicher ist das Modell der Bereitstellung vielfältiger Wohnsituationen, in denen vielfältige, passgenaue Hilfen angeboten werden. Kernbegriffe sind Durchlässigkeit, Flexibilität und Kontinuität im Wandel.

Es werden nicht Konzepte gemacht, für die dann – womöglich überregional – die passenden Menschen ausgesucht werden, sondern für jeden Menschen wird ein passendes Konzept gesucht.
Im Idealfall ist das Hilfesystem so aufgestellt, dass Wohnform und Intensität der Hilfe unabhängig voneinander variiert werden können und dass bei einem Umzug von einer Wohnform in die andere wichtige Bezugspersonen beibehalten werden können. Sprich: Wenn ein Mensch mehr Hilfe braucht, so muss er deswegen nicht zwangsläufig die Wohnform wechseln und wenn er umziehen will, kann er das auch, wenn die Intensität der Hilfe sich nicht ändert. Die Lage von Menschen mit festem Wohnsitz in einem Heim ist z. B. durch die Anwendung des oben genannten Prinzips heute sehr viel bunter und vielfältiger geworden: Es gibt Heime unterschiedlicher Größe mit stationär betreuten Wohngemeinschaften oder Einzelwohnungen mit unterschiedlichen Wohnmilieus auf dem traditionellen Anstaltsgelände oder in der Stadt. So können Menschen mit unterschiedlichem Hilfebedarf und unterschiedlichen Wünschen ganz unterschiedliche Wohnformen nutzen.
In diesem differenzierten Angebot haben Heimbewohner eine ganz unterschiedliche Geschichte und bewerten ihre Wohnsituation dementsprechend unterschiedlich: Einige kennen noch das Wohnen im Bettensaal alter Prägung, wohnen jetzt im Einzelzimmer im Vorderhaus und sind mit ihrem sozialen Aufstieg im Heim rundum zufrieden. Sie kennen Umzüge mehr als passives Verlegtwerden denn als aktiv geplanten, von ihrem Willen geprägten Schritt. Warum sollten sie sich verändern wollen? Sie wären vielleicht einverstanden, wenn sie dort, wo sie wohnen, weniger Hilfe erhalten (sprich: in Ruhe gelassen) würden. Aber deswegen gleich umziehen?
Andere haben ihre Einweisung in das Heim vor Jahren als Schmach erlebt und wünschen sich ängstlich eine eigene Wohnung in der Stadt, obwohl das selbstständige Wohnen bisher nicht geklappt hat – jedenfalls nicht ohne Unterstützung. Andere nennen ihr Ziel kurz und knapp: ein Haus, eine Frau, ein Auto und einen Führerschein – und sie sind von der Verwirklichung meilenweit entfernt. Wieder andere sind vor vielen Jahren aus einer entfernten Region, in der es keine geeignete Hilfe gab, in ein Heim verlegt worden und sind dort nie richtig heimisch geworden.
Aus all diesen Ausgangslagen lassen sich mit den Klientinnen und Klienten persönliche Motive erarbeiten, die für eine Veränderung – falls gewünscht – nutzbar gemacht werden können (⇨ Sabine Eickermann:

Personenzentrierte Hilfeplanung – ehrgeizige Theorie, schwierige Praxis). Im Zuge der weiteren persönlichen Begleitung können sich hier bei entsprechendem Angebot die unterschiedlichsten individuellen Wege und Wohnformen ergeben.

So kann einer Heimbewohnerin, die seit Jahren auf dem ehemaligen Anstaltsgelände lebt (heute die Ortschaft Bethel) und sich hier wohlfühlt, bei geringer werdendem Hilfebedarf eine Mietwohnung mit ambulanter Betreuung im Ort angeboten werden. Nicht wenige haben in Bethel von diesem Angebot Gebrauch gemacht, als wir kleinere stationäre Einheiten in Mietwohnungen umgewandelt haben, in denen dann bei Bedarf ambulante Hilfe in Anspruch genommen werden kann. Ein wichtiges Angebot kann hier auch die Bereitstellung einer Probewohnung sein: Versuch macht klug!

So lohnen sich auch nach mehreren gescheiterten Auszugsversuchen die Aufarbeitung der dabei gewonnenen Erfahrungen und eine Suche nach Alternativen. Vielleicht klappt es ja beim nächsten Mal mit einer intensiveren Unterstützung im Bereich der Tagesgestaltung oder in einer anderen Wohnung, die näher an einem Servicebüro mit Rufbereitschaft liegt.

Vielleicht drückt der Heimbewohner, der sich Haus, Frau, Auto und Führerschein wünscht, damit einfach seinen Wunsch nach einem bürgerlichen Leben aus. Möglicherweise ist gerade für ihn das Betreute Wohnen in einer Gastfamilie eine interessante Perspektive (⇒ Jo Becker: Die Arbeit eines aufsuchenden Fachdienstes am Beispiel des Betreuten Wohnens in Familien).

Und wer früher mangels geeigneter Hilfen nicht in seiner Heimatregion wohnen konnte, findet vielleicht heute dort eine passende Wohnmöglichkeit mit Betreuung, in der er glücklich leben kann. In diesem Fall gilt die schlichte, aber goldene Regel der Immobiliensuche in besonderer Weise: entscheidend ist die Lage.

Allen diesen Fällen ist gemein: Der Hilfebedarf oder die Diagnose ist nicht der entscheidende Faktor für die Wahl einer bestimmten Wohnform, sondern allenfalls ein Faktor unter vielen. Wesentlich ist aus meiner Sicht das Bündel von Motiven eines Menschen, sich für eine bestimmte Wohn- und Lebensform zu entscheiden und nach deren Verwirklichung zu streben.

Menschen mit festem Wohnsitz in einer privaten Wohnung

Man mache sich klar: Trotz der jahrzehntelangen Praxis des Vorranges der stationären Eingliederungshilfe ist dies eigentlich die normale Ausgangssituation auch für Menschen mit psychischen Erkrankungen oder Behinderungen: die meisten wohnen in unterschiedlichsten privaten Wohnformen, es herrscht die große, oben beschriebene Vielfalt der Wohnbedingungen.

Geändert hat sich allerdings das Versorgungssystem: Erst seitdem Eingliederungshilfe in zunehmendem Maße ambulant angeboten wird, nehmen Personen diese Hilfe in Anspruch, die das früher nicht getan hätten, weil sie niemals um der Betreuung Willen in ein Heim gezogen wären. Während früher erst nach wiederkehrenden Klinikaufenthalten und ebenso vielen, oft unzureichend begleiteten Entlassversuchen die Unterbringung in einem Heim als letzte, aber schmerzliche Möglichkeit erwogen wurde, wird heute in gut ausgestatteten Versorgungsregionen kaum eine Klientin aus der Klinik entlassen, ohne auf eine Reihe von Anbietern des ambulant Betreuten Wohnens und weiterer Hilfen zumindest hingewiesen worden zu sein. Und nicht selten erscheint ihr Bedarf höher und dringlicher als der von gut integrierten Heimbewohnerinnen und -bewohnern. Dieser Aspekt wurde in der Vergangenheit unterschätzt.

Aufgrund fehlender Unterstützung oder mangelnder Bereitschaft, diese anzunehmen, haben sich Probleme in der aktuellen Wohnsituation oft so zugespitzt, dass Angehörige oder Professionelle die Aufnahme in ein Heim fordern oder empfehlen und gesetzliche Betreuer einen entsprechenden Aufnahmeantrag stellen. In der Regel gilt es jedoch, die einigermaßen funktionierende Wohnsituation nicht ohne Not aufzugeben. Schließlich ist die eigene Wohnung an sich ein schützenswertes Gut und es gilt der Vorrang der ambulanten vor der stationären Hilfe, solange es diese sozialrechtliche Unterscheidung noch gibt.

Außerdem hat diese Ausgangssituation einen großen Vorteil: In den meisten Fällen ist die angestrebte Wohnsituation bereits vorhanden. Das, was nicht klappt, kann vor Ort geübt werden. Nichts muss in einer Kunstwelt trainiert werden.

Es bietet sich also häufig an, schon in der vorhandenen Wohnsituation mit der ambulanten Hilfe zu beginnen, aktuell notwendige Unterstützung zu bieten und dabei die Klientin – falls überhaupt nötig und gewünscht – bei der Suche nach einer besser geeigneten Wohnform zu unterstützen. Dabei ist es für viele Menschen wichtig, echte Wahlmöglichkeiten zu haben und diese auch anschaulich wahrzunehmen, sprich: besichtigen zu können.

So ergibt sich für viele erst nach einigen Vorstellungs- und Besichtigungsterminen ein gangbarer Weg, der häufig in eine ganz andere Richtung führt, als zunächst gedacht. Nicht selten haben Klientinnen und Klienten erst nach dem Besuch einiger stationärer Einrichtungen festgestellt, dass sie vielleicht doch genauso gut in einer Gemeinschaftswohnung mit ambulanter Betreuung leben könnten. Und häufig ist dabei die Atmosphäre in der WG, eine bestimmte Mitbewohnerin oder einfach das schöne Zimmer mit Blick auf den Garten der entscheidende Faktor gewesen.

Ein wesentliches Kriterium für die Anfrage nach stationärer Unterbringung ist der nächtliche Unterstützungsbedarf. Auch hier reicht manchmal die Sicherheit, dass überhaupt noch weitere Mitbewohner in der Wohnung wohnen. Es muss nicht unbedingt die ständige professionelle Präsenz sein. In diesem Fall könnte also auch eine Gastfamilie oder eine Gemeinschaftswohnung die geeignete Wohnform sein. Wenn dies nicht ausreicht, ist es allerdings wichtig, auch Wohnmöglichkeiten mit Rufbereitschaft oder Nachtwache im regionalen Versorgungssystem anzubieten. Die Grundlage dafür bietet der § 78 Abs. 6 des SGB IX (⇨ Matthias Rosemann und Michael Konrad: Die UN-BRK, das BTHG und die Herausforderungen für die mobile Unterstützung).

Zunehmend kommen für die Gestaltung der Wohnsituation auch technische Unterstützungs- und Kommunikationssysteme in den Blick, mit denen die Wohnung bedarfsgerecht ausgestattet werden kann. Die Entwicklung steht hier erst am Anfang, schreitet aber zügig voran. So leitet die Universität Bielefeld hierzu das Forschungsprojekt »KogniHome – die mitdenkende Wohnung« in Kooperation mit den von Bodelschwinghschen Stiftungen Bethel und anderen Partnern.

Selbstverständlich gibt es erkrankungsbedingte Störungen oder Verhaltensweisen, die in bestimmten Wohnformen besondere Probleme darstellen. So kann bei allein in einer Einzelwohnung wohnenden Menschen mit paranoiden Psychosen die soziale Isolation zu einer Verstärkung der Symptome führen. Oder Menschen mit Suchtproblemen stiften ihre Mitbewohner in einer Gemeinschaftswohnung zum Konsum an. Oder Menschen mit einer Borderline-Persönlichkeitsstörung spalten eine Gastfamilie. Keine dieser Zusammenhänge stellt aber eine klare Indikation für oder gegen eine bestimmte Wohnform dar. Vielmehr liegt ein störungsspezifisches Erfahrungswissen vor, das bei der Begleitung von Menschen in diesen Wohnformen jeweils zu beachten ist und angewendet werden kann.

Ein Sonderfall im ambulanten Bereich ist das Wohnen in der Herkunftsfamilie: Nicht wenige junge psychisch kranke Menschen wohnen zu Hause bei den Eltern. Häufig zahlen Träger der Sozialhilfe in diesen Fällen ambulante Eingliederungshilfe nur befristet, um den Auszug aus dem Elternhaus zu unterstützen. Somit wird der Auszug aus dem Elternhaus zur Bedingung für die Fortsetzung der im Prinzip als notwendig erachteten Hilfe gemacht. Das führt bisweilen zu kuriosen Situationen:

BEISPIEL So lebte eine über vierzigjährige, russlanddeutsche psychisch kranke Tochter mit ihrer über siebzigjährigen pflegebedürftigen Mutter in einer Wohnung. Die Mutter gab der Tochter Sicherheit und Halt im Alltag, die Tochter pflegte und versorgte ihre Mutter. Aufgrund der oben beschriebenen Regelung regte der Sozialhilfeträger den Auszug der Tochter an. Da die Mutter allein nicht in der Wohnung leben konnte, hätte dies für sie eine Heimunterbringung zur Konsequenz gehabt. So entschied man sich in der Hilfeplankonferenz vernünftigerweise, diesen Zweigenerationenhaushalt durch die ambulante Eingliederungshilfe der Tochter zu sichern. Das war eine kluge Entscheidung im Einzelfall, es ist jedoch generell nicht einzusehen, warum notwendige Eingliederungshilfe nicht auch dauerhaft in der Herkunftsfamilie gewährt werden soll. Wesentlich ist auch hier, dass das Hilfesystem die Vielfalt der individuellen Wohn- und Lebensformen fördert, Stabilität wo nötig unterstützt und offen für Veränderungen und besondere Lebensentwürfe ist. ×

Menschen ohne festen Wohnsitz

Nicht alle psychisch kranken Menschen, die Unterstützung brauchen, haben einen festen Wohnsitz.

BEISPIEL Eine junge psychisch kranke und drogenabhängige Frau, die sich von ihrem Freund getrennt hat. Sie durfte vorübergehend bei einem Bekannten wohnen, der jetzt aber aus der Haft entlassen wird und in seine

Wohnung zurückwill. Sie muss aus der Wohnung raus, es ist Winter und sie befindet sich in einem körperlich bedenklichen Allgemeinzustand. Die gesetzliche Betreuerin sucht eine stationäre Unterkunft oder eine Wohngemeinschaft mit ambulanter Betreuung für sie. Beides ist nicht auf die Schnelle zu haben. Deshalb wird empfohlen, dass sie vorerst in die Obdachlosenunterkunft für Frauen geht, was sie zunächst strikt ablehnt. Erst als ihr zugesichert wird, dass von dort ab sofort mit ambulanter Unterstützung eine passende Wohnsituation gesucht wird, lässt sie sich auf das Wohnen in der Unterkunft ein. Die gesetzliche Betreuerin ist froh und verblüfft zugleich: Sie wusste gar nicht, dass bei der Klientin ohne festen Wohnsitz ambulante Eingliederungshilfe sofort beginnen kann. ×

Was an dem Beispiel deutlich wird: Eingliederungshilfe ist nicht davon abhängig, ob jemand eine feste Wohnung hat, sondern davon, ob ein Mensch zum Personenkreis (in diesem Fall der wesentlich seelisch behinderten Menschen) gehört und ob er einen entsprechenden Hilfebedarf hat.

BEISPIEL Ein psychisch kranker Einzelgänger, der mit dem Einkaufswagen durch die Stadt zieht und nur sporadisch die städtische Unterkunft nutzt. Er ist dabei derart psychisch auffällig, dass die Mitarbeiter der Stadt uns in Absprache mit dem gesetzlichen Betreuer bitten, dem jungen Mann ein aktiv nachgehendes Betreuungsangebot machen. Er nimmt das Angebot zunächst gar nicht und dann sehr zögerlich an. Er kommt schließlich immer häufiger von selbst in unseren Treffpunkt und ist erst nach einigen Wochen bereit, einen Hilfevertrag zu unterschreiben. Er hat sich inzwischen an die zwei Bezugsmitarbeiter gewöhnt. Einige Wochen später gelingt mithilfe der Stadt die Zuweisung einer Wohnung, in der er dann für einige Zeit mit ambulanter Hilfe lebt. ×

Auch hier gilt: Die Lebensform ist zunächst zu akzeptieren und zu verstehen. Erst dann können nach und nach gemeinsam mit dem Klienten Perspektiven entwickelt werden.

Individuelle Lebensformen gestalten

Eine Wohnform ist kein Therapeutikum – deshalb lässt sie sich auch nicht nach Diagnose verordnen. Vielmehr ist sie ein Bestandteil der individuellen Lebensgestaltung von Menschen, seien sie nun psychisch

krank oder nicht. Wenn Anbieter von Hilfen für Menschen mit psychischen Erkrankungen ihre Klientinnen und Klienten bei der Gestaltung ihrer individuellen Lebensentwürfe konsequent unterstützen, dann ergibt sich daraus in der Regel auch die für sie passende Wohnform. Eine Voraussetzung dafür sind Wahlmöglichkeiten.
Damit es sie nicht nur auf dem Papier gibt, haben Anbieter betreuter Wohnmöglichkeiten die Vielfalt und Durchlässigkeit der Wohnmöglichkeiten zu erhalten und nach Bedarf zu schaffen, wenn der Wohnungsmarkt dies nicht sicherstellen kann. Dies ist gerade in Zeiten der vielerorts wieder zunehmenden Wohnungsknappheit ein wichtiges Feld der regionalen Zusammenarbeit verschiedener Leistungserbringer (⇨ Michael Konrad, Matthias Rosemann: Eigene Wohnung, Selbstbestimmung und Wohnrecht: hoher Bedarf und eine komplizierte Gesetzeslage).

Rüdiger Klein, *Diplom-Psychologe, von Bodelschwinghsche Stiftungen Bethel, Stiftung Bethel.regional, Region Bielefeld Nord, Regionalleitung.*

Personenzentrierte Hilfeplanung: ehrgeizige Theorie, schwierige Praxis

Sabine Eikermann

Zum Thema »Individuelle Hilfeplanung« ist schon so viel geschrieben worden, dass ihm neue Aspekte nur schwer abzugewinnen und Wiederholungen nahezu unvermeidlich sind. Ein Satz wie: »Eine qualifizierte Betreuung psychisch beeinträchtigter Menschen ist ohne ausführliche, an den individuellen Bedürfnissen und Fähigkeiten orientierte Hilfeplanung nicht möglich«, löst in sozialpsychiatrisch interessierten Kreisen vermutlich nur noch ermattetes Nicken aus. Auch meine eigene Umsetzung individueller Teilhabeplanung in Berlin bleibt um einiges hinter meinen Ansprüchen zurück. Trotz jahrzehntelanger Praxis und Hunderten von Behandlungs- und Rehabilitationsplänen empfinde ich eine ernüchternde Diskrepanz zwischen Wunsch und Wirklichkeit. Sie sticht mir immer dann besonders ins Auge, wenn ich die gleichen allgemein gehaltenen Zielformulierungen in den Hilfeplänen völlig unterschiedlicher Klientinnen vorfinde oder aber bei ein- und demselben Klienten über viele Jahre hinweg, ohne jegliche Veränderung. Hilfeplanung, die sich individuell und prozessorientiert nennt, sollte doch anders aussehen.
Was macht personenzentrierte Hilfeplanung eigentlich so schwer?

Kriterien guter Hilfeplanung

Eine gute Hilfe- oder Teilhabeplanung ist sowohl für Klientinnen und Klienten als auch für ihre professionellen Begleiter von großer Wichtigkeit. Sie hat maßgeblichen Anteil daran, ob eine vertrauensvolle Zusammenarbeit entsteht und die Kräfte auf ein gemeinsames Ziel hin ausgerichtet werden können. Folgende Merkmale können als Kriterien guter individueller Hilfeplanung gelten:
Personenorientierung: Individuelle Teilhabeplanung geht von den Bedürfnissen, Wünschen und Zielen der Unterstützung suchenden Person aus – möglichst konsequent und mit dem Wissen, dass zwischen den

geäußerten Wünschen eines Klienten und den Zielen, die er anstreben möchte, keine zwangsläufige Verbindung besteht.

Transparenz: Insbesondere, wenn es um den Beginn einer Hilfe geht, aber auch im späteren Verlauf, ist es nötig, die bestehenden Erwartungen Dritter transparent zu machen. Das bedeutet, Auftragsklärung zu betreiben, damit deutlich wird, wer was von wem möchte. Häufig kommt es vor, dass Angehörige oder rechtliche Betreuer deutlichere Anliegen an die professionellen Helfer formulieren als die Betroffenen selbst.

Zukunftsorientierung: Teilhabeplanung ist ein auf die Zukunft, aber nicht notwendigerweise auch auf Veränderung ausgerichteter Prozess – man denke an die Situationen, in denen es darum geht, Schlimmeres zu verhindern, einer Krise vorzubeugen und eine erprobte Stabilität nicht durch neue Anforderungen aufs Spiel zu setzen.

Casemanagement: Welche Art der Hilfe für diesen besonderen Menschen passend ist, wie die individuelle Unterstützung aussehen kann und wer sie dann leistet – die Klärung dieser Fragen stellt für die professionell Beteiligten eine beachtliche Herausforderung dar und benötigt ebenso Zeit wie Kooperationsfähigkeit. Häufig ist es nötig, über bestehende Grenzen der eigenen Institution hinauszudenken, neue Ideen zu entwickeln oder die Angebote verschiedener Träger zu kombinieren, damit eine gute und dem Einzelfall angemessene Planung entsteht.

Es mag der Eindruck entstehen, als sei personenzentrierte Hilfeplanung eine geradlinige Abfolge verschiedener Schritte – ausgehend von der Exploration der Wünsche, Probleme und Ressourcen eines Klienten über die Konkretisierung seiner Ziele bis hin zum Auswählen und Einsetzen geeigneter Hilfen. Dies wäre jedoch eine zu stark vereinfachte Sicht, die zudem suggeriert, Wünsche und Ziele seien statische, im Planungszeitraum konstant bleibende Größen. Dass dies nicht so ist, stellt sich in der Praxis schnell heraus. Die Idee permanenter Kreis- bzw. Suchbewegungen oder Rückkopplungsschleifen trifft als Beschreibung guter Hilfeplanung viel eher zu. Immer wieder müssen sich Klientin und Betreuerin vergewissern, ob die eingeschlagene Richtung noch stimmt oder ganz andere Zielsetzungen in den Vordergrund rücken. Letztlich sind dann Hilfeplanungs- und Betreuungsprozess nicht mehr voneinander zu trennen, wie folgendes Beispiel illustriert.

BEISPIEL Eine Klientin wünscht sich Hilfe bei der Erledigung wichtiger behördlicher und finanzieller Angelegenheiten im Zusammenhang mit einer Scheidung, da diese Anforderungen sie unter großen emotionalen Stress setzen und Vermeidungsverhalten auslösen. Bereits in den ersten Betreuungskontakten gelingt es, viele Schreiben abzuarbeiten und die wesentlichen Sachverhalte zu klären, was die Klientin sehr entlastet. Gleichzeitig wird in den gemeinsamen Gesprächen deutlich, dass sie stark unter Einsamkeit leidet und trotz ihrer sozialen Kompetenzen oft nicht weiß, wie und mit wem sie ihre Freizeit verbringen kann. Es ist daher nötig, sich mit allen an der Hilfeplanung Beteiligten erneut abzustimmen, damit diese wichtigen Themen und entsprechende Vorgehensweisen als Betreuungsinhalte aufgenommen werden können. ×

Was hilft bei der Hilfeplanung?

In Berlin war die Einführung personenzentrierter Hilfen mit einem ausführlichen Fragebogen, dem Berliner Behandlungs- und Rehabilitationsplan (BBRP), als Grundlage für die Kostenübernahme verbunden. Das hat bis heute negative Konsequenzen. Manche psychiatrisch Tätigen wurden zur Annahme verleitet, dass ein solches Formular in erster Linie der Antragstellung dient und anschließend in Klarsichtfolie in der Akte verschwinden kann.

Hilfeplanung ist Teil des Betreuungsprozesses

Die eigentliche Arbeit besteht jedoch darin, immer wieder gemeinsam mit dem Klienten im aktuellen BBRP »herumzukritzeln»«, um neue Informationen oder Gedanken festzuhalten – dann ist der Prozess der Hilfeplanung nicht vom Betreuungsprozess zu trennen. Mehr Betonung der inhaltlichen Seite des Behandlungs- und Rehabilitationsplans und mehr Respektlosigkeit gegenüber dem »Formular« würde die Einstellung zur Hilfeplanung erleichtern.

Zeit

Wesentliche Voraussetzung für individuelle Hilfeplanung ist ausreichend Zeit. Ohne ausführliche Gespräche mit dem Klienten zu ganz verschiedenen vergangenen wie aktuellen Themen seines Lebens kann der Teilhabeplan nicht bearbeitet werden. Insbesondere für Klientinnen und Klienten, die erstmalig professionelle psychiatrische Unterstützung in Anspruch nehmen wollen, müssen viele Informationen zusammengetragen und gewichtet werden. In der Regel braucht es mehrere Treffen und Gespräche, manchmal auch unter Einbeziehung wichtiger Bezugspersonen, um das Bedürfnis und die Problemlage der Betreffenden ausreichend zu verstehen und Vorstellungen von der passenden Hilfe zu entwickeln. Ein solcher kleinschrittiger, aber zeitintensiver Erforschungsprozess vor dem eigentlichen Beginn einer Maßnahme und fortgesetzt in den ersten Wochen, schafft Vertrauen. Das erhöht nicht nur die Bereitschaft, sich auf Unterstützung einzulassen, sondern auch deren Wirksamkeit. Wer hier vorschnell einen Teilhabeplan mit bereits formulierten Zielen ausfüllt und unterschreiben lässt, damit die Kostenübernahme rechtzeitig vorliegt, legt sich für die kommende Arbeit vermutlich unnötige Steine in den Weg. Bei der Finanzierung von Eingliederungshilfen sollte dieser Vorlauf berücksichtigt werden.

BEISPIEL Die Klientin hatte monatelang ihre Wohnung nicht mehr verlassen; der Sozialpsychiatrische Dienst war eingeschaltet worden, und der zuständige Mitarbeiter veranlasste nach Rücksprache mit der Klientin ein Treffen in ihrer Wohnung. Dabei entstand die Idee, dass eine aufsuchende ambulante Betreuung hilfreich sein könne. Für die sehr zurückgezogen lebende Frau war dies eine völlig neue Vorstellung, der sie zunächst mit einiger Skepsis begegnete; sie ließ sich aber auf die Verabredung eines Hausbesuchs zum Kennenlernen ein. Letztlich kam es zu mehreren Terminen und einer kleinen Hilfekonferenz in ihrer Wohnung, bei der gemeinsam vereinbart wurde, die ambulante psychiatrische Betreuung mit integrierten psychotherapeutischen Leistungen – in Berlin unter bestimmten Bedingungen eine Leistung der Eingliederungshilfe – zu kombinieren. Als diese Hilfen offiziell starteten, hatte sich schon eine Vertrauensbasis und damit ein Arbeitsbündnis entwickelt, sodass die Klientin ihr Ziel, kleinere Wege außerhalb der Wohnung zu bewältigen, sofort in Angriff nehmen konnte. ×

Hilfreiche Methoden

Eine besondere Herausforderung ist die Hilfeplanung mit bzw. für Menschen, die sich nicht dazu äußern können oder sich gar nicht beteiligen wollen. In diesen Fällen werden die Vorstellungen anderer Personen

– sei es aus dem privaten Umfeld oder dem Behandlungskontext – mehr Gewicht bekommen. Dann eignen sich systemische Methoden und Fragetechniken gut dafür, diese verschiedenen Perspektiven und Aufträge erkennbar zu machen und in geeigneter Weise in die Behandlungsplanung aufzunehmen.

Durch zirkuläre Fragen wie »Wer aus Ihrer Familie reagiert als Erstes, wenn Sie sich zurückziehen?« oder »Was löst es bei Ihrem Partner aus, wenn Sie Ihre Medikamente nicht nehmen?« können neue und wichtige Informationen über die bestehenden Beziehungen und Wechselwirkungen gewonnen werden. »Mal angenommen, dass ...« oder »Was wäre, wenn ...«-Fragen eröffnen im Gespräch neue Möglichkeiten und erinnern daran, dass vielleicht doch einige Türen für Veränderungen offen stehen.

Die systemische Grundauffassung, dass unterschiedliche Sichtweisen wichtig sind und für die Lösung von Problemen konstruktiv genutzt werden können, hilft auch dabei, den eigenen Standpunkt zu relativieren, für neue Ideen offen zu bleiben und sich in größeren Hilfekonferenzen nicht in (Macht-)Kämpfe zu verstricken.

Menschen, die sich im Gespräch schnell überfordert fühlen und daher zurückziehen, können ihre Position oft auf andere Weise deutlich zum Ausdruck bringen. Personenzentriertes Arbeiten bedeutet dann, nach passenden Zugängen, Situationen oder Medien zu suchen, um die Beteiligung der Klienten so gut es eben geht zu ermöglichen.

Zielstrebigkeit – aber nicht um jeden Preis

Über die Frage, wie konkret Betreuungsziele formuliert sein sollten und wie Fortschritte, sogenannte Zielerreichungsgrade, zu messen sind, ist in den Berliner Fachgremien ausgiebig und kontrovers diskutiert worden. Es hat großes Widerstreben ausgelöst, die Beziehungsgestaltung zu einem Klienten und den sich entwickelnden Betreuungsprozess in einzelne Schritte oder Teilziele zu gliedern und sich die Frage zu stellen, woran ich denn überhaupt merke, dass ich einem angestrebten Ziel näher gekommen bin. Erfolge seien, so die Argumentation, in der als ganzheitlich verstandenen Arbeit mit Menschen eben nicht so einfach messbar.

Doch in der Praxis hat sich gezeigt, dass ein solches möglichst genaues Formulieren von Betreuungszielen nicht nur die Gespräche bereichert, sondern auch alle Beteiligten vor überhöhten Erwartungen und

Überforderung schützen kann. Wenn es gelingt, passende, individuell stimmige Indikatoren zu finden, die als Wegweiser hin zum gesetzten Ziel dienen, sind zudem immer wieder Erfolgserlebnisse zu verzeichnen, die Auftrieb geben. Allein schon die Frage: »Woran würden Sie denn merken, dass Sie dieses Ziel erreicht haben?« schafft eine veränderte Haltung auf beiden Seiten.
Aber: Es ist durchaus nicht jedermanns Sache, Ziele für sich zu formulieren und anzustreben. Es ist auch leicht einzusehen, dass schriftlich fixierte Ziele, noch dazu gegenüber Dritten, Druck und Versagensangst auslösen können, die man lieber vermeiden will. Außerdem sind noch nicht erreichte Ziele mit der Vorstellung verbunden, dass in der Gegenwart offenbar etwas Wichtiges fehlt und das eigene Leben erst in der Zukunft besser wird. Das Positive einer Lebenseinstellung, bei der es nicht um »höher, schneller, weiter« geht und man auch wunsch- und ziellos unglücklich sein darf, wird leider zu gering geschätzt.
Die Band »Wir sind Helden« hat schon vor vielen Jahren getextet: »Muss ich immer alles müssen, was ich kann? (...) Aber wenn ich könnte, wie ich wollte, würde ich gar nichts wollen.« Diese Zeilen haben mich schon oft getröstet, wenn ich mit meinem Drang, einen Klienten auf kommende Schritte festzulegen, auf Granit gestoßen bin.

Was behindert die Hilfeplanung?

Dass personenzentrierte Teilhabeplanung ein komplexes, zeitaufwendiges und einige (Gesprächs-)Kompetenzen erforderndes Unterfangen ist, dürfte deutlich geworden sein. Wieso aber ist bei diesem allgemein akzeptierten Verfahren die Kluft zwischen Theorie und Praxis derartig groß? Was macht es so schwer, den Anspruch an eine individuelle Hilfeplanung in die Realität umzusetzen und nicht immer in die gleichen (Leistungstyp-)Schubladen zu greifen? Und dies nicht nur bei den besonders komplizierten Fällen, in denen Klienten sich nicht beteiligen können oder wollen, sondern auch bei den turnusmäßig anstehenden Hilfeplanungen mit kooperationsbereiten Klienten, die selbst Ideen einbringen.
Hinderungsgründe für eine gelungene personenzentrierte Teilhabeplanung finden sich auf verschiedenen, miteinander verschränkten Ebenen – der individuellen, der institutionellen wie der (psychiatrie-)politischen.

Die individuelle, auf den einzelnen Mitarbeiter bezogene Ebene

Personenzentrierte Teilhabeplanung verlangt dem einzelnen, mit der Hilfeplanung für seinen Klienten befassten Mitarbeiter sowie den psychiatrisch Tätigen, die in einer Fallkonferenz zusammenkommen, einiges ab. Kritische Distanz zur eigenen oft schwierigen Arbeit ist genauso wichtig wie eine gute Kenntnis der bestehenden psychiatrischen und nicht psychiatrischen Hilfemöglichkeiten und die Fähigkeit zu wertschätzender, verschiedene Interessen berücksichtigender Kommunikation.

Kontinuität in der Betreuungsbeziehung gilt als hohes Gut, denn psychisch kranke Menschen haben häufig Kontaktabbrüche erlebt. Mitarbeiter begleiten ihre Klienten nicht selten über mehrere Jahre. In solch einem langfristigen Prozess ausreichend Distanz zum eigenen Tun zu bewahren und sich vorzustellen, dass auch ganz andere Herangehensweisen möglich wären, ist eine schwierige, ohne Supervision sogar unmögliche Aufgabe. Wenn ich mich als Bezugsbetreuerin ausgiebig darum bemühe, »meinen« Klienten zu besserer Wohnungspflege zu bewegen, kann der Vorschlag, eine Sozialstation tätig werden zu lassen, wie die Infragestellung meines Handelns wirken. Erlebe ich bei einer Klientin eine deutliche Stabilisierung, nachdem sie aus einer eigenen Wohnung in ein (stationäres) Wohnheim gezogen ist, werde ich vermutlich lange an dieser Maßnahme festhalten und kein Risiko eingehen. Diese nachvollziehbaren Haltungen der betreuenden Bezugsperson können den Blick auf die Klientin verstellen bzw. eine Frage aufwerfen: Ist es der Betreuer oder die Klientin, der eine Fortsetzung des Bestehenden braucht?

Insbesondere jüngere Mitarbeiter laufen Gefahr, ihr Wissen über einen Klienten und dessen Bedürfnisse zu überschätzen und vorschnell Maßnahmen vorzuschlagen: mehr Tagesstruktur, mehr soziale Kontakte, mehr Freizeitaktivitäten sind gängige, aber wenig individuelle Antworten auf eine vermutete Problemlage. Erst mit einiger Erfahrung stellt sich die Erkenntnis ein, meistens sehr wenig zu wissen und besser die Rolle des beständig Fragenden oder Suchenden einzunehmen.

Gute Hilfeplanung setzt die Kenntnis aller möglichen Leistungen voraus. Angebote wie Soziotherapie, integrierte Versorgung oder ambulante psychiatrische Krankenpflege, aber auch die Hilfen in Gestalt von Beschäftigung oder Arbeit fanden erst mit einiger Verzögerung Berücksichtigung in Hilfekonferenzen. Dass sich die Teams psychiatrischer Einrichtungen und Dienste in der Regel aus Angehörigen verschiedener Berufsgruppen zusammensetzen und nicht alle eine Affinität zum Sozialgesetzbuch haben, macht es nicht einfacher. Zusätzlich dürfte es auch eine ausgeprägte menschliche Neigung geben, in Entscheidungssituationen das bereits Bekannte, Vertraute und Bewährte zu bevorzugen statt neue Wege zu beschreiten. All dies führt dazu, dass eine einmal gewählte Maßnahme vermutlich (zu lange) fortgesetzt wird und auf dem großen Tablett möglicher Angebote für den Klienten vieles liegen bleibt.

Die institutionelle Ebene

Ohne Kooperation und Kommunikation mit anderen ist sinnvolles psychiatrisches Handeln nicht möglich. An Hilfeplankonferenzen sind Vertreter unterschiedlicher Institutionen und Träger beteiligt. Da die Interessen der Gesprächspartner oft unterschiedlich sind und es nicht selten auch Handlungsdruck gibt, haben es Mitarbeiter mit komplizierten Gemengelagen zu tun. Ohne Kompetenzen in Gesprächsführung sind diese Situationen nur schwer zu meistern. Ich habe einige Helferkonferenzen erlebt, die nicht wegen der Krise eines Klienten, sondern durch Abgrenzungs- oder Machtkämpfe der Professionellen inhaltlich und atmosphärisch entgleist sind. Im Streit um die Definitionsmacht, »Wer weiß am besten, was der Klient braucht?«, geht die Befindlichkeit der Hauptperson manchmal regelrecht unter.

Zwischen verschiedenen Leistungserbringern kann es zu Konkurrenzsituationen und daraus resultierenden Spannungen kommen – etwa wenn eine Maßnahme zugunsten einer anderen beendet werden soll oder bei der Hilfeplanung manche Angebote gar nicht erst erwogen werden. Sowohl der möglicherweise in einer Einrichtung bestehende Belegungsdruck, den die Mitarbeiter im Hinterkopf haben, als auch das Erleben mangelnder kollegialer Wertschätzung wirken sich dann nachteilig auf den Hilfeplanungsprozess aus.

In Gemeindepsychiatrischen Verbünden gibt es definierte Standards für das Durchführen von Hilfekonferenzen, deren Beachtung viel Ärger ersparen würde, z. B. die Klärung der Gesprächsführung und der Protokollierung, aber auch die Vorbereitung der verschiedenen Teilnehmenden.

Nicht selten bedeutet außerdem schon die Zusammensetzung der Teilnehmer bei einer individuellen Hilfekonferenz eine Vorentscheidung für bestimmte Leistungen. So kann es beispielsweise passieren, dass eine Klientin zwar umfangreiche Hilfen in ihrer Häuslichkeit erhält, die vielleicht ebenso wichtige Frage nach einer sinnvollen Beschäftigung aber zu wenig Berücksichtigung findet, weil keiner der vertretenen Leistungserbringer entsprechende Angebote vorhält. Zu bedenken wäre, ob nicht regelhaft eine fachlich kompetente, aber unabhängige, nicht ins bestehende Helfersystem eingebundene Person an Hilfeplankonferenzen beteiligt wird, um den Blick »über den Tellerrand« zu ermöglichen.

Jede psychiatrische Einrichtung muss genügend Flexibilität aufbringen, um individuellen Bedürfnissen ihrer Klientinnen und Klienten gerecht zu werden und diese Haltung bei den Mitarbeitenden zu verankern. Das bezieht sich auf den Personaleinsatz (z. B. abends und am Wochenende), auf Räumlichkeiten (z. B. nicht nur Gemeinschaftswohnungen) wie auch auf die Art der Unterstützung (z. B. nicht nur Gruppenangebote). Ich erinnere mich an eine Fortbildung vor vielen Jahren, bei der der Dozent die Frage gestellt hat, warum es nicht möglich ist, nachtaktiven Menschen geeignete Beschäftigungsangebote zu machen, statt immer an ihrem Tag-Nacht-Rhythmus »herumzudoktern«. Soweit ich es in meinem Mikrokosmos überblicke, ist dies auch heute noch eine berechtigte Frage.

Die übergeordnete psychiatriepolitische Ebene

Politische Entwicklungen, bestehende Versorgungsstrukturen und regionale Besonderheiten wirken sich auf die Hilfeplanung aus, da sie Grenzen des Machbaren markieren, die von einzelnen Mitarbeitern oder Institutionen nicht direkt zu beeinflussen sind. Auf zwei Aspekte sei hier kurz eingegangen.

Der mit dem Prinzip der Versorgungsverpflichtung einhergehende Anspruch, sowohl dem Individuum als auch allen Hilfebedürftigen gerecht werden zu wollen, kann zum unlösbaren Widerspruch und beständigen Spannungsfeld psychiatrischer Arbeit werden. Das tritt am deutlichsten zutage, wenn verschiedene Menschen gern in einer gemeinschaftlichen Wohnform leben würden, aber weniger Wohnmöglichkeiten oder Zimmer zur Verfügung stehen als gesucht werden.

Neben dem Missverhältnis von Angebot und Nachfrage ist die Finanzierung von Komplexleistungen eine beständige Herausforderung. Obwohl sich die Palette an Angeboten für psychisch beeinträchtigte Menschen in den letzten Jahren sehr erweitert hat und ein integrierter Hilfeplan ausdrücklich die Kombination unterschiedlicher Maßnahmen aus den Bereichen Behandlung, Wohnen, Tagesgestaltung oder Arbeit vorsieht, gibt es in der Praxis deutliche Grenzen. Sobald verschiedene Kostenträger, etwa die Eingliederungshilfe und das Jobcenter, involviert sind, entstehen Komplikationen. Unklare Zuständigkeiten und Finanzierungsfragen münden dann nicht selten in langwierige, energieraubende Klärungsprozesse, die das Durchhaltevermögen manches Klienten (und Mitarbeiters) überfordern. Es besteht dann die Gefahr, auf die Durchsetzung berechtigter Ansprüche zu verzichten und wie schon beschrieben auf unkomplizierte, vertraute Maßnahmen zurückzugreifen.

Leitgedanken

Individuelle Hilfeplanung ist ein Prozess, der Zeit braucht – und eine Haltung des Erforschens und Suchens bei den beteiligten Gesprächspartnern.

Das Gedankenmodell der individuellen, personenzentrierten Hilfeplanung ist gut – es ist aber als Ideal oder Leitlinie zu verstehen, die für die Praxis eine große Herausforderung darstellt. Demnach kann es »nur« darum gehen, sich dem Ideal immer wieder möglichst weit zu nähern und auf den unterschiedlichen Ebenen der eigenen Arbeit dafür zu sorgen, dass dieser Anspruch nicht aufgegeben wird.

Hilfeplanungsprozesse finden zwar regelmäßig statt, sind aber kein Routinegeschehen, sondern stellen immer wieder unterschiedlich komplexe Anforderungen an die Mitarbeiter. Dessen sollten sich auch erfahrene Kolleginnen und Kollegen bewusst sein. Fundierte fachliche Kenntnisse, die Bereitschaft zu Selbstreflexion und soziale Kompetenzen sind wesentliche Voraussetzungen, die in den einzelnen Institutionen gar nicht genug gefördert werden können.

Es ist aus verschiedenen Gründen schwierig, eingefahrene Wege zu verlassen und Grenzen zu überwinden, aber es ist nicht unmöglich – denn: »Unser Kopf ist rund, damit das Denken die Richtung wechseln kann« (Francis Picabia).

Sabine Eikermann, *Diplom-Psychologin, ist Fachanleiterin bei der Träger gGmbH in Berlin.*

Selbst- oder Fremdbestimmung – der ständige Seiltanz im Betreuten Wohnen

Klaus Obert

Sozialpsychiatrische Hilfen, Dienste und Einrichtungen übernehmen zweifelsohne schwierige Aufträge und Aufgaben in der Abwägung bezüglich der Übernahme oder der Zumutung von Verantwortung gegenüber den Betroffenen in ihrer Lebenswelt. Hierbei handelt es sich um Aufgaben innerhalb der Doppelfunktion von Hilfe und Kontrolle als gesellschaftlichem Auftrag: Sie können unter der Voraussetzung regionaler Versorgungsverpflichtung, d. h. dass niemand aufgrund der Art oder der Schwere der Erkrankung gegen seinen Willen außerhalb seiner Region untergebracht werden soll, nicht abgelegt werden.

Das Recht auf Eigensinn und (eigenwillige) Lebensplanung kollidiert nicht selten mit dem Recht auf professionelle Fürsorge. Freiwilligkeit und Selbstbestimmung widersprechen Kontrolle und Zwang. Die Okkupation des Alltags durch das Soziale – ein Kritikpunkt aus den 1970er-Jahren – ist nur die eine Seite. Die andere besteht darin, Menschen mit komplexem Hilfebedarf, die nicht selten durch ihr Verhalten für die direkte Umgebung problematisch und anstrengend sind, Hilfen in ihrer Lebenswelt angedeihen zu lassen.

Zurzeit scheint das Pendel sehr auf die Seite der Selbsthilfe auszuschlagen und drängt die eher ungeliebte Seite des sozialpsychiatrischen Handelns von Fürsorge, Verantwortungsübernahme, Gewalt und Zwang in den Hintergrund (siehe u. a. die UN-Behindertenrechtskonvention oder auch das Bundesteilhabegesetz). Und doch bestimmt diese Seite die tägliche Arbeit nicht unwesentlich mit. Sie kann und darf aus Gründen des gesellschaftlichen Doppelmandats der Psychiatrie von Hilfe und Kontrolle nicht abgeschüttelt und vermieden werden. Sie bedarf vielmehr einer immer wieder neu zu findenden ethischen Positionierung in Fällen, die das Ausbalancieren verschiedener Interessen erfordern.

Es geht schließlich um jenen Bereich in der sozialpsychiatrischen Arbeit, der jenseits dem eher auf Übereinstimmung beruhenden Handeln zwischen Betroffenen und Professionellen liegt und nicht selten mit den gesetzlich bestimmten Handlungsregeln und -abfolgen der Psychisch-Kranken-Hilfe-Gesetze (PsychKHG) und der gesetzlichen Betreuung konfrontiert wird. Es geht um psychisch kranke Menschen mit komplexem Hilfebedarf und eingeschränktem Hilfesuchverhalten; es geht um einen Handlungsraum, der schleichend zum Niemandsland werden kann, wenn er nicht konkret bestimmt und mit entsprechenden Handlungsregeln und Haltungen ausgestaltet wird.

Sozialpsychiatrisches Handeln findet ambulant-aufsuchend in der Lebenswelt der Betroffenen statt. Jeder sozialpsychiatrisch Tätige weiß nur zu gut, dass die Arbeit vor Ort, in der Wohnung, in und mit der Umgebung (der Sozialraum) anderen Regeln und Abläufen folgt als in Beratungsstellen mit Kommstruktur. Die dabei auftretenden Herausforderungen stellen sich nicht selten täglich, wenn sogenanntes schwieriges Verhalten die Nachbarn, die Angehörigen und die Betroffenen selbst in Bedrängnis bringt, ohne dass allerdings eine Unterbringung schon gerechtfertigt ist.

Was ist zu tun? Worin bestehen die Handlungsmaxime bei schwierigem Verhalten in der Lebenswelt der Betroffenen? Die davon tangierten Bereiche lassen sich wie folgt umreißen:

- Verschmutzung und Vermüllung des Wohnraums
- Geruchs- und Lärmbelästigung
- Gefährdung der Umgebung und sich selbst
- Extreme Vernachlässigung der Körperpflege und der Ernährung

Fallbeispiele

Wie schwierig, aber auch spannend diese Herausforderungen für die tägliche Arbeit sind, belegen die folgenden Fallbeispiele als konkrete Illustration und Beschreibung der Thematik. Die beiden ausgewählten enthalten explizit alle oben erwähnten Bereiche, die regelmäßig Gegenstand der täglichen Arbeit sind.

Herr S.: Lärm und Störung als Herausforderung für alle Beteiligten

Herr S. ist 51 Jahre alt, lebt in einer einfachen Einzimmerwohnung im Stadtzentrum im Rahmen des Betreuten Wohnens und fristet sein Dasein mit Grundsicherung. Seit über zwanzig Jahren befindet er sich in Betreuung durch sozialpsychiatrische Hilfen.
Herr S. erkrankte am Übergang vom Jugend- zum Erwachsenenalter an einer Paranoia mit starken depressiven Stimmungsschwankungen. Er selbst geht davon aus, dass er unter Autismus leidet, was er mit seiner hohen Intelligenz und seinen zwanghaften Zügen in der Gestaltung von lapidaren Alltagsangelegenheiten in Verbindung bringt. Zahlreiche, eher kurze stationäre Behandlungen infolge von suizidalen Handlungen oder von Volltrunkenheit brachten de facto keinen Erfolg, ebenso wenig verschiedene medikamentöse Behandlungen.
Als jüngster Sohn wurde er von seiner Mutter verwöhnt und überfürsorglich behandelt. Seine Mutter und er waren besonders beeinträchtigt durch die alkoholbedingten Wutausbrüche seines Vaters, der an den Folgen der Alkoholerkrankung starb, als Herr S. 24 Jahre alt war. Dadurch und durch den Auszug der beiden Geschwister aus der elterlichen Wohnung wurde das Verhältnis zwischen Mutter und Sohn noch intensiver. Die symbiotische Beziehung verfestigte sich mehr und mehr bis zum Tod seiner Mutter vor etwa zehn Jahren mit der Folge von noch mehr Isolation, mit selbst verursachter Ausgrenzung und noch intensiveren Alkoholexzessen.
Die aktuelle Lebenslage sieht folgendermaßen aus: Er hat noch nie versicherungspflichtig gearbeitet, lebt von Grundsicherung und vollständig trotz intensivster Bemühungen unsererseits ohne private Kontakte und Beziehungen. Wenn er allein aus dem Haus geht, benötigt er fast immer die Wirkung des Alkohols, um sich genügend Mut anzutrinken, sich der Öffentlichkeit auszusetzen. Mit fremden Menschen Kontakt aufzunehmen, ist für ihn eine Qual. Diesem wechselseitigen Prozess von Isolierung, Minderwertigkeitsgefühlen, Selbstausgrenzung, paranoiden Interpretationen der ihn umgebenden Realitäten und kompensatorischen Alkoholexzessen liegt auch die Misere der Wohnproblematik begründet. Die Wirkung heftiger Alkoholeskapaden besteht in der Absenkung der Toleranzschwelle gegenüber aggressiven Wutausbrüchen, die fast ausschließlich in intensive Ruhestörung durch heftigsten Lärm münden

(Schreien, überlaute Heavy Metal-Musik, provozierendes Verhalten im Treppenhaus). Zwischenzeitlich ist er in der Lage, zu akzeptieren, dass für die Eskalation einer Auseinandersetzung immer zwei Seiten gehören und er nicht unerheblichen Anteil daran hat. Trotzdem führte sein Verhalten in den vergangenen acht Jahren zu drei Zwangsumzügen, die wir mit ihm durchführen mussten, weil die Situation in der jeweiligen Wohnumgebung weder für die Nachbarn noch für ihn tragbar war.

Daneben ist eine Verwahrlosung der Wohnung zwar festzustellen, jedoch weder für ihn noch für uns besonders bedeutsam. Er lebt damit und scheint nicht darunter zu leiden, obwohl die Wohnung einen verschmuddelten Eindruck hinterlässt. Aus hygienischen Gesichtspunkten kann der Zustand jedoch jederzeit verantwortet werden.

Die sozialpsychiatrischen Hilfen sind zur zentralen Anlaufstelle für alle Probleme und Fragen geworden. Trotz heftiger Auseinandersetzungen mit kurzen Kontaktabbrüchen entstand eine enge und intensive Vertrauensbeziehung, die es gleichzeitig erschwert, ihn seinem Schicksal zu überlassen. Vielleicht wird er gerade dadurch in seiner Verselbstständigung eher behindert. Andererseits haben wir in häufigen Fallbesprechungen und Supervisionen diesen Weg nolens volens eingeschlagen aufgrund der mit ihm erlebten Erfahrungen und der daraus gemeinsam abgeleiteten Hypothesen und Interpretationen, die wir mit ihm erörtert haben.

Frau O.: Die Verweigerung des Rechts auf Verwahrlosung

Frau O. ist 61 Jahre alt, geschieden, lebt von Grundsicherung allein in einer kleinen Mietwohnung in einem sozialen Brennpunkt und wird seit zwanzig Jahren ohne Unterbrechung von ambulanten Sozialpsychiatrischen Hilfen betreut und begleitet.

Frau O. erkrankte mit etwa dreißig Jahren an einer schizophrenen Psychose. Sie befand sich mindestens zwanzig Mal in stationärer psychiatrischer Behandlung, früher häufig über Zwangseinweisungen. Die stationären Unterbringungen sind im Verlauf der intensiven ambulanten Betreuung kontinuierlich zurückgegangen. Zwangsweise Unterbringungen sind nicht mehr erforderlich.

Der Kontakt und die nach und nach entstehende enge Vertrauensbeziehung ergaben sich aus der konsequenten und kontinuierlichen Unterstützung in allen sozialanwaltlichen, alltagspraktischen und gesundheitlichen Frage- und Problemstellungen. Diese Tätigkeiten (in Krisensituationen häufig täglich) umfassen Interventionen beim Sozialamt, bei der Krankenkasse, Hilfen im Haushalt, bei der Begleitung zum Arzt und bei häufigen Aufenthalten im Tageszentrum des gemeindepsychiatrischen Zentrums.

Die während akuten psychotischen Krisenphasen völlig verwahrloste Wohnung musste in den ersten acht Jahren der Betreuung anschließend immer wieder gemeinsam mit ihr bewohnbar gemacht werden. Auf die Frage, warum sie immer wieder in psychotische Akutphasen abgleiten müsse und sie damit die ihr so wichtige Wohnung immer wieder infrage stellt, bestand ihre Antwort in den für sie nicht oder nur sehr schwer zu ertragenden Nebenwirkungen der Neuroleptika. Unsere Vermutung: Die Steigerung ihres Lebensgefühls und ihres Antriebes zu Beginn der akuten Phase der Psychose gegenüber depressiven Verstimmungen, Antriebsproblemen und Nebenwirkungen der Medikamente.

Frau O. nahm schließlich regelmäßig an den Freizeiten, den Aktivitäten des Tageszentrums, am Arbeitsprojekt teil und stimmte der freiwilligen Geldverwaltung zu, was endlich zur Vermeidung der permanenten Mittellosigkeit führte.

Trotz der stabilen Vertrauensbeziehung zwischen Frau O. und dem Gemeindepsychiatrischen Zentrum wurden die Abstände zwischen den Klinikaufenthalten immer kürzer. Wir fragten uns, was wir falsch gemacht haben könnten und künftig anders gestalten müssten. War die Betreuung und Einbindung von Frau O. in die Aktivitäten des Gemeindepsychiatrischen Zentrums für sie zu eng und zu bedrohlich geworden? Erlebte sie uns als zu mächtig und bevormundend angesichts der Tatsache, dass wir zudem noch ihr Geld verwalteten? War die Grenze des ihr (von uns) zugestandenen Rechtes auf (krankheitsbedingte) Verwahrlosung erreicht und die zum fürsorglichen Handeln überschritten?

Da die Entwicklung für sie selbst nicht nachvollziehbar war, mussten wir handeln. Im Sommer bestand eine Gesundheitsgefährdung durch verdorbene Lebensmittel und Ungeziefer. Ein Reinigungsdienst konnte nicht herangezogen werden. Sie befürchtete – sicher nicht zu Unrecht – bei einer schnellen Grundreinigung zu viele Gegenstände, die für sie eine Bedeutung hatten, zu verlieren. Wir trafen im Team die Entscheidung, ihr Recht auf krankheitsbedingte Verwahrlosung nicht mehr zu akzeptieren

Erst die zunehmende Gesundheitsgefährdung, die immer offenkundiger werdende krankheitsbedingte Überforderung von Frau O., ein von ihr ab und zu in Nebensätzen oder auf direktes Nachfragen geäußerter Leidensdruck sowie die inzwischen vorliegende Wohnungskündigung, ließen die Entscheidung zu, das Recht auf Verwahrlosung infrage zu stellen und einen anderen Weg einzuschlagen: Das Arbeitsbündnis zwischen Frau O. und uns, auf dem sich die weiteren Schritte aufbauten, zielte darauf ab, die Wohnung für sie zu erhalten. Dies war ihr vorrangigstes Interesse gegen eine Unterbringung im Heim.

Über die Einrichtung einer gesetzlichen Betreuung zur Regelung der Geldangelegenheiten wollten wir Mittellosigkeit und Schulden vermeiden, da die freiwillige Geldverwaltung durch uns nicht mehr funktionierte. Über die Aufenthaltsbestimmung wollten wir Frau O. schon zu Beginn einer akuten psychotischen Phase in stationäre Behandlung bringen. Zum einen wäre dann die Wohnung noch nicht völlig verwahrlost und zum anderen wäre aufgrund der Krise im Anfangsstadium nur eine kurze stationäre Behandlung erforderlich gewesen. Aufgrund der mangelnden bis fehlenden inneren Akzeptanz und Auseinandersetzung mit der psychischen Erkrankung erhofften wir uns, ihr über einen von außen eingeleiteten und durchgeführten Weg eine äußere Stütze einzurichten, die ihr einen Teil der Verantwortung abnahm. Des Weiteren versprachen wir uns über die Bestellung eines gesetzlichen Betreuers qua Amtes eine zusätzliche Einflussmöglichkeit hinsichtlich einer kontinuierlicheren medikamentösen Behandlung. Frau O. stimmte dem Vorgehen zu, weil sie ihre Wohnung behalten wollte.

Ansonsten änderte sich an der Betreuung und Begleitung durch das Gemeindepsychiatrischen Zentrum nichts, was Frau O. wichtig war. Stationäre Aufenthalte wurden durch diese Absprachen kaum noch erforderlich und wenn, dann ging sie von sich aus ins Krankenhaus. Sie kann ihre Erkrankung zumindest so weit anerkennen, dass sie Medikamente in geringer Dosis einnimmt und dadurch auch weniger unter Nebenwirkungen leidet.

Wenn wir sie jetzt nach ihrer Befindlichkeit fragen, antwortet sie, dass es ihr besser gehe und sie mit dem jetzigen Leben doch ganz zufrieden sei. Zudem habe sie wieder einen Freund gefunden und sei froh, nur noch selten in die Klinik zu müssen. Sie verfügt insgesamt zweifellos trotz eines Lebens auf des »Messers Schneide« wieder über ein breiteres Spektrum an Überlebensstrategien.

Falldiskussion und Kommentare

Die Diskussion der Fallbeispiele folgt den Fragen: Wie kann der Wohnraum aufrechterhalten werden und was kann bzw. muss dafür getan werden? Was ist zu tun, wenn dies nicht mehr möglich ist? Worin bestehen die Gefährdungssituationen und welche Schlussfolgerungen für das sozialpsychiatrische Handeln ergeben sich daraus?
Bei Herrn S. drängt sich der von ihm ausgehende Lärm und die Ruhestörung immer wieder in den Vordergrund. Das stellt uns vor die Frage, ob und wie lange die Umwelt diese Situation noch akzeptieren und ertragen kann, hinter der alle anderen Lebensbereiche trotz ihrer Problematik in den Hintergrund treten.
Selbstverständlich bestimmt die direkte Umgebung den Gradmesser, ob und ab wann Lärm als Ruhestörung empfunden wird. Selbstverständlich taucht das Problem als solches in billigem, schlecht isoliertem Wohnraum schneller und heftiger auf als in einer allein stehenden Hütte im Weinberg. Die Hellhörigkeit der Wohnungen verweist gleichzeitig darauf, in welcher sozialen Umgebung jemand lebt. Hier ist von Vorteil, dass Menschen in prekären Verhältnissen Störungen durch die Nachbarn eher und länger aushalten als in kleinbürgerlicher Umgebung. So entsteht und besteht in sozialen Brennpunkten nicht selten ein Klima gegenseitiger, instrumentell bedingter Akzeptanz, worauf sowohl Herr S. wie Frau O. angewiesen sind: Das störende Verhalten des einen wird durch den anderen tendenziell eher akzeptiert, weil dieser mit seinem Verhalten wiederum auch auf die Akzeptanz seiner Nachbarschaft angewiesen ist. Ohne diese hätten beide die Wohnung schon viel früher und öfter verloren. Die wichtige Funktion und Aufgabe der sozialpsychiatrisch Tätigen besteht im Aushandeln und Vermitteln mit und unter den beteiligten Akteuren, um ein Miteinander (oder wenigstens ein Nebeneinander) zu ermöglichen (⇨ Rüdiger Klein: Vor- und Nachteile unterschiedlicher Wohnformen). Allerdings kann auch dies an Grenzen stoßen.
Ist Vermittlung nicht mehr möglich wie bei Herrn S., haben sozialpsychiatrische Hilfen im Kontext der Versorgungsverpflichtung die Aufgabe, die Unterstützung auf der Straße oder in der Notunterkunft oder im Sozialhotel zu erbringen. Eine gesetzliche Betreuung wäre in diesem Fall zum Scheitern verurteilt, da er sich dieser entziehen und die Zusammenarbeit ablehnen würde. Ein Versuch in diese Richtung ist schiefgegangen.

Im Gegensatz dazu Frau O.: Eine von Beginn an intensive, umfassende, de facto alle Lebensbereiche einschließende Betreuung und Begleitung führten nach langer Zeit und über viele Umwege zur Stabilisierung ihrer gesamten Lebenslage. Bei Frau O. handelt es sich geradezu um ein klassisches Beispiel alltags- und lebensweltorientierter sozialpsychiatrischer Arbeit. Das gesamte Repertoire und Register mit entsprechender situationsabhängiger und -bedingter Prioritätensetzung musste aus dem Methodenkoffer sozialpsychiatrischen Handelns ausgepackt und zur Anwendung gebracht werden, um ihre psychische, körperliche und soziale Befindlichkeit zu stabilisieren und ihren Verbleib im Gemeinwesen zu konsolidieren und zu sichern.
Sowohl bei Frau O. wie bei Herrn S. – beispielhaft und stellvertretend für den sozialpsychiatrischen Alltag insgesamt – bestätigt und offenbart sich klar und offensichtlich die grundlegende und unabdingbare Voraussetzung und Bedingung, um überhaupt erfolgreich arbeiten zu können:

- der Aufbau und die Pflege von kontinuierlichen Beziehungen,
- die Herstellung von Vertrauen in Verbindung mit der Haltung, nicht aufzugeben und »dranzubleiben«,
- Vermittlung von Zuverlässigkeit und Sicherheit, aber auch von Geduld, Fantasie und strukturierter Offenheit.

Dies gilt gerade und vor allem in Krisenphasen, in denen der Kontakt vom Betroffenen einseitig aufgekündigt wird. Gerade dann geht es darum, dranzubleiben, immer in der Spannung des »Sich-Aufdrängens« (fürsorgliche Belagerung) und »vornehmer Zurückhaltung«. Es versteht sich von selbst, immer wieder zu erläutern und zu vermitteln, warum wir uns nicht heraushalten und verabschieden, sondern einfach da sind und nicht die Ablehnung des Kontaktes akzeptieren wollen.
Die Beispiele legen Themen offen, die im sozialpsychiatrischen Alltag präsent sind und verweisen gleichzeitig auf eine Problematik, der nicht zu entkommen ist. Es geht um die deutlich sicht- und wahrnehmbare subjektive Wahrnehmung, Bedeutung und Bewertung objektiv bestehender Lebenswelten, wie der Alltag unter schwer zumutbaren Lebensbedingungen gestaltet und mehr oder weniger gelingend von den Adressaten bewältigt wird mit der entsprechenden Ausrichtung des sozialpsychiatrischen Handelns: Ab wann kann eine Wohnung als verschmutzt, verwahrlost oder vermüllt eingeschätzt werden? Ab wann ist ein Mensch ungepflegt oder ernährt sich besorgniserregend? Ab wann ist eine Ruhestörung für

die Umgebung wirklich eine Störung und eine nicht mehr zu verantwortende Zumutung? Ab wann muss auffälliges Verhalten begrenzt oder eingeschränkt werden, um die Reaktionen der Umgebung wiederum in Grenzen zu halten?

Die Antworten auf diese Fragen sind fließend, bewegen sich in Grauzonen und sind abhängig von verschiedenen Faktoren und Variablen, die es im jeweiligen Lebenskontext der täglichen Arbeit und in ihrer Einschätzung und Bewertung zu berücksichtigen gilt.

In unterschiedlichen Subkulturen, unterschiedlichen gesellschaftlichen Schichten oder auch zwischen städtischen und ländlichen Kulturen gibt es unterschiedliche praktizierte Werte und Maßstäbe. Auch wenn es übergreifend gültige Werte und Haltungen gibt, z. B., dass in unseren Lebenszusammenhängen regelmäßig Körperpflege ansteht. Allerdings gibt es keine allgemein ausgewiesene und anerkannte Gültigkeit, wie oft und wie intensiv geduscht oder gar gebadet wird. Das unterliegt der Bewertung jeweiliger kleinräumiger Subkulturen und des jeweiligen Individuums. So gibt es zwischen den Gepflogenheiten in Einrichtungen der Wohnungslosenhilfe und einer eher zwanghaft auf Ordnung und Sauberkeit ausgerichteten kleinbürgerlichen Siedlung sicher beträchtliche Unterschiede. Diese sind nicht nur aus professioneller Sicht zu akzeptieren. Wann Selbst- oder Fremdgefährdung beginnen und Selbstbestimmung aufhört, liegt im Graubereich fließender Übergänge.

Was ist also zu tun? Welche methodischen Schlussfolgerungen können für das tägliche Handeln in der Sozialpsychiatrie abgeleitet werden? Es gibt nicht den Königsweg, keine allgemeingültigen Handlungsregeln, bei den Haltungen hingegen allerdings. Vielmehr besteht ein Handlungsstrang zwischen jeweils bestehenden Gegensätzen. Welche Handlungsweise umgesetzt wird, ist eine Sache der Aushandlung mit allen Beteiligten, unter der Vorgabe, bzw. der Orientierung an größtmöglicher Selbstständigkeit und geringstmöglicher Einschränkung der Freiheit des Betroffenen. Dabei handelt es sich um eine grundlegende und allgemeingültige Haltung unter der Voraussetzung der Orientierung an den zentralen sozialpsychiatrischen Leitlinien. Das sind unter anderem Unantastbarkeit der Würde des Menschen, Respekt vor seinem Sosein und seinem Lebensplan, Subjekt in seiner Lebenswelt und Ressourcenorientierung.

Handlungsregeln und Haltungen

Alltagsorientierte, sozialpsychiatrische Arbeit heißt,

- dort zu beginnen, wo der Klient steht, was ihn in den gegebenen Verhältnissen unterstützt, sich aber auch in sozialpolitische Planungsprozesse einzumischen und auf die Verbesserung der Lebensbedingungen und -möglichkeiten hinzuarbeiten;
- materielle und soziale Grundlagen (wieder-)herzustellen und abzusichern, Ressourcen vor Ort aufzutun, zu stabilisieren und zu fördern; das Leben im Sozialraum objektiv sicherer zu gestalten;
- alltägliche und professionelle Hilfen zu koordinieren und zu vernetzen;
- sich als Fachmann bzw. Fachfrau der Lebenswelt auszusetzen, sich darauf einzulassen, aber auch notwendigerweise in reflexive Distanz zu gehen, zu provozieren, zu verfremden und gleichzeitig zu stützen;
- die Gegenseitigkeit zu wahren; d. h. immer »auf gleicher Augenhöhe« zu verhandeln unter gegenseitiger Achtung und gegenseitigem Respekt;
- das Verhältnis von Nähe und Distanz immer wieder auszuloten;
- mit Fantasie und Kreativität an die Aufgaben heranzugehen, in schwierigen Situationen zu vermitteln und Kompromisse auszuhandeln;
- offen und umfassend zu handeln, aber auch zu strukturieren, durchzuhalten, Geduld walten zu lassen, zu planen, zu organisieren und zu managen;
- professionelle Haltungen einzunehmen: Offenheit, Flexibilität, Klarheit, Eindeutigkeit und Transparenz.

Im Einzelnen handelt es sich beispielsweise um folgende Gegensatzpaare:

Verhandeln und Behandeln: Auf der einen Seite stehen die langen und mühseligen Auseinandersetzungen mit Herr S., auf was er sich einlassen kann. Auf der anderen Seite gibt es die klare Ansage der Grenze des partnerschaftlichen Aushandelns, dass er nach vielen Anläufen, Versuchen und Auseinandersetzungen die Wohnung bis zu einem festgelegten Datum verlassen muss mit dem Risiko der Straße oder zumindest der Unterbringung in einer Einrichtung für wohnungslose Menschen.

Individuum und soziales Umfeld: Auf der einen Seite strebt das professionelle Handeln die Berücksichtigung sämtlicher Lebensbereiche des ganzen Menschen an. Auf der anderen Seite sind aber auch die Lebensräume der Nachbarn zu beachten. Aufgabe ist die Wahrung von Gegenseitigkeit, d.h. das Setzen und Durchsetzen von zeitlichen, räumlichen und situativen Grenzen.

Existenzsicherung und Budgetwahrung: Auf der einen Seite ist die kontinuierliche Praktizierung sozialanwaltlicher Tätigkeiten und alltagspraktischer Hilfen zur (Wieder-)Herstellung der materiellen Existenzgrundlage geboten. Andererseits ist ein realitäts- und alltagsorientierter Umgang mit materiellen Voraussetzungen und Rahmenbedingungen nötig.

Parteinahme und kritische Solidarität: Auf der einen Seite findet sich z.B. die über Jahre dauernde Akzeptanz der Wohnsituation von Frau O. trotz großer und ihr immer wieder entgegengebrachter Bedenken. Auf der anderen Seite wird aber auch eine kritischen Solidarität praktiziert, d.h. die ruhige und sachliche Vermittlung einer anderen Wahrnehmung und Haltung z.B. der Nachbarn.

Flexibilität, Offenheit und Ressourcenorientierung sind in beiden Beispielen deutlich zu erkennen, es ist aber auch sichtbar, wie kleinschrittig Realitätsorientierung unter Berücksichtigung von Teilhabeeinschränkungen nur stattfinden kann.

In beiden Beispielen findet kontinuierlich eine einzelfallbezogene Kooperation und Vernetzung der Hilfen statt. Allerdings muss selbstkritisch angemerkt werden, dass bei Frau O. und bei Herrn S. die Miteinbeziehung der Lebenswelt, der Sozialraum zu kurz kommt. Sicherlich gibt es in derart schwierigen Einzelfällen Grenzen hinsichtlich der Nutzung von Ressourcen aus dem Sozialraum. Gleichwohl besteht das Risiko, dass fallübergreifende Sozialraumorientierung und -arbeit im häufig überlasteten Alltag der Mitarbeiter in den Hintergrund gerückt wird.

Sozialpsychiatrisches Handeln wird gleichzeitig durch den Einzelfall bestimmt, orientiert an Handlungsregeln, die in Gegensätzen formuliert sind und die es immer zu berücksichtigen gilt. So führen weder überfürsorgliches Handeln allein noch die einseitige Orientierung an der Selbstbestimmung und -verantwortung für sich genommen zu konstruktiven und gelingenden Lösungswegen. Vielmehr besteht die Kunst sozialpsychiatrischen Handelns in der einzelfallbezogenen Ausbalancierung von Gegensätzen. Ein Denken und Handeln in Gegensätzen ist notwendig, eine konkrete Dialektik, in ständiger Bewegung zwischen Veränderung und dem Aushalten von vermeintlich Unveränderlichem, von Verläufen, die nicht nur gleich bleiben, sondern sich sowohl verbessern als auch verschlimmern können.

Dr. Klaus Obert, *Jahrgang 1953, Doktor der Sozialwissenschaften und Diplom-Sozialpädagoge, ist Bereichsleiter der Sucht- und Sozialpsychiatrischen Hilfen im Caritasverband für Stuttgart e. V., Sprecher des Trägerverbundes Psychiatrie in Stuttgart, Mitglied des Vorstandes der Bundesarbeitsgemeinschaft Gemeindepsychiatrischer Verbünde und der Steuerungsgruppe des bundesweiten Netzwerks Sozialpsychiatrischer Dienste.*

Die endliche und die unendliche Betreuung

Ilse Eichenbrenner

Ich war bis 2014 als Sozialarbeiterin im Sozialpsychiatrischen Dienst eines Berliner Bezirks tätig. Mit der praktischen Umsetzung des BTHG habe ich nichts mehr zu tun. Ich ahne aber, was meinen Kolleginnen und Kollegen bevorsteht. Vielleicht kann ich sogar gerade mit diesem Abstand besser sehen, welche Herausforderungen auf sie zukommen.
Sozialarbeiter im Sozialpsychiatrischen Dienst vertreten die begutachtende Fachstelle in der zuständigen Hilfeplankonferenz, die in Berlin Steuerungsgremium Psychiatrie heißt. Sie vermitteln die Leistungen der Eingliederungshilfe für seelisch behinderte Menschen. Das bedeutet konkret: Klienten und Leistungserbringer zusammenbringen. Im Steuerungsgremium Psychiatrie wird der Klient von einer Person seines Vertrauens vorgestellt oder er stellt sich selbst vor. Dann überlegen alle Beteiligten, welche Hilfen erforderlich sind, durch welche Betreuungsform und welchen Leistungserbringer sie am besten erbracht werden können. Sozialarbeiter werben dann nicht selten bei den Beteiligten: Sie streichen die positiven Seiten des vorgestellten Klienten hervor, oder loben die hohe Kompetenz des potenziellen Trägers gegenüber dem Klienten oder seiner Vertrauensperson. Im BTHG heißt das jetzt Teilhabeberatung (⇨ Matthias Rosemann und Michael Konrad: Die UN-BRK, das neue BTHG und die Herausforderungen für die mobile Unterstützung). Im Prinzip müssten nun umfassend beide Seiten über die jeweiligen Vor- und Nachteile der anderen Seiten informiert werden, in der Hoffnung, dass die bestmögliche Verbindung zwischen Klient und Leistungserbringer zustande kommt.
Der Träger sucht dann im Team nach der passenden Bezugsperson. Wenn alles gut geht, heißt es im nächsten Steuerungsgremium Psychiatrie: Ja, die Kontaktaufnahme hat geklappt, die Betreuung hat begonnen. Oder: Nein, Herr K. hat es sich anders überlegt, und zwingen können wir ihn nicht. Nicht immer ist es also eine Liebesheirat, die arrangiert wird, und schon gar keine Liebesbeziehung. Zwangsehen sollen bei früheren Generationen durchaus funktioniert haben – heute sind sie obsolet. Die Bezugsbetreuerin

ist ja keine lebenslange Partnerin, sondern am ehesten noch eine Lebensabschnittsbegleiterin. Doch wann ist dieser Lebensabschnitt zu Ende? Wird von vornherein auf Zeit gespielt oder ist alles offen? Vor allem die Kostenträger hoffen, dass das Ziel bald erreicht ist. Professionelle Bezugspersonen befürchten, dass der mühselige Beziehungsaufbau nicht mit einer Verlängerung belohnt wird, sondern zwangsläufig mit einer Trennung endet. Klienten sind häufig misstrauisch, denn schon allzu oft sind sie gegängelt oder verlassen worden. Die Frage ist, ob mit der konsequenten Orientierung an der ICF eine bessere, objektivere Beurteilung möglich sein wird (➪ Christian Reumschüssel-Wienert: Die ICF, das BTHG und die soziale Teilhabeplanung).
In ihrer Rolle als Werberin und Arrangeurin fühlen sich Sozialarbeiterinnen und Sozialarbeiter verpflichtet, für die Übernahme der Betreuungskosten zu sorgen. Sie engagieren sich für den Klienten und den Leistungserbringer. Sobald der Bewilligungszeitraum seinem Ende zugeht, prüfen sie die Konstellation, die Beziehung, die Qualität der Betreuung. Es ist oft schwer, so abrupt die Rolle zu wechseln: Von der werbenden Vermittlerin zur strengen Prüferin. Erfüllen die Beteiligten ihre Pflichten? Ist die psychosoziale Unterstützung erfolgreich? Kann die Übernahme der Kosten für ein weiteres Jahr befürwortet werden? Nur wenige Betreuungen sind unendlich, also bis zum Lebensende erforderlich. Die meisten Betreuungsverhältnisse enden zu einem mehr oder weniger genau definierbaren Zeitpunkt. Viele Klienten könnten z. B. aus der Betreuung entlassen werden, wenn geeigneter Wohnraum zur Verfügung stehen würde. Es sind also oft die äußeren Bedingungen, von denen das Ende der Leistung abhängig ist.

Wann endet eine Betreuung?

»Personen, die durch eine Behinderung im Sinne von § 2 Abs. 1 Satz 1 des Neunten Buches wesentlich in ihrer Fähigkeit, an der Gesellschaft teilzuhaben, eingeschränkt oder von einer solchen wesentlichen Behinderung bedroht sind, erhalten Leistungen der Eingliederungshilfe, wenn und solange nach der Besonderheit des Einzelfalles, insbesondere nach Art oder Schwere der Behinderung, Aussicht besteht, dass die Aufgabe der Eingliederungshilfe erfüllt werden kann.« (§ 53 SGB XII)

Ein sozialpsychiatrischer Leistungserbringer beschreibt im Internet sein Angebot: »Die Betreuung endet, wenn

- ein Klient so weit rehabilitiert ist, dass unsere Hilfe nicht mehr benötigt wird,
- sich der Gesundheitszustand des Betroffenen langfristig so verschlechtert, dass er im Rahmen des Betreuten Wohnens nicht mehr ausreichend versorgt werden kann, und eine stationäre Wohnform angezeigt ist,
- ein Klient Vereinbarungen und Absprachen dauerhaft nicht einhält.

Am Ende der Betreuung sorgen wir für einen positiven Ablösungsprozess.«

Dieser Träger macht kein Geheimnis daraus, dass die Betreuung auch wieder enden wird. Sehr nebulös bleibt allerdings, wer diese gewichtige Entscheidung trifft: Der Leistungserbringer oder der Klient selbst? Wer entscheidet, dass »unsere Hilfe nicht mehr benötigt wird«? In der alltäglichen Praxis wird es häufig der Kostenträger sein, der allein oder gemeinsam mit der begutachtenden Stelle (in der Regel dem Sozialpsychiatrischen Dienst) diese Entscheidung trifft.
Die Durchsicht der aktuellen Handbücher und Leitfäden zur personenzentrierten Hilfeplanung verspricht auf den ersten Blick Antwort auf unsere Frage: Wann genau endet die Betreuung? Es ist eigentlich ganz einfach: Die Hilfe wird so lange gewährt, wie sie notwendig ist und Aussicht auf Erfolg besteht. Es werden möglichst konkrete und überprüfbare Ziele definiert und Indikatoren benannt. Wie oft in der Woche soll der Klient in die Kontaktstelle gehen? Wie oft soll oder darf er bei seiner Mutter übernachten? Ziele sollen regelmäßig geprüft und modifiziert werden, Art und Umfang der Unterstützung entsprechend angepasst werden.
Das hört sich objektiv und messbar an. Doch jeder sozialpsychiatrisch Tätige weiß, dass es sich lediglich um eine Pseudo-Objektivität handelt. Nie und nimmer ist die Arbeit mit seelisch behinderten Menschen denselben Erfolgskriterien zu unterziehen, wie möglicherweise bei Schülern oder Menschen mit einer geistigen Behinderung. Es gibt selten kontinuierliche Fortschritte, sondern immer wieder Krisen (im Rahmen der Erkrankung und der Beziehung) und Stagnation. Auch viele positive Phasen signalisieren oft bereits die nächste Krise. Die Konzentration auf die Teilhabeleistung kann hier helfen. Unabhängig von der psychischen Beeinträchtigung ist die Frage: Wie will der Klient leben? Benötigt er Unterstützung, um seine Ziele zu erreichen und welche?

Unbestritten führt der gemeinsame Prozess der Hilfeplanung, unter maßgeblicher Beteiligung des Klienten, zu einer neuen Qualität in der psychosozialen Begleitung. Für die Frage, wann eine Betreuung endet, bieten aber die Skalen und Raster der Hilfeplanung keine wirkliche Lösung. Es gilt, das Überleben der Klienten zu sichern, oder ihnen ein einigermaßen erträgliches Leben trotz der Symptome oder Folgen der Erkrankung zu ermöglichen. Je schwerer die Störung und die Symptomatik, desto weniger werden Ziele formuliert und abgehakt werden können. Wir kehren also zu unserem Statement vom Anfang zurück: Die Hilfe wird so lange gewährt, wie sie notwendig ist.

Beziehungen auf Zeit

Es sind vor allem die neuen, über das SGB V finanzierbaren ambulanten Leistungen, die endlich sind: Soziotherapie, Ergotherapie und Ambulante Psychiatrische Pflege (APP) werden in einem zeitlich klar befristeten Rahmen gewährt. Der Klient weiß, dass die Soziotherapie vom behandelnden Arzt nur für dreißig Stunden verordnet werden darf. Immerhin ist eine Verlängerung möglich: Insgesamt darf die Soziotherapeutin innerhalb von drei Jahren ein Kontingent von 120 Stunden erbringen. Ähnlich ist es bei der Ambulanten Psychiatrischen Pflege, die sich vor allem bei der Krisenintervention bewährt hat. Hier ist zwar die Frequenz zunächst mit maximal 14 Kontakten pro Woche wesentlich höher; die Maßnahme wird aber insgesamt nur vier Monate lang finanziert.
Der Klient und seine professionelle Bezugsperson wissen also von Anfang an, dass sie eine Beziehung auf Zeit eingehen. Für manche Klienten mag es entlastend sein, zu wissen, dass die fürsorgliche Belagerung ein Ende haben wird. Andere allerdings lassen sich gar nicht erst ein auf eine Beziehung, die wie bei der Ambulanten Psychiatrischen Pflege maximal vier Monate dauern darf. Denn – Hand aufs Herz – wer von uns würde seine intimsten Gedanken einem Menschen anvertrauen, der schon bei der Begrüßung von der Trennung spricht?
Andererseits: Sind es vielleicht gerade diese befristeten »Affären«, in denen sich Klient und Betreuerin höchst intensiv aufeinander einlassen können? Beide sind neugierig aufeinander, beide gehen ein kleines Risiko ein, ohne sich langfristig binden zu müssen. Das bewährte Vorbild der

ambulanten Psychotherapie zeigt, dass die therapeutische Beziehung auf Zeit gelingen kann. Die krankenversicherte Klientin kann relativ unbürokratisch Vorgespräche führen und sich ihren Therapeuten selbst suchen. Sobald sie und der Therapeut sich einig sind, wird der Antrag gestellt und (je nach Methode) eine bestimmte Anzahl von Stunden bewilligt. Die Begrenzung der Zeit, die Endlichkeit der Beziehung wird von Anfang an thematisiert und häufig sogar therapeutisch genutzt. Können wir uns nicht an der Psychotherapie ein Vorbild nehmen und z. B. das befristete Betreute Wohnen einführen?
Ich denke, es gibt Situationen, in denen die klare Befristung indiziert ist: Wenn eine vorübergehende Lebenskrise zu überwinden ist oder wenn die Zeit bis zum Beginn einer Maßnahme überbrückt werden muss.

BEISPIEL Frau K. hat bis vor Kurzem mit ihrem Ehemann und der 13-jährigen Tochter in einer gemeinsamen Wohnung gelebt. Wegen ihrer emotional-instabilen Persönlichkeitsstörung wurde sie von einer Familienhelferin des Jugendamts unterstützt. Nach einer erneuten Krise mit stationärer Behandlung hat sich das Ehepaar einvernehmlich getrennt. Lisa lebt nun bei ihrem Vater, Frau K. ist deutlich entlastet, aber mit dem Leben allein völlig überfordert. Eine Bezugsperson des Betreuten Einzelwohnens hilft Frau K., in ihrem neuen Leben Fuß zu fassen, bis in vier Monaten eine bereits beantragte Maßnahme der beruflichen Reha beginnt. Das Betreute Einzelwohnen wird auf ein halbes Jahr befristet. ×

Die Verlängerung

Nach meiner Erfahrung sind derart konsequent befristete Betreuungen die Ausnahme. Fast immer kommt gegen Ende des Bewilligungszeitraums ein Antrag auf Verlängerung der Leistung, und es folgt eine erneute Begutachtung durch den Sozialpsychiatrischen Dienst oder eine Helferkonferenz wird einberufen. In der Regel einigt man sich auf eine Verlängerung, häufig mit der Maßgabe, dass dies nun definitiv die letzte sei. Jeder spielt seine Rolle: Klient und Bezugsperson berichten, wie gut alles läuft, und wie viel noch zu reflektieren, zu üben und zu bewältigen ist. Die Sozialarbeiterin des Sozialpsychiatrischen Dienstes, die gemeinsam mit ihrer Kollegin aus der Klinik die ganze Maßnahme eingefädelt hat, wird nun zur argwöhnischen Instanz im Auftrag des Kostenträgers, der in vielen Regionen in

Person einer Fallmanagerin ebenfalls in der Runde sitzt. Komplizierte Loyalitäten sind zu beobachten: Der Klient will eigentlich gar nicht mehr betreut werden, oder die Bezugsperson hat insgeheim keine Lust mehr, weil der Klient nicht wirklich mitarbeitet. Angehörige oder juristische Betreuer hoffen, dass die Maßnahme verlängert wird, weil sie sich an die Entlastung gewöhnt haben. Häufig werden die Motive und Motivationen nicht offen auf den Tisch gelegt. Traut sich der Klient nach Monaten der vertraulichen Zusammenarbeit, offen auszusprechen, dass ihm die ganze Maßnahme lästig ist? Was wäre die Konsequenz? Hat er wirklich etwas zu entscheiden, oder wissen alle anderen, was gut für ihn ist? Fügt er sich in das vermeintlich kleinste Übel? Hat der Träger genügend Kapazität oder ist sein Budget bereits ausgeschöpft?
Für alle Beteiligten ist es schwierig, offen zu sprechen. Es wird herumgeeiert oder vehement gerungen, am Ende setzt sich die eine oder andere Seite durch. Ob hier die Teilhabekonferenzen, die nach dem BTHG vorgeschrieben sind, mehr Objektivität in das Verfahren bringen?

Wechseln und ausschleichen

Der Königsweg ist aus meiner Sicht die Reduzierung der Betreuung, die im Berliner Behandlungs- und Rehabilitationsplan in maximal zwölf Hilfebedarfsgruppen eingestuft wird. Die Beziehung bleibt erhalten, die Frequenz der Kontakte verringert. Der Klient probiert nun sehr viel mehr aus und macht seine Erfahrungen, um sie dann mit seiner Bezugsperson zu reflektieren. Im Rahmen des Persönlichen Budgets sind minimale und trotzdem haltende Kontakte denkbar: Die Teilnahme an Gruppenangeboten, ein einziger Hausbesuch pro Monat, die Durchsicht der Post im Büro der vertrauten Bezugsperson. Durch die Regelung der persönlichen Assistenzleistung im Rahmen der sozialen Teilhabe wird ein solches Verfahren nun gesetzliche Vorschrift.
Manchmal kann der Wechsel der Maßnahme eine Alternative zur Senkung der Hilfebedarfsgruppe sein. Besonders häufig ist dies innerhalb der Leistungen der Eingliederungshilfe, zum Beispiel von der Tagesstätte zum Betreuten Einzelwohnen und umgekehrt, oder kombiniert. Immer dann, wenn sich der Schwerpunkt der Unterstützung verändert, ist dies sinnvoll, und in der Regel auch durchsetzbar.

Sehr viel gravierender ist der Schritt vom SGB XII zum SGB V: Von der staatlichen Fürsorge zur Leistung der Krankenversicherung. Der Wechsel von der ambulanten Soziotherapie erfolgt häufig in Richtung Betreutes Einzelwohnen der Eingliederungshilfe. Denkbar wäre aber auch im Einzelfall der umgekehrte Weg. Je breiter das Leistungsspektrum der psychosozialen Träger wird, desto häufiger ist auch hier zumindest eine marginale Beziehungskontinuität möglich. Die häusliche psychiatrische Krankenpflege ist für die Überwindung einer schweren Krise denkbar, die ambulante Ergotherapie für ein ergänzendes Training spezieller Fähigkeiten (➩ Bruno Hemkendreis: Häusliche Psychiatrische Krankenpflege und ambulante Soziotherapie als zusätzliche Behandlungsleistungen zu selbstbestimmtem Wohnen).
Durch das Pflegestärkungsgesetz II bekommt das SGB XI eine größere Bedeutung für das Betreute Wohnen. In Berlin hatte sich der sanfte Übergang zur Hauspflege (hauswirtschaftliche Verrichtungen oder Hilfe zur Pflege) bewährt, darüber hinaus wurden über die »anerkannten Unterstützungsangeboten im Alltag« nach SGB XI Hilfen erbracht. In Zukunft werden viele Menschen mit psychischer Erkrankung durch den neuen Pflegebedürftigkeitsbegriff oft den Pflegegrad 2 erreichen und dadurch Leistungen eines ambulanten Pflegedienstes in Höhe von nahezu 700 Euro in Anspruch nehmen können. An diesen Beispielen lässt sich aufzeigen, wie pragmatisch im Alltag mit den scheinbar so eindeutigen Paragrafen und Ausführungsvorschriften umgegangen wird.
Je nachdem, was verfügbar oder finanzierbar ist, wird diese oder jene Maßnahme eingefädelt, die bestenfalls auch noch den aktuellen Bedürfnissen des Klienten entspricht. Je besser Sozialarbeiterinnen und Sozialarbeiter auf dieser Klaviatur spielen können, desto effektiver können sie helfen. Natürlich träumen wir alle vom Ende dieses unerträglich zersplitterten Systems mit seiner irrsinnigen Bürokratie. Vorerst bleibt uns jedoch nur, uns in entsprechenden Initiativen sozialpolitisch zu engagieren. Im Alltag werden wir wohl weiterhin fast jährlich neue Tonleitern einüben müssen.
Glücklicherweise verfügt das oft so negativ bewertete Getto der Gemeindepsychiatrie über einige pauschal finanzierte Übergangsräume. Neben den Zuverdienstprojekten für psychisch Kranke sind dies vor allem die vielfältigen Angebote der psychosozialen Kontakt- und Begegnungsstätten, die auf ganz eigene Weise Heimat schaffen und gleichzeitig Autonomie fördern (Delcamp 2010). An der Peripherie ist häufig ein ganz

eigenes, buntes Milieu entstanden, das sowohl unverbindliche Kontakte als auch tragfähige Freundschaften ermöglicht. Bei den Psychoseseminaren, den Selbsthilfegruppen und den Festivitäten der verschiedenen Träger treffen sich alle Akteure – die ehemaligen und die aktuellen – zum Feiern und Hallo sagen.

Der Idealfall: Ziel erreicht

BEISPIEL Die achtzehnjährige Simone wird dem Sozialpsychiatrischen Dienst gemeldet, nachdem sie schon vier Jahre lang unentdeckt an einer Psychose erkrankt ist. Die inzwischen getrennt lebenden Eltern sind an ihrer Tochter verzweifelt. Kaum vorstellbar sind die Qualen des jungen Mädchens, das sich in allen Lebensbereichen gefoltert und beeinträchtigt fühlt. Mit Cannabis kämpft sie gegen ihren Wahn, nach einem Konflikt muss sie die Wohnung der Mutter verlassen. Sie wird von einer Mitarbeiterin des Sozialpsychiatrischen Dienstes in einer Pension untergebracht.
Das Team bittet Frau E., eine besonders feinfühlige, aber auch hartnäckige Mitarbeiterin des Betreuten Wohnens, zunächst in der Pension mit der Arbeit zu beginnen. Mit der wöchentlichen Übergabe des Geldes, das Simones Vater ihr zukommen lässt, fängt alles an. Zunächst gelingen die Kontakte nur selten. Mit Engagement und trickreichen Absprachen gelingt es Frau E. dennoch, Simone zum Einzug in das Wohnprojekt ihres Trägers zu bewegen. Simone hat erstmals vorsichtige Kontakte zu anderen Menschen. Sie kifft noch immer und verweigert jegliche medikamentöse Behandlung. Sie scheint auch weiterhin zu halluzinieren.
Eigentlich klappt nichts, nur die Beziehung zu ihrer Bezugsperson Frau E. hält und so kann diese experimentieren. Was macht Simone Spaß, wo gibt es einen Zugang? Schließlich – zwei Jahre sind vergangen – kommt es nach vielen Supervisionen und Beratungen doch zu einer stationären Behandlung mit einer nicht ganz freiwilligen Medikation. Dies ist ein erster Durchbruch. Simone beklagt Nebenwirkungen, kann sich aber nun auf Absprachen und eine erste Tagesstruktur einlassen. Eine weitere stationäre Behandlung mit Umstellung der Medikation folgt. Frau E. bleibt in engem Kontakt mit der Psychiatrischen Institutsambulanz der Klinik. Quasi an der Hand ihrer Betreuerin beginnt Simone, ihren Hauptschulabschluss nachzuholen, Schritt für Schritt. Sie berichtet

zaghaft von ihrem Wahnerleben, die therapeutische Beziehung zu ihrer Sozialarbeiterin gewinnt an Tiefe. Im Haus ist Simone inzwischen integriert, zaghafte Freundschaften entstehen. Es gibt Rückschläge. Die gemeinsamen Gespräche mit den zerstrittenen Eltern sind jedes Mal ein Risiko, aber auch eine Chance.
Simone entwickelt Fähigkeiten, wird mutiger, und im Rahmen einer Gruppe anderer junger Klienten hat sie kleine Auftritte bei Psychiatrietagungen. Sie ist stolz darauf. Viele Ziele sind erreicht, und jedes Mal steht die Begutachtung unter dem Fragezeichen: Gibt es noch eine Verlängerung? Ist nicht längst alles erreicht? Hier lohnt es sich, dass der Sozialpsychiatrische Dienst stets mit im Boot war. Tatsächlich sieht Frau E. immer noch neue Ressourcen und Ziele, und kann ihr Team und den Kostenträger überzeugen. Simone zieht mit intensiver Unterstützung in eine eigene Wohnung, und beginnt parallel mit einer Psychotherapie. Allmählich sinkt der Hilfebedarf und die Betreuung durch Frau E. endet. Simone hat sich vorgenommen, das Abitur zu schaffen und die Psychiatriegemeinde für immer zu verlassen. ×

Es gibt sie noch, die erfolgreiche Betreuung von Alpha bis Omega. Es sind jene seltenen Sternstunden, von denen professionelle Bezugspersonen ungeheuer profitieren. Das ist auch gut so, denn die langfristige Unterstützung psychisch erkrankter Menschen ist (aus meiner Sicht) die schwierigste Tätigkeit im psychiatrischen Feld überhaupt.

Der Abbruch: Klient oder Leistungserbringer beenden

BEISPIEL Herr P. ist vor vielen Jahren an einer Schizophrenie erkrankt, und lebt gemeinsam mit der Mutter in deren Wohnung. Seine größten Auffälligkeiten konnte die Mutter im Zaum halten. Nach ihrem Tod nehmen die Manipulationen an Strom und Wasser sowie seine Sammelleidenschaft bedrohliche Züge an. Er wird schließlich zwangsgeräumt und erhält einen juristischen Betreuer. Nachdem er fast ein Jahr durch die Einrichtungen der Wohnungslosenhilfe gewandert ist, beschließt der Sozialpsychiatrische Dienst, ihn im Steuerungsgremium Psychiatrie vorzustellen. Der Wohnverbund erhält den Auftrag, in seinem Intensiv

Betreuten Wohnen Herrn P. ein Zimmer zur Verfügung zu stellen und ihn in allen Lebensbereichen zu unterstützen.
Einige Jahre halten es die Bezugspersonen mit dem exzentrischen, überheblichen und nicht zu beeinflussenden Herrn P. aus. Das Zimmer ist nach landläufigen Maßstäben nicht mehr bewohnbar. Immer wieder kommt es zu gefährlichen Situationen, wenn Herr P. seine Abfälle im Herd präpariert oder an den Leitungen hantiert. Er verbittet sich jede Einmischung und die Mitarbeiter sehen sich nicht mehr imstande, die Sicherheit für die anderen Bewohner zu gewährleisten. Die Stimmung ist angespannt. Auch mehrere stationäre Behandlungen gegen den Willen von Herrn P. führen zu keiner Veränderung. Immer wieder werden Regeln aufgestellt, an die er sich nicht hält. Das Gericht wird erfolglos eingeschaltet, schließlich wird ein Vertrag aufgesetzt, in dem sich Herr P. verpflichtet, bestimmte Schritte zuzulassen. Nun provoziert er die Kündigung in der Hoffnung, man müsse ihm nun eine eigene Wohnung überlassen. Sozialpsychiatrischer Dienst und juristischer Betreuer stehen vor der fast unlösbaren Aufgabe, Herrn P. in den Wohnheimen und Pensionen der Wohnungslosenhilfe über den Winter zu bringen. Die nächsten Fehlhandlungen mit Selbst- und Fremdgefährdungen sind absehbar.
Doch je näher der Auszug rückt, desto kooperativer wird Herr P. Er überlegt sich sogar, einige Grundregeln zu akzeptieren, weil er weiß, dass er dann bleiben könnte. Aber letztlich entschließt er sich doch zum Auszug. Drei Tage später, als Herr P. zu Besuch kommt, um letzte Angelegenheiten zu regeln, kommen Bezugsbetreuer und Klient überein, den Kontakt zu halten. Die Steuerungsrunde stimmt zu, Betreutes Einzelwohnen in der neuen Unterkunft für Wohnungslose wird bewilligt. Was daraus wird? Wir werden sehen. ×

Manchmal gibt es keine andere Lösung, als eine Leistung zu beenden. Allerdings ist die »Abschiebung« in die Wohnungslosenhilfe im Sinne des BTHG keine sozialrechtlich adäquate Lösung (Clausen, Eichenbrenner 2016). Die Teilhabeeinschränkung bleibt ja erhalten, sodass der Klient weiterhin Anspruch auf Leistungen zur sozialen Teilhabe hat. In solchen Fällen wird es Aufgabe der Teilhabekonferenz sein, passende Teilhabeleistungen zu finden.

Ilse Eichenbrenner, geb. 1950, arbeitete bis 2014 als Sozialarbeiterin im Sozialpsychiatrischen Dienst Charlottenburg-Wilmersdorf in Berlin. Sie ist Lehrbeauftragte an der Katholischen Hochschule für Sozialwesen Berlin.

Literatur

Clausen, J.; Eichenbrenner, I. (2016): Soziale Psychiatrie. Grundlagen, Zielgruppen, Hilfeformen. Stuttgart: Kohlhammer.

Delcamp, A. (2010): Kontakt- und Begegnungsstätten für psychisch erkrankte Menschen. Köln: Psychiatrie Verlag.

Gastfamilien als Übergang in ein selbstbestimmtes Leben

Michael Konrad

Mit dem Bundesteilhabegesetz verfolgt die Bundesregierung das Ziel, die Eingliederungshilfe aus dem bisherigen Fürsorgesystem herauszuführen und zu einem modernen Teilhaberecht weiterzuentwickeln. Damit werden die notwendigen Hilfen für Menschen mit Behinderung zu einem einklagbaren Rechtsanspruch wie es die UN-Behindertenrechtskonvention vorgesehen hat.

Die Ablösung des Fürsorgeanspruchs hat für die psychiatrische Versorgung weitreichende Implikationen. An die Stelle einer noch häufig vorzufindenden ersetzenden Entscheidungsfindung bei notwendigen Hilfen oder Behandlungsmaßnahmen durch einen Betreuer muss eine unterstützte Entscheidungsfindung treten.

Mit Rechten sind aber auch immer Pflichten verbunden. Die Person mit Behinderung muss einen Antrag stellen, um die Leistung zu erhalten. Dazu muss sie zunächst einmal die Leistung wollen. Bei Menschen mit Körper- und Sinnesbehinderung ist das kein Problem. Sie haben im Gesetzgebungsverfahren deutlich gemacht, dass sie erforderlichenfalls Assistenzleistungen über 24 Stunden pro Tag wollen. Menschen mit seelischer Behinderung wollen in erster Linie, dass die Behinderung verschwindet, da sie in der Regel nicht nachvollziehen können, wie die Erkrankung und Behinderung in sie gekommen ist. Insbesondere schwer beeinträchtigte Menschen mit seelischer Behinderung verweigern sich oft gegenüber Hilfen, auch wenn sie für die Teilhabe am gesellschaftlichen Leben dringend erforderlich wären. Meist übernehmen dann rechtliche Betreuende die Entscheidung und betrachten die Heimversorgung mit der gesetzlich festgeschriebenen Fürsorgepflicht als Mittel der Wahl. Auf diesem Weg kommen nach wie vor Menschen mit seelischer Behinderung in Heime.

In Zukunft werden auch die gesetzlichen Betreuenden nicht mehr das Wohl der Betreuten als Grundlage für die Aufnahme in ein Heim heranziehen können. Sie werden die bestmögliche Interpretation des Willens und der Präferenzen heranziehen und dabei die Methode der »unterstützten Entscheidungsfindung« anwenden müssen. Um eine Basis für die Ermittlung der Präferenz zu schaffen, muss es Wahlmöglichkeiten geben, die Perspektiven für den Übergang in ein selbstbestimmtes Leben bieten.

Eine Alternative ist das Betreute Wohnen in Familien, früher als psychiatrische Familienpflege bekannt. Schon GRIESINGER (1868, 36f.) befand: »Die familiäre Kranksinnigenpflege gewährt den Kranken das, was die prachtvollste und best geleitete Anstalt der Welt niemals gewähren kann, die volle Existenz unter Gesunden, die Rückkehr aus einem künstlichen und monotonen in ein natürliches, soziales Medium, die Wohltat des Familienlebens.« Wie Griesinger gingen jedoch auch seine Nachfolger davon aus, dass es ein Angebot für schwer chronifizierte, in der Regel lange hospitalisierte Personen darstellt. Dementsprechend werden in den Angeboten, die verschiedene Namen wie Betreutes Wohnen in Familien (BWF) oder Leben in Gastfamilien (LiGa) angenommen haben, Personen betreut, für die die Integration in das Arbeitsleben keine realistische Perspektive mehr darstellt und für die eine dauerhafte Lösung zu finden ist.

Gleichwohl gab es immer wieder Beispiele für eine gelungene Ablösung aus der Gastfamilie.

BEISPIEL Im Landkreis Ravensburg wurde eine junge Frau in eine Gastfamilie vermittelt, deren Mutter während der Pubertät gestorben war, und die nach schweren Konflikten mit dem Vater und der Stiefmutter an einer Psychose erkrankt und nach mehreren Klinikaufenthalten im Zuhältermilieu gelandet war. Nach vierjähriger ununterbrochener Hospitalisierung in der psychiatrischen Klinik hatten die Therapeuten jegliche Hoffnung auf eine Reintegration in die Gesellschaft aufgegeben und sahen die Aufnahme in eine Gastfamilie als einen Versuch, der nicht schaden kann. Nachdem sie zwei Jahre lang alle Grenzen der Gastfamilie getestet und zwischendurch auch den Vorwurf des sexuellen Missbrauchs durch den Gastvater vorgebracht, kurz danach aber wieder bestritten hatte, verließ sie die Gastfamilie und wurde in den letzten 25 Jahren nicht mehr psychiatrisch hospitalisiert (vgl. KONRAD 2017). ×

Ein emotionaler Rahmen für soziale Nachreifungsprozesse

Seit einigen Jahren ist im Landkreis Ravensburg zu beobachten, dass zunehmend Personen unter dreißig Jahren in Gastfamilien vermittelt werden (GPV 2015). Die Zuweisung zum Betreuten Wohnen in Familien (BWF) erfolgt durch die Hilfeplankonferenz nach der Vorstellung des Hilfebedarfs und der Diskussion über ein passgenaues Angebot. Die Leistungsberechtigten kommen zum Teil aus der Jugendhilfe, in deren Rahmen sie bereits in einer Gastfamilie waren, zum Teil aus dem ambulant Betreuten Wohnen, wo sie mit der Führung eines selbstverantworteten Lebens überfordert waren. Während noch vor einigen Jahren die Klienten vorwiegend die Diagnose einer schizophrenen Psychose erhalten hatten, kommt diese Diagnose bei den Personen unter dreißig Jahren nicht mehr vor. Der Schwerpunkt liegt bei den Diagnosen Borderline-Persönlichkeitsstörung und psychische Störung mit Beginn im Kindes- und Jugendalter. Ein großer Teil der Klientel kommt aus »zerrütteten« Familien, ein Teil hat eine längere »Karriere« in Kinder- und Jugendheimen. In der Regel haben sie keinen oder nur einen sehr niedrigen Bildungsabschluss und haben keine Berufsausbildung begonnen oder diese abgebrochen.
Lebenspraktische Fähigkeiten im Sinne der Selbstversorgung sind bei dieser Klientel durchaus vorhanden. Was fehlt, ist eine emotionale Stütze, um bis zu einem Schulabschluss durchzuhalten oder mit den Kolleginnen und Kollegen in der Berufsausbildung klarzukommen. Im professionell betreuten Wohnen fehlt dieser Klientel die Fürsorge nicht im Sinne der stellvertretenden Assistenz, sondern die Sorge im Sinne der Existenzphilosophie, Kampf um ihr In-der-Welt-sein, oder im Sinne der UN-BRK um Inklusion. Wolfgang Blankenburg hat dies den »Verlust der natürlichen Selbstverständlichkeit« genannt und mit wörtlichen Zitaten seiner Patientin dargestellt:
»Was fehlt mir eigentlich? So etwas K l e i n e s, so komisch, etwas W i c h t i g e s, ohne das man aber nicht leben kann. Zu Hause bei Mutti war ich menschlich nicht dabei. Ich war nicht gewachsen. Ich war einfach da (…) aber nicht dabei. Ich brauche ein Führungsverhältnis (…) z. B. zu einer Familie, zu einer Frau – eine Bindung, die führt, ohne dass alles k ü n s t l i c h … Jetzt muss ich immer sehen, dass ich nicht alles verliere (…) Ich

müsste auch durch Vertrauen gebundener und verpflichtet sein. Ich finde einfach, dass ich noch den Halt brauche. Bei den allereinfachsten alltäglichen Sachen brauche ich Halt.« (Blankenburg 1971/2012, 42)

Die Bewältigung des Alltagslebens wird zuallererst in der familiären Sozialisation eingeübt, die sekundären Sozialisationsinstanzen wie Kindergarten, Schule, Ausbildung bauen auf den Selbstverständlichkeiten des Familienlebens auf. Parsons (1964) hat hinsichtlich der Sozialisationsinstanzen zwischen diffusen und spezifischen Sozialbeziehungen unterschieden. Während in spezifischen Sozialbeziehungen die Rollen über Ausbildung, hierarchischen Status etc. festgelegt sind, werden sie in diffusen Sozialbeziehungen wie der modernen Familie ständig neu ausgehandelt. Das Ergebnis des Aushandlungsprozesses zum Zeitpunkt des Erwachsenwerdens ist eine mehr oder weniger stabile Identität. Der Verlust der natürlichen Selbstverständlichkeit kann vor diesem Hintergrund als Ausdruck misslungener Identitätsbildung verstanden werden.

Prozesse der Identitätsbildung können bei Menschen, die in ihrer Sozialisation einen sehr geringen Grad an Ich-Stärke entwickelt haben, nicht über die in der künftigen Eingliederungshilfe vorgesehene Assistenz zur Bewältigung der Teilhabeeinschränkungen erfolgen. Vielmehr ist eine »echte« Beziehung erforderlich, in der so etwas wie emotionales Lernen stattfindet. Rehabilitation, die eine volle Teilhabe am gesellschaftlichen Leben ermöglicht, muss daher in einem Milieu stattfinden, in dem Muster diffuser Sozialbeziehungen überwiegen.

Milieutherapie der besonderen Art

In der Psychiatrie wurde das immer wieder versucht. In den USA wurden nach dem Zweiten Weltkrieg Modelle der therapeutischen Gemeinschaft und der Milieutherapie begründet, die im Zuge der Psychiatriereform auch in Deutschland an psychiatrischen Kliniken eingeführt wurden (vgl. Heim 1985). Betrachtet man die Ansätze der Milieutherapie, dann besteht das Milieu in hochstrukturierten Gruppenprozessen, die weit entfernt von diffusen Sozialbeziehungen zu verorten sind. In den 1990er-Jahren begannen infolge der Beschäftigung mit Ansätzen der Transaktionsanalyse einzelne Wohnheime, sich als »familienähnlich strukturiert« zu bezeichnen. Gleichwohl gab es in den familienähnlichen

Wohnheimen Hausregeln, bei deren Nichtbeachtung der Heimvertrag gekündigt wurde. Auch die Ansätze der medizinischen Rehabilitation in den Rehabilitationseinrichtungen für Psychisch Kranke (RPK) finden in rollenförmig organisierten Wohnheimen mit psychotherapeutischen und ergotherapeutischen Einsprengseln statt.
Damit kann festgestellt werden, dass das einzige erprobte therapeutische Milieu, in dem diffuse Sozialbeziehungen eine gewichtige Rolle spielen, das Leben in einer Gastfamilie ist. Die Rehabilitation erfolgt hier durch eine Familie, die eine Person mit seelischer Behinderung für eine finanzielle Entschädigung bei sich aufnimmt und nicht in aufsteigender oder absteigender Linie mit ihr verwandt ist.
Das rehabilitative Potenzial besteht in einer außergewöhnlichen Kombination: Die Gastfamilie ist frei von verwandtschaftlichen Verstrickungen mit dem psychisch kranken Menschen und kann ihre sozialisatorischen Qualitäten unbelastet entfalten. Gleichzeitig steht sowohl der Gastfamilie als auch der Klientel eine sozialpädagogisch und systemisch geschulte Fachkraft zur Seite, die im Sinne einer koordinierenden Bezugsperson den Rehabilitationsprozess begleitet. Eine wichtige Voraussetzung ist, dass höchstens zwei psychisch erkrankte Personen in einer Gastfamilie leben. Dies war eine »Weisheit von Geel«, die sich in der Studie von Margret LINN und Mitarbeitern (1980) bestätigt hat, und mit der sichergestellt ist, dass die Gastfamilie nicht zur Einrichtung mutiert. Die Erfahrungen haben gezeigt, dass die Aushandlung von Grenzen und die Lösung von zwischenmenschlichen Konflikten die wesentlichen rehabilitativen Faktoren des Zusammenlebens von Gastfamilien und psychisch erkrankten Menschen sind.
Wie dies praktisch umgesetzt wird, soll an einem konkreten Beispiel des LiGa-Teams aus Viersen aufgezeigt werden, das in gekürzter Form wiedergegeben wird (NEUENFELDT-SPICKERMANN 2012).

BEISPIEL Als sich Karin Müller und Kai Schmidt als Gastfamilie für die Familienpflege bewarben, waren sie Anfang fünfzig und seit 27 Jahren verlobt. Beide hatten Kinder aus vorherigen Beziehungen gemeinsam großgezogen und versorgten nun noch die fast achtzigjährige, an Demenz erkrankte Mutter im Haushalt. Neben einer Gaststätte betrieben sie zeitweise einen Secondhandladen und führten Wohnungsentrümpelungen oder private Renovierungsarbeiten durch. Als Hauptberuf gaben sie an, als freiberufliche Musiker und Produzenten mit eigenem Tonstudio tätig zu sein. Die Titel versprachen »Palmen, Strand und Meer« oder einen »Traum ohne Ende«, beschrieben die Höhen und Tiefen des Lebens in Titeln wie »Bist du sauer«.

Beim ersten Hausbesuch gewann der begleitende Fachdienst die Überzeugung, dass es keine Tabuzonen gab und man Dinge nur beim Namen zu nennen brauchte, dann wurden die Störungen zügig beseitigt. In einem ausgebauten Anbau des Wohnhauses boten sie ein geräumiges Zimmer mit separatem Bad und direktem Zugang in den großen verwilderten Garten an. Beim Fachdienst fiel diese Familie unter die Rubrik »Spezielle Spezialfamilie«, was sowohl den Respekt als auch den Zweifel zum Ausdruck brachte, ob eine derart kreative Dynamik ein geeignetes Setting für einen an einer Psychose erkrankten Menschen darstellen kann.

Bei Herrn Rudolff schien das die einzige Hoffnung zu sein. Seit Jahren krankheitsuneinsichtig, lebte der gelernte Elektriker unbehandelt auf Platte, definierte diesen Lebensstil als Lebensphilosophie und schwor im Jargon der 1970er dem Establishment ab. Akut psychotisch bekämpfte er seine Symptome mit reichlich Alkohol und gelegentlichem Genuss von Cannabis. Hiernach kam es mitunter zu öffentlichen Beschimpfungen von Passanten oder Provokationen durch die Entblößung seines Hinterteils. In einem günstigen Moment traf er auf einen Psychiater, der ihn überzeugen konnte, dass die verordneten Medikamente ihn entgegen seiner Einschätzung nicht sedieren und entmündigen würden, sondern eine Chance boten, sein Leben wieder gestalten zu können. Bei der Entwicklung seiner weiteren Lebensperspektive ließ er jedoch bezüglich seiner Lebensphilosophie nach größtmöglicher individueller Selbstverwirklichung keinen Kompromiss zu. Das Schlafen im Schlafsack möglichst bodennah, das gelegentliche Duschen maximal alle zwei Wochen und in jedem Fall ohne Seife und Shampoo sowie die Verweigerung von Unterwäsche und Socken waren unumstößliche Grundsätze. In Bezug auf zwischenmenschliche Kontakte wünschte er größtmögliche Freiheit, keine Bevormundung, keine Verbindlichkeiten und schon gar keine Verantwortung.

Die Gastfamilie nahm ihn zunächst so, wie er war und auch das Fachteam stellte zu Beginn nur eine Bedingung, nämlich die gemeinsame Einnahme der Mahlzeiten und die damit verbundene Medikamenteneinnahme. Über die regelmäßigen Kontakte gewann Herr Rudolff Einblick ins Familienleben und erzählte aus seiner vielfältigen Lebenserfahrung. Unverbindlich interessierte er sich für die vielfältigen Aktivitäten in seinem Wohnumfeld. Mal half er bei einer Autoreparatur, mal beim Entrümpeln. Im Tonstudio entdeckte er seine Leidenschaft fürs Schlagzeug. Deutlich wurde, dass er mehr durch den Kontakt als durch die Aktivität an sich motiviert war. Zunehmend entwickelte sich eine Beziehung zu den Gasteltern, sodass es schon bald keine Tabuthemen mehr gab. Die Hygienedebatte wurde ebenso kontrovers und offen geführt wie der unterschiedliche Musikgeschmack. In beständiger Beharrlichkeit verhinderten die Gasteltern seine Verwahrlosung, indem sie wöchentliche Reinigungsaktionen in seinem Wohnbereich vornahmen, auch wenn er diese als Einschränkung seiner Freiheit kritisierte. Doch selbst die härtesten Auseinandersetzungen hinterließen keine Spuren der Verletzung und waren schnell vergessen. Die Grundhaltung war durch gegenseitige Sympathie und Respekt geprägt. ×

Das Beispiel zeigt eine Gastfamilie, die nicht den bürgerlichen Normvorstellungen einer Familie entspricht. Es illustriert den enormen und fortlaufenden Wandel der Familienformen in den westlichen Industrieländern. Dieser Wandel führt nicht zu einer Auflösung der Familie wie in der Phase des Übergangs von der modernen zur postmodernen Gesellschaft angenommen, sondern zu einer Pluralisierung. Die verschiedenen Formen von Familie haben in einer sich ständig wandelnden Gesellschaft sogar an Bedeutung für das Aufwachsen und die emotionale Stabilisierung der Individuen zugenommen (Honneth 2013).

Das Verhältnis der Familienmitglieder untereinander hat sich ebenfalls gewandelt. Familie ist nicht mehr eine patriarchalisch strukturierte Einheit, in der festgelegte gesellschaftliche Regeln gelebt und vermittelt werden. Sie hat zwischenzeitlich eine gleichberechtigte Struktur zwischen den Partnern, auf deren Grundlage eine möglichst »zwanglose« Erziehung der Kinder versucht wird. Beziehungsgestaltung und Interaktion sind wichtiger geworden als die Vermittlung von Regeln und Normen. Dieses »demokratische« Erziehungsmodell (Keupp 2012) passt zu den Grundsätzen der UN-Behindertenrechtskonvention, die von den Prinzipien Inklusion, Diversität und Selbstbestimmung ausgehen.

Wie das Fallbeispiel zeigt, können mit entsprechenden Gastfamilien therapeutische Erfolge bei Menschen mit psychischer Erkrankung erreicht werden, auf deren Grundlage mehr Teilhabe am gesellschaftlichen Leben möglich ist. Durch die Integration in eine Gastfamilie erschließt sich gleichzeitig der Zugang zu Verwandten der Gastfamilie, Freunden,

Nachbarn und Arbeitskollegen. Konflikte mit der Umwelt führen nicht zum Ausschluss, Integration ist durch den Schutz der familiären Zugehörigkeit gewährleistet.
Die Gastfamilie schafft eine Beziehung mit umfassender Begleitung durch ein Familiensystem, das nicht auf Fachkenntnisse und »professionelle Haltung« zurückgreift, sondern auf die eigene Lebensgeschichte. Die Aushandlung alltäglicher Konflikte zwischen Unterstützer und Unterstütztem wird zum biografisch bedeutsamen Lernfeld und damit zum therapeutischen Wirkfaktor. Die Leistung der Gastfamilien kann als »diskrete Arbeit der Transformation« (Schönberger 2007) bezeichnet werden.
Neben den Gastfamilien ist die fachlich qualifizierte Begleitung durch einen Fachdienst der entscheidende Faktor für gelingende Rehabilitation (⇨ Jo Becker: Die Arbeit eines aufsuchenden Fachdienstes am Beispiel des Betreuten Wohnens in Familien). Dies zeigt sich vor allem bei Klienten mit Borderline-Persönlichkeitsstörung (Matt, Röscheisen 2012). Für diese Klientel scheinen sich insbesondere alleinerziehende und allein lebende Frauen zu eignen. Da sie mit den Klientinnen häufig in emotionale Konfliktsituationen geraten, besteht allerdings ein besonderer und zum Teil hoher Bedarf, sich mit der begleitenden Fachperson auszutauschen. Diese benötigt eigene Erfahrung in der Arbeit mit Borderline-Klientinnen und muss in der Prozessbegleitung ressourcen- und konfliktorientiert ansetzen. Darüber hinaus ist es ihre Aufgabe, den Prozess der schulischen und beruflichen Ausbildung in Gang zu bringen und zu begleiten. Insgesamt ist ein hohes Maß an fachlich fundierter Netzwerkarbeit zu leisten.

***Dr. Michael Konrad** ist Diplom-Psychologe und Leiter des Geschäftsbereichs Wohnen Ravensburg-Bodensee am ZfP Südwürttemberg. Er ist Sprecher der Trägergemeinschaft Gemeindepsychiatrischer Verbund im Landkreis Ravensburg und Mitglied im Vorstand des Dachverbands Gemeindepsychiatrie.*

Literatur

Blankenburg, W. (1971/2012): Der Verlust der natürlichen Selbstverständlichkeit – ein Beitrag zur Psychopathologie symptomarmer Schizophrenien. Neuausgabe. Berlin: Parodos-Verlag.

GPV Landkreis Ravensburg (Hg.) (2015): Jahresbericht 2015. www.ibb-ravensburg.de/index.php?id=jahresberichte (03.04.2017)

Griesinger, W. (1868): Über Irrenanstalten und deren Weiterentwicklung in Deutschland. Arch. Psych. 1, 8–43.

Heim, E. (1985): Praxis der Milieutherapie. Heidelberg: Springer.

Held, T. (1989): Psychiatrische Familienpflege. Ergebnisse einer prospektiven elfjährigen Langzeitstudie. Stuttgart: Thieme.

Honneth, A. (2013): Das Recht der Freiheit. Frankfurt: Suhrkamp.

Keupp, H. (2012): Familie ist auch nicht das, was sie einmal war. Von der selbstverständlichen Matrix zum Balanceakt. In: Konrad, M.; Becker, J.; Eisenhut, R. (Hg.): Inklusion leben. Betreutes Wohnen in Familien für Menschen mit Behinderung. Freiburg: Lambertus, 47–58.

Konrad, M. (2017): Objektive Hermeneutik als qualitative Methode der Evidenzbasierung sozialpsychiatrischer Praxis – am Beispiel der Familienpflege. In: Sozialpsychiatrische Informationen 47 (2), 26–30.

Konrad, M.; Becker, J.; Eisenhut, R. (Hg.) (2012): Inklusion leben. Betreutes Wohnen in Familien für Menschen mit Behinderung. Freiburg: Lambertus.

Linn, M.W.; Klett, C.J.; Caffey, E.M. (1980): Foster home characteristics and psychiatric patient outcome. The wisdom of Gheel confirmed. In: Arch. Gen. Psychiatriy, 37 (2), 129–132.

Matt, K.; Röscheisen, C. (2012): Menschen mit Borderline-Störung in Gastfamilien. In: Konrad, M.; Becker, J.; Eisenhut, R. (Hg).: Inklusion leben. Betreutes Wohnen in Familien für Menschen mit Behinderung. Freiburg: Lambertus; 113–133.

Neuenfeldt-Spickermann, R. (2012): Die gute Familie. Aspekte zur Auswahl geeigneter Gastfamilien. In: Konrad, M.; Becker, J.; Eisenhut, R. (Hg.): Inklusion leben. Betreutes Wohnen in Familien für Menschen mit Behinderung. Freiburg: Lambertus, 148–158.

Parsons, T. (1964): Social structure and personality. Glencoe: Free Press.

Schönberger, C. (2007): Die diskrete Arbeit der Transformation. Soziologische Fallstudien zum Leben psychisch Kranker in Fremdfamilien. Bern: Huber.

Gemeindeintegration durch Bürgerhelfer

Achim Dochat

Das Projekt Gemeindepsychiatrie, der Aufbau von Hilfen außerhalb der Anstalten war von Anfang an eng mit bürgerschaftlichem Engagement verbunden. Genauso lang begleitet uns die Debatte um das richtige Verhältnis von professioneller und bürgerschaftlicher Hilfe. Was nach einem Dauerthema aussieht, verdient allerdings unter aktuellen Rahmenbedingungen neue Aufmerksamkeit. Im Licht der Zielsetzungen der UN-Behindertenrechtskonvention bemessen sich der Wert gemeindepsychiatrischer Unterstützung und die erreichte Lebensqualität in erster Linie daran, wie gut es gelingt, möglichst umfassende gesellschaftliche Teilhabe zu erschließen. Vor diesem Hintergrund sind auch Rolle und Bedeutung von bürgerschaftlichem Engagement neu zu bewerten.

Gemeindepsychiatrie – Sackgasse für Inklusion?

Gemeindepsychiatrische Versorgung findet zwar oft mitten in der Gemeinde statt, wirkt aber doch nach außen irgendwie abgeschlossen, während sie nach innen eine eigene kleine Ersatzlebenswelt reproduziert.
Es wäre aber zu einfach zu sagen, die Einrichtungen haben das Ziel der Teilhabe aus den Augen verloren. Gemeindepsychiatrische Institutionen sind für ihre Nutzer beides – ein Stück Gemeindeintegration und gleichzeitig ein sicheres Rückzugsgebiet, wo man im anforderungsreichen Alltag verschnaufen kann. Der Auftrag an die Mitarbeiter, Platz zu schaffen in der Gemeinde für psychisch kranke Menschen, ist doppelsinnig gemeint. Sie sollen helfen, den Platz zu erstreiten in der Nachbarschaft, im Betrieb, im Verein. Und sie sollen einen eigenen Platz als Schutzraum bei Bedarf anbieten. Das Ergebnis ist dann meist die Schaffung finanzierbarer Surrogate für Teilhabe, Kontakt, Beschäftigung oder Freizeit.

Man könnte sagen, Leistungserbringer und ihre Mitarbeiter denken typischerweise in Kategorien von Therapie, Betreuung, Maßnahmen. Bei genauerem Hinsehen wird aber deutlich, dass hier Motivlagen auf beiden Seiten ineinandergreifen, die zu einer stillschweigenden Übereinkunft der gegenseitigen Absicherung führen. Die gefundenen Teilhabemöglichkeiten erscheinen häufig allen Beteiligten als Win-win-Lösung, denn sie entsprechen auch dem Wunsch vieler Klienten (und eventuell auch ihrer Angehörigen) nach Sicherheit und Überschaubarkeit von Lebensbedingungen und sozialen Beziehungen.

Mitarbeiter dürfen durchaus mit Zustimmung rechnen, wenn sie versuchen, das Thema Teilhabe weitestgehend innerhalb der Betreuungsbeziehung zu lösen oder Beschäftigungs- und Kontaktmöglichkeiten durch tagesstrukturierende Angebote zu gestalten. Hier lebt noch ein fachliches Selbstverständnis fort, das seinen Ursprung in einem Gefühl umfassender Verantwortung der Institution und ihrer Mitarbeiter für Lebenssituation und Wohlergehen der ihnen Anvertrauten hat.

Inklusionsorientierung bedeutet keineswegs weniger professionelle Angebote oder einen Rückzug der betreuenden Mitarbeiter. Es kommt nur darauf an, alle Angebote so zu gestalten, dass Teilhabechancen nicht begrenzt, sondern gefördert werden und so das Ziel Teilhabe präsent zu halten. Der Weg der Teilhabe ist der Weg in eine Risikogesellschaft, die hohe Anforderungen stellt, ohne Erfolg zu garantieren. Ein Weg, der für viele psychisch kranke Menschen nicht ohne Unterstützung möglich ist und durchaus auch Angst machen kann, weil Zutrauen und notwendige Fähigkeiten im Verlauf der Erkrankung verloren gegangen sind. Das Ziel der Inklusion verändert allerdings Blickwinkel und Haltung der Unterstützer und führt zu anderen Formen der Beziehung und Begleitung. Das Vermeiden von Risiken durch ängstlich beschützendes Betreuungsverhalten ist hier nicht zielführend. Inklusionsorientierte Arbeit mit Klienten braucht Mitarbeiter, die

- Kompetenzen und Voraussetzungen für das Gelingen verbessern helfen;
- ehrenamtliche Helfer beteiligen, die normalisierende Begegnung ermöglichen und Lotsen auf dem Weg aus der Psychiatriewelt sind;
- beim Erschließen von Räumen und Teilhabechancen und beim Knüpfen von nicht krankheits- oder hilfebestimmten Netzwerken im persönlichen Umfeld helfen;
- mitarbeiten an einem inklusiven Gemeinwesen, um durch Arbeit im Sozialraum den Boden für Inklusion zu bereiten;

- auf dem Weg beratend begleiten, anstatt stellvertretend zu handeln;
- mit Vertrauen in die Klienten die Balance zwischen Ermutigung; (Ressourcenblick) und Risikokontrolle immer wieder neu gemeinsam ausloten;
- die Welt nahebringen, zeigen, auf sie neugierig machen (Dochat, Krainhöfer 2016).

»Solange ich von Profis umzingelt bin, bin ich nicht integriert«

Es ist durchaus ein qualitativer Unterschied, ob Patienten von Dienstleistern Angebote der Alltagsgestaltung erhalten oder als Bürger von anderen Bürgern mitgenommen werden; ob in Gruppen Aktivitäten des täglichen Lebens trainiert werden oder Bürger ohne pädagogische Zielsetzung aus ihrer Lebenserfahrung heraus ein Anschauungsmodell für die Bewältigung von Arbeit, Haushalt und Einkauf und die Pflege von Kontakten bieten. Um mit Dörner (2015, 21) zu sprechen: »Solange ich von Profis umzingelt bin, bin ich nicht integriert«.

In professionellen Gruppenangeboten dreht sich das ganze Leben um die psychische Anfälligkeit. Natürlich kann eine psychische Erkrankung das Alltagsleben beeinträchtigen. Sie muss es aber trotzdem nicht jeden Moment beherrschen.

Umso notwendiger ist es, durch die Beteiligung freiwillig Engagierter Berührung mit dem Leben in die Einrichtung zu holen. Bürgerhelfer helfen, die Verbindung zur Welt herzustellen und zu halten. Wer nach prägenden Erfahrungen der Zurückweisung, der Nichterwünschtheit den Weg in die Öffentlichkeit wagt, braucht Verbündete. Bürgerhelfer bringen Gesellschaft auf behutsame Weise in das geschützte System ein. Sie holen Menschen ab, unterstützen sie auf dem Weg aus der Psychiatrie heraus. Sie sind Brückenbauer hin zur Gesellschaft und Begleiter auf dem Weg über die Brücke. Und Bürgerhelfer sind ihrerseits Botschafter und Multiplikatoren in der Welt draußen. Sie helfen auch, Gemeindepsychiatrie in die Gesellschaft zu bringen, zu einem Teil nachbarschaftlicher Normalität zu machen.

Psychische Erkrankungen sind immer gleichzeitig medizinisches und soziales Geschehen. Sowohl Krankheitsentwicklung als auch Behandlung vollziehen sich im Wesentlichen in Beziehungen. Ein Teil der Probleme psychisch kranker Menschen liegt nicht in der Krankheitssymptomatik selbst begründet, sondern darin, dass man ihnen ihren Platz in der Gemeinschaft, ihre gesellschaftliche Verortung genommen hat. Zur Identitätsbildung gehört auch die Möglichkeit, sich selbst in Gesellschaft und im Licht anderer wahrzunehmen. In der Begegnung sind Erfahrungen möglich, die das Selbstwertgefühl heben, die Mut zum Hinausgehen machen, die erleben lassen, dass das Leben nicht nur aus Krankheit, sondern auch aus Fähigkeiten besteht. Soziale Eingebundenheit, Sinnerleben, Beziehungen sind wesentliche Förder- und Heilfaktoren, um nicht zu sagen das beste Medikament (PEUKERT 2010).

»Gemeindenahe Versorgung braucht eine Gemeinde, die sich sorgt«

Gemeindepsychiatrie ist – ihrem eigenen Anspruch nach – Verknüpfung von Psychiatrie und Gemeinde, nicht nur der vorgelagerte Außenposten der Klinik. Zur Erfüllung dieses Auftrags braucht sie ehrenamtliche Mitarbeit. Es geht nicht darum, Personal einzusparen, sondern Integration zu ermöglichen: »Gemeindenahe Psychiatrie braucht eine Gemeinde, die sich sorgt.« (FINZEN 2013, 12) Hilfesuchende wollen neben fachlicher Unterstützung auch Beziehung und Gesellschaft erleben. Und in Gemeinwesen gibt es Menschen, die helfen und sich engagieren wollen.
Fehlender Bürgerkontakt und fehlende Verknüpfung mit der Gemeinde heißt nicht nur, dass die Engagementbereiten sich in anderen Bereichen engagieren. Mit dem Abstand wächst auch die Fremdheit, die Angst vor psychisch kranken Nachbarn. Ein Prozess, den die Träger nicht wollen können. Nicht nur deshalb, weil es noch schwieriger wird, Immobilien für neue Wohnprojekte zu finden!
Freiwillig engagierte Bürger können – ebenso wie Angehörige und Psychiatrieerfahrene – in der Öffentlichkeit oft mehr bewegen als Fachleute. Das ist unentbehrlich in Zeiten, in denen die Vorurteile gegenüber psychischen Erkrankungen keineswegs geringer geworden sind (FINZEN 2013, SCHOMERUS 2014). Sie scheinen sogar auf dem Vormarsch zu sein:

- Mehr Menschen glauben an biologische Ursachen der Krankheit, weniger an psychosoziale Erklärungen.

- Das Gefühl von Unbeeinflussbarkeit, Unverstehbarkeit und Gefährlichkeit steigt.
- Der Wunsch nach Distanz wächst, man möchte keinen »Schizophrenen« als Kollegen, Nachbarn oder Schwiegersohn.
- Weniger Menschen sind bereit, abweichendes Verhalten zu akzeptieren.

Hierin liegt im Moment eine der größten Herausforderungen. Die Stigmatisierung psychischer Erkrankungen ist ein erhebliches Risiko für die Weiterentwicklung des gemeindepsychiatrischen Projekts. Antistigmaarbeit muss deshalb das große Zukunftsthema der Gemeindepsychiatrie sein. Und gerade hierbei kann bürgerschaftliches Engagement in Verknüpfung mit professionellen Hilfestrukturen einen außerordentlich hilfreichen Beitrag leisten (Dochat 2015). Die Forschungsergebnisse bestätigen die praktischen Erfahrungen. Allgemeine Informationen informieren zwar, ändern aber wenig an Vorurteilen. Das lässt sich schon an der Tatsache erkennen, dass die Umfrageergebnisse für Psychiatriemitarbeiter gar nicht so verschieden sind von denen für die Allgemeinbevölkerung. Auch sie haben negative Einstellungen und wünschen sich psychisch kranke Menschen nicht zum Freund oder Kollegen.
Die wirksamste Form von Antistigmaarbeit ist es, Erfahrungen des gegenseitigen Erlebens möglich zu machen, Kontakt zu organisieren, Teilnahme am gesellschaftlichen Leben möglich zu machen. Weit wirksamer als medizinische Hochglanzaufklärung haben sich Orte der Begegnung, des Lernens voneinander auf Augenhöhe erwiesen. Wenn Gelegenheit besteht, im persönlichen Kontakt dem »psychisch Kranken von nebenan« zu begegnen, funktioniert auch Entstigmatisierung. Schließlich gibt es ja auf beiden Seiten Verunsicherung, Distanzierung und Rückzug – es geht also quasi um einen Akt gemeinsamer und gegenseitiger »Entängstigung« (Bock 2011, 2).
Positive Beispiele für das Gelingen solcher lernenden Begegnungen sind die nach wie vor an vielen Orten laufenden Psychoseseminare, oder trialogische Präventions- und Informationsinitiativen wie »Es ist normal, verschieden zu sein« oder »Irrsinnig menschlich«. In ihnen begegnen sich Laien, Fachleute, Psychiatrieerfahrene und Angehörige und tragen dadurch sehr viel zur Vorurteilsbeseitigung in Schulen, Betrieben, Medien und auch bei der Polizei bei. Sie liefern nicht nur Informationen aus erster Hand, sie beweisen vor allem, dass Verständnis und

Einstellungsänderungen in erster Linie durch praktische Erfahrung, durch Begegnung entstehen.
Die Barrieren, die Körperbehinderten auf ihrem (Rück-)Weg in die Gesellschaft im Wege stehen, sind nicht immer leicht zu beseitigen, aber zumindest leichter zu erkennen. Für psychisch kranke Menschen ist das Stigma eine unsichtbare, schwer zu greifende, aber dennoch umso wirksamere Barriere. Bürgerhilfe steht für das, worauf es beim Kampf gegen Stigmatisierung am meisten ankommt: Begegnung und Verständnis auf Augenhöhe.

Mitarbeiter und ehrenamtliche Helfer – eine nicht ganz einfache Beziehung

Es gibt also viele Gründe dafür, dass Gemeindepsychiatrie und Bürgerhilfe eigentlich natürliche Verbündete sein müssten. Dennoch erfreut sich die Aktivierung und fachliche Unterstützung von Selbst- und Bürgerhilfe als Aufgabe für Mitarbeiter in der Gemeindepsychiatrie keineswegs uneingeschränkter Beliebtheit. Auch in der alltäglichen Zusammenarbeit ist das Verhältnis keineswegs immer einfach und unbeschwert. Bei genauerem Hinhören schwingen aufseiten der Psychiatriefachleute in der Bewertung dieser Partnerschaft nicht selten kritische Töne mit. Auch wenn der Gewinn unterschiedlicher Kompetenzen und Sichtweisen für die Praxis gern gelobt wird, machen sie gleichwohl die tägliche Kooperation schwierig. Entsprechend halten Ross und Tries (2010, 1) nicht das Finden von Ehrenamtlichen, sondern »die Gewinnung der Hauptamtlichen« für »die Kernfrage des freiwilligen Engagements«.
Und in der Tat, Gelegenheiten für die Entstehung von Rollenkonflikten, Missverständnissen und Spannungen gibt es genug. Nicht alle zu ehrenamtlicher Mitarbeit Bereiten sind pflegeleicht. Manche solidarisieren sich mit den Betreuten in deren Kritik an Kollegen und Einrichtung oder verbitten sich die Einmischung durch die Hauptamtlichen. Ganz schwierig wird es schließlich, wenn der Profi meint, Fehler zu erkennen. Er ist ja nicht der Chef der Ehrenamtlichen. Und Menschen, die freiwillig Gutes tun, lassen sich meist nicht gern kritisieren (Dochat 2015).
Eigensinn der Engagierwilligen wird als Komplikation, kaum als Ressource gesehen. Die Erwartung liegt nahe, dass Bürgerhelfer sich als Teil

der Institution verstehen, sich im Sinne von Ergänzungskräften an die Aufgabenprofile der Einrichtungen anpassen. Doch ist das überhaupt sinnvoll oder liegt der Wert von Bürgerhilfe nicht gerade in ihrer Normalität und persönlichen Authentizität, also quasi einer mitmenschlichen Unprofessionalität?

Freiwilliges Engagement ist immer ein Engagement für andere *und* für die eigene Person. Das ist nicht ehrenrührig (Keupp 2015). Wer Freiwillige gewinnen will, muss sich an den Motiven von Interessenten orientieren:

- Welche Anreize werden mir geboten (Lern- und Entwicklungsmöglichkeiten, aktiv mitgestalten können, finanzielle Entschädigung)?
- Wird mein Beitrag ernst genommen, wertgeschätzt, als sinnvoll anerkannt?
- Wird mir Autonomie und Gestaltungsraum zugestanden?

Aktivierung, Förderung und fachliche Unterstützung von Selbst- und Bürgerhilfe ist ein unverzichtbarer Auftrag gemeindepsychiatrischer Mitarbeiter. Es handelt sich dabei um eine anspruchsvolle, fast paradoxe Aufgabe. Es gilt, Rahmenbedingungen sicherzustellen, Beratung und fachliche Unterstützung zu geben, die Aktivitäten zu koordinieren und fachlich zu kontrollieren und dabei so viel Autonomie wie möglich zu gewähren.

Die mitunter gefühlte Konkurrenz ist nicht real – und auch nicht sinnvoll. Erfolgreiche Beziehungsarbeit von Bürgerhelfern, erfolgreiche Gruppenangebote von Angehörigen oder Psychiatrieerfahrenen bedrohen nicht die fachliche Identität oder Existenzberechtigung der Profis. Sie müssen nicht bessere Beziehungen zu den Hilfesuchenden haben, sondern ihre spezifischen beruflichen Fachkompetenzen gezielter einsetzen. Es gibt durchaus Bereiche, denen es nicht nur nicht schadet, sondern sogar nutzen kann, wenn sich Fachmitarbeiter zurücknehmen. Der Besuch einer Veranstaltung in Begleitung eines ehrenamtlich Engagierten hat einen anderen Charakter und fühlt sich anders an als von Mitarbeitern organisierte und geführte Freizeitaktivitäten, selbst wenn sie in dieselbe Kino-, Kultur- oder Sportveranstaltung führen.

Notwendig sind Verständigung und klare Rollenabgrenzung auf der Grundlage gegenseitiger Anerkennung. Gute Zusammenarbeit wächst nicht aus schonender Distanz. Sie braucht aktive Auseinandersetzung mit Kritikfähigkeit auf beiden Seiten.

Ressource Psychiatrieerfahrung

Es scheint fast so, als wenn Begegnung und Verständnis auf Augenhöhe Mitarbeiter und Mitarbeiterinnen noch schwerer fallen, wenn die Engagierwilligen selbst Psychiatrieerfahrung mitbringen. In Bezug auf ehrenamtliches Engagement werden Menschen mit Psychiatrieerfahrung in der Regel nur als Zielgruppe von Hilfe benannt, ihr Potenzial als Hilfeerbringer wird noch allzu häufig übersehen. Gerade für Menschen, für die eine Vollzeitbeschäftigung auf dem allgemeinen Arbeitsmarkt keine Perspektive ist, bietet bürgerschaftliches Engagement nicht nur eine Möglichkeit sinnvollen Tuns außerhalb der Zwänge des Arbeitsmarkts, sondern gelebte Teilhabe am gesellschaftlichen Alltag (Dischler 2010). Auch sich in der Selbsthilfe zu organisieren, ist bürgerschaftliches Engagement. Psychiatrieerfahrene sind als Bürgerhelfer nicht zweite Wahl, sondern leisten sogar einen besonders wertvollen Beitrag. Sie haben eine hohe Motivation und persönliche Nähe. Eigene Bewältigungsstrategien und Genesungswege sind die Grundlage einer besonderen Form von Expertise, die sowohl wertvolle Hinweise für die persönliche Begleitung als auch für die Gestaltung von Settings liefert. Psychiatrieerfahrene sind als Unterstützer oder Peerberater zudem Modelle für Recovery, für gelungenen Alltag, für Bewältigung der Anforderungen selbstständigen Lebens unter modernen Bedingungen.

Der Wert des Erfahrungswissens von Klienten wurde von der professionellen Psychiatrie lange unterschätzt. Inzwischen muss man sagen, dass vom Erstarken der Selbsthilfe, von Peerberatung und Genesungsbegleitung bis hin zum Einsatz von Psychiatrieerfahrenen als Mitarbeiter psychiatrischer Institutionen die derzeit wichtigsten Impulse für die Weiterentwicklung der Gemeindepsychiatrie ausgehen (vgl. → Angelika Lacroix und Gisbert Eikmeier: Willst du etwas wissen, so frage einen Erfahrenen und keinen Gelehrten).

Psychiatrieerfahrene aktiv zu ehrenamtlichem Engagement zu ermutigen, zu Partizipation und Mitgestaltung, zu Beteiligung an Aktivitäten der Prävention und Öffentlichkeitsarbeit, zu Interessenvertretung in öffentlichen Gremien ist gemeindepsychiatrisches Handeln im ureigensten Sinn. Die Einrichtung erschließt nicht nur zusätzliche Ressourcen, die Aktivitäten haben auch rehabilitativen Charakter, indem sie im Sinne von Empowerment bei den Beteiligten Potenzialen stärken. Wenn die persönliche Passung stimmt, kann die Tätigkeit gesundheitsfördernd und identitätsstiftend sein. Die Rolle als Hilfeerbringer bietet die Chance der Verbesserung der eigenen gesellschaftlichen Integration und Teilhabe.

Auf die Mischung kommt es an

Profis denken zu selten daran, dass manchmal normale nachbarschaftliche Angebote näherliegen als institutionelle Lösungen. Gemeindepsychiatrie kann auf Fachlichkeit auf der Höhe der Zeit nicht verzichten, braucht daneben aber auch Normalität und Berührung mit dem Leben.

Es ist im Übrigen auch gar keine Frage, ob die Psychiatrie selbst Engagement von Bürgern, Angehörigen oder Psychiatrieerfahrenen für notwendig hält. Sie kann es sich nicht leisten und wird es auch nicht schaffen, ohne diese Bündnispartner auszukommen. Die Frage ist vielmehr, ob es gelingt, zu einem akzeptierenden, respektierenden Miteinander, zu einer Zusammenarbeit auf gleicher Augenhöhe zu kommen. Im Grunde sind die Voraussetzungen dafür gegeben: Beide Seiten haben ihre eigene, voneinander verschiedene Qualität. Sie stellen sich nicht gegenseitig infrage, sondern brauchen sich, haben sich etwas zu geben. Bürgerhilfe und Selbsthilfe machen Profis nicht überflüssig, sondern setzen die funktionierende Organisation der professionellen Kernaufgaben voraus. Sie dürfen deshalb von Politik und Kostenträgern nicht als Chance zu Einsparungen missverstanden werden.

Die weitere Professionalisierung des therapeutischen und sozialen Helfens ist sicher nicht aufzuhalten. Der Auftrag inklusiver, teilhabeorientierter Unterstützung ist auf diese Weise aber nur begrenzt erfüllbar. Deshalb braucht Gemeindepsychiatrie zur Erfüllung ihres Zwecks bürgerschaftliches Engagement in jeder Form – auch wenn sie es selbst mancherorts nicht wahrhaben will. Die Zukunft liegt in einer Mischung aus Professionalität, Selbsthilfe und freiwilligem Engagement.

Wenn die fachliche und gesundheitspolitische Bedeutung des Gelingens dieses Zusammenwirkens erkannt wird, werden auch die Kostenträger nicht mehr umhinkommen, Teile ihres Budgets bewusst für Selbst- und Bürgerhilfe bereitzustellen.

Gemeindepsychiatrie können Profis nicht alleine!

Achim Dochat *leitet das Geschäftsfeld Sozialpsychiatrie der BruderhausDiakonie.*

Literatur

BOCK, T. (2011): Trialog statt Monolog. Konzepte der Beteiligung von Anfang an. Vortrag in Dortmund 15.6.2011. http://freiewohlfahrtspflege-nrw.de/fileadmin/user_data/139-Dokumentation/10/Vortrag_Prof_Bock.pdf (29.03.2017).

DISCHLER, A. (2010): Teilhabe und Eigensinn. Psychiatrie-Erfahrene als Tätige in Freiwilligenarbeit. Leverkusen: Budrich.

DOCHAT, A. (2015): Bürgerhilfe und die aktuellen Herausforderungen für die Gemeindepsychiatrie. In: RAUEISER, S.; SCHULZE, G. (Hg.): Berührung mit dem Leben, Bürgerhilfe in der Psychiatrie, Irsee: Grizeto.

DOCHAT, A.; KRAINHÖFER, A. (2016): Wer sich nicht in Gefahr begibt, kommt darin um. Kerbe, 34 (4), 26.

DÖRNER, K. (2015): Begegnung und Gegnerschaft. Soziale Psychiatrie, 39 (1), 21.

FINZEN, A. (2013): Trotz Anti-Stigma-Kampagnen: Nehmen Vorurteile zu? Psychosoziale Umschau, 28 (4), 10.

KEUPP, H.: (2015): Verworfenes Leben. Von den »Überflüssigen« in der Spätmoderne durch den alltäglichen Ausschluss. Soziale Psychiatrie, 39 (1), 11.

PEUKERT, R. (2010): Das beste Medikament: funktionierende soziale Netzwerke. Kerbe 28 (2), 4.

ROSS, P.-S.; TRIES, H. (2010): Die Kernfrage des freiwilligen Engagements ist die Gewinnung der Hauptberuflichen. In: Newsletter Wegweiser Bürgergesellschaft 10. Online verfügbar: www.ifas-stuttgart.de/images/Ross%202010d%20Freiwillige Hauptberufliche.pdf (29.3.2017).

SCHOMERUS, G. (2014): Die Einstellungen zu Menschen mit psychischer Erkrankung ändern sich. Kerbe, 32 (2), 40.

KLIENTEN MIT BESONDEREN BEDÜRFNISSEN

»Aber ich kann ja nicht von morgens bis abends die ganze Zeit strahlen und sagen ist alles wunderbar, ist alles wunderbar. Weil, also könnte ich ja tun, aber irgendwann würden sie dann mitkriegen, dass ich mich in mein Zimmer einschließe oder im Badezimmer verschwinde oder dass ich betrunken bin oder keine Ahnung, irgendwas.« »Und als ich dann zu Hause in meiner Wohnung saß und dann so ja auch viel Zeit zum Nachdenken hatte, weil ich auch alleine war, und nicht mehr in so einer festen Struktur eingebunden war, wurde der Suchtdruck auch dementsprechend noch stärker.«

»Zum Anfang hat sie nicht viel gemacht, weil ich nicht viel zugelassen habe.«

»Meine Sache ist jetzt eben, dass ich im Augenblick in einem geschützten Rahmen bin. (Pause) Dass ich jemanden habe wie Frau P. und Frau F., dass ich da hingehe und sag das und das. Dass ich auch irgendwie geschützt bin, falls mir etwas passieren sollte.«

»Und ich hab niemals damit gerechnet, z.B. in der WG, dass ich noch mal, wie jetzt, wie ich mich jetzt wohl fühle, jetzt noch mal alles einigermaßen auf die Reihe kriege, mich wohl fühle. Wo ich niemals mit gerechnet hätte, dass ich es noch mal schaffen würde, weil ich damals gesagt habe, och, du bleibst n Pflegefall, bleibst immer im Heim und WG und kommst da nicht mehr raus.«

Betreutes Wohnen – Betreutes Trinken?

Martin Reker

Wenn in diesem Buch ein Kapitel vorgesehen ist, das Besonderheiten bei Menschen mit Suchterkrankungen zum Thema macht, dann könnte man sich fragen, ob sich süchtige Menschen überhaupt grundsätzlich von anderen Menschen mit anderen Problemlagen unterscheiden. Die tiefenpsychologisch ausgerichteten Kolleginnen und Kollegen gehen davon aus, dass es in der Struktur süchtiger Menschen etwas gibt, das sie für Suchtmittelkonsum besonders empfänglich macht. In frühestem Lebensalter sei ihr Bedürfnis nach Wärme, Zuwendung und Sicherheit nicht so befriedigt worden, dass ein Gefühl von Urvertrauen in andere Menschen und in die eigene Zukunft entstehen konnte. Dieses Defizit trage auch dazu bei, dass es diesen Menschen besonders schwerfällt, eigene Bedürfnisse aufzuschieben. Zwillingsuntersuchungen haben zudem gezeigt, dass insbesondere bei Männern dafür auch eine genetische Veranlagung eine große Bedeutung hat.
Wer chronisch suchtkranke Menschen im Lebensalltag begleitet, wird immer wieder solche Beobachtungen machen. Sichere Bindungen, klar strukturierte Rahmenbedingungen und langfristig angelegte Perspektiven sind deswegen wichtige Voraussetzungen für die Arbeit nicht nur mit diesen Klientinnen und Klienten. Rauschmittel bedienen das Bedürfnis dieser Menschen nach Wärme, Geborgenheit, Distanzierung von den eigenen Gefühlen, aber auch Intensivierung vermisster Gefühle. In der Regel bewährt es sich, das Wesen der Sucht im ersten Schritt aus der Funktion des Suchtmittelkonsums in der Gegenwart zu begreifen und dann die Wurzeln in der Lebensgeschichte zu suchen. Dafür ist es allerdings hilfreich, einige Polaritäten zu kennen, die bei der Einordnung süchtigen Verhaltens hilfreich sein können.
So hat sich gezeigt, dass man manchmal sinnvoll zwischen Menschen unterscheiden kann, die die positive Wirkung des Rausches suchen (Reward-Konsumenten) und denjenigen, die negative Affekte und Sensationen mit dem Konsum beseitigen wollen (Relief-Konsumenten).

Reward-Konsumenten: Von Menschen, die den Genuss im Rauschmittel suchen, erwartet man als Therapeut – sofern man die Abstinenz zum Ziel setzt – eine echte Verzichtsleistung. Zu dieser sind die betroffenen Menschen in der Regel nur bereit, wenn sie wissen, wofür sich dieser Verzicht lohnen soll.

Relief-Konsumenten: Menschen, die zur Bewältigung negativer Affekte Rauschmittel benutzen, also z. B. zur Vermeidung von Angst, Anspannung oder Depressivität, müssen alternative Strategien erlernen, um mit den negativen Gefühlen besser umgehen zu können. Da dieser Weg meist sehr viel mühsamer ist als die schnelle Abkürzung über das Rauschmittel, benötigen diese Menschen viel Ermutigung und Unterstützung und manchmal ein strukturierendes schützendes Umfeld.

Zum Umgang mit der Wahrheit: Besonderheiten im Umgang mit Menschen mit Suchtproblemen

Die inzwischen überholte Annahme, dass alle Menschen mit Suchtproblemen von ihrer Struktur her charakterschwach seien, hat auch zu der These geführt, dass süchtige Menschen grundsätzlich zur Unwahrheit neigen. Häufig werden Aussagen von süchtigen Menschen daher gar nicht ernst genommen. Die genauere Analyse von Gesprächssituationen mit suchtkranken Menschen zeigt aber häufig, dass mit den offenbar unwahren Aussagen vorrangig die Erwartungen von Professionellen und Angehörigen befriedigt werden. So wird Abstinenz oder das Aufsuchen von Hilfeeinrichtungen versprochen, um die Gegenseite zu beruhigen und weiteren Diskussionen aus dem Weg zu gehen. Fragt man offen danach, ob und gegebenenfalls wie viel jemand weiter konsumieren möchte und ob und gegebenenfalls wann jemand eine Anlaufstelle für Suchthilfen aufsuchen möchte, so zeigt sich bald, dass süchtige Menschen aufrichtig antworten, wenn sie spüren, dass ihre offene Antwort mit Respekt behandelt wird.

Das bedeutet nicht, dass man die Entscheidungen und Zielsetzungen des Klienten mit seinem Suchtproblem gutheißen muss. Aber man zeigt Respekt vor seiner Autonomie und fördert eine Atmosphäre, in der man sich mit seinen Ambivalenzen partnerschaftlich auseinandersetzen kann. Ein solcher Gesprächsstil wurde in der »Motivierenden Gesprächsführung« (Motivational Interviewing nach MILLER, ROLLNICK 2015) erfolgreich konzipiert. Er gehört inzwischen zum Standardrepertoire vieler Einrichtungen, auch im Betreuten Wohnen, die mit konsumierenden Klienten arbeiten.

Selbst wenn Menschen mit Suchtproblemen in abstinenten Phasen ihren Mitmenschen vom Verhalten her sehr ähnlich sein sollten: Unter Rauschmitteleinfluss verändert sich die Persönlichkeit häufig sehr stark. Art und Ausmaß der Verhaltensänderung sind abhängig von der primären Persönlichkeitsstruktur der betreffenden Person, dem benutzten Rauschmittel und der Grundstimmung, in der sie sich zu Beginn des Rauschmittelkonsums befunden hat. Die Wirkungen von Substanzen auf einzelne Menschen können sehr unterschiedlich sein. Die Auswirkungen bestimmter Rauschmittel sind häufig sehr ähnlich.

Wenn man im Rahmen des Betreuten Wohnens Verantwortung für Menschen übernimmt, die Rauschmittel konsumieren, ist es sinnvoll, die Grundpersönlichkeit, die benutzten Rauschmittel und seine Wirkungen und die bisherigen Erfahrungen des Klienten im Umgang damit zu kennen. Wenn die eigenen Erfahrungen und der bisherige Ausbildungsstand nicht ausreichen, um diese Fragen einzuschätzen, ist es am einfachsten, die Betroffenen danach zu fragen.

Zur Kontrolle des unkontrollierten Suchtmittelkonsums

Die durch den Substanzkonsum auftretenden Probleme führen dazu, dass es immer zum Ziel von Behandlungs- und Betreuungssettings von Suchtkranken gehört, den Suchtmittelkonsum irgendwie zu kontrollieren, um Notfallsituationen vermeiden und höherwertige Betreuungsziele zu erreichen: Arbeiten, Wohnen, stabile soziale Kontakte usw. Gleichzeitig fällt es vielen Menschen mit Suchtproblemen schwer, ihre Suchtmittelkonsumgewohnheiten grundsätzlich zu verändern. Das gilt insbesondere dann, wenn neben der Suchtmittelabhängigkeit psychiatrische Komorbiditäten vorliegen, z. B. Psychosen, Depressionen, Angststörungen oder Traumafolgestörungen.

Befragt man Menschen mit chronischem Suchtmittelkonsum zu ihren Konsummotiven, so werden sehr unterschiedliche Antworten genannt. Für viele chronische Patienten ist Rauschmittelkonsum das einzig stimulierende Element im Alltag. Oft entwickelt sich daraus zunächst eine feste Gewohnheit und im weiteren Verlauf eine richtige Sucht mit Suchtdruck, Kontrollverlust und Entzugssymptomen. Andere nutzen Suchtmittel als sogenannte Selbstmedikation gegen Ängste, Anspannung oder Depressionen. Es fällt oft schwer, Henne und Ei zu unterscheiden. Stattdessen ergibt sich ein sich wechselseitig verstärkender Teufelskreis, bei dem Ängste oder Depressionen durch Substanzkonsum, z. B. Alkohol, zurückgedrängt werden, spätestens aber durch den Entzug neue Ängste und Depressionen ausgelöst werden, die ihrerseits wieder mit Suchtmitteln bekämpft werden müssen.

In solchen Situationen kann es sehr schwerfallen, Menschen mit Suchtmittelkonsum für eine Veränderung des Konsumverhaltens zu gewinnen. Am Anfang sollten zunächst bestimmte Regeln stehen, die den Rahmen der Betreuung abstecken und die in der Zusammenarbeit für klare Verhältnisse sorgen. Die Ansprüche an die zu Betreuenden können dabei unterschiedlich sein, abhängig davon, ob es sich um ein eher hoch- oder um ein eher niederschwelliges Angebot handelt.

Immer sollte man darauf achten, dass man von Klienten nur Dinge einfordert, die sie auch tatsächlich leisten können. Ein Blick in die Vergangenheit zeigt meist ganz gut, wozu eine Person in der Lage war und was sie seit Langem nicht mehr erreichen konnte. Zu den wichtigen Grundregeln gehört, dass nicht mit Rauschmitteln gehandelt werden darf und dass Mitbewohner nicht zum Konsum animiert werden dürfen. Es sollte auch unstrittig sein, dass in einer Einrichtung keinerlei Suchtmittel konsumiert oder gelagert werden dürfen.

Im Sinne der Zielehierarchie von Schwoon und Krausz (1990) gibt es unterschiedlich anspruchsvolle Ziele in der Arbeit mit chronisch Suchtkranken. Demnach geht es zunächst einmal um das Überleben, im weiteren Verlauf um ein möglichst gesundes Überleben. Auf der nächsten Stufe geht es um zunehmend längere Abstinenzzeiten und erst als letzte Stufe wird die vollständige längerfristige Abstinenz das Behandlungsziel.

Die vorrangige Sicherung von Überleben und Gesundheit unter Vernachlässigung von Abstinenzzeiten wird als Schadensbegrenzung bezeichnet. Dazu gehört kontrollierter Spritzentausch, der Heroingebrauch in Konsumräumen oder die Konsumberatung von Konsumenten von

Designerdrogen am Rande von Partys, auf denen diese Tabletten konsumiert werden.
Ein kontrollierter Substanzkonsum stellt ein deutlich anspruchsvolleres Ziel dar. Dabei geht es darum, den eigenen Suchtmittelkonsum nach zuvor definierten Regeln auszurichten. Solche Regeln können Umfang, Art, Ort und Zeit des Konsums betreffen. Das Einhalten solcher Regeln führt meistens zu einer erheblichen Risikoreduzierung sowie zu einem insgesamt verringerten Konsum.
Eine vollständige Abstinenz von Alkohol, sedierenden Tabletten und illegalen Drogen ist ein hohes Ziel. Es kann bei chronifizierten Klienten häufig unter geschützten Bedingungen erreicht werden, in offenen Settings aber oft nur vorübergehend.
Abstinenz und kontrollierter Konsum im Sinne von Körkel und Bahle (2008) sind für die Betroffenen in aller Regel mit erheblichen Anstrengungen verbunden. Für derartige Anstrengungen müssen sie zunächst motiviert werden. Die Diskussion um geeignete Motivationstechniken ist in den letzten 15 Jahren immer mehr in den Mittelpunkt der Arbeit mit chronisch Suchtkranken gerückt. Neben der bereits erwähnten Motivierenden Gesprächsführung (Miller, Rollnik 2015) ist hier der Behandlungsansatz des Community Reinforcement Approach (CRA) von Meyers und Smith (2017) zu nennen. Hier geht es vorrangig darum, die Behandlungsmotivation personenzentriert aus der Perspektive der Betroffenen zu entwickeln. Das CRA-Konzept sieht dafür eine Zufriedenheitsskala vor, in der die Betroffenen für alle Lebensbereiche ihre Alltagszufriedenheit dokumentieren. Aus dieser Zufriedenheitsskala werden in einem zweiten Schritt individuelle Veränderungswünsche abgeleitet und in Behandlungsziele übersetzt, deren Erfolg wiederum mit der Zufriedenheitsskala überprüft werden kann. Der Anspruch an Abstinenz und Konsumkontrolle wird hier legitimiert durch die subjektiven Ziele der Klienten. Abstinenz ist also kein normatives Ziel an sich. Vielmehr führt der Wunsch nach Arbeit, die Vorbereitung auf ein Vorstellungsgespräch oder der Kontaktwusch mit einer neuen Herzdame dazu, dass Konsumkontrolle notwendig wird, um dem gewünschten Ziel näher zu kommen. Abstinenz und Konsumkontrolle müssen sich also für die Betroffenen lohnen.
Es gibt eine lange Tradition in der Suchtarbeit, Menschen mit Suchterkrankungen das Abstinenzziel vorzugeben, sei es als Voraussetzung für den Einstieg in eine Behandlung oder Betreuung, sei es als mittelfristiges Ziel, das erst den Hilfeeinsatz legitimiert. Die süchtigen Klienten neigen

deswegen dazu, im vorauseilenden Gehorsam alle gewünschten Versprechungen zu machen, um von den dargebotenen Hilfeangeboten profitieren zu können. Da Helfer und Klienten unter solchen Bedingungen von Beginn an von verschiedenen Voraussetzungen ausgehen, laufen solche Hilfeprozesse leicht ins Leere.

Personenzentrierte Hilfen

Ein personenzentriertes Konzept sollte die Möglichkeit bieten, Menschen offen zu fragen, wie sie sich den weiteren Umgang mit ihrem Rauschmittel vorstellen. Ehrliche Antworten wird man nur erwarten können, wenn es eine glaubwürdige Kultur gibt, damit fair umzugehen. Wer unerwünschte Antworten mit Hilfeentzug bestraft, darf keine ehrlichen Antworten erwarten. Wer aber auf den Wunsch des Klienten, weiter kontrolliert konsumieren zu können, einen für den Betroffenen lebbaren und akzeptablen Vorschlag macht, kann auf eine effektive Zusammenarbeit hoffen. Solche Vorschläge könnten so aussehen, dass man sich zunächst auf eine zeitlich befristete Abstinenzzeit einigt, in der der Betroffene einmal ausprobiert, wie er mit der abstinenten Lebenssituation im neuen Setting zurechtkommt.

Das CRA-Konzept spricht von »sobriety sampling«, also einer Art Abstinenzkonto, in das man einen Grundstock abstinenter Tage investiert und später überlegt, ob man mehr »einzahlen« will oder es dabei belässt. Man erspart sich und dem Klienten auf diese Weise eine Grundsatzdiskussion über Abstinenz. Letztlich geht es hier um den Versuch, dem Klienten die Erfahrung zu vermitteln, dass eine Abstinenzzeit attraktiver ist als die zuletzt erlebte Konsumzeit.

Eine andere Option besteht darin, dem Klienten ein für seine Situation stimmigeres Alternativangebot zu machen. Wer in einem abstinenzorientierten Setting trotzdem konsumieren will, muss gegebenenfalls die Einrichtung wechseln. Solche Weitervermittlungen müssen nichts Zurückweisendes oder Demütigendes beinhalten. Letztlich geht es um einen stimmigen Klärungsprozess, in dem der Klient an den geeigneten Ort der Hilfe vermittelt wird. Das wiederum kann nur gelingen, wenn man in einem gut organisierten Suchthilfenetzwerk arbeitet, in dem man einander respektvoll zuarbeitet.

Konsummotive und Veränderungsmotivation

Es lohnt sich immer, sich mit der Frage zu befassen, warum jemand trinkt bzw. Drogen konsumiert. Ein klassisches Instrument zur Untersuchung dieser Frage sind Verhaltensanalysen aus der Verhaltenstherapie, die auch in die CRA-Diagnostik integriert sind. In diesen Arbeitsbögen werden einzelne möglichst typische Konsumsituationen analysiert.
Dabei geht es einerseits um interne und externe Auslöser des Konsumverhaltens und in einem zweiten Schritt um die Analyse von kurzfristigen positiven und langfristigen negativen Konsequenzen des Konsums. Interne Auslöser (Trigger) sind z.B. depressive oder ängstliche Affekte, aber auch Flashbacks von früheren traumatischen Erfahrungen. Externe Trigger sind das Zusammentreffen mit alten Trinkkumpanen, Bierwerbung in der Sportschau oder Feste wie Silvester, bei denen Alkoholkonsum eine feste Gewohnheit ist bzw. war.
Kurzfristige positive Konsequenzen, zu denen hier auch das Verschwinden negativer Affekte gehören soll, sind Euphorisierung, Antriebssteigerung, Entspannung oder ein schönes Geschmackserlebnis. Langfristige negative Konsequenzen sind gesundheitliche Auswirkungen wie Kopf- oder Magenschmerzen, Ärger mit der Ehefrau, negative Rückmeldungen vom Arbeitsplatz oder Führerscheinverlust.
Es ist sehr wichtig, diese Trigger und Konsequenzen des Konsums zu kennen. Häufig stellt sich dabei heraus, dass das Konsummuster eine enge Verbindung hat zu weitergehenden Störungen und Problemen. Wenn Klienten Suchtmittel konsumieren, um damit andere negative Affekte zum Verschwinden zu bringen, spricht man von Selbstmedikation. Neben den bereits angesprochenen Störungen Angst, Depression und traumatischen Erinnerungen gehören dazu Schlaflosigkeit, Anspannungszustände, psychotische Symptome und vieles mehr.
Manchmal hat Suchtmittelkonsum psychische oder auch körperliche Störungen zur Folge. So lösen Halluzinogene Psychosen aus, Cannabis kann zu einem sogenannten Amotivationssyndrom führen und Designerdrogen wie Ecstasy zu Gedächtnis- und Konzentrationsstörungen. Man spricht dabei von drogeninduzierten Störungen. Meist beeinflussen sich Substanzkonsum und psychische Störung wechselseitig. So trösten sich einsame und depressive Menschen gerne mit Alkohol, müssen dann aber feststellen, dass der Entzug die negativen Affekte weiter verstärkt. Insofern trinken sie dann vermehrt, um all das wieder in den Hintergrund

zu drücken. Zwischenzeitlich verstärken Misserfolgserlebnisse und Versäumnisse aus der Konsumphase die schlechte Stimmung. Dagegen hilft dann aber wieder Alkohol.
Aus der Erkenntnis, dass der Suchtmittelkonsum für alle Betroffenen auch irgendwie Sinn macht, ergibt sich die Erkenntnis, dass durchaus nicht alle mit dem Konsum aufhören oder ihn auch nur verändern wollen. Letztlich ist es ein mehr oder weniger bewusster Abwägungsprozess. Am leichtesten lässt sich das erarbeiten in einer Vorteil- und Nachteilskala mit vier Feldern.
In den oberen beiden Feldern stehen Vor- und Nachteile des Konsums, darunter die Vor- und Nachteile der Abstinenz. Dabei haben verschiedene Vor- und Nachteile in der subjektiven Bewertung unterschiedliche Gewichtungen, die berücksichtigt werden müssen. Zudem ist eine solche Vorteils- und Nachteilskala immer nur eine Momentaufnahme. So sind die gesundheitliche Situation oder das Verhältnis zur Partnerin bzw. zum Partner oft unbeständig und können von Tag zu Tag wechseln und damit die Entscheidung für oder gegen den Konsum von Zeit zu Zeit sehr unterschiedlich ausfallen lassen.

Das Rad der Veränderung

Prochaska und Kollegen (1997) haben für den wechselhaften und unterschiedlichen Motivationsstatus der Klienten das Rad der Veränderung (Wheel of Change) entworfen. Die Autoren gehen davon aus, dass sich Veränderungsmotivation stufenweise vollzieht.
Absichtslosigkeit: Zu Beginn befinden sich die meisten Klienten in einer Phase der Absichtslosigkeit. Auf Plakaten der Zigarettenwerbung stand zu diesem Zustand früher: »Ich rauche gern!« Diesen kritiklosen Zustand gibt es nicht nur bei vielen Rauchern, sondern auch bei Menschen, die von Alkohol, Tabletten, Heroin oder anderen Substanzen abhängig sind.
Absichtsbildung: Es folgt die Phase der Absichtsbildung oder Kontemplationsphase. In dieser Phase werden die Betroffenen auf Probleme aufmerksam, die den Konsum beeinträchtigen, z. B. gesundheitliche Probleme, Führerscheinverlust oder Probleme am Arbeitsplatz.
Entscheidungsphase: Erst in der Entscheidungsphase entschließen sich die Betroffenen, den Konsum tatsächlich zu verändern. Oft dauert es dann aber immer noch Tage, Wochen oder sogar Monate, bis es zur

Handlungsphase kommt, in der die Klienten konkrete Schritte unternehmen und den Konsum tatsächlich beenden. In dieser Phase entgiften die Klienten und unterziehen sich einer suchtspezifischen Behandlung (z. B. einer Entwöhnungstherapie oder einer Disulfirambehandlung).

Abstinenz: Es folgt die Phase der Abstinenz, in der die Klienten ohne Rauschmittel leben. Häufig betrachten die Therapeuten die Behandlung dann als erfolgreich beendet, was meist ein Kurzschluss ist. Der größere Teil wird irgendwann wieder rückfällig, weil Sucht eine chronische Erkrankung ist.

Die Betroffenen müssen stets wachsam bleiben, um erneuten Rückfallsituationen vorzubeugen. Es ist wichtig, dass das Hilfesystem auch in dieser Zeit verfügbar bleibt, auch wenn nur noch sporadische, aber doch verlässliche Kontakte stattfinden. Wer sich mit seiner Suchterkrankung umfassend auseinandergesetzt hat, hat auch rechtzeitig einen Krisenplan erstellt, um sich auf potenziell krisenhafte Situationen vorzubereiten. Zur Vorbeugung ist es auch wichtig, Risikosituationen bestimmt zu haben, in denen besondere Vorsicht walten muss. Meist werden Menschen mit Suchtproblemen (wie alle Menschen mit chronischen Störungen) risikobereiter, wenn sie lange gut zurechtgekommen sind. Darin liegt oft der Keim des nächsten Rückfalles.

Das Rad der Veränderung mag manchen an das Bild vom sogenannten Drehtürpatienten oder an den Stein des Sisyphos erinnern, Bilder eines endlosen Bemühens, ohne dass ein Fortschritt erkennbar wird. Das wäre ein Missverständnis. Das Durchlaufen des Rades sollte ein ständiger Lernprozess sein, für Klienten und professionelle Helfer. Jeder Rückfall sollte analysiert werden, um Trigger und Konsequenzen zu besprechen und um daraus wieder neue Konsequenzen zu ziehen. Wenn ein Krisenplan gut vorbereitet ist, bleiben Konsumphasen kurz und eine stabile Abstinenz ist schnell wieder erreicht.

Durch zielgerichtetes professionelles Handeln können individuell motivierende Ziele (Arbeit und Beschäftigung, Wohnraum, Sport- und Freizeitangebote usw.) eingeführt werden, die die Betroffenen zeitnah veranlassen können, wieder in den geschilderten Veränderungsprozess einzusteigen. Das setzt allerdings von professioneller Seite ein vorausschauendes Vorgehen voraus, in dem neue Chancen für den Klienten nicht nur passiv erwartet, sondern aktiv gesucht und geschaffen werden.

Wenn es gelingt, solche Ziele wieder realistisch werden zu lassen, relativiert sich meist die Bedeutung des Suchtmittelkonsums und mit etwas

Ermutigung und Optimismus von professioneller Seite rückt Konsumkontrolle und Abstinenz wieder in erreichbare Nähe.

Stolpersteine

In vielen Helferkonstellationen besteht die Sorge, man könnte durch zu viel Eigenengagement in eine Rolle der Ko-Abhängigkeit geraten und damit quasi antitherapeutisch wirksam werden. Tatsächlich macht es Sinn, darüber nachzudenken, ob Professionelle durch ihr Verhalten die Verantwortlichkeit der Betroffenen für ihr eigenes Handeln untergraben. So sollten suchtkranke Straftäter, die wegen Beschaffungskriminalität zu Sozialstunden verurteilt worden sind, nicht mit dem Geld von Eltern oder Partnern aus der Haft ausgelöst werden. Wer wichtige Absprachen bricht, z. B. in geschützten Therapieräumen Drogen konsumiert oder sogar dealt, muss Grenzen erkennen und entlassen werden.

Es sollte aber auch immer ein »Danach« geben. Häufig ist es sinnvoll, den Klienten Aufgaben zu stellen, durch die sie verlorenes Vertrauen zurückgewinnen können. Wichtig ist dabei, sie nicht nur für ihr Verhalten konsequent haften zu lassen, sondern sie mit viel Aufmerksamkeit zu unterstützen, wenn sie etwas gut und richtig machen. Meist werden Fehlhandlungen viel massiver geahndet als umgekehrt konstruktives Verhalten positiv konnotiert wird. Das eine schließt das andere nicht aus.

Ein solches professionelles Handeln setzt allerdings Klienten voraus, die weitestgehend eigenverantwortlich handeln und für sich selbst entscheiden können. Hirnorganische Schädigungen, die vor allem durch langjährigen Alkoholkonsum verursacht werden, können diese Fähigkeit zum eigenverantwortlichen Handeln beeinträchtigen.

Viele chronische Alkoholpatienten erweisen sich als völlig überfordert, etwas komplexere Planungen umzusetzen, wie sie für eine normale Alltagsbewältigung erforderlich sind. Sie benötigen deswegen viel Unterstützung, um das eigene Leben zu strukturieren und zu gestalten.

Krisenplan

Viele Menschen mit Suchtproblemen haben in abstinenten Phasen große Ressourcen, auf die man im Hilfeprozess auch zurückgreifen kann. Sie sind Ausgangspunkt der individuellen Perspektivenplanung.

Länger andauernde stabile Phasen führen oft dazu, dass die Vorsorge um Rückfallrisiken vernachlässigt wird. Das liegt in der Natur des Menschen. Niemand möchte in guten Zeiten immer wieder an seine Schattenseiten erinnert werden. Die Erfahrung zeigt aber, dass der weitaus größte Teil der Klienten irgendwann wieder rückfällig wird und dass in diesen Phasen viel daran hängt, die Krisen so schnell zu bewältigen, dass nicht all das wieder zusammenbricht, was vorher mit viel Mühe aufgebaut wurde. Entscheidend dafür sind Art, Schwere und Dauer des Rückfalls.
Insofern sollte für jeden chronisch suchtkranken Menschen – zumal im Betreuten Wohnen – ein Krisenplan vorbereitet sein, in dem das Vorgehen in Krisen- und Rückfallsituationen vorgedacht ist. In manchen Regionen haben sich dafür Behandlungsvereinbarungen mit kooperativen Kliniken der psychiatrischen Pflichtversorgung bewährt (Reker 1999). In vielen Situation sind aber über die internen Absprachen beim Träger hinaus Verabredungen mit dem Sozialpsychiatrischen Krisendienst, einem gegebenenfalls vorhandenen gesetzlichen Betreuer und anderen komplementären Diensten hilfreich. Schwierige Verläufe lassen sich dann positiv beeinflussen, wenn die bekannten Probleme aus einer Verantwortungsgemeinschaft heraus angegangen werden. Hier unterscheidet sich die Hilfeplanung für Menschen mit Suchterkrankungen nicht (mehr) von der Hilfeplanung für andere Menschen mit chronischen Beeinträchtigungen.

Institutionelle Aspekte in der Eingliederungshilfe suchtkranker Klienten

Die Eingliederungshilfe für suchtkranke Klienten ist an einige Qualitätsmerkmalle gebunden, die zum großen Teil auch für andere seelische Störungsbilder gelten, hier aber über Gelingen und Misslingen der Hilfe entscheiden. So ist ein gelingender Hilfeplanungsprozess an eine zumindest vorübergehend stabilisierte abstinente Lebenssituation gebunden, wie sie sich am ehesten im Rahmen von stationären Entzugsbehandlungen herstellen lassen. Dort ist es erforderlich, den Hilfeprozess unmittelbar starten zu lassen, damit die im Netzwerk implementierten Hilfen direkt greifen und weitergeführt werden können. Verzögerungen durch ungeklärte Zuständigkeiten bei der Erstellung des Hilfeplanes oder über

Wochen sich hinziehende Genehmigungsverfahren sind fachlich und sozialrechtlich nicht hinnehmbar.
Suchtkranke sind oft sehr ambivalent, ob sie ihr Konsumverhalten verändern und Hilfen annehmen wollen. Eingliederungshilfe für suchtkranke Menschen ist daher auch immer Motivationsarbeit. Der Aspekt der Mitwirkungspflicht muss daher differenziert betrachtet werden. Einerseits darf eine stabile Abstinenzmotivation nicht zur Voraussetzung von Hilfegewährung gemacht werden, andererseits darf sich Eingliederungshilfe nicht auf die Beschaffung von Alkohol und den Transportdienst in die Klinik beschränken lassen. Eingliederungshilfe setzt – nicht nur, aber auch im Suchtbereich – Fachlichkeit und ein reflektiertes Handlungskonzept in einem regionalen Netzwerk voraus.
Stationäre Angebote der Eingliederungshilfe werden dabei auf lange Zeit unverzichtbare Schutzräume für chronisch suchtkranke Menschen bleiben, wenn Gesundheit und die tragenden psychosozialen Säulen wie Wohnen, Beschäftigung und soziale Kontakte völlig zusammengebrochen sind, besonders wenn schwere kognitive Einschränkungen eine selbstverantwortete Lebensführung einschränken. Der Transfer der dort zu erreichenden seelischen, körperlichen und sozialen Stabilität in den gemeindenahen Lebensraum setzt voraus, dass alle für die Stabilität erforderlichen stationär erbrachten Leistungen in den ambulanten Rahmen übersetzt werden können. Eine Nachtwache ist dafür meist weniger bedeutsam als ein nachhaltiges tagesstrukturierendes Angebot und ein niederschwelliger Zugang zu Hilfen im Krisenfall, insbesondere in Verbindung mit Rückfälligkeit, wie es z. B. im sogenannten Bielefelder Modell verwirklicht ist.
Die Besonderheit des »Bielefelder Modells« ist ein quartiersbezogener Ansatz des Wohnens mit Versorgungssicherheit ohne Betreuungspauschale. In bestehenden Wohnquartieren mit guter infrastruktureller Anbindung bietet eine Wohnungsbaugesellschaft älteren Menschen oder Menschen mit Behinderung komfortable und barrierefreie Wohnungen. Kombiniert ist dieses Angebot mit einem Wohncafé als Treffpunkt und Ort der Kommunikation, der allen Menschen in der Nachbarschaft offen steht. Gleichzeitig ist ein sozialer Dienstleister mit einem Servicestützpunkt und einem umfassenden Leistungsangebot rund um die Uhr im Quartier präsent. Alle Mieter können auf die Hilfs- und Betreuungsangebote zurückgreifen, müssen diese aber nur im tatsächlichen Bedarfsfall bezahlen.

So kann es gelingen, den diskontinuierlichen Hilfebedarf der beschriebenen Klientel flexibel zu bedienen, Entwicklungsoptionen anzubieten, ohne zu überfordern, und Integration in die Gemeinschaft zu ermöglichen, ohne die individuelle Autonomie zu stark einzuschränken.

Dr. ***Martin Reker,*** *Jg. 1959, seit 1998 leitender Arzt der Abteilung für Abhängigkeitserkrankungen an der Klinik für Psychiatrie und Psychotherapie Bethel in Bielefeld. Gründungsvorsitzender des Vereins für gemeindeorientierte Psychotherapie e. V., der seit 2011 den jährlich stattfindenden Kongress für gemeindeorientierte Suchttherapie veranstaltet.*

Literatur

Heinz, A.; Batra, A. (2003): Neurobiologie der Alkohol- und Nikotinabhängigkeit. Stuttgart: Kohlhammer.

Körkel, J.; Bahle, F. (2008): Damit Alkohol nicht zur Sucht wird – kontrolliert trinken: 10 Schritte für einen bewussten Umgang mit Alkohol. Stuttgart: Thieme.

Meyers, R.J.; Smith, J.E. (2017): CRA-Manual zur Behandlung der Alkoholabhängigkeit. Erfolgreicher behandeln durch Verstärkung im sozialen Bereich. 5. Auflage. Köln: Psychiatrie Verlag.

Miller, W.R.; Rollnick, S. (2015): Motivierende Gesprächsführung. 3. Auflage. Freiburg: Lambertus.

Prochaska, J.O.; Norcross, J.C.; DiClemente, C. (1997): Jetzt fange ich neu an. München: Droemer Knaur.

Reker, M. (1999): Behandlungsvereinbarungen für Suchtkranke. In: Dietz, A.; Pörksen, N.; Voelzke, W.: Behandlungsvereinbarungen: Vertrauensbildende Maßnahmen in der Akutpsychiatrie. Bonn: Psychiatrie Verlag, 147–153

Reker, M. (2015): Basiswissen: Umgang mit alkoholabhängigen Patienten. Köln: Psychiatrie Verlag.

Schwoon, D.R.; Krausz, M. (1990): Suchtkranke. Die ungeliebten Kinder der Psychiatrie. Stuttgart: Enke.

Andere Länder, andere Sitten – Migranten im Betreuten Wohnen

Ibrahim Rüschoff

Die Arbeit mit Migranten im Betreuten Wohnen stellt an die Helferinnen und Helfer besondere Anforderungen, die in dieser Kombination im Bereich der stationären oder teilstationären Versorgung nicht auftreten. Sie haben nicht nur mit der psychiatrischen Erkrankung an sich zu tun, die bei Migranten häufig von der Migrationssituation sowie fremden kulturellen und religiösen Einflüssen mitgestaltet wird, sondern werden vor allem mit der höchst privaten Situation des persönlichen Wohn- und Lebensumfeldes konfrontiert.

Während im Krankenhaus die Behandlung z. B. depressiver oder wahnhafter Symptome im Vordergrund steht, liegen die Schwerpunkte beim Betreuten Wohnen in der Koordination der Hilfen, die im Alltag notwendig sind, um den Patienten eine gesellschaftliche Teilhabe zu ermöglichen. Helfer haben daher nicht nur gelegentlich einen Hausbesuch zu absolvieren, sondern sind je nach Störungsbild und Beeinträchtigung zum Teil umfassend in das soziale Gefüge der Patienten eingebunden: Haushaltsführung, Inanspruchnahme ärztlicher Hilfe, Behördenkontakte, Entwicklung einer beruflichen Perspektive, Aufbau sozialer Kontakte und Freizeitgestaltung. Dabei sollen sie sich in ihrer Arbeit an der Patientenpersönlichkeit und deren Wertegefüge orientieren. Ist das bei vertrauten heimischen Lebenswelten schon schwierig genug, so scheint es angesichts der schier unendlichen Vielfalt kultureller und religiöser Prägungen bei Migranten fast unmöglich zu sein.

Um das Gestrüpp ein wenig zu lichten, werde ich hilfreiche Einstellungen beschreiben und danach Hinweise zum praktischen Vorgehen geben. Dabei liegt der Fokus auf muslimischen Patienten, die sich nicht nur durch die hohe Zahl der Flüchtlinge zunehmend häufiger auch in psychiatrischen Einrichtungen einfinden, sondern durch ihre religiöse-kulturelle Prägung bei Helfenden häufig ein Gefühl von Fremdheit auslösen. Das liegt auch am Selbstverständnis des Islams als einer stark religiös geprägten Lebensweise, die nicht ohne Weiteres beliebig veränderbar ist.

Die eigene Einstellung

Wenn man es recht betrachtet, verfügen psychiatrisch Tätige bereits über die wichtigste Voraussetzung für den Umgang mit Migranten bzw. Muslimen, schließlich sind sie den Umgang mit unverständlichen, ja fremden Welten gewohnt. Immer müssen sie ihre Patienten dort abholen, wo sie stehen. Es gilt, sie mit ihren Lösungen und ihren Versuchen, ihre Welt zu gestalten, zu akzeptieren und ihnen zu helfen, ihre Ziele realistisch zu prüfen und so gut wie möglich zu erreichen. Entscheidend hierbei sind Wertschätzung und Empathie, ohne die wir unsere Berufe auf Dauer gar nicht ausüben könnten. Gleichzeitig müssen wir uns aber auch davor hüten, unsere Vorstellungen von wichtig und unwichtig, Fleiß und Ordnung, Leistung usw. zum Maßstab für die Patienten zu machen.

Im Umgang mit Patienten aus unserem gemeinsamen heimischen Kulturkreis haben wir zumeist ein handlungsleitendes »Bauchgefühl«. Bei Migranten aus einem fremden, hier dem islamischen Kulturkreis ist die Situation komplizierter, und zwar nicht nur, wenn wir über den Islam wenig wissen. Psychiatrische Helfer sind wie alle anderen Menschen ein Teil unserer Gesellschaft mit ihren Vorannahmen, Vorbehalten und auch Vorurteilen. Angesichts der neueren Parteienentwicklung und der Umfragewerte in Deutschland zum Thema Islam, nach denen z. B. 42 % der Befragten in Westdeutschland der Meinung waren, die Ausübung des Islams in Deutschland müsse stark eingeschränkt werden (Statista 2016), ist zu erwarten, dass sich auch unter den in der Psychiatrie Tätigen ähnliche Einstellungen finden. Daher ist es wichtig, zu sehen, dass wir letztlich alle zu Vorurteilen neigen. Es gilt, diese wahrzunehmen, um sie reflektieren zu können. Problematisch wird es eigentlich erst, wenn jemand meint, keine Vorurteile zu haben.

Im professionellen Umgang mit Migranten aus fremden Kulturkreisen und Religionen ist die sogenannte interkulturelle Kompetenz eine fast unerlässliche Voraussetzung. Hierbei handelt es sich weniger um abrufbare Fertigkeiten als um eine innere Haltung, die jedoch erlernt werden kann. Kulturinkompetenz hat in der Psychiatrie eine ebenso destruktive Wirkung wie ein Mangel an Empathie.

Nach Laabdallaoui und Rüschoff (2017, 87) sind folgende Faktoren und Schlüsselqualifikationen Merkmale interkultureller Kompetenz:

Ambiguitätstoleranz: Die Fähigkeit, das Spannungsverhältnis zwischen unvereinbaren Gegensätzen und Mehrdeutigkeiten aushalten zu können.

Dissensbewusstsein: Das Aushalten unterschiedlicher Positionen und Standpunkte, ohne voreilig oder zwanghaft einen Konsens herbeizuführen.
Empathie: Das Vermögen, sich in Befindlichkeiten und Denkweisen fremdkultureller Partner einzufügen.
Flexibilität: Die Bereitschaft, Neues zu lernen und die Fähigkeit, sich auf ungewohnte Situationen schnell einstellen zu können.
Kommunikationsfähigkeit: Beziehungen aufbauen und halten, auf andere zugehen können, besonders auch in schwierigen Situationen.
Kulturwissen: Hintergründe und Systemzusammenhänge eigener und fremder Lebenswelten kennen.
Rollendistanz: Die Fähigkeit, sich in seinem Handeln vergegenständlichen bzw. beobachten zu können.
Selbstdisziplin: Die Fähigkeit, sein Verhalten zu kontrollieren und sich selbst zu organisieren.

ABBILDUNG 1 Kulturkompetenzmodell (nach ORLANDI 1992)

Dimensionen	Kulturinkompetent	Kultursensitiv	Kulturkompetent
kognitive Dimension (Wissen über fremde Kulturen)	blind	gewisses Wissen	weitreichendes Wissen
affektive Dimension	gleichgültig	wohlwollend	engagiert
fachliche Dimension (Wissen um Einfluss kultureller Faktoren auf die Krankheit)	ohne Kenntnisse	kaum Kenntnisse	weitreichende Kenntnisse
Gesamtwirkung	destruktiv	neutral	konstruktiv

Wichtig und hilfreich für den Umgang mit fremden Kulturen und Religionen ist ein funktionierendes Team, das möglichst auch Mitarbeiterinnen und Mitarbeiter aus verschiedenen Kulturen und Religionen umfassen sollte. Obwohl natürlich auch diese Vorurteilen unterliegen und häufig nicht ausreichend zwischen Religion und Kultur unterscheiden, führt allein schon die Anwesenheit z. B. eines farbigen, eines praktizierenden muslimischen oder eines russlanddeutschen Mitarbeiters in den meisten Fällen zu einer deutlich verbesserten Sensibilität im Team. Weiterhin ist neben regelmäßigen Teamgesprächen die Durchführung einer Fall- bzw. Teamsupervision bedeutsam.

Praktisches Vorgehen

Der Islam ist als Weltreligion in den verschiedensten Kulturen dieser Erde von Schwarzafrika über die arabische Welt bis Indonesien heimisch geworden. Er ist sehr vielfältig und häufig so stark mit den lokalen Traditionen verquickt, dass auch praktizierende muslimische Mitarbeiter unmöglich alle Varianten kennen können. Hinzu kommt die Tatsache, dass der Islam nur eine von vielen verschiedenen Identitäten der Muslime darstellt und keinesfalls ihr ganzes Handeln bestimmt.

Interesse zeigen

Angesichts der Vielfalt haben wir keine andere Wahl, als im Rahmen der Anamnese nach der Bedeutung von Religion und Tradition im Leben des Patienten zu fragen. Eine Möglichkeit wäre z. B. die Formulierung: »Ich kenne mich wenig im Islam aus, vielleicht erzählen Sie mir, wie Sie Ihre Religion leben und welche Bedeutung sie für Sie hat.« Sie könnten dann z. B. fortfahren: »Im Rahmen des Betreuten Wohnens werde ich viel mit Ihren Alltagsgewohnheiten zu tun haben. Es wäre schön, wenn ich diese kennenlernen kann und Sie mir davon erzählen, was ich für unsere Zusammenarbeit wissen muss!«
Die Patienten rechnen natürlich damit, dass ein nicht muslimischer Helfer ihre Religion nicht besonders gut kennt und erläutern sie wahrscheinlich gerne, entscheidend dabei ist jedoch, dass sie ein echtes Interesse und wirkliche Wertschätzung spüren. Es sollte nicht irritieren, wenn dabei je nach Bildungsstand und kultureller Prägung der Betroffenen z. T. abenteuerliche und auch sachlich falsche Aussagen zum Islam zu hören sind und eine Vermischung mit traditionellen Elementen erfolgt, da es ja um das Kennenlernen der einzelnen Patienten geht.
Wichtig wird die Trennung von Religion und lokalen heimatlichen Tradition allerdings dann, wenn es um Veränderungen geht. Während jede

Religion nach ihrem Selbstverständnis über Zeit und Ort steht, sind Traditionen grundsätzlich und individuell wandelbar. Letztere erweisen sich in der Praxis jedoch als sehr beständig und sind oft nur schwer zu beeinflussen, weil sie den gesamten Alltag prägen und nicht selten durch eine vermeintliche religiöse Legitimierung praktisch unangreifbar gemacht werden. Besonders deutlich wird das beim Thema Geschlechterrollen und dem Verständnis von Partnerschaft in der Ehe.

Folgen der Krankheit und der Kultur trennen

Für Mitarbeiter des Betreuten Wohnens besteht bei Übernahme eines Patienten außer einem anderen Kulturkreis oder einer fremden Religion die Schwierigkeit, dessen Verhalten im kulturellen oder religiösen Kontext zu beurteilen. Ist das neuerliche, peinlich genaue Einhalten der Gebetszeiten, das häufige Lesen im Koran oder der Bezug auf externe Einflüsse wie »Dschinne« (Geistwesen, ähnlich den Engeln) oder Verzauberung ein Teil der Krankheitsverarbeitung, die Krankheit selbst oder im Kontext der Herkunft normale Überzeugung?
Hier helfen neben Kenntnissen der islamischen Religion die Orientierung an der Persönlichkeit und dem Verhalten des Patienten vor seiner Erkrankung sowie auch Angaben seiner Angehörigen weiter. Dabei sollten Mitarbeiter des Betreuten Wohnens sehr sensibel vorgehen und auf die Bedürfnisse ihres Patienten achten. Sie sollten die Gebetszeiten kennen, die sich mit dem Sonnenstand verschieben, um z. B. Behörden- oder Arzttermine möglichst so zu legen, dass sie nicht mit den Gebetszeiten kollidieren. Die Orientierung an der prämorbiden Persönlichkeit hilft weiterhin, den Patienten gegebenenfalls zu seinen gewohnten Gebeten anzuhalten oder für den Betreuer völlig normale Wünsche wie z. B. schwimmen oder tanzen zu gehen, vor dem Hintergrund seines bisherigen Verhaltens zu betrachten und z. B. bei manisch oder schizophren Erkrankten die Folgen solcher Aktivitäten, z. B. Scham für die Zeit nach der Krankheit zu beurteilen.

Die Rolle der Familie

In vielen traditionellen Gesellschaften sowie auch in der islamischen Religion spielen die Familien eine wichtige Rolle. Wenn möglich sollte man versuchen, diese »ins Boot zu holen«, da sich gegen die Familie nur schwer etwas bewegen lässt. Hierbei ist zu berücksichtigen, dass entgegen der landläufigen Meinung in den meisten Fällen die Mütter innerhalb der Familien eine außerordentlich starke Position haben und insbesondere das Verhältnis zu ihren Söhnen sehr eng ist, sodass meistens nur mit Unterstützung der Mutter etwas geht. Die Eltern zu ehren und zu respektieren ist im Islam ein religiöses Gebot, das häufig sehr weit ausgelegt wird. In vielen Fällen wird bereits die Äußerung einer anderen Meinung als Respektlosigkeit gewertet. Offene Auflehnung gegenüber elterlichen Wünschen wird man daher in islamischen Familien nur sehr selten finden.

Durch die große Bedeutung der Familie ist es üblich, die elterliche Wohnung erst bei der Hochzeit zu verlassen. Eine eigene Wohnung und die damit verbundene – und häufig therapeutisch sinnvolle – Distanz zu den Eltern sind nicht einfach zu begründen und erfordern eine sehr sensible Herangehensweise.

Wenn bei Patienten aus traditionellen bzw. islamisch geprägten Kulturen eine gleichgeschlechtliche Betreuung erfolgt, erleichtert das die praktische Arbeit beträchtlich. Der gemeinsame Arztbesuch bei der Gynäkologin ist nur das offensichtlichste Beispiel, aber auch Bereiche wie Haushaltsführung, Kontakte zum Arbeitsplatz, vor allem aber der Wohnbereich und der Freizeitbereich, der bei Muslimen aus traditionellen Gesellschaften häufig nach Geschlechtern getrennt gelebt wird, profitieren von gleichgeschlechtlichen Betreuungen. Die Anwesenheit eines Mannes, dazu noch als Begleitung einer Frau, wäre in der Frauengruppe einer Moschee oder privat eine einzige Peinlichkeit, in vielen Fällen ebenso eine Sozialarbeiterin auf dem Amt oder an der Arbeitsstelle, die in Gegenwart des Patienten dort dessen Sachen bespricht bzw. erledigt. Auch Gespräche über »Männer-« und »Frauenangelegenheiten« wären praktisch unmöglich, außerdem entfiele auch die Möglichkeit des Modelllernens.

Die mehrdimensionale Fallanalyse

Um in dieser eingangs beschriebenen komplexen Situation die erforderliche Übersicht zu bekommen hat, sich das Modell der mehrdimensionalen Fallanalyse von Demmer-Gaite und Friese (2004) als sehr hilfreich erwiesen, das man gut um die religiöse Ebene ergänzen kann, die bei der Arbeit mit Muslimen unverzichtbar ist.

Dieses verhindert die Fixierung auf scheinbar »typische« Aspekte von Migranten oder Muslimen und ermöglicht die stärkere Berücksichtigung der individuellen Situation bzw. der individuellen Erfordernisse des Patienten. Gleichzeitig kann das Modell als Checkliste dienen, um keine wichtigen Aspekte zu übersehen. In vielen Fällen verhelfen sie auch den Patienten bzw. deren Familien zu einer differenzierteren Sicht der Zusammenhänge und leiten damit auch der Akzeptanz notwendiger Veränderungen und therapeutischer Maßnahmen ein.

ABBILDUNG 2 Mehrdimensionale Fallanalyse (in Anlehnung an WOGAU u.a. 2004).

RELIGIÖSE EBENE
- Religiöse Minderheit?
- Alltagsbezug der Religion
- Religion als Abwehr, Ressource, Sinngebung?
- Folgen für die Compliance
- Kontakt zur Moscheegemeinde
- Religiös begründetes Krankheitsverständnis
- Auswirkung der Symptomatik auf das religiöse Leben

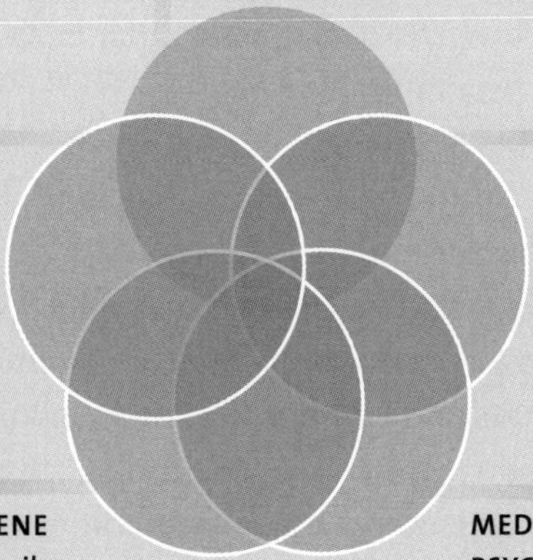

MIGRATIONSEBENE
- Migrationsentscheidung, -verlauf, derzeitige Migrationsphase
- Biografische Brüche
- Erfahrung von Diskriminierung
- Aufenthaltsstatus

SOZIALE EBENE
- Soziale Lage und Integration
- Einkommen
- Wohnsituation
- Arbeitslosigkeit
- Bildungsstand
- Sprachkenntnisse

KULTURELLE EBENE
- Familiendynamik
- Familiäre Konfliktlösungsstrategien
- Verständnis von Geschlechterrollen
- Traditionelle Wertorientierung
- Traditionelles Krankheitsverständnis
- Aufsuchen traditioneller Heiler?
- Ausmaß kollektiver und familiärer Bindung versus Individualität

MEDIZINISCH-PSYCHOLOGISCHE EBENE
- Somatische Befunde
- Psychopathologie
- Persönlichkeitsstruktur
- Psychodynamik
- Biografischer Entwicklungsstand, inkl. kognitiver und psychosexueller Entwicklung
- Identitätsentwicklung

Der Hausbesuch

Die meisten Kontakte im Betreuten Wohnen werden wahrscheinlich in der Wohnung des Patienten stattfinden. Im Gegensatz zu vielen holländischen Häusern mit großen Wohnzimmerfenstern zur Straße hin, sind Häuser und Wohnungen im orientalisch-islamischen Kulturkreis intime Familienbereiche, zu denen normalerweise kein Fremder Zugang hat. Gäste werden in einem besonderen Raum empfangen und bewirtet. In den kleinen Wohnungen in Deutschland ist das meistens das Wohnzimmer, während sich die anderen Familienmitglieder während dieser Zeit in den restlichen Räumen aufhalten.
Doch auch hier lockern sich die Sitten und werden in den Familien auch nicht immer gleich streng befolgt. Insgesamt sind eine höfliche Zurückhaltung und Achtung der Privat- und Intimsphäre jedoch sehr wichtig. Muslime haben in der Regel ein ausgeprägtes Schamgefühl, das nicht nur den Körper betrifft, sondern als allgemein zurückhaltendes Verhalten auch in der Religion verankert ist. Deswegen sollte man sich den persönlichen Bereichen mit großer Sensibilität nähern.
Mitarbeiter des Betreuten Wohnens sollten in muslimischen Wohnungen folgende Regeln beachten:

Lernbereitschaft signalisieren: Sprechen Sie das Problem an: »Bis ich mich mit Ihren Gewohnheiten und Gebräuchen auskenne, sagen Sie mir bitte, wenn ich etwas besser anders machen soll!«

Zurückhaltung zeigen: Der Islam erlaubt kein Alleinsein von zwei Personen unterschiedlichen Geschlechts in einem abgeschlossenen Raum wie einer Wohnung, zu der kein Dritter Zugang hat. Unabhängig von der Einstellung der Betroffenen führt eine Missachtung dieser Regel schnell zur Rufschädigung, daher ist hier besondere Sensibilität angesagt. Achten Sie bereits bei der Terminabsprache darauf oder fragen Sie den Patienten, ob es ein Problem ist und bieten Sie gegebenenfalls an, später wiederzukommen. Allein die Frage trägt sehr zur Vertrauensbildung bei und signalisiert, dass Sie sich an der Befindlichkeit des Gegenübers orientieren.

An der Tür warten: Warten Sie eine Zeit, wenn nicht gleich geöffnet wird. Vielleicht ist die Familie gerade beim Gebet, das nur in Notfällen unterbrochen werden soll, oder die leger gekleidete Hausfrau zieht sich noch ein langes Kleid oder ein Kopftuch über.

Schuhe ausziehen: Vor der Tür sollte man die Schuhe ausziehen. Diese Sitte pflegen auch viele russlanddeutsche Migranten.

Berührungen nur durch gleichgeschlechtliche Betreuer: Bei der Begrüßung sollte man wissen, dass häufig insbesondere traditionelle Muslime fremden Angehörigen des anderen Geschlechts nicht die Hand reichen. Dieses Thema wird in der öffentlichen Diskussion immer wieder reißerisch diskutiert, hat aber nichts mit Diskriminierung zu tun, sondern mit höflicher Distanzwahrung. Das erkennt man unschwer daran, dass auch Frauen Männern nicht die Hand reichen oder diese berühren. Warten Sie einfach, ob man Ihnen die Hand anbietet und legen Sie gegebenenfalls bei der Begrüßung ersatzweise die Hand aufs Herz. Das Gesagte gilt für Umarmungen und andere Berührungen, gleichgeschlechtliche Körperkontakte sind dagegen kein Problem.

Intimsphäre wahren: Im Betreuten Wohnen wird man möglicherweise auch mit Räumen wie einem Schlafzimmer zu tun bekommen. Da hier eine besondere Sensibilität angezeigt ist, sollte man diese, auch wenn man sich schon gut und länger kennt, keinesfalls ohne anzuklopfen und erst nach Aufforderung betreten.

Während sich Patienten in der Klinik im Normalfall an die dort geltenden Regeln und Strukturen anpassen, sind die Mitarbeiter im Betreuten Wohnen bei ihren zumeist chronisch psychisch Kranken mit der ganzen Bandbreite der individuellen Lebenswelten im Spannungsfeld von Wohnen, Arbeit und Freizeit konfrontiert. Ähneln sich in einem kleinen Dorf auf dem Land die Lebensstile noch sehr, so ist es in der modernen, industrialisierten und komplexen Migrationsgesellschaft unmöglich, alle Kulturen und Subkulturen zu kennen. Man wird seine Patienten also erst kennenlernen und nach vielen Dingen auch aktiv fragen müssen, insbesondere wenn die Religion als eine Lebensweise verstanden wird, in der viele Elemente nicht ohne Weiteres zu ändern sind.

Mitarbeiter des Betreuten Wohnens, die viel mit solchen Patientengruppen arbeiten, sollten sich daher über den Islam oder die kulturellen Hintergründe ihrer Patienten informieren. Das meiste aber werden sie von ihren Patienten selbst erfahren. Diese sollten sie mit Respekt, aber ohne falsche Scham fragen, denn diese sind die Experten für ihre persönlichen Lebenswelten. So werden wir die alte und immer wieder neue wichtige Erfahrung machen, dass wir das meiste von unseren Patienten lernen.

***Dr. Ibrahim Rüschoff** ist Psychiater, Psychotherapeut und arbeitet nach langjähriger klinischer Tätigkeit seit 2007 als Ärztlicher Psychotherapeut in eigener Praxis. Er ist Mitglied des Zentralrats der Muslime in Deutschland sowie der Islamischen Arbeitsgemeinschaft für Sozial- und Erziehungsberufe e. V. (IASE).*

Links

https://de.statista.com/statistik/daten/studie/168702/umfrage/meinung-zur-einschraenkung-des-islams-in-deutschland-und-europa/
ZMD – Zentralrat der Muslime in Deutschland: www.islam.de

Literatur

Demmer-Gaite, E.; Friese, P. (2004): Interkulturelle Aufgaben in der Erziehungsberatung. In: Wogau, R. v.; Eimmermacher, H.; Lanfrinchi, A. (Hg.): Therapie und Beratung von Migranten: Systemisch-interkulturell denken und handeln. Weinheim: Beltz.

Haasen, C.; Kleinemeier, E.; Yagdiran, O. (2005): Kulturelle Aspekte bei der Diagnostik psychischer Störungen. In: Assion, H. J. (Hg.): Migration und seelische Gesundheit. Heidelberg: Springer, 145–155.

Laabdallaoui, M.; Rüschoff, I. (2009): Ratgeber für Muslime in psychischen und psychosozialen Krisen. Mössingen: Edition Bukhara.

Laabdallaoui, M.; Rüschoff, I. (2017): Umgang mit muslimischen Patienten. Köln: Psychiatrie Verlag.

Wohnen auf Bewährung? Ehemalige forensische Patienten

Udo Frank

Forensisch-psychiatrische Kliniken gelten noch nicht überall als selbstverständlicher Teil des gemeindepsychiatrischen Hilfesystems, nicht einmal in allen Gemeindepsychiatrischen Verbünden (GPV). Noch bestehen bei einzelnen Einrichtungen und Diensten Vorbehalte, die weitere Betreuung von aus dem Maßregelvollzug Entlassenen zu übernehmen. Im Folgenden wird dargestellt, warum die Übernahme dieser Aufgabe im Bereich der betreuten Wohnformen sich lohnt, worauf beim Übergang von der forensischen Klinik in die Nachsorge zu achten ist, welche strukturellen Voraussetzungen zum Gelingen beitragen und welche spezifische Arbeitsweise sich im Umgang mit Menschen mit Delinquenz in der Vorgeschichte empfiehlt.
Institutionen, die regelmäßig forensische Klienten in Nachsorge nehmen und sich mit deren Besonderheiten vertraut machen, berichten über weit überwiegend gute Erfahrungen und bestätigen, dass eine Reintegration in den allermeisten Fällen gelingt. Durch die enge Zusammenarbeit mit den forensisch erfahrenen Experten erhöhen sich auch die Kompetenzen der Mitarbeiter im Umgang mit Aggressionen vonseiten der Betreuten, die keine forensische Vorgeschichte haben.

Gesetzliche Grundlagen

Die forensische Psychiatrie befasst sich mit juristischen Fragen im Zusammenhang mit psychischen Störungen. In Deutschland zählt zu den sogenannten Maßregeln der Besserung und Sicherung nach dem Strafgesetzbuch auch der Maßregelvollzug nach § 63 StGB. In diesen werden Rechtsbrecher eingewiesen, die aufgrund einer psychischen Erkrankung schuldunfähig oder vermindert schuldfähig sind und bei denen zum Zeitpunkt der Einweisung von einer ungünstigen Kriminalprognose ausgegangen wird.

Betreute Wohnformen kommen ab dem Zeitpunkt infrage, wenn keine erheblichen rechtswidrigen Taten mehr zu erwarten sind (§ 67d Abs. 2 StGB). Bis dahin haben die Untergebrachten über einen längeren Zeitraum eine multimodale Behandlung durchlaufen (Müller-Isberner, Eucker 2009), die erreichten Behandlungsfortschritte wurden durch schrittweise Lockerungen hinsichtlich ihrer Belastbarkeit erprobt.
Die forensische Unterbringung nach § 63 StGB ist zeitlich nicht befristet. Sie kann aber auch ohne günstige Prognose aus juristischen Gründen erledigt werden, wenn nach langjähriger Unterbringungszeit die Fortdauer unverhältnismäßig ist, weil nur weniger schwerwiegende Taten noch erwartet werden. Einmal jährlich (§ 67e StGB) prüft eine Strafvollstreckungskammer, ob

- die weitere Vollstreckung zur Bewährung auszusetzen,
- wegen Entfallens der Voraussetzungen
- oder aus Verhältnismäßigkeitsgründen zu erledigen
- oder Fortdauer anzuordnen ist.

Entlassungen erfolgen in den meisten Fällen auf Bewährung. Während der laufenden Bewährungszeit kann die Maßregelunterbringung befristet für drei bis sechs Monate in Form einer Krisenintervention wieder eingesetzt werden, wenn eine akute Zustandsverschlechterung oder erneutes Suchtverhalten aufgetreten sind. Die bewährungsweise Aussetzung der Unterbringung kann auch widerrufen und § 63 StGB wieder in vollem Umfang in Kraft gesetzt werden, wenn in dieser Zeit gröblich oder beharrlich gegen Weisungen verstoßen oder eine neue rechtswidrige Tat begangen wird (§ 67g StGB).
Erfolgte die Entlassung aus dem Maßregelvollzug nicht bewährungsweise, sondern in der selteneren Form einer Erledigung, sind diese Rückkehrmöglichkeiten in den Maßregelvollzug nicht mehr möglich; es tritt aber – wie auch bei Entlassungen auf Bewährung – für eine mehrjährige Dauer eine sogenannte Führungsaufsicht ein und vom Gericht können Weisungen ausgesprochen werden. Ein Verstoß gegen diese Weisungen stellt dann eine Straftat dar und kann strafrechtlich geahndet werden.
Nicht selten ergeben sich in den Maßregelkliniken langjährige Unterbringungszeiten und der Ruf, dass sie zu »Lebensversickerungsanstalten« werden können. Umso wichtiger ist es, nach Erreichen des Unterbringungsziels einen passenden sozialen Empfangsraum, der auch betreute Wohnformen einschließt, für diese Klienten vorfinden zu können.

Gewalt, Aufsicht, Kontrolle und Erfolgsaussichten

Trotz der sorgfältigen Vorbereitung und einer differenzierten Prognoseeinschätzung gestaltet es sich gelegentlich schwierig, eine betreute Wohneinrichtung zu finden, die sich der forensischen Nachsorge-Aufgabe stellt. Die – teilweise erhebliche – Vordelinquenz des zukünftigen Bewohners kann dabei ebenso eine Rolle spielen wie die Frage nach der eigenen Verantwortung hinsichtlich der Rückfallverhinderung. Berührt wird damit die Frage nach dem Umgang mit Gewalt.

Gemeindepsychiatrische Einrichtungen und deren Mitarbeiter fühlen sich manchmal nicht für die Gefahreneinschätzung bzw. für Kontrollmaßnahmen zuständig – und lassen dann Patienten, deren Mitbewohner und Angehörige allein. Dazu kommen unterschiedliche Erwartungen: Die Klienten hoffen mit der Entlassung aus der forensischen Klinik auf weitreichende Freiheitsgrade und übersehen dabei, dass sie an enge Weisungen gebunden sein werden, deren Nichteinhaltung auch zur raschen forensischen Wiederaufnahme oder zur strafrechtlichen Ahndung führen kann – lange Zeit bevor sich eine kritischere Entwicklung in Richtung auf erneue Delinquenz abzeichnet.

Der Maßregelvollzug hingegen geht davon aus, dass die nachbetreuende Einrichtung im gleichen Umfang Aufsicht und Kontrolle gewährleistet, wie das in der Zeit des vollstationären Aufenthalts der Fall war. Einrichtungen hingegen zeigen oftmals eine gewisse Scheu vor der Betreuung von Bewohnern, die unter Auflagen stehen und fokussieren stattdessen auf eine zügige Rehabilitation in weniger intensiv betreute Rahmenbedingungen (Steinböck 2003). Zudem bietet im Umgang mit den Kostenträgern der verbal geäußerte Hilfebedarf der Klienten häufig ein Konfliktfeld mit der Experteneinschätzung aus dem Maßregelvollzug.

Dennoch belegt eine zunehmende Aufnahmebereitschaft, dass es gute Gründe gibt, sich auf frühere forensische Klienten einzulassen. Dazu gehört die Erfahrung, dass die Rehabilitationsquote bei der gut auf die Entlassung vorbereiteten Klientel deutlich höher ist als bei anderen. Sieht man von Kapitaldelinquenz ab, so scheint es eher zufällig, ob ein grenzverletzender Übergriff nur zu einer kurzfristigen allgemeinpsychiatrischen Krisenintervention oder zu einer strafrechtlichen Unterbringung führt.

Eine Auswertung der Basisdokumentation im GPV zweier Landkreise ergab, dass handgreifliche Zwischenfälle insgesamt selten sind. Bei früheren forensischen Klienten sind sie relativ gesehen häufiger zu verzeichnen, nach absoluten Zahlen sind jedoch mehr Vorfälle auf allgemeinpsychiatrische Klienten ohne bisherige strafrechtliche Auffälligkeit zurückzuführen. Die Zwischenfälle waren nie Anlass für eine Rückverlegung, sondern wurden von den Mitarbeitenden im GPV bewältigt. Bei einem Vergleich der Klientengruppen, die weniger bzw. mehr als fünf Jahre in den Einrichtungen des GPV betreut wurden, ist ein Übergang von der tätlichen zur verbalen Aggression festzustellen. Die spezifische Arbeitsweise mit Klienten mit forensischer Vorgeschichte führt im Ergebnis zu einem professionelleren Umgang mit Aggressionen, was damit anderen Klienten, aber auch der Sicherheit der Mitarbeitenden zugutekommt (Konrad u.a. 2011).

In jedem Fall wird eine etablierte enge Zusammenarbeit mit der regional zuständigen forensischen Klinik auch für diese Klienten zu einer verbesserten Einschätzung und kompetenten Handhabung entsprechender Situationen führen. Im Ergebnis kann damit auch der »Forensifizierung« psychisch Kranker entgegengewirkt werden. Die Forensik als Teil des Gemeindepsychiatrischen Verbunds anzusehen, kann daher nicht nur als Qualitätskriterium für regionale Versorgungsstrukturen gelten (Rosemann 2003), sondern leistet selbst einen Qualitätsbeitrag für die Arbeit mit nicht forensischer Klientel.

Die Klienten

Die im Maßregelvollzug nach § 63 StGB Untergebrachten sind meist männlich, im Schnitt um vierzig Jahre alt, verfügen in der Regel schon über allgemeinpsychiatrische Voraufenthalte und wurden in jedem zweiten Fall wegen Schuldunfähigkeit ohne zeitliche Parallelstrafe in der forensischen Klinik untergebracht.

Die diagnostisch stärkste Gruppe ist diejenige der schizophrenen Psychosen, gefolgt von Persönlichkeitsstörungen. Dabei ist insbesondere für die psychotischen Klienten nicht untypisch, dass sie Gewalttaten im sozialen Nahfeld, vor allem in der eigenen Herkunftsfamilie, begingen. Sexualstraftaten führen in der weit überwiegenden Mehrzahl zu

Haftaufenthalten. In den forensischen Kliniken stellen sie durchschnittlich weit weniger als ein Drittel der Klienten. Im Schnitt erfolgt die Behandlung in der forensischen Klinik über eine Dauer von drei bis sieben Jahren. Daher sind die Klienten den Mitarbeitenden bestens bekannt, sodass es in aller Regel für die nachsorgende Wohneinrichtung unkompliziert möglich ist, auf dieses Wissensreservoir zurückzugreifen.
Bei den Klienten mit Psychosen sind die Verläufe in der Klinik oft gekennzeichnet von einer langsamen Besserungstendenz unter konsequenter Medikation und bei einer oftmals brüchigen Krankheits- und Behandlungseinsicht. Medikamente sind für diese Klienten unverzichtbar und stehen daher – mindestens für die Dauer der Bewährungszeit, im Allgemeinen auch darüber hinaus – nicht zur Diskussion. Grundsätzlich empfiehlt es sich, notwendig werdende Umstellungen bei der Medikation mit der vorbehandelnden forensischen Klinik bzw. der zuständigen forensischen Ambulanz durchzuführen, in aller Regel unter vollstationären Bedingungen, denn ein Wiederauftreten akut psychotischer Symptomatik kann hier regelmäßig mit einem erhöhten Risiko für Rückfalldelinquenz einhergehen (Traub, Weithmann 2013).
Wie lässt sich in betreuten Wohnformen mit der Sorge vor erneuter Straffälligkeit der Klienten umgehen? Auch hierzu empfiehlt sich die enge Zusammenarbeit mit der entlassenden forensischen Klinik oder der zuständigen forensischen Ambulanz, die über die erforderlichen Prognosekenntnisse verfügen. Gerade bei Personen, die aus Verhältnismäßigkeitsgründen entlassen werden, ist gemeinsam mit der forensischen Klinik eingehend zu beraten, ob und unter welchen Bedingungen die Wohnbetreuung übernommen werden kann. Auch für Patienten mit günstiger Prognose sollte ein individuelles Deliktentstehungsmodell erarbeitet sein, aus dem sich entnehmen lässt, welche Umstände ein erhöhtes Destabilisierungsrisiko bergen können.

Der Übergang in betreute Wohnformen

Der Wechsel aus dem Maßregelvollzug in betreute Wohnformen erfolgt schrittweise (vgl. Abb. 1): Der Umzug muss für gewöhnlich – je nach Landesgesetz – durch die Justiz genehmigt werden. Diese Genehmigung ist an konkrete Bedingungen gebunden, beispielsweise eine konkrete

Tagesstruktur, Medikamenten-Blutspiegelkontrollen, Alkohol- und Drogenabstinenz.
Bevor sich eine forensische Klinik mit der Übernahmeanfrage an eine betreute Wohneinrichtung wendet, haben die Patienten meist bereits weitgehende Lockerungen erreicht und sich als ausreichend belastbar und zuverlässig erwiesen. Die Anfrage führt zu einer persönlichen Vorstellung des Patienten, bei der wechselseitig alle interessierenden Fragen angesprochen werden. Auch unter Einbeziehung eines ausführlichen schriftlichen Berichts der Klinik wird im Team der Wohneinrichtung über die Annahme für ein Probewohnen entschieden.
Bereits mit Antritt dieser Erprobungszeit empfiehlt es sich, dass Klinik und Wohnteam vereinbaren, zu welchem Zeitpunkt die Beratung über eine endgültige Übernahme vorgesehen wird. Dieser Zeitraum orientiert sich an landesgesetzlichen Regelungen, die gegebenenfalls die Erprobungsdauer zeitlich limitieren, und Besonderheiten des Einzelfalls. Sinnvoll ist es, wechselseitige Zuständigkeiten, Ansprechpartner, Finanzierungsregelungen für die Zeit der Erprobung schriftlich zu fixieren.
In den ersten Wochen des Probewohnens steht das Einleben in die neue Umgebung im Vordergrund. Es geht um den Beziehungsaufbau zu Mitbewohnern und Mitarbeitenden sowie die Eingewöhnung in die neue Tagesstruktur. Nach Absprache finden auch Besuche durch Mitarbeitende des Maßregelvollzugs statt, bei denen Unklarheiten und Auffälligkeiten thematisiert werden. Bei Regelverstößen, z. B. einmaligem Alkoholkonsum, kann eine kurzzeitige Rückübernahme in die forensische Klinik angezeigt sein mit Überprüfung, unter welchen Bedingungen eine Fortsetzung des Probewohnens sinnvoll ist.
Bei unproblematischem Verlauf erfolgt nach der vereinbarten Zeit eine gemeinsame Bewertung der Erprobungsphase. Entscheidet sich die Wohneinrichtung für eine endgültige Aufnahme, teilt sie dies der forensischen Klinik mit einer kurzen Beschreibung des Probewohnens schriftlich mit. Auf dieser Grundlage wird dann der Antrag auf eine richterliche Anhörung und die Aussetzung der Maßregelunterbringung durch die Klinik gestellt. Der forensische Patient wird in der Folge persönlich vom Gericht angehört. Daran kann auch meist eine Begleitperson aus der Einrichtung teilnehmen, die gegebenenfalls zu den bisher gemachten Erfahrungen befragt wird.
Entscheidet die Strafvollstreckungskammer dann über die gerichtliche Aufhebung der Unterbringung im Maßregelvollzug, ergeht ein

schriftlicher Beschluss, der die Dauer der Bewährungszeit und die Auflagen festlegt (§ 68 b StGB).

ABBILDUNG 1 Schrittweiser Übergang von forensischen Patienten in die betreute Wohnform (modifiziert nach SEIFERT 2005)

Vorstellung des Patienten (telefonisch, persönlich)

↓

Zuleitung eines Arzt- / Sozial- / Pflegeberichts

↓

Entscheidung im Team über Annahme zum Probewohnen

↓

Entscheidung über die endgültige Aufnahme

↓

Gerichtliche Aufhebung der Maßregelunterbringung mit Festlegung von Bewährungsauflagen

↓

Austausch über den weiteren Verlauf mit MRV-Klinik oder Forensischer Ambulanz

↓

Probewohnen (in der Regel mehrere Monate)

Mit Rechtskraft des Entlassungsbeschlusses tritt dann ein Kostenträgerwechsel ein, zugleich treten die im Beschluss niedergelegten Weisungen in Kraft. Diese sind eine Art »Privatgesetz« für den Bewohner. Auflagenverstöße können teilweise strafrechtlich verfolgt werden oder zum Widerruf der Aussetzung führen. Daher sollten über diese Weisungen alle professionell mit dem ehemaligen forensischen Patienten Tätigen, auch die Mitarbeitenden des Betreuten Wohnens informiert sein. Auflagenverstöße sind ein wichtiges Alarmzeichen und bedürfen rasch der – am besten – schriftlichen Information der früher zuständigen forensischen Klinik bzw. in der Bewährungszeit zuständigen forensischen Ambulanz sowie der Bewährungshilfe.
Im Einzelfall zu klären ist, wie die Weiterversorgung von Personen gestaltet werden kann, bei denen vom Gericht die Entlassung nicht auf Bewährung, sondern aus Verhältnismäßigkeitsgründen eine Erledigung angeordnet wird. In diesem Fall sind nach der Einschätzung der Forensischen Klinik – wenn auch im Allgemeinen weniger nachhaltige – Straftaten wieder im Bereich des Möglichen. Bei einer solchen Konstellation sind

alle an der Nachsorge Beteiligten sehr transparent über die denkbaren Entwicklungen im Detail zu informieren und auch Handlungsempfehlungen für bestimmte, möglicherweise absehbare Situationen zu geben. Durchaus denkbar kann es dann sein, dass das Risiko eines tätlichen Übergriffs gegenüber Dritten auch einmal nicht zumutbar erscheint und dann diese Entlassung aus Verhältnismäßigkeitsgründen in ein unstrukturiertes Setting erfolgt.

Das Risikomanagement

Bei forensischen Patienten wurde vom Gericht zum Zeitpunkt der Unterbringung ein enger Zusammenhang zwischen psychischer Störung bzw. Krankheit und ihrer Anlasstat festgestellt. Daher gilt: Eine sichere Besserung ist die beste Sicherung. Anders als bei Klienten ohne forensische Vorgeschichte ist daher beispielsweise bei Psychosekranken auf die zuverlässige Medikation zu achten. Dies wird in den gerichtlichen Entlassungsauflagen festgelegt. Zum individuellen Hilfebedarf kann es gehören, am Tag der Depot-Injektion den Bewohner daran zu erinnern und ihn bei Bedarf zum Arzttermin zu begleiten. Wie die Auswertung der – bei kompetenter gemeindepsychiatrischer Nachbetreuung seltenen – Deliktrückfälle zeigt, gehen diesen oft Frühwarnzeichen voraus. Da Aggression in Einrichtungen des GPV keinesfalls ein exklusives Merkmal früherer forensischer Patienten ist, dienen die folgenden Hinweise gleichermaßen der Vermeidung forensischer Karrieren allgemeinpsychiatrischer Bewohner.

Die Arbeit mit ehemaligen forensischen Klienten ergänzt das übliche Vorgehen um den Schwerpunkt Sicherheit und Kontrolle. Dies mag bei erstmaliger Betreuung früherer forensischer Klienten gewöhnungsbedürftig sein. Es lohnt aber, sich daran zu erinnern, dass in der Arbeit mit forensischen Klienten nicht nur für die eigene Sicherheit Verantwortung übernommen wird, sondern auch für die anderer Klienten, Kolleginnen und Kollegen und das Umfeld. Grundprinzipien in der Arbeit sind:

Transparente Aufgabenteilung: Es ist zu klären, wer die Sicherstellung von Blutspiegel-, Alkohol- und Drogenkontrollen übernimmt. Die Klienten können dafür mit dem Hinweis gewonnen werden, dass sie durch unangemeldete Kontrollen ihre Zuverlässigkeit belegen können.

Kurs halten: Die vom Gericht festgesetzten Bewährungsauflagen sollten nicht rasch infrage gestellt oder verändert werden. Zu bedenken ist, dass forensische Klienten weniger als andere zur Verselbstständigung motiviert werden müssen, sondern vielmehr in ihren Wünschen und Begehrlichkeiten häufig einzugrenzen sind (vgl. Schmidt-Quernheim, Hax-Schoppenhorst 2008).
Spezifischen Aspekten Aufmerksamkeit schenken: Alle in der Einrichtung Tätigen sollten wissen, aus welchem Anlass jemand forensisch untergebracht war, und dies im Gedächtnis behalten.
Verbindlichkeiten einhalten: Für die aktuelle Risikoeinschätzung ist es wichtig, die individuellen Besonderheiten des Bewohners zu kennen. Dabei kann eine von Bode (zit. nach Seifert u.a. 2005) aus der forensischen Nachsorgepraxis entwickelte Checkliste helfen:

- Was darf er keinesfalls? (Wann ist er gefährlich?)
- Was darf er nicht? (Krise)
- Was soll er? (Behandlungsplan)
- Was darf er? (Absprachen laut Therapie)
- Was kann er? (Ressourcen)

Warnsignale beachten: Über Alkoholkonsum, unzuverlässige Medikamenteneinnahme, Vernachlässigung von Arztbesuchen darf nicht hinweggesehen werden. Sie sind aktiv anzusprechen, auf eine Fortsetzung regelwidrigen Verhaltens ist zu reagieren.

Kooperation

An der Nachsorge ehemaliger forensischer Patienten sind oft viele verschiedene Akteure beteiligt (siehe Abb. 2). Daraus können Spaltungsphänomene resultieren. Denkbar ist auch, dass die unterschiedlichen Beteiligten im Kontakt mit dem ehemaligen forensischen Klienten widersprüchliche Ziele verfolgen. Grundsätzlich hilfreich ist deshalb eine Klärung, zu welchen Akteuren intensivere Kontakte des Bewohners bestehen und mit diesen von Zeit zu Zeit die Kooperation konkret abzustimmen (Helferkonferenzen, runder Tisch) (Pörksen, Scholz 2003; Seifert u.a. 2003).
Auch sollte beim Übergang in die Bewährungszeit geklärt werden, wer wem Auffälligkeiten im Bewährungsverlauf und Verstöße gegen Auflagen

mitteilt. Grundsätzlich kann in solchen Fällen immer schriftlich die zuständige Bewährungshilfe informiert werden, im Einzelfall ist es aber eventuell sinnvoll, alle entsprechenden Aktivitäten zentral über die forensische Ambulanz zu bündeln, die den Kontakt zur Justiz hält.

ABBILDUNG 2 Mögliche Beteiligte an der Nachsorge von ehemaligen forensischen Patienten

Handlungsmöglichkeiten

Während der Bewährungszeit gibt es verschiedene – auch rechtliche – Möglichkeiten, auf Verlaufsbesonderheiten zu reagieren. Die Wohneinrichtung sollte mit Kooperationspartnern arbeiten, mit denen klare Vereinbarungen und eine verlässliche Zusammenarbeit möglich sind. So sollten z. B. mit den für die ärztlich-psychiatrische Behandlung Zuständigen unangemeldete Kontrollen (mit maximal einem Tag Vorlaufzeit) für Medikamentenspiegel- oder Alkoholmarker abgesprochen werden.

Über Bewährungshilfe oder forensische Einrichtung kann die Strafvollstreckungskammer kontaktiert werden, die ihrerseits Weisungen abändern oder zusätzlich festlegen, aber auch eine vorübergehende erneute Aufnahme in die forensische Klinik als Krisenintervention (§ 67h StGB) anordnen kann. Schließlich steht als weitestgehende Maßnahme auch die Möglichkeit eines Bewährungswiderrufs zur Verfügung mit Wiedereinsetzung der unbefristeten forensischen Unterbringung. Beide Maßnahmen sind dann möglich, wenn bei Entlassung juristisch keine Erledigung (vgl. Gesetzliche Grundlagen) vorgenommen wurde. Ein Widerruf ist in der Praxis erfreulicherweise nur selten notwendig, der Hinweis des Klienten auf diese Option kann aber durchaus die Kooperation innerhalb der Wohnbetreuung verbessern.

Die Dauer der Bewährungszeit im Rahmen der Führungsaufsicht liegt zwischen zwei und fünf Jahren (§ 68c StGB). Ergeben sich in dieser Zeit Hinweise dafür, dass nach Ablauf der Frist rasch wieder die psychische Störung auftritt, beispielsweise durch Weglassen der Medikamente, und infolge dessen neue Taten zu befürchten sind, kann die Strafvollstreckungskammer auch eine unbefristete Führungsaufsicht festsetzen.

In jedem Fall empfiehlt sich gegen Ende des Bewährungszeitraums der Blick darüber hinaus. Möglicherweise kann als weniger eingreifendes Mittel eine Betreuung angeregt werden. Vor Ablauf der Bewährungszeit können auch als sinnvoll erachtete und allseits abgesprochene Schritte in eine selbstständigere Hilfestruktur erprobt werden, sei es im Arbeitsbereich, sei es hinsichtlich der Wohnsituation, sei es bezüglich der Medikamenteneinnahme – ohne jedoch auf Kontrollen zu verzichten. Es geht um die weitere Weichenstellung für die Zukunft.

Sollte durch den Klienten jegliche Weiterbetreuung nach Ablauf der Bewährungszeit von vornherein abgelehnt werden, ist dies prognostisch kritisch zu sehen und sollte so an die Bewährungshilfe übermittelt werden. Ambulante Nachsorge bedeutet auch in der allgemeinen Psychiatrie oft eine langjährige Betreuung. Dies gilt für die ambulante Nachsorge psychisch kranker bzw. gestörter Rechtsbrecher umso mehr.

Empfehlungen

Über 70 % der forensischen Patienten werden in Deutschland in Nachsorgeeinrichtungen entlassen (Leygraf 2004). Ein dem individuellen Hilfebedarf angepasstes Nachsorgekonzept hat sich dabei als wirksam erwiesen, sowohl hinsichtlich Krankheits- als auch hinsichtlich Deliktrückfällen. Um diese Aufgabe sachgerecht bewältigen zu können, empfiehlt sich strukturell eine Selbstverpflichtung, grundsätzlich auch forensische Klienten zu übernehmen und kontinuierlich eine enge Kooperation mit der regional zuständigen Klinik oder der forensischen Fachambulanz zu etablieren (Rosemann 2003).
Dies kann sich auch darin zeigen, dass der Maßregelvollzug festes Mitglied in den Hilfeplankonferenzen wird. Bei Interesse können sich Mitarbeitende auch zusätzliche Kompetenzen hinsichtlich forensischer Klienten erwerben, beispielsweise über strukturierte Fortbildungen, wie sie u. a. von der DGSP angeboten werden, oder aber auch über Hospitationen im Maßregelvollzug.
Einzelfallbezogen empfiehlt sich die enge, kontinuierliche Zusammenarbeit mit der entlassenden forensischen Klinik bzw. Ambulanz in allen Phasen vor, während und nach der Entlassung. Zuständigkeiten sind für jeden Einzelfall für alle Beteiligten verbindlich zu klären und werden immer wieder überprüft. Die Arbeitsweise ist direktiv, vernetzt, wachsam. Es gilt der Grundsatz: wahrnehmen, dokumentieren, kommunizieren und reagieren. Dann können auch ehemalige forensische Klienten mit angemessenen Angeboten sicher betreut, in Krisen begleitet und erfolgreich in die Gemeinde wieder eingegliedert werden.

***Dr. Udo Frank** ist Facharzt für Psychiatrie und Neurologie, Forensische Psychiatrie, Psychotherapie und leitet die Kliniken für Forensische Psychiatrie und Psychotherapie des Zentrums für Psychiatrie Südwürttemberg.*

Literatur

Konrad, M.; Frank, U.; Flammer, E. (2011): Die Versorgung ehemaliger Patienten im Gemeindepsychiatrischen Verbund – Auswertung einer Basisdokumentation aus zwei Landkreisen. Psychiatrische Praxis, 38 (8), 376–381.

Leygraf, N. (2004): Nachbetreuung nach Straf- und Maßregelvollzug. In: Egg, R.: Ambulante Nachsorge nach Straf- und Maßregelvollzug. Konzepte und Erfahrungen. Schriftenreihe der Kriminologischen Zentralstelle e. V., Band 44, 55–63.

Müller-Isberner, R.; Eucker, S. (2009): Therapie im Maßregelvollzug. Berlin: Medizinisch Wissenschaftliche Verlagsgesellschaft.

Pörksen, N.; Scholz, W. (2003): Wer hat den schwarzen Peter? Zur (Un-)Verbindlichkeit in der Nachsorge forensischer Patienten. In: Recht & Psychiatrie 21, 47–51.

Rosemann, M. (2003): Integration forensischer Patienten in die gemeindepsychiatrische Versorgung. Recht & Psychiatrie, 21 (1), 10–14.

Schmidt-Quernheim, F.; Hax-Schoppenhorst, T. (Hg.) (2008): Professionelle forensische Psychiatrie – Behandlung und Rehabilitation im Maßregelvollzug. 2. Aufl. Bern: Huber.

Seifert, D.; Schiffer, B.; Leygraf, N. (2003): Plädoyer für die forensische Nachsorge. Ergebnisse einer Evaluation forensischer Ambulanzen im Rheinland. Psychiatrische Praxis, 30, 235–241.

Seifert, D.; Schiffer, B.; Bode, G.; Schmidt-Quernheim, F. (2005): Forensische Nachsorge – unverzichtbar, wenn es um die Entlassung eines psychisch kranken Rechtsbrechers geht. Neue Zeitschrift für Strafrecht, Heft 3, 125–128.

Steinböck, H. (2003): Forensik und Gemeindepsychiatrie. In: Steinböck, H.; Berger, H. (Hg.): Ist die Psychiatrie der richtige Ort? Zum Verhältnis von forensischer und sozialer Psychiatrie. Freiburg: Lambertus, 101–119.

Traub, J.; Weithmann, G. (2013): Werden schizophrene Patienten »krimineller«? Die Entwicklung der juristischen Zuweisungen gemäß § 63 StGB über einen Zeitraum von 15 Jahren in Baden-Württemberg. Recht & Psychiatrie, 31 (4), 208–216.

Teilhabe hinter verschlossenen Türen?

Matthias Rosemann und Michael Konrad

Das Thema »Geschlossene Einrichtungen« wurde durch die Ratifizierung der UN-Behindertenrechtskonvention belebt, welche die Anwendung von Zwang und Gewalt neu in die öffentliche Debatte gebracht hat. Gleichzeitig ist festzustellen, dass schon sehr lange Unterbringungen mit Freiheitsentzug in Heimen stattfinden und die »Abschiebung« in Pflegeheime häufig praktiziert wird (vgl. BLANKENFELD u.a. 2017).

Der Begriff der Freiheit ist ebenso wie der Begriff der Selbstbestimmung großen ideologischen Auseinandersetzungen in der psychiatrischen Fachdiskussion unterworfen. Seitdem das Bundesverfassungsgericht die Formulierung der »Freiheit zur Krankheit« genutzt hat, um zu verdeutlichen, dass es zu den Grundrechten eines Menschen gehört, sich gegen eine Behandlung zu entscheiden, wird immer wieder erörtert, worin die Freiheit besteht und wer beurteilen kann, ob ein Mensch in der Lage ist, eine »freie« Entscheidung zu treffen. Es ist von persönlichen Erfahrungen und eigenen lebensweltlichen Bezügen der Diskutierenden abhängig, welchen Begriff von Freiheit sie benutzen. Wenn diese Debatte sachlich und entideologisiert geführt wird, trägt sie wesentlich zur Entwicklung der psychiatrischen Versorgung bei. Denn die Wirklichkeit kennt kein eindeutiges Frei oder Unfrei, sondern nur viele Schattierungen dazwischen.

Die Psychiatrische Landschaft fällt seit einiger Zeit immer weiter auseinander: Während auf der einen Seite das Recht auf Selbstbestimmung der Menschen mit Behinderung allerorten betont wird, werden gleichzeitig schwierige Menschen in geschlossenen Einrichtungen untergebracht. Jedes geschlossene Heim in der Bundesrepublik verfügt über (lange) Wartelisten. Die regionalen Unterschiede sind sehr groß: In einigen Bundesländern stehen kaum oder keine Einrichtungen der Eingliederungshilfe mit der Möglichkeit eines Freiheitsentzugs zur Verfügung, in anderen Bundesländern gibt es eine große Zahl von Einrichtungen oder Bereichen in Einrichtungen. Nahezu überall aber findet die Möglichkeit des Freiheitsentzugs in stationären Pflegeeinrichtungen statt.

Freiheitsentziehende Maßnahmen müssen differenziert werden: Darunter fällt das Verbot, das Haus, die Einrichtung oder das Gelände zu verlassen, aber auch die Fixierung eines Menschen in einem Bett oder Stuhl durch Gurte oder unüberwindliche Bettgitter oder die Isolierung in einem Raum. Auch der Versuch, einen Menschen durch intensive und dauerhafte Begleitung daran zu hindern, sich dorthin zu bewegen, wohin er will, stellt eine Form des Freiheitsentzugs dar.

Zwischen welchen Polen bewegt sich die Diskussion?

Hartnäckig hält sich die Auffassung, dass es selbst in gut versorgten Regionen nicht gelinge, alle Klienten dauerhaft in die Gemeinde zu integrieren. Es gelinge auch nicht, alle in ihrer individuellen Lebensweise zu unterstützen. Die Konsequenz daraus sei zumindest bei einem kleinen Teil, dass sie mit kurzen Unterbrechungen dauerhaft in der Klinik seien oder von ihren rechtlichen Betreuern in gemeindeferne Einrichtungen oder in Pflegeheime mit geschlossenen Bereichen verbracht würden. Es sei daher auch im Sinne der Menschenwürde, die betroffenen Menschen zum Verbleib in der Einrichtung und damit auch zum Kontakt mit anderen Menschen, Mitwohnenden und Mitarbeitenden zu zwingen. Das Abschneiden der Möglichkeit, sich dem »therapeutischen Programm« zu entziehen, stelle die Basis für stabile Beziehungen und Bindungen her.
Ferner wird zur Begründung von Unterbringungen mit Freiheitsentzug angeführt, dass Menschen von ihrem Milieu ferngehalten werden sollen. Insbesondere die Verhinderung des Konsums von Suchtmitteln wird zur Begründung von freiheitsentziehenden Maßnahmen angeführt. Meist soll durch den Freiheitentzug über einen längeren Zeitraum der betreffende Mensch in die Lage versetzt werden, wieder eine selbstbestimmte Entscheidung über das eigene Leben zu treffen (⇨ Martin Reker: Betreutes Wohnen – betreutes Trinken?). Der Sinn der Freiheitsentziehung liegt dann darin, eine Person dazu zu bewegen, sich in einer bestimmten Weise zu verhalten oder bestimmte Verhaltensweisen, z.B. den Konsum von Suchtmitteln, abzulegen. Letztlich geht es hier darum, den psychisch erkrankten Menschen zu einer Einsicht in die Notwendigkeit einer Verhaltensänderung zu zwingen. Das Recht auf Selbstbestimmung wird mit einem langfristigen therapeutischen Ziel außer Kraft gesetzt.

Die Gegenposition stellt die Frage, ob die Schließung einer Tür eine Maßnahme sein kann, mit der das Ziel der Eingliederungshilfe – die Teilhabe am gesellschaftlichen Leben – erreicht werden könne. Der Entzug der Freiheit durch Einschließen sei ein Akt des Ausschlusses aus dem gesellschaftlichen Leben. Warum der Akt des Einschließens dem Betroffenen Schutz bieten solle, sei sachlich nicht zu beantworten. Hier wirke vermutlich der Mythos der geschlossenen Anstalt, der sich in der Herausbildung der institutionellen psychiatrischen Versorgung als »Nische« oder Schutzraum im gesellschaftlichen Bewusstsein festgesetzt hat (KONRAD 2014). Unterbringung mit Freiheitsentzug seien Akte von Segregation und lösten Gefühle des Ausgeliefertseins und der Demütigung aus. Wenn sich günstige Wirkungen einstellten, dann seien diese fast immer auf andere Ursachen zurückzuführen: bessere Ausstattung der Einrichtungen mit Personal, Vorgaben von Strukturen innerhalb der Einrichtung und zur Tagesgestaltung oder die Verlagerung der Diskussion über die Sinnhaftigkeit der Maßnahme von den Mitarbeitenden der Einrichtung hin zu denen, die die Unterbringung angeordnet oder genehmigt hätten, also den rechtlichen Betreuern oder den genehmigenden Gerichten. Das zentrale Gegenargument liegt darin, dass längerfristiger Freiheitsentzug ein so schwerwiegender Grundrechtseingriff sei, dass allein das Vorliegen einer Behinderung ihn nicht rechtfertige. Diese Position bezieht sich auf die UN-Behindertenrechtskonvention und die Beurteilung des Staatenberichts durch den Ausschuss für die Rechte von Menschen mit Behinderungen der Vereinten Nationen im April 2015 (UN 2015).

Die Diskussion über freiheitsentziehende Maßnahmen bezieht sich vorzugsweise auf Menschen, die in der Literatur als »Systemsprenger« bezeichnet werden (STEINHART u. a. 2013).

Die fehlende Anpassung an die Regeln der Gesellschaft wird mit dem Begriff des Systemsprengers personalisiert und dem Betroffenen angelastet. Der Begriff wird vielfach in der fachlichen Debatte, aber auch in der Versorgungsforschung benutzt, um Personen zu beschreiben, die sich mit dem ihnen angebotenen System von Hilfen nicht arrangieren können. Tatsächlich werden in den einschlägigen Untersuchungen vorwiegend Menschen identifiziert, deren unangepasstes Verhalten durch die fehlende Bereitschaft, Hilfeangebote anzunehmen, gekennzeichnet ist – meist in Kombination mit selbst- oder fremdgefährdendem Verhalten. Diejenigen Menschen, die sich völlig in ihre Wohnung zurückziehen und oft nur von ihren Familien notdürftig versorgt werden, aber niemanden stören, werden nicht als »Systemsprenger« bezeichnet. Dieser Ausdruck bleibt allein jenen Menschen vorbehalten, die sich mit unserem System nicht zufriedengeben und dieser Unzufriedenheit so Ausdruck verleihen, dass sie bei den Mitarbeitenden heftige Reaktionen auslösen und Teams an die Grenzen ihrer Belastung bringen. Besonders emotional wird »das ständige wachsende Ausmaß an Gewalt« diskutiert. Obgleich verschiedene Untersuchungen gezeigt haben, dass psychisch erkrankte Menschen mindestens ebenso häufig Opfer von Gewalt sind wie Professionelle und die Zahl ernsthafter Gewalttaten durch psychisch erkrankte Personen tendenziell rückläufig sind (vgl. Steinert, Traub 2016), erleben Mitarbeitende subjektiv eine kontinuierliche Zunahme.

Die fehlende Anpassung an das bestehende Versorgungssystem kann durchaus auch ein Akt der beginnenden Selbstbestimmung sein. Psychiatrieerfahrene berichten, dass ihr Recoveryprozess begonnen habe, als sie sich von dem psychiatrischen System abwendeten. Manche Psychiatrieerfahrene plädieren seit einiger Zeit dafür, den Begriff des Systemsprengers durch den Begriff des »Lebenskünstlers« zu ersetzen. Auch wenn damit nicht die Probleme der psychiatrischen Rehabilitation gelöst sind, kann dieser Vorschlag konstruktiv genutzt werden. Wenn der Begriff des Lebenskünstlers von seinem Bezug zur Boheme abgelöst und sachlich nüchtern aufgefasst wird, dann bedeutet er nichts anderes, als das Leben individuell und kreativ zu gestalten. Lebenskunst bedeutet in der alten philosophischen Tradition, eigene Wege in einem durchaus komplizierten Leben zu suchen, anstatt sich den Verhältnissen anzupassen: »Aufgabe der Lebenskunst ist es, mit den jeweiligen Bedingungen zurechtzukommen, um die Freiheit der Wahl selbst unter widrigen Bedingungen zu behaupten.« (Schmid 1998, 85)

Die Debatte um »Systemsprenger« oder »Lebenskünstler« greift jedoch zu kurz, wenn wir sie nur unter Betrachtung der Personen führen, die als solche bezeichnet werden. Mindestens ebenso wichtig ist die Betrachtung des tatsächlichen und des informellen Hilfe- und Unterstützungssystems, dem sich diese Menschen verweigern (Sprenger 2012).

Gemeinsam Verantwortung übernehmen

Unterbringungen sind oft Resultate von Überforderungen einzelner Einrichtungen oder Dienste oder Ausdruck von Verzweiflung von sozialen Systemen wie Familie, Nachbarschaften usw. Dem liegt immer Hilflosigkeit zugrunde und das Erleben, mit dem Problem, also dem betreffenden Menschen, letztlich allein gelassen zu werden.

Nahezu alle Debatten über geschlossene Unterbringungen gehen von der Beschreibung von Menschen aus, die die jeweilige Einrichtung (oder den rechtlichen Betreuer oder die Familie) vor besondere Herausforderungen stellen. Sätze, die immer wieder zu hören sind, lauten z. B.: »Wir haben alles versucht und nichts hat geholfen« oder: »Immer wieder haben wir getan, was wir konnten, aber wir konnten nichts bewirken«. Fast immer stammt die Formulierung aus der Sicht einer einzelnen Einrichtung. Aus dieser Perspektive stimmen diese Aussagen dann auch fast immer.

Jeder Antrag auf eine Unterbringung mit Freiheitsentzug ist ein Hilferuf einer Institution.

Jede Einrichtung definiert sich durch die Aufgabe, die sie im Hilfesystem einnimmt. Grundlage dafür sind gesetzliche Regelungen, Regelungen im Rahmen von Rahmenvereinbarungen und Vereinbarungen mit den jeweils zuständigen Kostenträgern. Insofern denken und handeln Mitarbeitende stets in einem System von Zuständigkeiten. Solange sie das tun, bleiben Menschen, für die keiner zuständig ist, nicht ausreichend versorgt.

Das zentrale Problem liegt in eben dieser Perspektive der Vereinzelung der Einrichtung. In diesem System vieler verschiedener, unabhängiger und unterschiedlicher Leistungserbringer wird die Vermeidung von Unterbringungen in geschlossenen Heimen nur gelingen, wenn die Akteure gemeinsam und einrichtungsübergreifend Verantwortung übernehmen. Wenn sie das tun, werden sie bei der Planung von Hilfen für Menschen, die sie in besonderer Weise herausfordern, als Erstes die individuell notwendige Unterstützung in den Mittelpunkt stellen und im zweiten Schritt überlegen, welche Einrichtung oder welcher Dienst welchen Teil der Unterstützung übernehmen kann. Und erst wenn alle anderen Maßnahmen zur Abwendung der besonderen Gefährdung nicht ausreichen, ist sowohl auf der Basis des Bürgerlichen Gesetzbuchs (§ 1906 BGB) wie auf der Basis der Ländergesetze (Unterbringungsgesetze oder PsychKG) eine freiheitsentziehende Maßnahme als letzte Möglichkeit zulässig.

Das bedeutet, gemeinsam Unterstützungsmaßnahmen für das Leben der Menschen mit einer solchen Gefährdung zu entwickeln und sich dazu aus der jeweiligen institutionellen Zuständigkeit (übersetzt: Konzept, Hausordnung, Regeln) heraus auf die Menschen zuzubewegen. Erst wenn das alles ausgelotet und erprobt ist, werden sie diskutieren können, welchen therapeutischen Wert oder welche schützende Funktion eine Freiheitsentziehung für den jeweils betreffenden Menschen haben soll.

Ultima Ratio

Wenn in einer Region Unterbringungen tatsächlich als Ultima Ratio betrachtet werden, dann sind Strategien zur Vermeidung von geschlossenen Unterbringungen in Heimen zu entwickeln. Solche können beispielsweise sein:

- besondere Gremien oder Besprechungen zu einzelnen Menschen mit herausforderndem Verhalten zu etablieren, in denen Fragen bedacht werden, wie können wir uns gegenseitig bei der individuell notwendigen Hilfe für diese Person unterstützen und welche Strategien zur angemessenen Hilfe können wir entwickeln?
- differenzierte Erörterung in der Hilfeplankonferenz oder in einer dafür eingerichteten Arbeitsgruppe der Hilfeplankonferenz;
- Leistungen zwischen verschiedenen Einrichtungen und/oder Organisationen aufteilen (Lasten auf mehreren Schultern verteilen);
- Mitarbeitende zusätzlich in den betroffenen Teams unterstützend einsetzen;
- regelmäßige gegenseitige solidarische und unterstützende Beratung über Trägergrenzen hinweg ermöglichen und einüben;
- regelmäßige einrichtungsübergreifende Besprechungen über die aktuelle Situation der betreffenden Person, gegebenenfalls auch unter Beteiligung von Menschen mit eigener Psychiatrieerfahrung, von Angehörigen oder von Menschen mit ganz anderem fachlichen Hintergrund;
- gemeinsame Supervision für die beteiligten Teams;
- Rotation von verantwortlichen Leistungserbringern (eine andere Form des Verteilens von Lasten auf mehreren Schultern).

Manchmal müssen auch mehrere dieser Strategien zusammentreffen, um einen Lösungsansatz zu bewirken.

BEISPIEL Herr C. ist dem Hilfesystem vor wenigen Jahren durch Umzug seiner Familie in die Region zugewandert. Er ist ein junger Mann mit osteuropäischem Migrationshintergrund, der unter erheblichen psychotischen Ideen leidet, die unter guter medikamentöser Behandlung beherrschbar werden. Da er unter den Nebenwirkungen der Medikamente leidet, bewegt er die Behandelnden, die Medikation zu ändern oder er nimmt sie nicht ein. Sowohl vor dem Hintergrund seiner persönlichen Biografie als auch seiner Psychose gerät er dann oft in massive Konflikte mit seiner Umgebung. Diese Konflikte führten dazu, dass seine Familie sich von ihm abwandte und ihn nicht mehr bei sich dulden konnte. Da er sich an keinerlei Regeln halten kann, gerät er auch in jeder Einrichtung oder Unterkunft in Konflikte. In den zurückliegenden drei Jahren ist ihm von jeder Wohnungslosenhilfeeinrichtung teils nach wenigen Tagen, manchmal auch erst nach einigen Wochen gekündigt worden. Auch der von der Klinik unternommene Versuch, ihn in einer geschlossenen Einrichtung unterzubringen, scheitert nach wenigen Wochen an seinem Verhalten.
Ein kleines Team eines Trägers unternahm einen ersten Versuch, Herrn C., egal in welcher Pension für Wohnungslose er untergebracht war, längerfristig zu betreuen. Es gelang, eine Beziehung aufzubauen, die zwar manchmal noch brüchig ist, aber deutlich an Stabilität gewonnen hat. So gelingt es diesem Team immer wieder, ihn zur Annahme von Behandlung zu bewegen und mit ihm für die notwendigsten Dinge des Lebens zu sorgen. Er sucht das Team an fast jedem Tag auf, gelegentlich nutzt er ein kleines Begegnungszentrum des Trägers.
Nach eingehender Beratung in verschiedenen Gremien der Versorgungsregion gelang es, gegen verschiedene Widerstände ein Grundstück zu pachten, das im Besitz der Kommune ist und am Rande einer Bahntrasse liegt, und dort einen ehemaligen Bauwagen aufzustellen. Mit kleinen, aber wirkungsvollen Umbauten konnte der Bauwagen winterfest gemacht werden. Auch eine Chemietoilette wurde eingebaut. Duschen kann Herr C. in den Büroräumen des Teams, das ihn betreut, und das nur ca. zehn Gehminuten entfernt liegt.
In dieser Konstruktion kann Herr C. nun schon seit 18 Monaten überleben. Manchmal ist er zugänglich, manchmal ist er so in seinen Impulsen unkontrolliert, dass er auch diese Lebensform gefährdet. In der Klinik, deren Institutsambulanz ihn behandelt, wird er ab und zu auf seinen Wunsch hin für ein oder zwei Nächte aufgenommen; nur selten bedarf er

einer Krisenintervention über mehrere Tage. Die zentrale Lernerfahrung ist, dass das Konzept nur funktioniert, wenn alle Beteiligten, das Team, das ihn betreut, das Team aus dem Begegnungszentrum, der Sozialpsychiatrische Dienst und die Mitarbeitenden der Institutsambulanz und der Station der Klinik, an einem Strang ziehen. Auf Konflikte zwischen diesen reagiert Herr C. mit zunehmend dissozialem Verhalten und schafft Anlässe, ihn abzulehnen und auszugrenzen. ×

Das Beispiel zeigt, dass mithilfe kreativer Lösungen unkonventionelle Wege gefunden werden können. Solche Wege bedürfen allerdings immer wieder der Überprüfung und Erneuerung. Sie sind immer nur für eine Zeit lang hilfreich und keineswegs endgültige Lösungen. Die Suche nach »der« Maßnahme, die jetzt »endlich« eine Lösung darstellen soll, verstellt oft den Blick auf vorübergehende oder vorläufige, aber entlastende Möglichkeiten.

Wenn dann noch ein Kreis von Menschen übrig bleibt, dem wirklich hilft, dass die Freiheit entzogen wird, dann sollte das so geschehen, dass die Verantwortung für diese Menschen im Hilfesystem der Region (dem Gemeindepsychiatrischen Verbund) bleibt und systematisch die regelmäßige Überprüfung der Notwendigkeit einer Freiheitsentziehung gewährleistet und dokumentiert ist.

Jede Genehmigung einer freiheitsentziehenden Maßnahme sollte voraussetzen, dass nachweisbar alle Möglichkeiten zu einer am individuellen Bedarf ausgerichteten Hilfe hinreichend erprobt wurden und bekannt ist, woran diese gescheitert sind.

Für die Menschen, die nach diesen eingehenden Versuchen noch immer nicht die notwendige Hilfe erhalten, muss eindeutig belegbar sein, welche hilfreiche, bzw. schützende Wirkung allein vom Freiheitsentzug kurzfristig ausgeht. Denn alle anderen Hilfen (auch die hochstrukturierenden) müssen ja bereits versucht worden sein. Anders darf das Prinzip der Ultima Ratio nicht interpretiert werden. So sind Unterbringungen rechtswidrig, die beispielsweise wegen der Weigerung eines Kostenträgers erfolgen, eine bestimmte Maßnahme zu finanzieren, für die er zuständig ist. Eine Unterbringung mit Freiheitsentzug kann auch nicht angeordnet werden, weil in der vorhandenen Einrichtung das notwendige Personal nicht verfügbar ist.

In den gerichtlichen Verfahren müssen diese Abwägungen und Versuche für das Gericht und den Klienten nachvollziehbar dargestellt werden.

Auch Gutachter und Verfahrenspfleger müssen in der Lage sein, die Umstände der notwendigen und versuchten Hilfe zu beurteilen. Liegt ein einschlägiges Gutachten vor, das nicht hinreichend diese Abwägungen trifft, ist das Gutachten abzulehnen. Es sollte in jedem Hilfesystem zum Standard werden, dass diese Standards eingehalten und gegebenenfalls mit juristischem Beistand eingefordert werden.
Auch die Frage, welche Funktion die Freiheitsentziehung haben soll, muss im Verfahren geklärt werden. Für das Hilfesystem einer Region bleibt die zentrale Aufgabe, die Hilfen so zu vernetzen, dass am Ende nur noch die Frage offenbleibt, welche Funktion der eigentliche Freiheitsentzug hat.
Allerdings entspricht ein solches sorgfältiges Abwägen der am Verfahren Beteiligten leider nicht der Rechtspraxis im Alltag. Auch für das gerichtliche Verfahren ist zu konstatieren, dass die Justiz nicht der Garant für sorgfältiges Arbeiten in der psychiatrischen Versorgung ist. Sowohl bei den Gutachtenden wie auch bei den Gerichten ist noch viel Spielraum zur Verbesserung der Rechtsstellung der Betroffenen. Daran zu arbeiten, muss auch die Aufgabe der Gemeindepsychiatrie werden.

Standards für freiheitsentziehende Unterbringungen

Die Bewohner müssen entsprechend der Schwere ihrer Behinderung intensive Hilfen erhalten, um die Erfordernisse des Alltags zu bewältigen. Im Rahmen der Beziehungsarbeit sind konstante Motivierung und verbindliche Absprachen notwendig. Das Ziel der gemeinsamen Arbeit im Alltag muss sein, herausfordernde Verhaltensweisen abzubauen und damit freiheitsentziehende Maßnahmen überflüssig zu machen.
Im Gegensatz zu den gemeindeintegrierten Wohnformen können die Klienten in der freiheitsentziehenden Unterbringung ihrem eigenen Zeitrhythmus und ihren augenblicklichen Vorlieben folgen. Daher ist es wichtig, dass in der Einrichtung keine Trennung zwischen Leistungen der Wohnbetreuung und Tagesstrukturierung erfolgt. Freiheitseinschränkende Maßnahmen werden zunächst immer durch deeskalierende und begleitende Maßnahmen der Mitarbeitenden angegangen. Soziales Verhalten soll über die Beziehungspflege aufgebaut werden.

Das Angebot soll zeitlich beschränkt sein und muss die Wiedereingliederung in gemeindeintegrierte Wohn- und Betreuungsangebote zum Ziel haben. Die Klienten, die in der Einrichtung aufgenommen werden, haben entweder einen gerichtlichen Beschluss für freiheitsentziehende Maßnahmen oder schriftlich die Zustimmung zur Durchführung freiheitsentziehender Maßnahmen gegeben. Sie können im Bedarfsfall in ihrer Selbstbestimmung beschränkt werden, die Zielrichtung des Angebots besteht jedoch in der Stärkung des Selbstbewusstseins durch intensive Auseinandersetzung mit den Mitarbeitenden auf der Beziehungsebene.
Die Einrichtung muss darauf bestehen, dass die Herkunftsregion in der Verantwortung für die weitere Betreuung der betreffenden Person steht und diese auch aktiv wahrnimmt.
Eine Handlungsmöglichkeit für die Seite der Leistungsträger besteht im Vertragsrecht. In den Leistungsvereinbarungen zwischen den Trägern der Eingliederungshilfe und den Verbänden der Leistungserbringer könnten die Leistungsträger Bedingungen formulieren, die bei der Aufnahme und Unterstützung von Menschen mit Freiheitsentzug einzuhalten sind. Im Land Berlin sind diese im Rahmen der Leistungsbeschreibungen für Einrichtungen und Dienste für Menschen mit seelischer Behinderung als Bestandteil des Rahmenvertrags grundsätzlich geregelt worden. Dort ist geregelt, dass der Leistungserbringer ein entsprechendes Konzept mit dem Land Berlin besonders abstimmen muss und unter welchen Bedingungen dieses Konzept vereinbarungsfähig ist.
Die Frage, wie es gelingen kann, das Recht auf Selbstbestimmung psychisch erkrankter Menschen gleichermaßen zu wahren, wie auch in einer Versorgungsregion gemeinsam Verantwortung für alle Bürger, also auch für die mit besonders herausforderndem Verhalten, wahrzunehmen, wird für die Zukunft eine ganz besondere Aufgabe darstellen. Aus menschenrechtlicher Perspektive ist es unabdingbar, alles, wirklich alles zu versuchen, um Hilfen ohne die Anwendung von Zwangsmaßnahmen zu gestalten und dabei keinen Menschen zu »vergessen«.
Auch in Regionen mit einem guten kooperativen Versorgungssystem landen Menschen in geschlossenen Einrichtungen oder im Maßregelvollzug. Aber nur bei einer wirklich gemeinsam versuchten Hilfegestaltung, nach verschiedenen Anläufen und dann letztlich gemeinsam zu verantwortendem Scheitern kann dann die Einschränkung von Freiheit an ein Gericht zur Entscheidung gegeben werden. Die Maßstäbe dafür sind mit der UN-Behindertenrechtskonvention gesetzt.

Es mag eine kleine Zahl von Menschen bleiben, denen weder die hochstrukturierten Angebote noch die von allen Verantwortlichen im Hilfesystem – und das sind alle Akteure gemeinsam! – helfen können und für die die freiheitsentziehende Maßnahme einen nachvollziehbaren Schutz bedeuten, der anders nicht gewährleistet werden kann. Das ist nicht gleichbedeutend damit, dass ein Hilfesystem eine geschlossene Einrichtung benötigt. Es sollte eine primäre Forderung an regionale Hilfesysteme sein, diesen einzelnen und – im quantitativen Umfang geringfügigen – Bedarfen regional entsprechen zu können.
Geschlossenen Einrichtungen mit überregionaler Aufnahmestruktur sollte die Nachfrage durch konsequente gemeindepsychiatrische Arbeit im vorgenannten Sinn entzogen werden. Wenn eine Unterbringung in einer entsprechenden Einrichtung in Ausnahmefällen doch erfolgt, muss gewährleistet sein, dass die abschiebende Region einen kontinuierlichen Kontakt hält und ihre Eintrittspflicht in die Verantwortung systematisch organisiert.

***Matthias Rosemann**, M. A., ist Psychologe und Soziologe und Geschäftsführer der Träger gGmbH in Berlin. Er ist Vorsitzender der Bundesarbeitsgemeinschaft Gemeindepsychiatrischer Verbünde und Vorstandsmitglied der Aktion Psychisch Kranke e. V.*

***Dr. Michael Konrad** ist Diplom-Psychologe und Leiter des Geschäftsbereichs Wohnen Ravensburg-Bodensee am ZfP Südwürttemberg. Er ist Sprecher der Trägergemeinschaft Gemeindepsychiatrischer Verbund im Landkreis Ravensburg und Mitglied im Vorstand des Dachverbands Gemeindepsychiatrie.*

Literatur

Blankenfeld, C.; Haug-von Schnakenburg, D.; Konrad, M. (2017): Menschen mit psychischer Erkrankung unter 65 Jahren in Pflegeheimen. Eine empirische Untersuchung in Baden-Württemberg. Sozialpsychiatrische Informationen (im Druck)

Konrad, M. (2014): Geschlossene Heime – pragmatische Notwendigkeit oder Widersinn? Recht & Psychiatrie, 32 (4), 195–203.

Osterfeld, M. (2015) Verhandeln statt behandeln? In: Aktion Psychisch Kranke (Hg.): Qualität therapeutischer Beziehung. Bonn, 42–48.

Rosemann, M. (2015): Wie geht das zusammen? Das Recht auf Selbstbestimmung, die Versorgungsverpflichtung und die Einrichtung von geschlossenen Wohnheimen. In: Bundesfachverband Caritas Behindertenhilfe und Psychiatrie e.V. (Hg.): Geschlossene Unterbringung – Beiträge zu einer schwierigen, aber notwendigen Debatte. CBP Spezial, 20–24.

Schmid, W. (1998): Philosophie der Lebenskunst. Eine Grundlegung. Frankfurt: Suhrkamp.

Sprenger, A. (2012): Tragende Strukturen mit den »Schwierigsten« entwickeln. Soziale Psychiatrie, 26 (3), 24–29.

Steinert, T.; Traub,·H.-J. (2016): Gewalt durch psychisch Kranke und gegen psychisch Kranke Bundesgesundheitsblatt – Gesundheitsforschung – Gesundheitsschutz, 59 (1), 98–104.

Steinhart, I.; Speck, A.: Freyberger, H. (2013): Blackbox geschlossene Heime. Psychosoziale Umschau, 27 (1), 6–8.

UN – Vereinte Nationen, Ausschuss für die Rechte von Menschen mit Behinderungen (2015): Dreizehnte Tagung, 25. März–17. April 2015. Abschließende Bemerkungen über den ersten Staatenbericht Deutschlands. www.einfach-teilhaben.de/SharedDocs/Downloads/DE/StdS/UN_BRK/ConcludinObservationinPDF.pdf;jsessionid=3F77A90A5B2EC2918C7648280B33D125.1_cid330?__blob=publicationFile (03.04.217).

QUALIFIKATION DER MITARBEITENDEN

»Ich weiß da kommt jemand, dass ich weiß da ist jemand. (Pause) Natürlich wird der dafür bezahlt und alles, aber es kommt jemand einmal die Woche und setzt sich zu mir und interessiert sich einfach für mich oder hat gelernt (lacht) auszustrahlen, dass er sich für mich interessiert und ist einfach da. Ist angenehm.«

»Oh, das ist ja auch immer so eine Sache, wenn man in so einer Wohnung jemanden rein lassen soll, es ist unangenehm, aber ich musste da durch. (Pause) Weil nicht damit man mich wie so ein Kleinkind behandelt oder überhaupt wie so'n Mensch der nicht ganz da ist. Ich bin zwar psychisch erkrankt aber das heißt noch lange nicht dass ich mir alles gefallen lassen muss. Ne, das sehe ich nicht ein. Ja und dann habe ich die (Betreuerin) dann raus gesperrt.«

»Und wie gesagt im Laufe dieser Zeit (...) Ja fast über drei Jahre, über drei Jahre sind wir Freunde geworden kann man sagen. Und Ich empfinde das so, ich habe ihr das auch selber schon gesagt, ich freue mich jedes Mal auf den Freitag wenn sie kommt weil sie eben alles weiß. Es gibt nichts, was da verschwiegen werden muss.«

»Nein, also praktische Hilfe ist eigentlich nicht nötig, sondern es ist eben so, dass ich jemanden habe, ehe der mit, mit dem ich auf Augenhöhe kommunizieren kann. Ne und das gibt mir ne Menge.«

Von der Betreuung zur Assistenz – Alltagskonflikte und ihre Bewältigung

Michael Konrad und Matthias Rosemann

» Der Begriff der Assistenz bringt in Abgrenzung zu förderzentrierten Ansätzen der Betreuung, die ein Über-/Unterordnungsverhältnis zwischen Leistungserbringern und Leistungsberechtigten bergen, auch ein verändertes Verständnis von professioneller Hilfe zum Ausdruck. (...) Vor diesem Hintergrund wird konsequenterweise auch die Beziehungsgestaltung zwischen Leistungsberechtigten und Leistungserbringern neu bestimmt. « Aus der Gesetzesbegründung zum § 78 SGB IX BTHG

Das Bundesteilhabegesetz soll die Eingliederungshilfe von einem fürsorgeorientierten System in ein modernes Leistungsrecht überführen. Dementsprechend wird eine Leistung zur sozialen Teilhabe gemäß § 78 SGB IX (neu) als Assistenzleistung bezeichnet. Diese Rolle entspricht zwar den von der UN-Behindertenrechtskonvention gesetzten Vorgaben, aber nicht immer den Erwartungen an die Mitarbeitenden. Denn im psychiatrischen Arbeitsfeld bedeutet Unterstützung auch Setzen von Grenzen und Erarbeiten von Regeln. Es muss also ein neues Berufsverständnis entwickelt werden, das erst in Ansätzen vorliegt und für das kein spezifischer Ausbildungsgang qualifiziert.

Die Assistenzleistung wird in Form mobiler Unterstützung erbracht, das heißt, die »Tätigkeit« der bloßen Präsenz entfällt oder muss zukünftig neu gestaltet werden. Die Wohnungen der Klienten und Klientinnen haben keine Aufenthaltsräume für die Mitarbeitenden. Der Kontakt mit ihnen bedeutet daher immer eine Unterstützungsleistung – aktiv oder passiv. Nach allen Erfahrungen ist der direkte Kontakt bei der mobilen Unterstützung aber sogar höher als im Wohnheim.

In der Regel wird die Assistenzleistung durch Bezugspersonen erbracht. Bei geringerem bis mittlerem Hilfebedarf ist das eine Person, die lediglich in Urlaubszeiten vertreten wird. Bei höherem Hilfebedarf, der sich über große Zeitspannen des Tages und des Wochenendes erstreckt, wird die Unterstützungstätigkeit zwischen Bezugsbetreuenden und Mitarbeitenden des Schichtdienstes aufgeteilt. Die koordinierende Bezugsperson ist dann für Ziel- und Hilfeplanung sowie für Überprüfung der Zielerreichung und Perspektivenplanung zuständig. Das Assistenzteam ist idealerweise sieben Tage in der Woche ansprechbar und organisiert entweder selbst oder im Rahmen des Gemeindepsychiatrischen Verbundes (GPV) eine Rufbereitschaft im Sinne des § 78 Abs. 6 SGB IX (neu). Fachärztliche und allgemeinärztliche Behandlung, Psychotherapie, Soziotherapie, häusliche Krankenpflege und tagesstrukturierende Maßnahmen werden außerhalb des Assistenzteams, aber in enger Kooperation und Abstimmung erbracht (⇨ Bruno Hemkendreis: Häusliche Psychiatrische Krankenpflege und ambulante Soziotherapie als zusätzliche Behandlungsleistungen zu selbstbestimmtem Wohnen). Die Arbeit im Rahmen von Assistenzleistung ist demnach sehr komplex. Umsichtige Anbieter setzen daher auf die multiprofessionelle Zusammensetzung der Teams.

Die Art und Weise, wie Mitarbeiter ihren Klienten begegnen, muss bei ambulanten Leistungen eine andere sein als bei stationärer Betreuung. Begegnungen müssen verabredet und geplant werden, zufällige Begegnungen im gemeinsamen Raum entfallen. Im Erleben von Mitarbeitern, die aus der stationären Betreuung kommen, findet ein realer Kontrollverlust, gleichzeitig aber auch eine Intensivierung des unmittelbaren Kontakts statt. Das kann zu einer Verunsicherung der beruflichen Identität führen – abhängig von der beruflichen Grundsozialisation und der persönlichen Erfahrung.

Da der Kontrollverlust auf der Ebene der Präsenz konzeptionell gewollt ist, müssen die Mitarbeiter auf der Ebene des professionellen Selbstverständnisses Kontrolle zurückgewinnen. Das heißt, sie müssen ihr professionelles Selbstverständnis neu definieren.

Der Assistenzbegriff stellt dabei schon an sich eine Herausforderung dar. Er wird durch das neue Bundesteilhabegesetz eingeführt und ist dort als Teil einer Leistung zur sozialen Teilhabe ausdrücklich genannt. Er ist dort seitens des Gesetzgebers bewusst gewählt, wie das Zitat zu Beginn dieses Beitrags deutlich macht. Der Gesetzgeber will damit das Recht der Menschen mit Behinderung auf eine Assistenz in allen Bereichen der Teilhabe unterstreichen. Das wird auch in anderen Rechtsvorschriften deutlich. So entscheiden die Leistungsberechtigten auf der Grundlage des Teilhabeplans nach § 19 SGB IX (neu) »über die konkrete Gestaltung der Leistungen hinsichtlich Ablauf, Ort und Zeitpunkt der Inanspruchnahme« (§ 78 Abs. 2 Satz 1 SGB IX [neu]).

Im Rahmen der Hilfen für Menschen mit seelischen Behinderungen wird diese Vorschrift noch lebhafte Diskussionen zwischen verschiedenen Akteuren auslösen, führt doch manche Erkrankung zu Rückzug, Minussymptomatik oder problematischer Selbsteinschätzung. Dies gilt beispielsweise auch für Menschen mit chronischen Abhängigkeitserkrankungen. Die Ideologie der selbstbestimmten Assistenz muss für den Bereich der psychiatrischen Versorgung eine angemessene Form der Modifikation erfahren, wollen wir nicht riskieren, dass manche Menschen durch das Netz der Eingliederungshilfe fallen. Die Differenzierung zwischen Bedürfnis und Bedarf kann dazu beitragen, dass Menschen mit krankheitsbedingt hohem Versorgungsanspruch fachlich unangemessen überversorgt werden. Zentrales Instrument für die differenzierte Betrachtung notwendiger und sinnvoller Hilfen wird der Hilfeplan sein. Dort müssen auch Regelungen getroffen werden, die gegebenenfalls auch den Charakter von Grenzen- und Regeln-Setzen haben.

Klienten und Klientinnen und Mitarbeitende haben in der Regel langfristig miteinander zu tun. Die Tätigkeit kann verallgemeinert als soziale Interaktion mit assistierendem Charakter beschrieben werden. Sozialadministrative Unterstützung nimmt am Anfang oft einen größeren Teil der Zeit in Anspruch, Pflege im Sinne der Grundpflege macht nur einen kleinen Teil aus. Mitarbeitende in Einrichtungen des Betreuten Wohnens kommen aus vielen Berufsgruppen. Sie haben Soziale Arbeit oder Sozialpädagogik, manchmal auch Psychologie studiert, haben eine Ausbildung in Gesundheits- und Krankenpflege, sind Ergotherapeuten, Heilerziehungspfleger, Erzieher oder kommen aus ganz anderen Berufen. Es besteht daher für die Mitarbeitenden nur zu einem geringen Teil ein Verhaltensrepertoire aus der Ausbildung (⇨ Christoph Walther: Zur Ausbildungssituation im Betreuten Wohnen – oder wie lernt man Betreutes Wohnen?).

Als Ergebnis eines der wenigen Forschungsprojekte zum ambulant Betreuten Wohnen stellt Effinghausen (2014) kritisch fest, dass den Mitarbeitenden vielfach das Interesse an den Wissensbeständen für methodisches Handeln fehle. So werde vielmehr der Anschein erweckt, als ob das sozialpädagogische Handeln vor allem Lebens- und Berufserfahrung erfordere. Daraus folge, dass professionelle Helfer in der Betreuungsarbeit häufig »aus dem Bauch heraus« handeln und entscheiden, ohne dabei ihr Alltagshandeln über Methodenaneignung zu professionalisieren (ebd., 241). Effinghausen fordert daher, dass gerade im ambulant

Betreuten Wohnen methodisch mit den Klienten Krankheitsbewältigung entwickelt, erlernt und trainiert werden müssen. Mit einer Liste von Strategien, die von A wie Abwechslung bis Z wie Ziele reicht, stellt sie eine Ideensammlung für die Erarbeitung von Selbsthilfefertigkeit und Alternativerhalten vor (ebd., 225 ff.). Ähnlich verfährt sie mit Strategien zur Krisenbewältigung. In der Darstellung von personenbezogenen Leistungen zur Gesundheitsförderung weist sie sowohl auf die Notwendigkeit hin, das Selbstwirksamkeitsgefühl zu befördern, als auch auf die Bedeutsamkeit, soziale Kontakte im Sinne eines mannigfaltigen Netzes von zwischenmenschlichen Beziehungen zu unterstützen (ebd., 223).

Grundelemente der Assistenz

Die Grundelemente der Arbeit im Betreuten Wohnen können mit den drei Schlagwörtern Bindung, Reflexion und Vereinbarung zusammengefasst werden.

Bindung statt Beziehung: Im Betreuten Wohnen beschränkt sich der soziale Kontakt nicht auf formale Interaktionen, sondern es entsteht relativ schnell eine Vertrautheit, die für familiäre oder freundschaftliche Beziehungen typisch ist. Das Beziehungsgefüge kann als Form von Bindung bezeichnet werden.

Die Bindungstheorie vermag über die Therapieschulen hinweg ein Modell für die Entwicklung der Persönlichkeit herzustellen (Strauss 2014). Ausgangspunkt für die Bindung ist nach diesem Modell die »mütterliche Feinfühligkeit«. Das Herstellen von Sicherheit ist die zentrale Basis für die Unterstützung bei der Teilhabe von Menschen, die eine oder mehrere einschneidende psychische Krisen hinter sich haben. Da der Begriff der mütterlichen Feinfühligkeit zu einseitig ist, wird für diese Haltung zwischenzeitlich der Begriff des empathischen Rollenverhaltens verwendet und in Trainingskonzepte für Mitarbeitende umgesetzt (siehe Schirmer 2015).

Für Mitarbeitende im Betreuten Wohnen ist es unabdingbar, das empathische Rollenverhalten aktiv zu schulen. Es wird in keiner Basisausbildung gelehrt und der Alltag in der Begleitung psychisch kranker Menschen verleitet immer wieder zum Entgegenhalten von Erwartungen anstatt zum Verstehen von Verhalten.

Reflexion: Menschen reagieren auf Nähe und Distanz zu anderen Menschen unterschiedlich. Mitarbeitende müssen situations- und anlassbezogen mit Nähe und Distanz angemessen umgehen. Gerade Bedürfnisse von Klienten nach Distanz sind zu respektieren. Aber auch Nähe müssen die Mitarbeitenden bewusst gestalten und dabei auf die eigenen Gefühle achten.

Ein zweiter Aspekt, der sich aus der Bindung ergibt, ist die Frage der Abhängigkeit. Eine gute Bindung »bindet« die Klientinnen nicht länger, als es für das Unterstützungsziel notwendig ist, und wird nicht so einengend, dass die Beendigung der Betreuung mit Ängsten verbunden wird (⇨ Ilse Eichenbrenner: Die endliche und die unendliche Betreuung).

Die mobile Unterstützung von Klienten und Klientinnen kann negativ als einsame, positiv als eigenverantwortliche Arbeit bezeichnet werden. Um die Probleme von Nähe, Distanz und Abhängigkeit handhaben zu können, ist die Einbindung in ein Assistenzteam erforderlich, in dem die Arbeit mit den Klienten und Klientinnen reflektiert werden kann. Nur durch die ständig Reflexion der Tätigkeit ist festzustellen, ob die Unterstützung bei den Klienten und Klientinnen eine Wirkung und welche sie zeigt. Die inzwischen etablierte Form der Intervision kann die Fallsupervision mit einem externen Supervisor zwar nicht gänzlich ersetzen, die externe Supervision aber auf drei oder vier Termine im Jahr zur Bearbeitung besonders schwieriger Fallkonstellationen beschränken. Zusätzlich empfehlen sich mindestens ein- oder zweimal im Jahr Seminare zur Teamentwicklung mit einem externen Coach. Für die Reflexion der Tätigkeit ist es unabdingbar, die Stärken und Schwächen der eigenen Persönlichkeit, aber auch die Stärken und Schwächen der anderen Teammitglieder zu kennen. Dadurch lassen sich Reibungen im Alltag vermeiden.

Verabredungen und Vereinbarungen: Eine empathische Verständigung funktioniert nur, wenn sich auch die Klienten und Klientinnen an die getroffenen Verabredungen halten. Um dies sicherzustellen, aber auch um Transparenz für alle Beteiligten herzustellen, ist es oft hilfreich, Vereinbarungen schriftlich zu fixieren. Das Bundesteilhabegesetz zwingt die Leistungsanbieter nun, die Assistenzleistungen auf der Grundlage des Kapitels »Aktivitäten und Partizipation« der ICF genau zu beschreiben (⇨ Christian Reumschüssel-Wienert: Die ICF, das BTHG und die soziale Teilhabeplanung). Die Unterstützungsverträge bzw. die Hilfe- oder Teilhabepläne enthalten damit neben Aufgaben zur Erbringung der

Assistenzleistung die Festlegungen von konkreten und überprüfbaren Zielen. Wenn die Ziel- und Hilfeplanung nicht nachvollziehbar und verständlich formuliert wird, gibt es bei der Unterstützungsleistung immer wieder Konflikte, insbesondere zwischen den Klienten und Klientinnen sowie ihrem sozialen Umfeld (Mitbewohner, Nachbarn). Bei diesen Konflikten geht es ja nicht nur darum zu unterstützen, sondern man muss gleichzeitig moderieren oder korrigieren.
Damit das Prinzip der Selbstbestimmung auch in Phasen des psychischen »Ausnahmezustands« funktioniert, sollte eine schriftliche Handlungsvereinbarung für den Krisenfall abgeschlossen werden. In der gemeindepsychiatrischen Versorgung in England sind solche Vereinbarungen längst Standard. Ihr positiver Effekt konnte in verschiedenen Studien wissenschaftlich nachgewiesen werden (Farelly u.a. 2014).
Neben dem Unterstützungsvertrag können für besondere Situationen zeitlich befristete Verabredungen getroffen werden, zum Beispiel, um den Umgang mit Suchtmitteln und die Einteilung finanzieller Mittel zu verabreden. Die schriftliche Vereinbarung kann helfen, wenn sich Klienten und Klientinnen in einer Phase befinden, in der sie sich an solche Vereinbarungen nicht mehr halten wollen.

Strategien zur Bewältigung von Herausforderungen des Alltags

Für den Umgang mit herausfordernden Situationen im Betreuungsalltag ist es für die Mitarbeitenden bedeutsam, dass sie in jedem Einzelfall neu ihr eigenes Erleben und Handeln reflektieren. Einfach nicht zu handeln und das Selbstbestimmungsrecht des Betreuten zu betonen, scheint der »einfachere« Weg sein, kann aber genauso problematisch sein, wie beim Aufräumen der Wohnung tätig zu werden ohne Beteiligung des Klienten, weil man die Unordnung selbst nicht mehr aushalten kann. Die eigenen Interessen bestimmen also das fachliche Handeln stets mit.
Das Gefühl, sich in einem Machtkampf zu befinden, geht oft einher mit dem Gefühl von Hilflosigkeit.
Welche Strategien stehen zum Umgang mit solchen Betreuungssituationen zur Verfügung? Zunächst sind einige Klärungsprozesse von geradezu herausragender Bedeutung.

Auftragsklärung: Wer hat mir welchen Auftrag zum Handeln erteilt? Habe ich den Auftrag angenommen und welchen Auftrag genau habe ich angenommen? Ist der Klient in diese Auftragserteilung einbezogen worden? Bewege ich mich im Rahmen dieses Auftrags?
Die Auftragsklärung ist ein wichtiger Prozess, in dem gegebenenfalls widersprüchliche Erwartungen an die Mitarbeitenden, aber auch eigene persönliche Ungewissheiten über die subjektive Neudefinition des Handlungsauftrags deutlich werden können.
Einbeziehung des Klienten: Welche Erwartungen hat der Klient an mich? Wie ist seine Sicht auf die eingetretene Situation? Wie würde ich mich an seiner Stelle fühlen und handeln?
Unterstützung ist ein Interaktions- und Kommunikationsprozess. Daher ist es notwendig, das Gegenüber und seine Sicht auf die Situation zu verstehen und sich in diese Sicht einzufühlen und einzudenken. Sich darüber auszutauschen kann erste Klärungen herbeiführen und Fehleinschätzungen bereinigen.
Klärung im Team: Wie gehen die Kollegen mit dem Auftrag um? Welche Erfahrungen haben sie in der Auseinandersetzung? Habe ich einen anderen Auftrag als meine Kollegen bzw. unsere Organisation insgesamt? Wie handeln meine Kolleginnen und Kollegen?
Unterstützung findet – meist – im Rahmen eines Teams statt. Je exklusiver Unterstützungsbeziehungen sind, je mehr also andere Mitarbeitende ausgeschlossen werden, desto größer wird die Gefahr, dass Klienten und Mitarbeitende in einen »Clinch« geraten. Diese Entwicklung ist für zwischenmenschliche Beziehungen normal und ihre Tendenz steigt mit der Dauer der Beziehung. Insofern ist der Blick auf den Handlungsauftrag ein herausragendes Instrument der Reflexion. In den meisten Teams stehen dafür Teambesprechungen und Supervision zur Verfügung.
Beurteilung durch Dritte: Wie notwendig ist die Durchsetzung des Auftrags? Was geschieht, wenn ich jetzt nicht auftragsgemäß handle? Wie nehmen andere (Mitarbeitende, Kollegen aus anderen Einrichtungen, andere Akteure) die Situation wahr?
Auch Teams bilden mit zunehmender Dauer der Betreuungs- und Teambeziehungen Routinen aus. Daher ist der Blick von außenstehenden Dritten ein wichtiger, wenn nicht sogar der wichtigste Beitrag zur Überprüfung der eigenen Haltungen. Dazu muss die Bereitschaft bestehen, sich infrage stellen zu lassen und eine andere Einschätzung der Situation nicht primär als Kritik, sondern als notwendige Ergänzung aufzufassen.

Als Methodik bieten sich dafür gemeinsame Helfer- oder Hilfekonferenzen an. In vielen Gemeindepsychiatrischen Verbünden wird die Durchführung von solchen personenbezogenen Hilfekonferenzen strukturell vereinbart, sie können aber auch anlassbezogen einberufen werden.

Selbstreflexion: Welche Interessen sind im Spiel? Geht es noch um die Sache oder handelt es sich um einen Konflikt in der Beziehung? Stelle ich eine Machtfrage oder wird eine Machtfrage an mich gerichtet? Welches eigentliche Thema wird in der aktuellen Konfliktsituation auf der Beziehungsebene angesprochen und was hat das mit mir persönlich zu tun?

Dieser Klärungsprozess findet günstigenfalls im Rahmen von Intervisionen (Fallbesprechungen unter Kolleginnen und Kollegen) oder externer Supervision statt. Manchmal kann es in besonders schwierigen Situationen auch notwendig sein, in einer Einzelsupervision solche Fragen zu klären, wenn die Supervision im Team dafür nicht genug Raum lässt oder die Fragestellung zu persönlich ist.

Beschwerdemöglichkeiten: Für Nutzerinnen und Nutzer des psychiatrischen Hilfesystems ist es wichtig, sich gegen Methoden der Psychiatrie oder gegen das Verhalten psychiatrisch Tätiger wenden zu können. Viele Organisationen haben dazu im Rahmen ihres Qualitätsmanagements interne Beschwerdemöglichkeiten geschaffen. Allerdings werden diese von den Klienten und Klientinnen oft nicht gern genutzt, da manche aggressive Gegenreaktionen befürchten. Daher sind in einigen Regionen, insbesondere dort, wo sich Gemeindepsychiatrische Verbünde gebildet haben, externe Beschwerdestellen entstanden.

Viele dieser Beschwerdestellen nutzen die Kompetenzen von Psychiatrieerfahrenen und Angehörigen. Zur Nutzung von Beschwerden gehört die Grundhaltung, dass Beschwerden als gutes Recht eines jeden Menschen aufgefasst werden und dass ihr Vorbringen für die Verbesserung der fachlichen Arbeit immer hilfreich ist. Diese Grundhaltung muss sich auch den Klientinnen und Klienten vermitteln.

Vorgesetzte: In manchen Teams hat sich die Kultur herausbildet, alle konflikthaften Themen stets im Team zu besprechen und nicht mit den Vorgesetzten. Das mag manchmal auch »gut« gehen, aber viele Erfahrungen lehren uns, dass die Vorgesetzten zu oft erst dann einbezogen werden, wenn ein Problem zu einem Schaden geworden ist und die Verantwortlichen informiert werden müssen. Für viele Klärungsmöglichkeiten ist es dann bereits zu spät. Es muss daher für beide Seiten,

Mitarbeitende im Team und Vorgesetzte, selbstverständlich werden, sich über diese vielfältigen Affekte, die bei der mobilen Unterstützung auftreten können, über Hilflosigkeit, Aggression, Liebe und Ohnmacht zu verständigen und sie als selbstverständliche Ausdrucksformen menschlichen Zusammenlebens zu verstehen.
Rechtzeitige Verständigung Vorgesetzter birgt die Chance auf bessere Lösungen. Mitarbeitende haben ein Recht auf Unterstützung von denjenigen, die ihre Arbeit zu verantworten haben. Daher ist das vertrauensvolle Gespräch zwischen den Mitarbeitenden und ihren Chefinnen für eine gute psychiatrische Arbeit unerlässlich.

Strukturelle Unterstützung

Im Geflecht von unterschiedlichen – manchmal auch widersprechenden Erwartungen – muss der Sichtweise des betroffenen Menschen selbst oft erst nachdrücklich Raum gegeben werden. Dann entsteht ein Spannungsfeld, das unter der Voraussetzung von Selbstbestimmung zwischen der verantworteten Verwahrlosung bis zur fürsorglichen Belagerung reichen kann. Von Mitarbeitern wird erwartet, beides zu können: bei dem einen Klienten die Fähigkeiten zu einem selbstbestimmten Leben zu fördern, obwohl er gern viel Hilfe hätte, und bei einem anderen Klienten in das Recht auf Selbstbestimmung zugunsten des Sicherns des Überlebens einzugreifen. Jenseits der Frage von stationärer oder mobiler Unterstützung ergeben sich immer Anforderungen an die individuelle Begleitung, die neben der Stärkung von Autonomie und Selbstverantwortung auch Reglementierung und Grenzziehungen notwendig machen.
So muss beispielsweise ehemaligen forensischen Patienten in bestimmten Situationen die Unterstützung mehr oder weniger aufgedrängt werden und gerichtliche Auflagen müssen kontrolliert werden (⇨ Udo Frank: Wohnen auf Bewährung? Ehemalige forensische Patienten). Schwer suchtkranken Menschen werden die finanziellen Mittel eingeteilt, manchmal sogar tageweise, um das Überleben zu sichern. Eine Wohnung, die der Bewohner durch Manipulationen an den elektrischen Leitungen für sich zum Schutzraum gestaltet hat, die aber eine objektive Gefährdung darstellt, wird instand gesetzt. Hartnäckig wird daran gearbeitet, dass kein Ungeziefer die Wohnung befällt.

Der Schein der stets nur stützenden und fördernden Hilfen im eigenen Wunsch des Klienten trügt in manchen Fällen. Es ist also ein weiter Begriff von Unterstützung notwendig. Manche Leistungen wirken wie Kontrolle oder Reglementierung und scheinen dem Ideal des selbstbestimmten Menschen zu widersprechen. Deshalb ist im Spannungsfeld von subjektiven Wünschen und dem von außen beurteilten Wohl ein achtsamer Umgang in einem transparenten Rahmen notwendig.

Reglementierendes Handeln ist jedoch nur zu rechtfertigen, wenn es kontrolliert erfolgt und die Verantwortung dafür nicht beim Handelnden selbst oder seiner Einrichtung allein liegt. Denn stets stehen die Handelnden in der Gefahr von willkürlicher Ausübung von Macht. Je persönlicher, aber auch je konstanter und exklusiver die Beziehung zwischen Betreuenden und Betreuten wird, desto mehr besteht die Gefahr von Grauzonen. Dahinter steht keine böse Absicht, sondern die unabsichtliche Übertretung von Grenzen unter den Bedingungen des Alltags und der zu seltenen Reflexion. Die Gefahr droht in beiden Richtungen: Menschen können bevormundet und eingeschränkt, aber auch unter Berufung auf das Recht auf Selbstbestimmung vernachlässigt werden.

Verantwortlich handelnde Organisationen geben sich deswegen Regeln, wie sie die Mitarbeitenden (und sich selbst) vor unkontrollierten Übergriffen gegen die Klienten schützen. Gerade wenn Leistungen erbracht werden müssen, die sich die Klienten nicht selbst gewählt haben, oder wenn sie nicht in der von den Klienten gewünschten Art und Weise erbracht werden, müssen Träger Strukturen schaffen, die Willkür und persönliche Abhängigkeit vermeiden. Möglichkeiten dazu sind regelmäßige Gespräche der Klienten mit Dritten aus dem Hilfesystem, Intervisionen im Team, regelmäßige Gespräche mit anderen Kollegen, regelmäßige Kontakte der Klienten mit Verantwortlichen der Organisation und Fallsupervisionen.

Noch wirksamer ist Transparenz nach außen. Regelmäßige Fallbesprechungen, an denen die Klienten, ihre rechtlichen Betreuer und andere Vertrauenspersonen, aber auch andere Dienste und Anbieter beteiligt sind, sind eine bewährte Möglichkeit »äußerer« Kontrolle. Eine weitere wichtige Möglichkeit sind Beschwerdemöglichkeiten beispielsweise in trialogisch besetzten Beschwerdestellen. Sie wirken aber nur, wenn sie zugänglich sind und sie immer wieder den Klienten bekannt gemacht werden.

Gemeindepsychiatrische Verbundsysteme erleichtern Transparenz und fachöffentliche Einsicht in das Handeln von Einrichtungen und Teams. Der kollegiale Kontakt und Austausch ermöglicht es, gemeinsame und personenzentrierte Konferenzen durchzuführen. Dies hilft, den Blick von außen auf die Betreuungssituation zu richten, Alternativen zu erörtern und den Klienten als aktiv handelndes Subjekt wahrzunehmen.

Aufgaben von Leitung

Wichtig ist, die Aufmerksamkeit auf die Stärken (Ressourcen) der Klienten und die Selbstbefähigung zu richten. Das Konzept des Empowerments ersetzt Defizitorientierung durch den Blick auf Potenziale und Ressourcen. Empowerment und Recoveryorientierung helfen, Menschen bei der (Rück-)Gewinnung ihrer Entscheidungs- und Wahlfreiheit, ihrer autonomen Lebensgestaltung zu unterstützen und sie zur Weiterentwicklung zu motivieren (KNUF 2016). Dabei ist es notwendig, in kleinen und behutsamen Schritten den Einzelnen zu befähigen, seine Ressourcen auszuschöpfen und zu erweitern. Oft wird der Fehler gemacht, zu viel Verantwortung auf einmal an die Bewohner zu übertragen und es bewahrheitet sich die Selbstprophezeiung: Das habe ich doch gleich gewusst! Seitens der Leitung müssen diese Aspekte in der täglichen Arbeit vermittelt und systematisch gefördert werden.

Paradoxerweise gelingt die Übernahme dieses Berufsverständnisses nicht durch Auflösung der Hierarchien, sondern eher durch die konsequente Nutzung von Führungsinstrumenten. Klaus DÖRNER (2004) hat Führung eingeklagt, indem er den moralischen Imperativ an die Heimleiter aufgestellt hat, die Auflösung ihres Heims sukzessive zu betreiben. Die Aufgabe muss jedoch von Maßnahmen begleitet werden, die den Mitarbeiterinnen und Mitarbeitern Ressourcen für eine personenzentrierte Betreuung bieten. Sie müssen aber auch korrigiert werden, wenn die Grundsätze nicht eingehalten werden.

Nach unserer Erfahrung müssen diese Maßnahmen auf der Achse Geschäftsleitung – Dienstleitung – Basispersonal organisiert sein und auch die Selbstwirksamkeit und Selbstfürsorge der Mitarbeiter einschließen (⇒ Silke Ihden-Rothkirch: »Wir haben schon echt tolle Sachen entwickelt!« Erfahrungen mit Betrieblichem Gesundheitsmanagement).

Für alle Hierarchieebenen gilt, dass die subjektiv wahrgenommen Wirksamkeit der jeweiligen Tätigkeit der entscheidende Faktor ist (Bandura 1977). In einer wissenschaftlichen Untersuchung über die Stressbelastung von Mitarbeiterinnen und Mitarbeiter in der sozialen Rehabilitation psychisch kranker Menschen wurde dies bestätigt (Queri u.a. 2012): Die Mitarbeiterinnen und Mitarbeiter, die ihre Arbeit als wirksam beschrieben, waren am wenigsten stressbelastet. Leitungen im sensiblen Feld des ambulant Betreuten Wohnens sind demnach gut beraten, sich über die Steigerung der Selbstwirksamkeit ihrer Mitarbeiterinnen und Mitarbeiter Gedanken zu machen.

Matthias Rosemann, *M. A., ist Psychologe, Soziologe und Geschäftsführer der Träger gGmbH in Berlin, Vorsitzender der BAG Gemeindepsychiatrischer Verbünde und Vorstandsmitglied der APK e. V.*

Dr. Michael Konrad *ist Diplom-Psychologe und Leiter des Geschäftsbereichs Wohnen Ravensburg-Bodensee am ZfP Südwürttemberg. Er ist Sprecher der Trägergemeinschaft Gemeindepsychiatrischer Verbund im Landkreis Ravensburg und Mitglied im Vorstand des Dachverbands Gemeindepsychiatrie.*

Literatur

Bandura (1977): Social learning theory. Englewood Cliffs, NJ: Prentice Hall.

Dörner, K. (2004): Sind alle Heimleiter Geiselnehmer? Qualitätskatalog für den zukunftsfähigen »guten« Heimleiter. Soziale Psychiatrie, 28 (4), 21–25.

Effinghausen, S. (2014): Diagnose psychisch krank – ein Leben ohne Zukunft? Bewältungsstrategien von psychisch erkrankten Menschen und Unterstützungsmöglichkeiten durch die Soziale Arbeit am Beispiel des ambulant betreuten Wohnens. Baden-Baden: Nomos-Verlag.

Farelly, S. u.a. (2014): What service users with psychostic disorders want in mental health crisis or relapse: Thematic analysis of joint crisis plans. In: Soc. Psychiatry Psychiatr. Epidemiol., 49, 1609–1617.

Knuf, A. (2016): Empowerment und Recovery. Köln: Psychiatrie Verlag.

Queri, S.; Konrad, M; Keller, K. (2012): Ein Stressmodell für Mitarbeiter in der psychiatrischen Rehabilitation – Effekte von Person- und Organisationsmerkmalen. Rehabilitation, 51 (4), 245–253.

Rosemann, M. (2004): Neue Anforderungen an Geschäftsführungen. In: Schmidt-Zadel, R.; Kunze, H. (Hg.): Die Zukunft hat begonnen. Personenzentrierte Hilfen – Erfahrungen und Perspektiven. Bonn: Psychiatrie Verlag, 262–268.

Schirmer, U. B.; Schall, M. (2015): Verbesserung der Empathiefähigkeit durch ein Trainingsprogramm »Einfühlsame Gesprächsführung«. Eine quantitative und qualitative Untersuchung. Pflegewissenschaft, 17, 20–28.

Strauss, B. (2014): Bindung. Gießen: Psychosozial-Verlag.

Zur Ausbildungssituation im Betreuten Wohnen – oder wie lernt man Betreutes Wohnen?

Christoph Walther

Dieser Beitrag wirft einen Blick auf die Ausbildungssituation im Betreuten Wohnen psychisch kranker Menschen. Mit dieser Unterstützungsleistung ist sowohl ambulant als auch stationär Betreutes Wohnen gemeint. Vier Aspekte sollen behandelt werden:

- eine Übersicht über die derzeitige Datenlage
- die Berufsvielfalt in diesem Arbeitsfeld
- berufsgruppenübergreifende Grundkompetenzen
- ein Ausblick in die Zukunft

Betreutes Wohnen – ein wachsendes Arbeitsfeld

Durch die Enthospitalisierung in den 1990er-Jahren und die darauffolgende verstärkte ambulante Ausrichtung von Unterstützungsleistungen für psychisch kranke Menschen ist Betreutes Wohnen seit Jahren zu einem immer größeren Arbeitsmarkt für viele Berufsgruppen geworden. Noch immer wächst die Stellenanzahl in diesem Bereich. Dennoch gibt es recht wenige Zahlen dazu. Man kann nur in etwa abschätzen, wie viele psychisch kranke Menschen diese Form der Hilfe erhalten. Laut der Bundesarbeitsgemeinschaft überörtlicher Träger der Sozialhilfe (BAGüS) gab es am 31.12.2009 in Deutschland 100.847 psychisch kranke Leistungsberechtigte in der Eingliederungshilfe für Betreutes Wohnen, 44.098 im stationär und 56.149 im ambulant Betreuten Wohnen. Ende 2014 sind es insgesamt 177.297 Leistungsberechtigte, wovon 57.638 stationär und 119.659 ambulant betreut werden (BAGüS 2010, 2016). Die Anzahl der Leistungsberechtigten für Betreutes Wohnen hat innerhalb von nur fünf Jahren um über 70 % zugenommen bei einer Verdopplung der

Zahlen im ambulant Betreuten Wohnen. Hinzu kommt eine nicht genau bezifferbare Anzahl von Selbstzahlern, von Betroffenen, die Betreutes Wohnen nach SGB VIII finanziert bekommen, und von Betroffenen, die von ihren Angehörigen ambulant betreut werden. Man kann also – vorsichtig geschätzt – von ca. 230.000 psychisch kranken Menschen ausgehen, die Betreutes Wohnen erhalten.

Keine Zahlen hingegen gibt es zu der Frage, welche Berufsgruppen in welchem Umfang diese Leistung erbringen. Bekannt ist, dass Sozialarbeiter und Sozialpädagogen, Psychologen, Pädagogen, Ergotherapeutinnen, Krankenpfleger, Heilpädagogen, Heilerziehungspfleger, Erzieherinnen, Arbeits- und Beschäftigungstherapeuten psychisch kranke Menschen im Kontext von Wohnen betreuen. Dass unter den genannten Berufen die Sozialarbeiter wohl die stärkste vertretene Berufsgruppe sind, bleibt lediglich eine Vermutung.

Neben den Fachkräften der Ausbildungsberufe arbeiten noch zwei weitere Gruppen im Betreuten Wohnen mit, deren quantitativer und qualitativer Beitrag nicht unerheblich ist. Es sind zum einen angelernte oder ehrenamtlich Tätige, die meist in Ergänzung oder unter Anleitung der oben genannten Professionen im Betreuten Wohnen mitarbeiten. Im Wesentlichen sind das Genesungsbegleiter, hauswirtschaftliche Fachkräfte und ehrenamtlich tätige Bürger. Auch manche Tätigkeiten der gesetzlichen Betreuer können unter »Betreutes Wohnen« subsumiert werden. Zum anderen erbringen Angehörige im Umfang zum Teil erhebliche Unterstützungsleistungen, wenn sie ihr psychisch krankes Familienmitglied betreuen.

Bezogen auf eine Berufsausbildung ist der Ausgangspunkt einfach zu beschreiben: Es gibt derzeit keine spezielle Berufsausbildung (nur) für Betreutes Wohnen. Dieser Befund steht auf dem ersten Blick im Kontrast zu der Bedeutung, die Betreutes Wohnen in der Sozialpsychiatrie hat. Betreutes Wohnen scheint von den meisten Berufsgruppen in der Regel nur als eine mögliche Rahmenbedingung angesehen zu werden. Wie weit und wie ausführlich diese Rahmenbedingung selbst in den Ausbildungen zum Unterrichtsthema wird, ist bisher noch nicht systematisch erhoben worden.

Manche Berufsgruppen haben eine lange Tradition der Arbeit im ambulant und stationär Betreuten Wohnen, z. B. Sozialarbeiter, Krankenpfleger, Heilerziehungspfleger. Insofern sind deutliche Unterschiede in den jeweiligen Ausbildungsinhalten zu erwarten. Zu vermuten ist, dass manche Berufsgruppen auch von einer Idee des »training-on-the-job«

ausgehen: Die in der Ausbildung erworbenen Kompetenzen im spezifischen Kontext des Betreuten Wohnens umzusetzen, geschieht weniger in der Ausbildung als durch Einarbeitung und Praxistätigkeit. Es stellt sich allgemein die Frage, inwieweit die einzelnen Ausbildungsgänge sich auf diese zentrale Stellung von Betreutem Wohnen im Arbeitsfeld Sozialpsychiatrie bereits eingestellt haben. Man kann sich aber auch fragen, ob ein neuer Beruf mit eigener Ausbildung geschaffen werden sollte. In der Professionsgeschichte wäre es nicht das erste Mal, dass ein verändertes Arbeitsfeld ein neues Berufsbild hervorbringt. In der Diskussion über diese Fragen stehen wir in Deutschland erst am Anfang.

Die Berufsvielfalt

Die oben genannte Berufsvielfalt in den Ausbildungsberufen bedeutet weder Beliebigkeit noch Gleichberechtigung in der Frage, welche Berufsgruppen im Betreuten Wohnen zum Einsatz kommen. Im Rahmen von Leistungsvereinbarungen greifen die Kostenträger regulierend in die Berufsvielfalt ein. Es gibt Leistungsvereinbarungen, die Quoten festlegen, wie viel Prozent der Mitarbeitenden im Betreuten Wohnen über (meistens) eine dreijährige abgeschlossene Ausbildung verfügen müssen. Die Multiprofessionalität in den Teams wird mit dem Argument der Komplexleistungserbringung jedoch nicht grundsätzlich infrage gestellt (vgl. z. B. Landesbeauftragter für Psychiatrie, Berlin 2014).
Zum Teil sehen die Leistungsvereinbarungen neben den Professionen auch Kontingente für Genesungsbegleiter, angelernte und ehrenamtliche Kräfte vor. Einzelne überörtliche Sozialhilfeträger schreiben eine Mindestquote einer Berufsgruppe vor, z. B. der Bezirk Mittelfranken in Bayern legt fest, dass 75 % des Personals Sozialarbeiter sein sollen (vgl. Bezirk Mittelfranken 2010). Andere Bezirke in Bayern haben diese Regelung nicht. Deutschlandweit sind also die Vorgaben für den Einsatz unterschiedlicher Berufsgruppen im Betreuten Wohnen in den Leistungsvereinbarungen sehr unterschiedliche. Auch diese Heterogenität wurde bisher noch nicht systematisch untersucht und erfasst. Man darf aber davon ausgehen, dass sie prinzipiell erwünscht ist, denn je nach angewandtem Tarifvertrag ist es in vielen Fällen billiger, wenn nicht alle Fachkräfte z. B. Sozialarbeiter sein müssen.

In einer arbeitsteiligen und auf Spezialisierung setzenden Gesellschaft setzt in der Regel ein typischer Reflex ein, wenn eine fehlende Berufsausbildung für einen Bereich festgestellt wird: Nämlich eben diese zu fordern und dann aufzubauen. Der Autor plädiert gerade für den Bereich Betreutes Wohnen für eine andere Vorgehensweise. Die These ist, dass weitere Spezialisierung dem Gedanken der Inklusion nicht gerecht wird. Das Leitprinzip der Inklusion stellt jede Berufsgruppe, die mit Menschen mit Behinderung arbeitet, vor die Herausforderung, alle ihre Unterstützungsleistungen konsequent auch als ambulante Assistenzangebote für den Alltag und im Alltag des Betroffenen zu konzipieren und nicht nur für Sondersituationen in einem Heim, in einer Facheinrichtung, in einer Praxis oder in einem Büro usw. Der Professionsangehörige geht mit seiner Unterstützungsleistung zum Klienten, statt dass dieser zu ihm kommen muss. Spezialisierung einer neuen Berufsgruppe würde diesen bei vielen Berufen erst begonnenen und notwendigen Prozess unnötigerweise stoppen.

Berufsgruppenübergreifende Grundkompetenzen

Im Folgenden werden deshalb schlaglichtartig Grundkompetenzen beschrieben, die für jede Berufsgruppe, die Betreutes Wohnen für psychisch kranke Menschen anbietet, notwendig sind – und damit Teil der jeweiligen Ausbildung sein müssten (vgl. Konrad, Rosemann 2016). Es handelt sich um

- Fachwissen über psychische Erkrankungen und ein Grundwissen über Psychopharmaka;
- soziale Diagnostik einschließlich biografischer Analysen;
- die innere Haltung, als Gast dem psychisch kranken Menschen gegenüberzutreten;
- Verständnis von Beziehungsarbeit und unterstützter Entscheidungsfindung;
- Fähigkeit zur Reflexion von Beziehungsarbeit;
- Verständnis für Sozialraumorientierung und Netzwerkarbeit;
- Kompetenzen für Gruppenarbeit, Moderation und Mediation.

Für manche Berufsgruppen werden diese Kompetenzen sehr vertraut sein, weil sie zum bestehenden Curriculum gehören, andere werden die Inhalte erst in die Ausbildung aufnehmen müssen.

Fachwissen über psychische Erkrankungen und ein Grundwissen über Psychopharmaka: Notwendig ist das Verständnis psychischer Erkrankungen, deren Symptome und daraus folgende Verhaltensbesonderheiten. Als Verstehensgrundlage kann das Vulnerabilitäts-Stress-Modell dienen. Bei den Krankheitsbildern sollte der Schwerpunkt auf deren soziale Auswirkungen im Alltag liegen, um typische Situationen im späteren Berufsleben besser einordnen zu können (vgl. Hammer, Plössl 2015). Emotionale Instabilität bei einer Borderline-Erkrankung kann z. B. bedeuten, dass gestern Erarbeitetes nicht unbedingt heute auch noch gelten muss. Darüber muss man nicht erschrecken und man braucht es auch weder persönlich noch übel zu nehmen, es gilt, sich darauf einzustellen.

Bei den Psychopharmaka muss ein Grundwissen über deren gewünschte Wirkungen und unerwünschte Nebenwirkungen im Privat- und Berufsleben bestehen. Die betreuenden Berufsgruppen werden nämlich häufig in eine Dolmetscherposition zwischen Klient und behandelndem Arzt kommen – und zwar in beide Richtungen.

Soziale Diagnostik einschließlich biografischer Analysen: Im Rahmen des Hilfeplanverfahrens braucht es Grundkenntnisse zu Ermittlung, Erkennung, Beschreibung und zum Aushandeln möglicher Hilfebedarfe. Das methodische Vorgehen im Rahmen einer Auftragsklärung muss vertraut sein, um dann angemessene individuelle Ziele formulieren und anstreben zu können. In den Bundesländern gibt es hierfür unterschiedliche standardisierte Hilfestellungen (Konrad, Rosemann 2016). Orientierung bieten auch das ICF (DIMDI 2005) oder Lehrbücher der jeweiligen Berufsgruppen (z. B. Walther, Deimel 2017). Zu einer sorgfältigen Hilfeplanung gehören biografische Analysen, um Ressourcen, Vorlieben, typische Verhaltensmuster, aber auch Hindernisse besser verstehen und in der Planung berücksichtigen zu können.

Die innere Haltung, als Gast dem psychisch kranken Menschen gegenüberzutreten: Betreutes Wohnen bringt es mit sich, dass die konkrete Arbeit im ambulanten Bereich fast ausschließlich in der Wohnung des Klienten und im stationären Bereich häufig in seinem Zimmer stattfindet. Das bedeutet, als Betreuer ist man grundsätzlich in der Rolle eines Gasts. Diese Position ist eine andere, als wenn man den Klienten zu sich ins Büro kommen lässt. Die folgende Übersicht gibt einen Überblick.

ABBILDUNG 1 Besuchsrechte und Hausrechte

	Wohnraum des Klienten	**Dienstzimmer, Büro, Praxis**
Format	Geh-Struktur, aufsuchende Arbeit	Komm-Struktur
Die Gefühle des Betreuers	Der Betreuer muss auf Klient zugehen; fühlt sich leicht als Eindringling im Privaten. Der Betreuer ist Gast und gleichzeitig hat er ein Anliegen; er ist abhängig vom Wohlwollen bzw. der Kooperation des Klienten.	Der Betreuer ist »zu Hause«, hat »Heimvorteile«: Er muss sich nur an Öffnungszeiten halten und kann sich für zuständig bzw. nicht zuständig erklären.
Die Gefühle des Klienten	Der Klient ist in seinem Zuhause, hat die Gastgeberrolle und den »Heimvorteil«: Er braucht keinen hereinzulassen; der Klient kann den Betreuer auch auflaufen lassen.	Der Klient muss auf den Betreuer zugehen, er ist Bittsteller und abhängig vom Wohlwollen bzw. der Kooperation des Betreuers. Ausnahme: Pflichtbesuch, Vorladung

Als Gast ist man grundsätzlich eher etwas zurückhaltender und respektiert die vorzufindenden Gegebenheiten, ohne sie immer gutzuheißen. Gleichzeitig muss der Betreuer aber auch das innere Selbstbewusstsein haben, offensiv mögliche Unterstützung anzubieten bzw. diese miteinander auszuhandeln. Er braucht quasi eine wohlwollende Hartnäckigkeit auf Wiedervorlage. Es ist das Bewusstsein zu schärfen, dass bei noch so guter Absicht, jede Unterstützung potenziell vom Klienten auch als kränkend und übergriffig erlebt werden kann. Das bedeutet dann im weiteren Vorgehen langsamer und (noch) transparenter zu arbeiten.
Im Extremfall der Selbstgefährdung hat der Gast auch eine Klinikeinweisung gegen oder ohne den Willen des Gastgebers einzuleiten. Hilfreiche Orientierung im Umgang mit der Doppelrolle, Gast und gleichzeitig professionell Handelnder zu sein, können hier Veröffentlichungen zum Thema Hausbesuch bieten (z. B. Gerull 2014).
Verständnis von Beziehungsarbeit und unterstützter Entscheidungsfindung: Eine gute Beziehung ist ein entscheidender therapeutischer Faktor in der Arbeit mit Klienten (Bischkopf, Lütjen 2017). Die Arbeit mit Klienten als Beziehungsarbeit aufzufassen, muss aber erlernt werden.

Man arbeitet mit erwachsenen Personen, die nicht der Erziehung bedürfen, die nicht Hilfeempfänger sind und denen nicht alles abgenommen werden muss. Psychisch kranke Menschen sind handelnde Subjekte mit einem eigenen Willen, die der Begleitung, Unterstützung oder Assistenz von Professionellen durchaus auch ambivalent gegenüberstehen können. Beziehungsarbeit bedeutet, dass zunächst viel Zeit zu investieren ist, um einen guten Draht miteinander aufzubauen. Danach geht es im Wesentlichen darum, alle Vorgehensweisen, Regeln und Absprachen – auch für mögliche Krisenzeiten – miteinander auszuhandeln, was keinesfalls immer schnell und einfach vonstattengeht. Die Betreuer müssen auch auf Eigensinn und geringe Kooperationsbereitschaft vorbereitet sein, ohne dies persönlich übel zu nehmen. Hilfreich ist es hier, mit Vorgehensweisen wie der unterstützten Entscheidungsfindung oder dem Open Dialogue vertraut zu sein.

Zu berücksichtigen ist ferner, dass nicht alle chronisch psychisch kranken Menschen Autonomie und Selbstbestimmung umsetzen können (Melichar, Schernus 2012). Hier ist es notwendig, als Betreuer wie ein Anwalt zunächst Rahmenbedingungen zu schaffen, damit diese Rechte weitestgehend erst ermöglicht, gefördert, durchgesetzt und gewahrt werden können. Eine Auseinandersetzung mit dem Empowerment-Gedanken ist in der Ausbildung daher notwendig.

Beziehungsarbeit kommt aber nie aus dem Dilemma zwischen Unterstützung und Kontrolle heraus. In manchen Krisenfällen bekommen Klienten eine Unterstützung, die sie nicht wollen, sie werden z. B. gegen ihren Willen in eine Klinik eingewiesen. Diese Zwangsmaßnahme einzuleiten und später nachzubesprechen, ist eine unentbehrliche Grundkompetenz. Die Ausbildung muss daher eine Auseinandersetzung mit dem in der sozialen Arbeit als »doppeltes Mandat« bekanntes Thema beinhalten.

Fähigkeit zur Reflexion von Beziehungsarbeit: Beziehungsarbeit unterscheidet sich von mechanischer Arbeit dadurch, dass sie kontingent ist. Das bedeutet, es gibt immer mehrere Handlungsoptionen. Welche davon richtig bzw. nicht zielführend war, stellt sich oft erst im Nachhinein heraus oder ist manchmal gar nicht auszumachen. Ein möglicher Umgang mit diesem strukturellen Nachteil jeder Beziehungsarbeit ist die Reflexion der eigenen Arbeit im Team der Einrichtung, in Intervision und in Supervision. Die Gefühle des Betreuers, seine Reaktionen, sein Verhalten sind ähnlich wie die des Klienten nicht zufällig, sondern können genutzt werden, um den momentanen Stand der Beziehung zwischen beiden genauer zu erfassen.

Darauf lässt sich dann eine Entscheidung fällen, wie weiter vorgegangen werden könnte. Das psychoanalytische Konzept der Übertragung und Gegenübertragung ist dafür ein hilfreiches Modell. Nach einem Gespräch mit einem depressiv erkrankten Menschen z. B. das Gefühl zu haben, ihn auf der Stelle retten oder ihm alles abnehmen zu wollen, sind als Gegenübertragungsgefühle zu deuten. Diese genau zu reflektieren, hilft zu erkennen, dass es kontraproduktiv ist, wenn diese Gefühle handlungsleitend würden, weil die Gefahr besteht, sich als Betreuer zu übernehmen und die Notwendigkeit der Mitarbeit des Betroffenen »zu übersehen«.
Die Reflexion der Beziehungsarbeit dient auch dazu, immer wieder ein angemessenes Maß an Nähe und Distanz in der Beziehung zum Klienten zu finden. Es gibt eine Nähe, die nicht mehr professionell ist oder die eine Abhängigkeit des Klienten fördert, und es gibt eine Distanz, die den Klienten sich selbst überlässt und seine (momentane) Überforderung übersieht.
Supervision und kollegiale Beratung helfen, Gefühle der Ohnmacht, Rat- und Hilflosigkeit, des Ärgers und der Angst (z. B. bei Suizidalität, Aggression, Rückzug des Klienten, verschlossener Tür, riskanter Lebensweise, Verweigerung) zu reflektieren und Handlungsoptionen zu entwickeln (Konrad, Rosemann 2016). Auszubildende sind zu sensibilisieren, dass diese Gefühle keine Zeichen für berufliche Unfähigkeit, sondern wesentlicher Bestandteil von Beziehungsarbeit sind.
Verständnis für Sozialraumorientierung und Netzwerkarbeit: Im Betreuten Wohnen genügt es nicht, allein den Klienten im Blick zu haben. Im ambulant Betreuten Wohnen ist das eigenständige Wohnen das Unterpfand für gelingende Inklusion. Alles Weiter-Arbeiten dient dem Ausbau der Teilhabe am Leben in der Gemeinschaft. Deshalb braucht der Betreuer den geschulten Blick für den Sozialraum, in der der jeweilige Klient lebt. Wie sieht das natürliche Netzwerk in der Gemeinde aus? Wie ist der Kontakt zu den Nachbarn? Natürliche, d. h. bereits in der Gemeinde vorhandene Angebote, sind grundsätzlich künstlichen Angeboten, d. h. extra für psychisch kranke Menschen geschaffenen, vorzuziehen – wenn der psychisch kranke Mensch diese denn nutzen will: Nicht jeder will ein buntes und vielfältiges Angebot an Bekannten und Freizeitaktivitäten haben und pflegen. Manchmal gilt auch hier, weniger ist mehr. Für den Betreuer bedeutet das umfangreiche Netzwerkarbeit. Er selbst muss vielfältige Kontakte zu Einrichtungen, signifikanten Institutionen, Kostenträgern usw. haben, um Kooperationen anzubahnen, zu vermitteln und zu pflegen und eventuell koordinierend tätig zu werden.

Kompetenzen für Gruppenarbeit, Moderation und Mediation: Im Rahmen von Betreutem Wohnen braucht es eine Kompetenz, themenspezifische Gruppen mit psychisch kranken Menschen aufzubauen, zu etablieren und durchzuführen oder Wohngemeinschaftsbesprechungen zu leiten. Hierfür haben sich Grundqualifikationen in Moderation und Gruppenleitung und ein Grundverständnis an Mediation als sinnvoll erwiesen.

Diese Grundkompetenzen können nur sehr begrenzt per Lehre vermittelt werden. Didaktisch nachhaltiger sind themenbezogene Übungen, Fallarbeit und Rollenspiele. Sehr lehrreich sind Praktika. Alle Berufsgruppen sollten ihre Ausbildungen daraufhin prüfen, ob die Möglichkeit gegeben ist, im Bereich Betreutes Wohnen ein Praktikum zu absolvieren. Nicht jeder Auszubildende muss natürlich in diesem Bereich arbeiten, es reicht, wenn das Thema durch einzelne Praktikanten in die Ausbildungsgruppe bzw. in die jeweilige Berufsgruppe gebracht wird. Der Effekt vom Lernen am Modell ist nicht zu unterschätzen.

Es gehört zum Selbstverständnis jeder Profession, dass nach Ausbildungsabschluss sich die Absolventen durch Fort- und Weiterbildung mit aktuellen Weiterentwicklungen und Fragestellungen auseinandersetzen und so auf dem Laufenden halten. Fort- oder Weiterbildungen allgemein zum Thema »Betreutes Wohnen« gibt es allerdings so gut wie nicht in Deutschland. Der Fortbildungsmarkt macht eher Teilaspekte zum Thema, z. B. Messi-Syndrom, Systemsprenger, motivierende Gesprächsführung. Hier wäre zu prüfen, ob ein Weiterbildungsangebot Betreutes Wohnen von Berufspraktikern als notwendig und unterstützend erachtet würde.

Ein Ausblick in die Zukunft

Die Formulierung eines Mindeststandards an Grundkompetenzen für das Betreute Wohnen ist lediglich ein erster Aufschlag – in der Folge wären eine Diskussion und ein Austausch darüber in den einzelnen Berufsgruppen aber auch zwischen den Berufen notwendig. Hierzu könnte man die regionalen Strukturen der Psychosozialen Arbeitsgemeinschaften nutzen.

Darüber hinaus muss das Thema der Ausbildungsinhalte in den einzelnen Berufsverbänden diskutiert werden. Denkbar wäre auch eine Bundesarbeitsgemeinschaft Betreutes Wohnen, die sich berufsgruppenübergreifend mit Ausbildungsinhalten für Betreutes Wohnen beschäftigt und sich gegenseitig abstimmt. Dort könnte man auch diskutieren, ob es sinnvoll ist, einen Masterstudiengang »Betreutes Wohnen« zu etablieren.

__Prof. Dr. phil. Christoph Walther__, geb. 1959, ist Diplom-Sozialpädagoge und Professor für Soziale Arbeit an der Technischen Hochschule Nürnberg Georg Simon Ohm, Fakultät Sozialwissenschaften. Arbeitsschwerpunkte sind: Sozialpsychiatrie, Psychoedukation, Beratungsmethoden, Supervision.

Literatur

Bezirk Mittelfranken (2010): Bezirksrahmenleistungsvereinbarung für Betreutes Wohnen nach §§ 53 SGB XII für psychisch kranke und suchtkranke Menschen. www.bezirk-mittelfranken.de/fileadmin/user_upload/bezirk-mittelfranken/pdf/Soziales/Betreutes_Wohnen/Bezirksrahmenleistungsvereinbarung_betreutes_Wohnen_psychisch-sucht.pdf (Zugriff am 05.05.2017).

Bischkopf, J.; Lütjen, R. (2017): Beziehungsaufbau und Beziehungsgestaltung. In: Bischkopf, J.; Deimel, D.; Walther, C.; Zimmermann, R.-B. (Hg.): Soziale Arbeit in der Psychiatrie. Köln: Psychiatrie Verlag, 191–208.

BAGüS – Bundesarbeitsgemeinschaft der überörtlichen Träger der Sozialhilfe (2010): Kennzahlenvergleich Eingliederungshilfe der überörtlichen Träger der Sozialhilfe. www.lwl.org/spur-download/bag/endbericht2010.pdf (Zugriff am 27.03.2017).

BAGüS –Bundesarbeitsgemeinschaft der überörtlichen Träger der Sozialhilfe (2016): Kennzahlenvergleich Eingliederungshilfe der überörtlichen Träger der Sozialhilfe. www.lwl.org/spur-download/bag/2016-02-02-bericht2014.pdf (Zugriff am 27.03.2017).

DIMDI – Deutsches Institut für Medizinische Dokumentation und Information (2005): Internationale Klassifikation der Funktionsfähigkeit, Behinderung und Gesundheit. www.dimdi.de/static/de/klassi/icf/ (Zugriff am 27.03.2017).

Gerull, S. (2014): Hausbesuche in der Sozialen Arbeit. Opladen u. a.: Budrich.

HAMMER, M.; PLÖSSL, I. (2015): Irre verständlich. Menschen mit psychischer Erkrankung wirksam unterstützen. 2. Auflage. Köln: Psychiatrie Verlag.

KONRAD, M.; ROSEMANN, M. (2016): Basiswissen: Betreutes Wohnen. Mobile Unterstützung zur Teilhabe. Köln: Psychiatrie Verlag.

Landesbeauftragter für Psychiatrie, Berlin (2014): Leistungsbeschreibung für therapeutisch betreutes Einzelwohnen für seelisch Behinderte. www.berlin.de/lb/psychiatrie/ueber-uns/veroeffentlichungen/standards-und-vertraege/ (Zugriff am 27.03.2017).

MELICHAR, S.; SCHERNUS, R. (2012): Inklusion durch und mit Gastfamilien – schon am Ziel oder erst am Start? In: Sozialpsychiatrische Informationen 42 (2), 39–44.

WALTHER, C.; DEIMEL, D. (2017): Theorie Klinischer Sozialarbeit in der Psychiatrie. In: BISCHKOPF, J.; DEIMEL, D.; WALTHER, C; ZIMMERMANN, R.-B. (Hg.): Soziale Arbeit in der Psychiatrie. Köln: Psychiatrie Verlag, 38–58.

Unterstützung für Mitarbeitende – alte und neue Herausforderungen

Andreas Knuf

Mitarbeitende gemeindepsychiatrischer Wohnformen werden heute mit deutlich höheren Anforderungen konfrontiert, als dies früher der Fall war.

Die Zielsetzung ihrer Arbeit hat sich verändert und ist anspruchsvoller geworden. Während es früher eher um Versorgen ging, hat die heutige Arbeit ein therapeutisches Anliegen. Den betroffenen Menschen soll ein möglichst selbstständiges und selbstbestimmtes Leben in dem von ihnen gewünschten Umfeld ermöglicht werden. Wir haben das Ideal, ressourcenorientiert und empowermentorientiert zu arbeiten und dabei dem individuellen Hilfebedarf möglichst flexibel gerecht zu werden.

Im Sinne einer Recoveryförderung rücken zudem das subjektive Wohlbefinden und die Begleitung auf einem Genesungsweg mehr in den Fokus sozialpsychiatrischer Arbeit als die Kontrolle von Symptomen oder die Vermeidung erneuter Krisen. Aus dem Anspruch, gemeindenah zu arbeiten, ist das Anliegen gesellschaftlicher Teilhabe und Inklusion geworden.

Vielfältige Herausforderungen

Auch die Herausforderungen, die die Einschränkungen bzw. Symptomatik der Klienten stellen, sind heute in vielerlei Hinsicht anspruchsvoller. Den klassischen psychosekranken WG-Bewohner gibt es immer seltener, dafür Menschen mit sehr verschiedenen und oft komplexen Störungen, die sich vor allem auf der Beziehungsebene bemerkbar machen. Dabei gilt: Je enger der Kontakt zwischen Mitarbeitenden und Klienten ist – und in Wohneinrichtungen ist er oft sehr eng –, umso deutlicher zeigt sich ihre Problematik.

Beispiel Klientenebene: Klienten mit einer Borderlinestörung

Menschen mit Borderline-Persönlichkeitsstörungen sind ein gutes Beispiel für die veränderten Herausforderungen durch neue Klientengruppen. Schon seit Jahren ist eine deutliche Zunahme dieser Klientengruppe zu beobachten, die einen veränderten Umgang der professionell Tätigen nötig machen. Die klassischen in der Arbeit mit psychosekranken Menschen entwickelten Wohnkonzepte funktionieren bei ihnen meistens nicht. So sind beispielsweise klarere Regeln und Absprachen für selbst- und behandlungsschädigende Verhaltensweisen notwendig; ebenso eine sehr genaue Wahrnehmung von Gegenübertragungsgefühlen wie Wut oder Zuneigung und den entsprechenden Handlungsimpulsen des Mitarbeitenden, eine ausgesprochen gute Absprache innerhalb der Teams und ein hohes psychotherapeutisches Know-how des Teams. Diese neuen Herausforderungen haben bisher einige Einrichtungen davon abgehalten, mit Borderline-Klienten zu arbeiten, oder haben die Arbeit mit ihnen ohne dieses Know-how zum Frust von Mitarbeitenden, Klienten und Mitbewohnern oft scheitern lassen. Über Jahre hinweg wurde im Sozialpsychiatriebereich diese Klientengruppe quasi ignoriert, mittlerweile wird die Verantwortung jedoch erkannt.

Beispiel strukturelle Ebene: Die allein betreuenden Mitarbeitenden

Mit der Zunahme des Betreuten Einzelwohnens arbeiten immer mehr Mitarbeitende nicht mehr in einem Team, sondern sind zu Einzelkämpfern in der Arbeit mit ihren Klienten geworden. Oft kennen nur sie ihre Klienten in deren aktueller Lebenssituation, sodass es für sie kaum noch die Möglichkeit gibt, sich mit Kollegen zu beraten und es immer schwieriger wird, Verantwortung und Hilfe in Krisensituationen gemeinschaftlich zu tragen.

Aber auch in klassischen Wohneinrichtungen sind Mitarbeitende immer häufiger allein im Dienst. Sie haben damit deutlich mehr Verantwortung zu tragen als früher, was bei ihnen oft Empfindungen von Überforderung verursacht.

BEISPIELE Eine Mitarbeiterin in einer therapeutischen Wohngemeinschaft ist damit konfrontiert, dass ein fraglich akut-psychotischer Bewohner seine Mitbewohner beschimpft und in der Küche mit einem Messer angetroffen

wird, mit dem er herumfuchtelt. Kollegen sind nicht zu erreichen, ebenso wenig der behandelnde Psychiater. Die Mitarbeiterin muss alleine entscheiden, ob die Polizei eingeschaltet werden muss. ×
Eine Mitarbeiterin wird von einem Bewohner quasi als Geisel genommen, er drängt sie in sein Zimmer und schließt die Tür ab. Sie braucht mehrere Stunden, bis sie den Klienten bewegen kann, die Tür wieder zu öffnen. ×
Eine junge Mitarbeitende bietet einer borderlinebetroffenen Bewohnerin im Betreuten Einzelwohnen eine sehr intensive Unterstützung an, die über das professionell Leistbare deutlich hinausgeht. Da die Beziehung über mehrere Wochen hinweg sehr gut zu sein scheint, sieht sie keinen Grund, mit ihren Kollegen darüber zu sprechen. Erst als sie einen Kontaktwunsch der Klientin ablehnt und seitdem von ihr verbal und in SMS beschimpft wird, werden Kollegen einbezogen. ×

Zu den Herausforderungen der Alleinbetreuung gehören unter anderem ein permanenter Entscheidungszwang, ein auf Sich-selbst-gestellt-Sein beim Schutz der eigenen Person und ein ständiges Hinterfragen des eigenen professionellen Vorgehens ohne unterstützende Reflexionsmöglichkeit durch Dritte.
Die einzelnen Mitarbeitenden brauchen eine ausgesprochen gute Selbstreflexion und ein Bewusstsein, wann sie sich um eine Intervision bemühen müssen oder den Klienten in die Supervision einbringen sollten. Dies wiederum setzt voraus, dass es in den Teams eine einladende Atmosphäre für Intervision gibt. Mitarbeitende, die das Gefühl haben, ihre Kollegen haben selbst schon zu viel zu tun, werden sich kaum mit einer – vielleicht noch vagen – Frage einbringen, ob mit dem Klienten alles wirklich gut läuft.
Neben herausfordernden oder gar gefährlichen Situationen muss ein großes Augenmerk aber gerade auch auf den unproblematischen und unauffälligen Klienten liegen. Unter Zeitdruck und vermehrtem »Einzelkämpfertum« besteht die große Gefahr, dass sie sehr lange einfach mitlaufen, ohne dass der Prozess hinreichend reflektiert wird. Eine Regel wie »Über jeden Klienten sollte mindestens einmal im Jahr ausführlich gesprochen werden« kann hier helfen, die subjektive Selbstberuhigung (»Läuft doch eigentlich ganz gut«) durch eine kritische Teamreflexion zu ersetzen.
Welche Qualitäten brauchen nun sozialpsychiatrische Teams im Wohnbereich, um diesen neuen und alten Herausforderungen gerecht zu werden? Drei zentrale Qualitäten möchte ich hier herausgreifen.

Teams brauchen einen Konsens

Je selbstständiger Mitarbeitende tätig sind und je höher der therapeutische Anspruch an ihre Arbeit ist, umso wichtiger ist ein möglichst hoher Konsens innerhalb eines Teams. Mit der zunehmenden Multiprofessionalität der Teams und erst recht mit dem Einbezug von Laienhelfern und Peers wird die Konsensbildung nochmals dringender. Schon heute bestehen die Teams im Betreuten Wohnen oft aus Mitarbeitenden mit hohem psychiatrischen Know-how (beispielsweise Psychologen), mit einem eher geringen fachlichen Hintergrundwissen (etwa Erzieher) oder mit kaum vorhandenem psychosozialen Wissen (etwa hauswirtschaftliche Fachkräfte). Das ist gut so. Doch die Herausforderung, dass aus diesen unterschiedlichen Berufsgruppen ein Ganzes wird, ist enorm (⇨ Christoph Walther: Zur Ausbildungssituation im Betreuten Wohnen – oder wie lernt man Betreutes Wohnen?).

Viele Ziele lassen sich nur verfolgen, wenn es auf der Ebene von Regeln, Zielen, konkretem Verhalten, Haltung, gemeinsamer Sprache und ethischer Grundhaltung einen hohen Konsens der Teammitglieder gibt. Unterschiedlichkeit ist wünschenswert und eine Voraussetzung für eine individuelle Hilfegestaltung. Wenn sie sich jedoch bei therapeutischen Anliegen in einem unterschiedlichen Umgangsstil dem Klienten gegenüber äußert, schadet man dem Klienten und kann die therapeutische Hilfe nicht wirkungsvoll gestalten.

Ein typisches und im Alltag immer wieder zu beobachtendes Beispiel ist die Unterstützung eines Klienten bei Tätigkeiten, die er selbst leisten kann, für die er aber eine Unterstützung einfordert. Wird diese von einigen Teammitgliedern gewährt, so wird der Klient für eine langfristig schädigende Verhaltensweise verstärkt. Zudem werden in der Regel jene Mitarbeitende vom Klienten belohnt, die sich nicht autononomiefördernd verhalten (»Bin ich froh, dass Sie heute Dienst haben und nicht ihr Kollege Herr Y!«).

Ich kenne viele Teams, in denen solche unterschiedlichen Verhaltensweisen von Mitarbeitenden immer wieder stattfinden. Eine Veränderung ist nur möglich, wenn solche Prozesse im Team transparent gemacht werden, Werte und Ziele diskutiert werden und es Richtlinien für unterstützendes Verhalten gibt.

Ein weiteres typisches Beispiel ist das Entkoppeln von Aufmerksamkeit der Helfenden und Symptomverhalten der Klienten. Oftmals werden

Klienten von Mitarbeitenden für letztlich schädigendes Verhalten belohnt, indem sie viel Aufmerksamkeit dafür erhalten. Wird das Verhalten der Klienten von einzelnen Mitarbeitenden mit Aufmerksamkeit »belohnt« und von anderen nicht, so festigt sich dadurch der Verhaltensstil des Klienten noch weiter. So gelingt es beispielsweise in vielen Teams nicht, einen Konsens zwischen Tag- und Nachtdienst herzustellen, wie etwa mit einer Borderline-Betroffenen umgegangen werden soll, die sich gerade verletzt hat.

Mitarbeitende und Teams brauchen Selbstreflexion

Eine bedürfnisangepasste, an Konzepten etwa von Empowerment und Recovery angelehnte Unterstützung ist nur möglich, wenn Teams und Mitarbeitende zu einem hohen Maß an Selbstreflexion in der Lage sind. Nach meiner Erfahrung wird der größte Teil der Alltagshandlungen professionell Tätiger jedoch nicht reflektiert, d.h. man fragt sich nicht, warum man sich so verhält, welche Handlungsalternativen es gibt und welche Gründe für welche Verhaltensweisen sprechen. Vielmehr wird oft »naiv« gehandelt, d.h. man verhält sich so, wie es der gesunde Menschenverstand nahelegt.
Leider führt das oft nur dazu, dass persönliche Vorlieben ausgelebt werden oder gesellschaftliche Moralvorstellungen in die Arbeit einfließen.

BEISPIELE In einem Wohnheim müssen alle Bewohner morgens um 7:30 Uhr ihre Medikation abholen. Als Begründung wird angeführt, dass man den Klienten helfen wolle, eine gute Tagesstruktur aufzubauen. Die dahinterstehende Moralvorstellung des morgendlichen Aufstehens wird nicht reflektiert, ebenso wenig die Einschränkung des Rechts auf Selbstbestimmung. ×
In einem WG-Team gibt es eine Konkurrenz der Mitarbeitenden um die Gunst der Klienten, jeder möchte der beliebteste Mitarbeitende sein. Den Klienten werden von einzelnen Mitarbeitenden überflüssigerweise Tätigkeiten abgenommen, die diese selbst verrichten können. Es ist ausgesprochen schwierig, dieses Thema zu bearbeiten, da der Wunsch,

von Klienten gemocht zu werden, von mehreren Mitarbeitenden abgestritten wird. ×
Im Betreuten Einzelwohnen engagiert sich eine Mitarbeitende sehr in der Arbeit mit einer jungen Klientin mit einer Essproblematik. Sie gerät darüber jedoch an ihre eigene Belastungsgrenze und in Konflikte mit dem Team. Als sie schließlich für ihre Grenzen eintritt, interpretiert die Klientin das veränderte Verhalten als Ablehnung. Eine Folge ist eine Entwertung der Mitarbeitenden, die schließlich einen Wechsel der Bezugsperson nötig macht. ×

Solche Situationen erfordern eine sehr hohe Selbstreflexionsfähigkeit von Mitarbeitenden und Teams. Ist sie nicht vorhanden, kann die professionelle Arbeit nicht gelingen. Dazu gehört z.B. das Erkennen von Gegenübertragungsgefühlen, die Fähigkeit zum Perspektivenwechsel mit dem Klienten, das Wahrnehmen eigener Gefühle und automatisierter Handlungsimpulse. In den Teams muss eine Atmosphäre geschaffen werden, in der Fehler gemacht werden dürfen, kritisches Nachfragen erwünscht ist, sich Mitarbeitende nicht sofort abgewertet fühlen und eine positive Atmosphäre der Annahme und Akzeptanz besteht.

Mitarbeitende und Teams brauchen Know-how

Mitarbeitende im Betreuten Wohnen brauchen viel fachliches Know-how. Erforderlich ist beispielsweise rechtliches und vor allem sozialversicherungsrechtliches Wissen, Wissen über die komplexe Versorgungslandschaft und weitere sozialpsychiatrische Angebote, störungsspezifisches Wissen über immer differenziertere Krankheitsbilder, pharmakologisches Wissen (siehe die Grundkompetenzen im vorhergehenden Beitrag).
Vonseiten der Sozialpsychiatrie wird bereits seit Jahrzehnten gefordert, psychiatrischen Klienten vermehrt psychotherapeutische Unterstützung zukommen zu lassen und die Einseitigkeit einer vornehmlich pharmakologischen Behandlung zu beenden (⇨ Nils Greve: Psychotherapie und psychotherapeutische Grundhaltung). Einiges hat sich in diesem Bereich in den letzten Jahrzehnten verändert. Wenn man jedoch einen

ehrlichen Blick auf die psychotherapeutische Versorgungssituation wagt, dann sieht man, dass auch heute ein großer Teil sozialpsychiatrischer Klienten weiterhin keinen Zugang zur Psychotherapie hat. Die Gründe sind vielfältig. Teilweise sind Klienten nur unzureichend für eine Psychotherapie motiviert, teilweise lehnen Psychotherapeuten die in ihren Augen schwierigen psychiatrischen Klienten zugunsten eher gesünderer Klientengruppen ab.
Zudem kommen immer mehr Klienten ins Betreute Wohnen, deren primäre Unterstützungsform psychotherapeutisch sein muss, beispielsweise Klienten mit Persönlichkeitsstörungen. Für sie ist eine sinnvolle sozialpsychiatrische Unterstützung ohne eine psychotherapeutische quasi nicht möglich. Deswegen sind sozialpsychiatrische Teams heute mehr denn je gefordert, sich auch psychotherapeutisch zu qualifizieren. Zunehmend mehr Einrichtungen übernehmen hier Verantwortung und bieten beispielsweise Achtsamkeitsgruppen oder Skillstrainings für ihre Klienten an. Nach meiner Erfahrung ist dies für die Mitarbeitenden nicht nur mit der Mühe einer zusätzlichen Qualifikation verbunden, sondern auch mit der Freude an einer neuen herausfordernden Tätigkeit.
Wie können Wohn-Teams unterstützt werden, um den neuen und alten Herausforderungen gerecht werden zu können? Aus meiner Warte als Supervisor und Mitarbeiter in der Fort- und Weiterbildung möchte ich beispielhaft einige Herausforderungen in diesen Bereichen schildern. Dabei stellen sich nicht nur für die Teams und die Mitarbeitenden vor Ort große Herausforderungen, sondern ebenso für Vorgesetzte, Supervisoren und Fortbilder.

Fortbildung

Fortbildung richtet sich immer noch in erster Linie an einzelne Mitarbeiter. So belegt etwa ein Mitarbeiter eine Fortbildung über die Borderline-Erkrankung, eine andere Mitarbeiterin über motivierende Gesprächsführung und wieder eine andere über gewaltfreie Kommunikation. Alle drei versuchen, ihr neues Wissen in ihre Alltagsarbeit einzubringen. Die Folge können allerdings sehr unterschiedliche Arbeitsweisen sein, bis hin zu sich widersprechenden Konzepten.
Im Alltag kommt es deswegen oft zur Frustration der Mitarbeitenden, da es ihnen allein nicht gelingen kann, das Erlernte in ihren Teams umzusetzen.

Andere Mitarbeitende besuchen gar keine Fortbildungen, entweder aus Desinteresse, aus fehlender Zeit infolge privater Verpflichtungen oder aus anderen Gründen.

Mit einer so gestalteten Fortbildungspraxis lassen sich die genannten Qualitäten eines wirkungsvollen sozialpsychiatrischen Teams nicht erfüllen. Daher geht es heute nur noch bedingt um die Qualifizierung einzelner Mitarbeitender in individuellen Fortbildungen, dies ist beispielsweise noch sinnvoll für die Selbsterfahrung. Für fast alle anderen Bereiche gilt jedoch: Nicht Mitarbeitende sollten qualifiziert werden, sondern die Teams.

Bei solchen Themen wie Deeskalationstraining oder Hilfeplanung ist dieses Prinzip vielerorts bereits umgesetzt. Es gilt aber auch für fast alle Themen in sozialpsychiatrischen Wohnteams, beispielsweise für störungsbezogenen Fortbildungen oder Fortbildungen über die Grundhaltung sozialpsychiatrischer Arbeit. Es ist nicht sinnvoll, dass drei Mitarbeitende drei verschiedene Fortbildungen über die Borderline-Erkrankung besuchen. Vielmehr bedarf es einer einrichtungsspezifischen Qualifizierung zu diesem Krankheitsbild. Nur so ist es möglich, entsprechende Regeln innerhalb einer Institution zu erarbeiten oder eindeutige Handlungsstrategien im Team zu erzielen, wie mit Verhaltensweisen einzelner Klienten umgegangen werden soll. Auch jede Krisenbegleitung setzt voraus, dass verschiedene Mitarbeitende beispielsweise um erarbeitete Selbsthilfestrategien wissen und den Klienten anleiten können, diese umzusetzen.

Zukünftig werden wir sogar noch viel vernetzter denken lernen, als dies gegenwärtig meistens der Fall ist. Der längerfristige Weg führt uns gar nicht zu Teamfortbildungen, sondern zu einer Qualifizierung auf Verbundebene, also trägerübergreifend für möglichst viele Anbieter innerhalb eines lokalen Versorgungssystems. Wir schaden Klienten, wenn beispielsweise im stationären Kontext mit einem Konzept gearbeitet wird, das den Mitarbeitenden in den sozialpsychiatrischen Einrichtungen nicht bekannt ist – und umgekehrt.

Erste Modelle für Qualifizierung auf Verbundebene gibt es bereits. So bietet beispielsweise das Borderline-Netzwerk in Stuttgart Fortbildungen für alle regionalen Mitarbeitenden an, die mit dieser Klientengruppe arbeiten.

Supervision

Viele Mitarbeitende haben in ihrer Berufskarriere eine früher verbreitete Form der klassischen Supervision erlebt: Man traf sich regelmäßig alle vier bis sechs Wochen mit dem Supervisor und es ging um Teamthemen oder um Fallarbeit. Oft wurde nur über Teamthemen gesprochen. Durch den immer gleichen Rhythmus und den ähnlichen Inhalt kam es immer wieder vor, dass Teams ohne aktuelles Thema in die Supervision gingen. Man hatte dann – etwas überspitzt formuliert – den Eindruck, das Team unterhalte den Supervisor, als dass der Supervisor das Team unterstützte. Manche Supervisoren verhielten sich auch abstinent, sodass die Teams das Empfinden hatten, im eigenen Saft zu schmoren oder mit ihren Problemen alleingelassen zu werden.

Andernorts wurde in Supervisionen gerne geschwiegen, in wieder anderen Teams glich sie einer Selbsterfahrungsgruppe und mancherorts nutzte der – oft ärztliche Supervisor – die Supervision, um die Teammitglieder über die seiner Meinung nach richtige Art des Umgangs mit ihren Klienten aufzuklären.

Eine unter den neuen Herausforderungen hilfreiche Supervision sollte anders gestaltet sein: Institutionen, die personenzentriert arbeiten und verschiedenen Hilfebedarfen flexibel begegnen, brauchen eine Supervision, die teamzentriert arbeitet und in der Lage ist, auf verschiedene Anforderungen des Teams flexibel zu reagieren. Teams brauchen individuelle Unterstützung und zu unterschiedlichen Zeiten unterschiedliche Formen der Begleitung.

Supervision besteht aus weit mehr als aus Fallarbeit und der Besprechung von Teamkonflikten. Sie sollte flexibel in der Lage sein, Prozesse der Teamentwicklung anzustoßen, gegebenenfalls kurze Fortbildungssequenzen einzubauen, Fallarbeit professionell zu moderieren und diese für die Erarbeitung eines Konsenses zu nutzen. Sie sollte Konflikte im Team bearbeiten, eine möglichst offene und konstruktive Begegnung der Mitarbeitenden ermöglichen usw.

Dafür ist es nötig, Mitarbeitende und Teams für Supervision zu gewinnen und zu begeistern und einzelnen Mitarbeitenden die Angst davor zu nehmen. Oft ist es notwendig, zu Beginn einer neuen Supervision schlechte vorhergehende Erfahrungen und Vorbehalte zu bearbeiten. Wichtig ist ferner eine alltagsnahe Sprache, die von allen Berufsgruppen verstanden wird. Die Zeiten sind vorbei, in denen sich Supervisoren

hinter einer abstrakten (und oft analytischen) Sprache versteckt haben, vom Team nicht verstanden wurden und die Mitarbeitenden dachten, es müsse wohl an ihnen liegen.
Ebenso wie sich Mitarbeitende um eine partnerschaftliche Beziehungsgestaltung zu ihren Klienten bemühen, sollten Supervisoren für einen partnerschaftlichen und teamorientierten Umgang mit und im Team sorgen. Supervisoren sind dabei nicht Alleskönner, die immer recht haben. Die Teammitglieder sind die Experten in ihrem Arbeitskontext, nicht der Supervisor, denn dieser hat in den meisten Fällen nie in jenem Kontext gearbeitet, in dem das Team tätig ist. Team und Supervisor sind weitestmöglich Partner, ebenso wie Klient und professioneller Helfer weitestmöglich Partner sind.

***Andreas Knuf** ist Diplom-Psychologe und Psychologischer Psychotherapeut. Er hat lange im klinischen und ambulanten Psychiatriebereich gearbeitet und ist jetzt als niedergelassener Psychotherapeut in Konstanz tätig. Daneben ist er als Supervisor und Referent tätig, unter anderem supervidiert er Teams im Betreuten Wohnen.*
www.andreas-knuf.de

Psychotherapeutische Grundhaltung

Nils Greve

» Psychiatrie ist Psychotherapie in Aktion oder nichts wert. Damit wird allerdings eine Psychotherapie gemeint, die auch vor dem zurückgezogenen, wortkargen und abweisenden Patienten nicht scheut. « Karl Peter Kisker

Psychiatrische Hilfen finden zum weitaus überwiegenden Teil in eigenen Räumen und nach eigenen, von den jeweiligen professionellen Helfern gestalteten Regeln statt. Neben ökonomischen Gründen – Vermeidung von Fahrtwegen durch Sprechstundenbetrieb, Zusammenführung intensiv hilfebedürftiger Menschen zu Gruppen in stationären Einrichtungen – leiten diese speziellen Settings ihre Legitimation davon ab, dass sie jeweils speziellen therapeutischen Zwecken dienen sollen. Für bestimmte Therapie- oder Behandlungsformen werden entsprechend gestaltete Räume und Spielregeln benötigt, ohne die der beabsichtigte therapeutische Zweck (zumindest nach gängigen Konzepten) nicht oder nur eingeschränkt erreicht werden könnte.

Lebensweltorientierung und Alltagsbewältigung

Im Unterscheid dazu findet Betreutes Wohnen vorwiegend im persönlichen Lebensumfeld der Klienten statt. Hausbesuche sind die Regel, Sprechstundenbetrieb ist eher die Ausnahme. Damit löst das Betreute Wohnen einerseits in besonderem Maße den Anspruch der Gemeindepsychiatrie ein, alle Hilfen am persönlichen Lebensumfeld der Klienten auszurichten. Andererseits verzichtet es weitgehend auf die Gestaltung eigener Settings und damit auch auf therapeutische Zielsetzungen, die eigene Settings und Regelwerke erfordern würden.
Diese Gegenüberstellung zwischen Betreutem Wohnen und den meisten anderen Hilfearten gilt selbstverständlich nur in eingeschränktem Maße:

Auch in der ambulanten Eingliederungshilfe sind durch den gesetzlichen Rahmen und die Vereinbarungen zwischen Kostenträger und Leistungserbringer durchaus Regeln gesetzt. Aber in den eigenen Räumen sind die Hilfeempfänger Gastgeber und gestalten auf dieser Grundlage die Beziehungen zu den professionellen Helfern in deutlich höherem Maße mit als in den meisten anderen Situationen psychiatrischer Hilfen.
Beide Besonderheiten des Betreuten Wohnens, der Verzicht auf therapeutische Settings und die aktivere Rolle der Klienten in der Gestaltung der Beziehungen, passen gut zur allgemein formulierten Zielsetzung des Betreuten Wohnens, flexible, dem individuellen Bedarf angepasste Hilfen bei der Bewältigung des persönlichen Lebensalltags zu leisten. Sie legen es nahe, sich von vornherein auf die Lebensformen und Bedürfnisse jedes einzelnen Klienten einzulassen.

Empowerment, Krankheitsbewältigung und Abbau von Handicaps

Die Art der Hilfe ist in den gängigen Hilfeplänen in der Regel abgestuft, je nach dem Grad der behinderungsbedingten Einschränkungen. So zum Beispiel im Integrierten Behandlungs- und Rehabilitationsplan (IBRP), auf dessen Prinzip viele Hilfeplanungen beruhen:

- Information und Beratung
- Erschließung von Hilfen im Umfeld
- Individuelle Planung, Beobachtung, Rückmeldung
- Begleitende, übende Unterstützung
- Regelmäßiges intensives individuelles Angebot

Dieser Abstufung liegt zunächst der Gedanke einer passgenauen Hilfe zugrunde. Der Hilfeempfänger soll gerade die Quantität und Qualität der Leistung erhalten, die zum Ausgleich seiner Handicaps erforderlich ist. Über diesen Ausgleich hinaus soll das Betreute Wohnen – wie andere psychiatrische Hilfen auch – aber auch zu einer Stärkung der eigenen Kompetenzen beitragen, die mithilfe der Skalierung des Hilfebedarfs erfasst werden kann: Die Intensität der Hilfe soll in dem Maße abnehmen, wie die eigenen Fähigkeiten zur Bewältigung alltäglicher Lebensanforderungen zunehmen.

Die Ansprüche an die rehabilitativen Wirkungen gemeindepsychiatrischer Hilfen sind im Laufe der letzten Jahre gewachsen. Es geht nicht mehr nur um die Erfolgskriterien »sicher, satt und sauber«, sondern daneben auch um »selbstständig und sozial erfolgreich«, um »Fördern und Fordern«. Diese Entwicklung ist einerseits auf den Einfluss solcher Konzepte wie Empowerment (Knuf 2016) und Recovery (Amering, Schmolke 2012) zurückzuführen. Andererseits verbindet sich dieser fachliche Diskurs mit den Veränderungen durch das Bundesteilhabegesetz. Die Eingliederungshilfe soll in ein modernes Teilhaberecht umgestaltet werden, bei dem die Wirkung von Unterstützungsleistungen erkennbar und messbar sein soll (➯ Matthias Rosemann und Michael Konrad: Teilhabe: Die UN-BRK, das neue BTHG und die Herausforderungen für die mobile Unterstützung). Die unendliche Betreuung im Rahmen des Betreuten Wohnens soll durch eine erfolgreiche Unterstützung bei der Teilhabe an möglichst vielen Bereichen des gesellschaftlichen Lebens ersetzt werden.

Diese sich verändernde Orientierung stellt neue Anforderungen an die Mitarbeiter des Betreuten Wohnens. Über die klassisch sozialarbeiterischen Aufgaben hinaus sollen sie ihre Tätigkeiten gezielt darauf ausrichten, die psychischen Ressourcen ihrer Klienten zu stärken, um ihnen – je nach ihren individuellen Möglichkeiten – ein zunehmend selbstbestimmtes und selbst gestaltetes Leben zu ermöglichen.

Zwar verfolgen viele spezifische Maßnahmen wie Psychotherapie, Psychoedukation, Social-Skills-Gruppen, Ergotherapie, medizinische und berufliche Rehabilitation – zumindest unter anderem – diese Zielsetzungen. Viele Klienten werden von diesen Therapieangeboten aber nicht erreicht. Dafür gibt es eine Reihe möglicher Gründe:

- Manche Klienten können sich nicht auf ständig wechselnde Bezugspersonen in einem modulförmig organisierten Hilfesystem einlassen.
- Andere scheitern an Termintreue, langer Sitzungsdauer, heterogenen Klientengruppen, kognitiven Leistungsanforderungen usw.
- Hohe Anforderungen an eine stabile Eigenmotivation können eine Überforderung darstellen.
- Wenn einzelne Angebote unverbunden nebeneinanderher laufen und Klienten von Maßnahme zu Maßnahme geschickt werden, können sie mit dem geforderten »Kundenverhalten« überfordert sein.
- Vielfach fehlt auch die Flexibilität beim Umgang mit akuten Krisensituationen.

In all diesen Fällen wäre es fatal, wenn Mitarbeiter der Eingliederungshilfe das rehabilitative »Fördern und Fordern« an die vermeintlichen Spezialisten delegieren und die eigene Tätigkeit auf lebenspraktisch-unterstützende Zielsetzungen reduzieren. Vielmehr werden rehabilitative und im weiteren Sinne auch psychotherapeutische Effekte gerade bei solchen stark beeinträchtigten Klienten überhaupt nur im Alltagsgeschehen möglich. Erst die Verbindung der Ereignisse und Erfahrungen in der vertrauten, gesicherten Lebenswelt mit gezielten Förderungen und mit gemeinsamer, im weiteren Sinne psychotherapeutischer Reflexion und Bearbeitung ermöglicht diesen Klienten eine psychische Weiterentwicklung mit einem Zugewinn an Kompetenzen und Selbstvertrauen.

Psychotherapie im engeren Sinne – durch Kontrakt geregelte, räumlich und organisatorisch von den übrigen Hilfen getrennte Gespräche mit psychotherapeutisch ausgebildeten Fachleuten – soll durch das Plädoyer für eine psychotherapeutische Durchdringung aller psychiatrischen Hilfen im Sinne des Mottos von Kisker aber keinesfalls entwertet werden. Wo immer sie hilfebedürftigen Klienten zugänglich gemacht werden kann, eröffnet sie ihnen besondere Chancen, gezielt und intensiv an der Überwindung intrapsychischer Blockaden und Defiziten zu arbeiten.

Zu den angestrebten therapeutischen Effekten können positive Beziehungs- und Bindungserfahrungen ebenso beitragen wie das Erleben zunehmend gelingender Tätigkeiten im Alltags- oder Arbeitsleben, die erfolgreiche Erschließung von Feldern sozialer Teilhabe (Freizeit, Bekanntschaften), die kognitiv-affektive Bearbeitung seelischer Traumatisierungen, ein vertieftes Verständnis des eigenen Krankheitserlebens usw.

In diesem Zusammenhang sei daran erinnert, dass der Psychotherapieforscher Klaus Grawe (2005) zu der Auffassung gelangte, dass Psychotherapie ihre positiven Effekte im Wesentlichen durch fünf Faktoren erzielt:

- Qualität der therapeutischen Beziehung;
- Aktivierung der eigenen Ressourcen (individuellen Eigenschaften, Fähigkeiten, Interessen, Bedürfnisse und Wünsche) der Klienten;
- Aktualisierung von Problemen durch das Aufsuchen realer Situationen oder durch ihre Bearbeitung in Gesprächen, Rollenspielen etc.;
- aktive Hilfe bei der Problembewältigung sowie
- »motivationale Klärung«: Der Therapeut hilft dem Patienten, sich über die Bedeutung seines Erlebens und Verhaltens im Hinblick auf seine bewussten und unbewussten Ziele und Werte klarer zu werden.

Ein erheblicher Teil dieser Faktoren ist nicht nur in explizit psychotherapeutischen Kontexten gegeben. Sie können auch in allen übrigen helfenden Tätigkeiten genutzt werden, insbesondere die Herstellung einer tragfähigen Beziehung, das Eingehen auf die Bedürfnisse und Kompetenzen der Klienten und die aktive Unterstützung bei der Bewältigung von Problemen. Die Problemaktualisierung ist sogar eine besondere Stärke lebensweltbezogener Hilfen.

Psychotherapeutische Grundhaltung

Für professionelle Helfer im Betreuten Wohnen erfordert die beschriebene Zielsetzung ihrer Tätigkeit eine psychotherapeutische Grundhaltung – nicht im Sinne einer Umorientierung weg von ihren berufsgruppenspezifischen Konzepten, sondern als Erweiterung des Orientierungsrahmens und der Zielkriterien ihrer Tätigkeit. Es handelt sich um die gleiche Haltung, die auch psychotherapeutischer Arbeit zugrunde liegt. Sie geht vom Klienten als Subjekt aus, als einem Menschen mit eigenen Wünschen und Vorstellungen, einer eigenen Lebensgeschichte und eigenen Lebenszielen – die von unseren Vorstellungen, was für diesen Menschen gut sei, erheblich abweichen können –, und ist gekennzeichnet durch

- Neugier auf den anderen Menschen;
- Wertschätzung und Respekt vor seinen Fähigkeiten und Eigenheiten einschließlich der Bereitschaft zur Akzeptanz ungewöhnlichen Verhaltens;
- kontinuierliches Bemühen um Verstehen intrapsychischer Hintergründe;
- Unterstützung bei der Verwirklichung persönlicher Bedürfnisse und der Suche nach eigenen Lebenszielen sowie
- Ausrichtung der professionellen Tätigkeit auf die Nutzung und Stärkung der Ressourcen und Kompetenzen des Klienten.

Eine solche Grundhaltung erfordert darüber hinaus

- kontinuierliche Selbstreflexion;
- Transparenz der Beweggründe für das eigene Handeln;
- die Bereitschaft, sich infrage stellen zu lassen, sowie
- Zurückhaltung mit eigenen Wert- und Zielvorstellungen.

Professionelle Helfer sollten sich immer bewusst sein, dass ihre Tätigkeit über die Umsetzung geplanter Maßnahmen hinaus Beziehungsarbeit ist, mit dem Ziel der Vermittlung neuer, positiver Beziehungserfahrungen an Menschen, deren Leben meist geprägt ist von Erfahrungen des Scheiterns an und in Beziehungen. Sie sollten dies in die Planung, Durchführung und Dokumentation ihrer Arbeit daher stets einbeziehen.

Geteiltes Expertentum, geteilte Verantwortung – Betreutes Wohnen als Dienstleistung

Diese Charakterisierung einer psychotherapeutischen Grundhaltung möchte ich um einen Gesichtspunkt ergänzen, der in der systemischen Therapie als geteiltes Expertentum oder geteilte Verantwortung bezeichnet wird. Jeder Beteiligte ist danach für sich selbst und das eigene Handeln verantwortlich.

Klienten sind dafür verantwortlich, wie sie leben wollen – z. B. ob sie zusammen oder getrennt mit anderen Menschen wohnen möchten, ob und welche Medikamente sie nehmen, ob sie eine Werkstatt oder eine Tagesstätte besuchen oder lieber zu Hause bleiben und wofür sie ihr Geld ausgeben. Diese Entscheidungen liegen nicht in der Verantwortung professioneller Helfer (von gesetzlichen Betreuern abgesehen). Die Gruppe um Steve de Shazer hat die Begründung dafür auf eine einfache Formel gebracht: »Patient knows best« – die Betroffenen wissen selbst, was zu ihnen passt und wie sie leben möchten (vgl. Booker, Blymyer 2010). Im Übrigen tragen ja sie die Folgen ihrer Entscheidungen, nicht die Helfer.

Für die Angehörigen gilt diese Vorstellung selbstverständlich ebenso – auch sie sind Experten für das eigene Leben und tragen für sich die alleinige Verantwortung.

Professionelle Helfer sind dagegen verantwortlich für die Qualität ihrer Hilfeleistungen, also nicht dafür, was jeweils geschehen soll, aber dafür, wie die Hilfe ausgeführt wird. Dazu gehört auch die Verantwortung, Klienten und Angehörigen den Raum zu lassen, so weit wie möglich selbst zu bestimmen, wie es in ihrem Leben weitergehen soll. Und nur dafür, also für die Qualität ihrer Arbeit, sind Mitarbeiter im Betreuten Wohnen Experten aufgrund ihrer Berufsausbildung und -erfahrung. Ähnliche Überlegungen werden unter Stichworten wie ver-handeln statt be-handeln oder Beziehungen auf gleicher Augenhöhe diskutiert. Im Grunde handelt es sich dabei um das allgemeine Paradigma der Dienstleistung, also um die Beziehung zwischen Auftraggeber und Auftragnehmer. Es sollte psychiatrischen Hilfen ebenso zugrunde liegen wie den Tätigkeiten von Friseuren oder Rechtsanwälten.

Auf die Besonderheit, dass psychiatrische Dienstleistungen meist eine Vielzahl von Auftraggebern mit unterschiedlichen, zum Teil widersprüchlichen Aufträgen haben, will ich an dieser Stelle nicht näher eingehen (dazu siehe GREVE 2010). Unbeschadet dessen sollten professionelle Helfer sich ihrer Rolle als Auftragnehmer bewusst bleiben, mit spezifischer Expertise und Verantwortung.

Häufig wird professionelles Handeln im Betreuten Wohnen als Eingriff in den Entscheidungs- und Verantwortungsbereich der Klienten missverstanden. Dieses Missverständnis liegt nahe, weil zum gemeindepsychiatrischen Arbeitsalltag auch Situationen gehören, in denen Klienten sich oder andere so offenkundig schädigen oder sogar gefährden, dass es zynisch wäre, dies ihrer alleinigen Verantwortung zu überlassen. Zur psychotherapeutischen Grundhaltung gehört daher, ständig zwischen den Polen der Selbstbestimmung und des tatsächlichen (nicht vermeintlichen) Wohls der Klienten abzuwägen. Dies bleibt eine schwierige Aufgabe in einem Spannungsfeld, das zu den Aufgaben psychiatrischen Handelns konstitutiv dazugehört.

Lassen sich solche Situationen mit der skizzierten psychotherapeutischen Grundhaltung vereinbaren? Wohl nicht durchgängig im Sinne der geteilten Verantwortung, aber sehr wohl im Sinne der Ausrichtung auf intrapsychische Weiterentwicklung: Auch in Zwangskontexten können sich die professionellen Helfer so verhalten, dass Klienten den ihnen gebührenden Respekt, eine Berücksichtigung ihrer Bedürfnisse und Wünsche, ein Eingehen auf Ängste, Traumatisierungen oder wahnbestimmte Sichtweisen sowie eine Unterstützung in der Wiedergewinnung erfolgreicher Selbststeuerung erfahren. Dazu tragen ein affektiv entspanntes Verhalten, die Beschränkung von Freiheitseinschränkungen auf das jeweils erforderliche Minimum sowie eine transparente Begründung des professionellen Handelns bei.

Qualifizierung

Um die skizzierte psychotherapeutischen Grundhaltung einnehmen zu können, bedürfen die Mitarbeiter des Betreuten Wohnens einer gezielten studien- oder berufsbegleitenden Fort- oder sogar Weiterbildung. In den letzten Jahren ist die Zahl der Angebote solcher Qualifizierungsmaßnahmen erfreulich gewachsen, und zwar sowohl als Teil des Fachhochschulstudiums (z. B. an der FH Magdeburg) als auch in Form von Weiterbildungen für bereits berufstätige Mitarbeiterinnen.

Bedauerlicherweise gehört eine psychotherapeutische Basisqualifikation bisher nicht zum Berufsbild psychiatrisch tätiger Sozialarbeiter oder anderer Berufe, die im Betreuten Wohnen tätig sind. Daher wird es in vielen Fällen nicht möglich sein, einigen oder gar allen Mitarbeitern eine zeitlich und finanziell aufwendige Weiterbildung zu ermöglichen.

Eine psychotherapeutische Grundhaltung lässt sich aber ansatzweise auch über eine entsprechende Kultur von Team- und Fallbesprechungen einschließlich Super- und Intervision vermitteln. Für den Erwerb einer einschlägigen Gesprächsführungskompetenz sind nach meiner Erfahrung allerdings gezielte Trainings unerlässlich, wie sie bisher eigentlich nur in Psychotherapieausbildungen zum Standard gehören.

Es bleibt zu hoffen, dass die ständisch anmutenden Beschränkungen vieler Psychotherapieausbildungen auf Ärzte und Psychologen (Einbeziehung weiterer Berufsgruppen nur bei Kinder- und Jugendlichentherapeuten) in den nächsten Jahren schrittweise überwunden werden können.

»Doppelte Buchführung«

Ebenso wenig wie zu den gängigen Berufsbildern gehört psychotherapeutisches Denken und Handeln zur Konzeption der Eingliederungshilfe. Abzulesen ist das an den üblichen Hilfeplänen im Gefolge des IBRP, in denen entsprechende Kategorien in der Regel fehlen. Die Erwartung, dass Betreutes Wohnen rehabilitativen Charakter haben und daher in Qualität und Quantität im Laufe der Zeit einzelfallbezogen abnehmen sollte, stützt sich lediglich auf Vorstellungen von praktischer Unterstützung, Anleitung, Einüben und Training.

Diese mögen in vielen Fällen zutreffen, denn schwere psychische Erkrankungen gehen oft mit einem zusätzlichen Verlust an Fähigkeiten und Fertigkeiten einher, weil die Betroffenen für kürzere oder längere Zeiträume in beschützten Umgebungen (Kliniken, Heimen, Werkstätten) leben, in denen sie aus der Übung kommen oder typische Aufgaben des Lebenszyklus wie Schulabschluss, Berufsausbildung, Arbeitstätigkeit, Management des eigenen Wohnraums, Partnerbeziehungen oder Freundschaften gar nicht erst kennenlernen.
Bei vielen Klienten des Betreuten Wohnens bestehen aber mit der Erkrankung verbundene kognitive, affektive und soziale Probleme weiterhin, die ein Einüben erschweren oder verunmöglichen. Über die Organisation und das Einüben von praktischen Schritten nachzuholender Lebensentwicklung hinaus können hier einerseits gezielte psychotherapeutische Angebote aus diversen therapeutischen Schulen neue Möglichkeiten eröffnen, beispielsweise Dialektisch-Behaviorale Therapie und andere Formen kognitiver Therapie, Familien- und Paartherapie oder Traumatherapie. Wo immer solche Angebote in der Region verfügbar sind und von den persönlichen Voraussetzungen der Klienten her durchführbar erscheinen, sollten sie angestrebt werden (allerdings sind beide Voraussetzungen oft nicht gegeben).
Daneben sollten aber alle übrigen Professionellen ihre Hilfen fortlaufend so gestalten, dass sie über die offiziellen, an das jeweilige spezifische Konzept gebundenen Arbeitsziele hinaus therapeutischen Fortschritt ermöglichen. Je nach psychotherapeutischer Schule könnte dieser Fortschritt definiert werden als neue, frühere Erlebnisse korrigierende Beziehungserfahrungen, als strukturelle Nachreifung, Aufbau kognitiver Bewältigungsstrategien, Lösungsorientierung usw.
Gefordert ist also eine »doppelte Buchführung« in der Reflexion der eigenen Tätigkeit: Neben der Umsetzung der in der Hilfeplanung festgelegten Maßnahmen sollten die Hilfen kontinuierlich daraufhin überprüft werden, ob sie diese psychische Weiterentwicklung unterstützen. Eine solche Kultur der doppelten Reflexion kann auf der Grundlage einschlägiger Fort- und Weiterbildungen durch Fallbesprechungen und Supervision in Teams des Betreuten Wohnens eingeübt werden.

Nils Greve, *Jahrgang 1951, Diplom-Psychologe und Facharzt für Psychiatrie und Psychotherapie, Systemischer Lehrtherapeut, Vorsitzender des Dachverbands Gemeindepsychiatrie e. V., Geschäftsführer der GpG NRW gGmbH – Gesellschaft für psychische Gesundheit in Nordrhein-Westfalen.*

Literatur

Amering, M.; Schmolke, M. (2012): Recovery. Das Ende der Unheilbarkeit. 5. Auflage. Köln: Psychiatrie Verlag.

ASMK (2008): Weiterentwicklung der Eingliederungshilfe für Menschen mit Behinderungen. Beschluss der 85. Arbeits- und Sozialministerkonferenz 2008 in Hamburg. https://asmkintern.rlp.de/fileadmin/asmkintern/Beschluesse/Aeltere_Beschluesse/ergebnisprotokoll_85_asmk.pdf (13.04.2017).

Booker, J. A.; Blymyer, D. G. (2010): Lösungsorientierte stationäre Kurztherapie mit »chronisch« psychisch Kranken. In: Greve, N.; Keller, T. (Hg.): Systemische Praxis in der Psychiatrie. Heidelberg: Carl Auer, 241–259.

Grawe, K. (2005): Empirisch validierte Wirkfaktoren statt Therapiemethoden. Report Psychologie 7/8, 311.

Greve, N. (2010): Sechs Vorschläge für professionelle HelferInnen in gemeindepsychiatrischen Diensten und Einrichtungen. In: Greve, N.; Keller, T. (Hg.): Systemische Praxis in der Psychiatrie. Heidelberg: Carl Auer.

Knuf, A. (2016): Empowerment und Recovery. Köln: Psychiatrie Verlag.

»Wir haben schon echt tolle Sachen entwickelt!«

Erfahrungen mit Betrieblichem Gesundheitsmanagement

Silke Ihden-Rothkirch

Der Begriff »Betriebliches Gesundheitsmanagement« löst in Belegschaften sozialer Unternehmen keineswegs sofort Beifall aus. Mit Betrieblichem Gesundheitsmanagement sollen Arbeitsplätze und -abläufe gesundheitsförderlich(er) gestaltet werden, doch nicht selten bezeichnen Beschäftigte und Führungskräfte diese Corporate-Governance-Programme als »zu viel Theater«, als »alten Wein in neuen Schläuchen«, »etwas Aufgesetztes für Sachen, die wir sowieso schon machen« oder einfach als »zu teuer«. Gesetzgeber, Ministerien, Verbände, Berufsgenossenschaften und Krankenkassen sehen das anders. Um nur drei Beispiele zu nennen: 2015 trat das neue Gesetz zur Stärkung der Gesundheitsförderung und Prävention – kurz Präventionsgesetz – in Kraft. Ebenfalls 2015 ging das Förderprogramm »rückenwind – für die Beschäftigten in der Sozialwirtschaft« – aufgelegt vom Bundesministerium für Arbeit und Soziales (BMAS) und der Bundesarbeitsgemeinschaft der Freien Wohlfahrtspflege e. V. (BAG FW) – in die nächste Runde. Und die Berufsgenossenschaft für Gesundheitsdienst und Wohlfahrtspflege (BGW) zählt Gesundheitsmanagement zu einem Schwerpunkt in Sachen Prävention – mit entsprechenden Vorschriften, Angeboten und Arbeitshilfen für soziale Unternehmen.

Auch Helfer brauchen Hilfe – aber welche?

Anbieter Betreuten Wohnens oder »mobiler Unterstützung« befinden sich per se in einem Spagat: Ihre Beschäftigten sind professionell Helfende, die Menschen mit Unterstützungsbedarf in deren Privatsphäre begleiten, und dies unter wirtschaftlichen Prämissen. Zwar ist die Arbeit »am Menschen« anspruchsvoll und sinnstiftend; sie ist aber auch anstrengend, fordernd und macht nicht wenige krank. In der Unterstützung von Menschen mit seelischer Behinderung oder chronischer psychischer Erkrankung wiegen vor allem psychische Faktoren schwer. Die große Nähe zu den Betreuten sorgt für eine hohe emotionale Intensität am Arbeitsplatz. Diese wiederum erzeugt vor dem Hintergrund permanenter Arbeitsverdichtung und der Ökonomisierung jeder einzelnen Tätigkeit einen starken Druck, den Beschäftigte täglich ausbalancieren müssen.

Hier kommt Betriebliches Gesundheitsmanagement ins Spiel. Wodurch unterscheidet es sich von den einzelnen Maßnahmen, »die wir sowieso schon machen«? Kurz: durch ein systematisches Vorgehen im zyklischen Dreischritt aus Analyse, Strategieentwicklung und Realisierung. In der Praxis sieht dieses Vorgehen sehr unterschiedlich aus – je nach Größe und Struktur einer Organisation. Das zeigte sich in einem Gespräch mit Vertretern von sechs Berliner freien Trägern. Wir gingen der Frage nach, warum Anbieter betreuter Wohnformen ein Betriebliches Gesundheitsmanagement einführten, wie sie damit Beschäftigte zu stärken versuchen und welche Erfahrungen sie dabei machen.

Alle befragten Träger arbeiten seit Jahrzehnten profiliert und hoch professionell. Mit circa 60 bis knapp 800 Angestellten bieten alle ein breites Spektrum sozialpsychiatrischer Leistungen. Alle sind interessiert an einem gesunden Betriebsklima, und sie nähern sich dem Gesundheitsmanagement auf zwei Wegen: entweder systematisch mit »klassischem« Instrumentarium oder pragmatisch-erfahrungsbasiert.

Im Grunde funktioniert Betriebliches Gesundheitsmanagement wie ein Qualitätsmanagementsystem. Für die Einführung müssen Unternehmen Zeit und Geld bereitstellen: zunächst für Führungskräfte und Koordinatoren; zumeist übernehmen Qualitätsmanagementbeauftragte diese Rolle. Hinzu kommen Berater- und Moderatorenhonorare, die erheblich sein können. Wie hoch die Einführungskosten für die befragten Träger tatsächlich waren, hing vom jeweils gewählten Rahmen ab. Drei der Träger hatten einen Verbund gebildet, über den sie Fördermittel des eingangs benannten »rückenwind«-Programms einwarben. So konnten sie externe Coaches drei Jahre lang honorieren und interne Kosten zum Teil refinanzieren. Andere Träger verzichteten auf groß angelegte Erhebungen und breite Schulungen, sondern setzten auf die Bündelung bestehender Maßnahmen und einzelner Aktionen. Auch Krankenkassen förderten einzelne Maßnahmen oder deren Begleitung durch ein kompetentes Institut.

Mittlerweile können die Träger ihren laufenden Ressourceneinsatz für Koordination, jährliche Gesundheitstage, Mitarbeiterworkshops und konkrete Maßnahmen überschaubar planen. Dabei geht es immer auch um Mitarbeiterzufriedenheit und Attraktivität als Arbeitgeber – Themen, denen sich Leitungen ohnehin widmen müssen. Zudem erschließt das neue Präventionsgesetz attraktive Fördermöglichkeiten für das Gesundheitsmanagement.
Fragt man nach Auslösern für das Betriebliche Gesundheitsmanagement, stößt man schnell auf zwei Problemfelder: ein hoher Krankenstand und eine älter werdende Belegschaft. So überlegte ein Träger, wie er zahlreichen »lang gedienten« Fachleuten besser gerecht werden könne, wenn deren Kraft und Motivation nachlassen. Es sei vorweggenommen: Krankenstände wurden durch Gesundheitsmanagement nicht gesenkt. Und das Thema »Ältere Beschäftigte« entpuppte sich als Tabu. Dennoch ergaben sich daraus wichtige Erkenntnisse für das weitere Vorgehen.
Grundsätzlich beginnt ein Betriebliches Gesundheitsmanagement mit Bestandsaufnahmen, in der Regel durch Befragungen mittels Fragebögen oder moderierten Teamgesprächen. Im nächsten Schritt werden die gesammelten Daten ausgewertet. Es folgen Feedbackprozesse, und erst dann werden Maßnahmen geplant, realisiert und in bestimmten Zyklen wiederum geprüft. Bevor jedoch die erste Befragung startet, muss jeder Betrieb seinen personellen und organisatorischen »Apparat« für das Betriebliche Gesundheitsmanagement entwerfen: Im Fall der befragten Träger wurden meist zentrale Steuerungsgruppen unter Mitarbeiterbeteiligung gebildet. Auch der Betriebsrat ist gefragt, denn es geht um Mitsprache, Datensicherheit, Schutz der Privatsphäre. Erste Erkenntnis: Ohne enge Zusammenarbeit mit Betriebsräten funktioniert Betriebliches Gesundheitsmanagement nicht. In einem Unternehmen gab die Nachfrage des Betriebsrats, was für die Gesundheit der Beschäftigten getan werde, den Startschuss für das Betriebliche Gesundheitsmanagement.

Von der Beanspruchung zur Belastung

Wann und wo werden Beanspruchungen zu Belastungen? Die Träger fragten Arbeitsbedingungen und -umgebung, Arbeitsorganisation, einzelne Arbeitstätigkeiten, die Zusammenarbeit zwischen Vorgesetzten und

Mitarbeitern sowie zwischen verschiedenen Arbeitsbereichen ab. Dafür adaptierten sie bestehende Materialien und Fragebögen wie »Stresstest«, »Belastungsprofil« und »Arbeitsplatzsituationsanalyse« der BGW, den BKK-Fragebogen zur Selbsteinschätzung oder die sogenannte »Bertelsmann-Befragung«. Auch die »Gefährdungsbeurteilung psychischer Belastungen« wurde herangezogen; diese Arbeitsschutzuntersuchung muss durchgeführt werden und kann über die Arbeitssicherheit hinaus wertvolle Impulse für das Betriebliche Gesundheitsmanagement liefern.
Im Betreuten Wohnen führen drei Faktoren zu spezifischen Beanspruchungen: die Arbeitszeiten, der Umgang mit psychisch erkrankten, hilfebedürftigen, auch aggressiven und dissozial agierenden Menschen sowie die Vielzahl unterschiedlicher Kommunikationssituationen. Ein Beispiel sind die Übertragungsprozesse, in die sich professionell Helfende in der Beziehung zu ihren Klientinnen und Klienten ununterbrochen begeben. Theoretisch wird ein dauerhaftes Zusammenspiel beanspruchender Faktoren zur Belastung. Doch die Auswertung der Stresstests zeigte ein unerwartetes Phänomen: Große Beanspruchungen sind keineswegs automatisch belastend. So hatten Teams mit sehr hoher Beanspruchung nicht selten geringere Belastungskurven als deutlich weniger beanspruchte Teams. Was als belastend erlebt wird, hängt demnach von persönlichen Faktoren und konkreten Konstellationen ab. Diese gilt es zu analysieren und als Ausgangspunkt für Angebote heranzuziehen. Einem Träger waren gehäuft Rückenbeschwerden in einer Einrichtung aufgefallen. Es stellte sich heraus, dass dort eine sehr schwergewichtige pflegebedürftige Person lebt. Für etliche Beschäftigte dieser Einrichtung war der daraufhin organisierte Rückenkurs genau richtig; trägerweit angeboten, kam der Kurs nicht zustande. Ein Team, das erheblich mit Aggression und Gewalt zu tun hatte, reagierte positiv auf ein Deeskalationstraining. Das betreffende Unternehmen schickt inzwischen alle Mitarbeitenden in diese Trainings.

Wo Gesundheitsmanagement ansetzt: Problemfelder ...

Flexibilität: Von Dienstzeiten und Arbeitssituationen war schon die Rede: Zehn Klienten in einer 30-Stunden-Arbeitswoche zu betreuen oder ständig wechselnde Zeiten abzusichern, bedeutet viel Koordination, zumal

Betreute enorme Mitgestaltungsrechte haben, die ihnen professionell Helfende ihrem Berufsethos entsprechend immer wieder aktiv einräumen. Aber was kann Beschäftigte daran krank machen? Die Träger beschreiben es so: Der Wunsch nach detaillierter Anleitung und Sicherheit in der Arbeitnehmerrolle kollidiert mit dem hohen Anspruch, vieles situativ und selbstständig zu entscheiden.

Vertretung: Viele Beschäftige fühlen sich wie in einer Tretmühle, vor allem, wenn Kollegen erkranken. Wie umfangreich muss ich deren Klienten mitversorgen? Wer versorgt »meine« Leute, wenn ich krank bin? Aber auch im normalen Alltag entstehen belastende Fragen. Kann ich meine akut depressive Klientin allein lassen und Feierabend machen? Da gelingt die Grenzziehung oft nicht mehr, Berufliches und Privates wird kaum mehr getrennt. Stationäre Einrichtungen gleichen das leichter aus. Dort treten mehr Krankheitsfälle als in mobilen Teams auf, weil die Vertretung gesichert ist. Doch auch im ambulanten Setting gilt: Auch mal krank zu Hause zu bleiben, kann Achtsamkeit für sich selbst bedeuten.

Was hat das mit Betrieblichem Gesundheitsmanagement zu tun, könnte man fragen, bietet doch auch Supervision einen Raum, um etwa über Abgrenzungsprobleme zu sprechen. Den Unterschied macht der geplante, methodische Blick auf das gesamte Unternehmensgefüge. So förderte der Blick auf das Thema Vertretung einen Widerspruch zutage: Einerseits wünschen sich Beschäftigte der Sozialen Arbeit eine hohe Flexibilität, auf der anderen Seite erleben sie die Anforderung, stets flexibel zu sein, als besonders große Belastung. Es gilt, solche Grundkonflikte zu erkennen, auszuhalten und zu bearbeiten. Allein diese Perspektive kann schon Entlastung bieten. So deckte ein Träger erst nach gründlicher Analyse auf, dass es beim Thema Vertretung weniger um zusätzliche Arbeit als um den unerfüllbaren Wunsch einer 100-Prozent-Vertretung geht. Dem konnte die Leitung klar entgegentreten und damit Druck mildern. Ein anderer Träger nahm eine rekonvaleszente Kollegin von Vertretungsverpflichtungen aus und sorgte so für deren weitere Genesung.

Widersprüchliche Anforderungen: Als zunehmende Belastung formulierten Beschäftige auch widersprüchliche Anforderungen an ihre Arbeit. Die Sozialpsychiatrischen Dienste oder die Nachbarn erwarten etwas anderes als die Angehörigen, die Klinik oder die Klienten selbst. Betriebliches Gesundheitsmanagement kann helfen, diese strukturelle Ambivalenz und das Gefühl des Alleingelassenseins in einem professionellen und wertschätzenden Rahmen zu artikulieren.

... und Lösungswege: BGM-Themen im Fokus

Anerkennung: Wertschätzung ist generell Thema – für alle. Doch offenbar leiden ältere Mitarbeiterinnen und Mitarbeiter besonders unter einer allgemeinen Frustration: Mit über dreißig Dienstjahren haben sie vielleicht das Gefühl, sich nicht so entwickelt zu haben, wie sie das ursprünglich gedacht hatten. Ein solcher (Berufs-)Lebensfrust belastet und kann krank machen. Frust entsteht bei Älteren aber auch dann, wenn sie eigentlich noch wollen, aber nicht mehr richtig können, vor allem nicht mehr schnell auf Veränderungen reagieren. Ein Träger, der explizit mit dem Thema »Ältere Beschäftigte« gestartet war, bearbeitete dieses gezielt weiter. Moderatoren befragten alle Teams, wie sie sich organisieren, damit ältere Kollegen ihre Ressourcen nutzen können und dennoch entlastet werden. Jedes Team bearbeitete Schwerpunkte; es gab Protokolle, Auswertungen und Follow-up-Workshops. Das erstaunliche Ergebnis war: Niemand – und schon gar nicht Betroffene – wollten über das Älterwerden reden. Daraufhin gab der Träger die Frage nach dem Älterwerden auf und bezog altersrelevante Aspekte auf andere Themen.

Pausengestaltung: Beim Thema »Pausen« zeigte sich oft massive Unzufriedenheit. Doch hierfür ins Leben gerufene Projektgruppen hatten es schwer, der Sache auf den Grund zu gehen. Anfangs hätten alle nur Pausenräume gefordert, doch die »Pausenprojekte« zeigten: Zehn Leute in einem Team haben zehn verschiedene Ideen zur Pausengestaltung. Die nie hinterfragte Annahme, dass Arbeitgeber überall Pausenräume schaffen müssten, erwies sich als absurd. Ein Träger hatte in einem Wohnheim einen Pausenraum eingerichtet – nach Beschwerden der Mitarbeiter, dass sie in Pausen keine Ruhe hätten. Der Raum blieb aber leer, weil die Leute auch in den Pausen alles mitbekommen wollten und eigentlich gern im Gewimmel saßen. Bei einem anderen Träger zeigte sich die »Pausenkrise« im Sekretariat: Die Mitarbeiterinnen hatten das Gefühl, niemals Pause zu haben – bis sie gemeinsam herausfanden, dass sie sich diese auch gegenseitig einräumen müssen. Als abgeleitete Maßnahme führte das Sekretariat eine allmorgendliche Absprache ein – eine Sache von fünf Minuten und doch ein völlig neues Herangehen. In stationären Einrichtungen oder mobilen Teams werden Diskussionen und Lösungswege anders aussehen. Betriebliches Gesundheitsmanagement führt eben nicht zum optimalen Pausenraum oder zur Einheitsregelung, sondern dazu, reflexhafte Aussagen wie »Ich kann nie Pause machen!«

zu hinterfragen. So lernten Teams und Leitungen, dass es bei Pausen um Abgrenzung oder eine andere Dienstplanung gehen kann – und dass Arbeitgeber allein eine allgemeine Zufriedenheit nicht erzeugen können. Vielmehr befähigt Betriebliches Gesundheitsmanagement Beschäftigte, ihre Probleme, individuelle Belastungsgrenzen und Bedürfnisse zu erkennen und (Selbst-)Verantwortung zu übernehmen – nicht in einmaligen Aktionen, sondern mit einer systemisch veränderten Arbeitskultur, in der man Situationen immer wieder neu reflektiert, statt nur Störungen zu beklagen und in Opferhaltung zu bleiben.

Gesundheitskurse: Häufig werden Gesundheitskurse gewünscht, dann aber nicht genutzt. Wie das Yoga-Angebot einer Kollegin, das, zentral organisiert, sehr schleppend läuft, doch an ihrem eigenen Arbeitsplatz schon lange gut besucht ist. Haben Yogamatte und Massageliege ausgedient? Sind sportliche oder körpertherapeutische Angebote durch Arbeitgeber mittlerweile antiquiert – nach dem Motto: »Das macht man ja sowieso«? Nein, macht man nicht! Insofern bleibt das Betriebliche Gesundheitsmanagement auch für »klassische« Angebote wichtig. Aber es verbindet betriebliche Strukturen und persönliche Bedingungen – und setzt idealerweise genau dort an. Dazu kann auch das Engagement für sichere Fahrradstellplätze gehören. Die praktizierten Maßnahmen sind äußerst vielfältig: angefangen bei Angeboten zur Achtsamkeit – nicht nur im Umgang mit Betreuten, sondern auch im kollegialen Mit- und Füreinander. Eine grundsätzliche Haltung, die Leitungskräfte ebenfalls betrifft.

Die Träger machen gute Erfahrungen mit Fortbildungen, in denen Beschäftigte lernen, mehr für sich selbst zu tun und wieder in die Balance zu kommen. Zeitmanagement-Kurse betreffen sowohl den Einzelnen als auch die Gruppe: Wie geht man besonders in stressigen Phasen mit der Arbeitszeit um? Ein Träger bot seinen Teams an, sich zu Teambesprechungen einen Berater einzuladen, der Hilfestellungen für weniger lange und besser strukturierte Sitzungen gibt. Ein anderes Unternehmen schafft immer wieder einen Ausgleich für die vorwiegend sitzende, oftmals einsame und psychisch belastende Tätigkeit: Aktivitäten, die auf Gemeinschaft, Bewegung und Spaß ausgerichtet sind, stehen hier im Vordergrund. Aus einem Gesangsworkshop ist mittlerweile ein kleiner Chor geworden. Der Träger zahlt den Chorleiter und rechnet Mitarbeitern die Proben als Arbeitszeit an. Für mehr Bewegung kooperiert ein Unternehmen mit einem Fahrradleasing-Anbieter:

Beschäftigte können über drei Jahre ein Wunschrad günstig leasen, dieses auch privat nutzen und anschließend für ein Zehntel des Kaufpreises komplett übernehmen. Den Leasingbeitrag subventioniert das Unternehmen über einen Mobilitätszuschuss. Mehrere Träger bieten ein »Gesundheitsticket« an, über das Beschäftigte zertifizierte Kurse oder Behandlungen buchen können.

Selbstverwirklichung auf Zeit: Mit der Unterzeichnung eines Arbeitsvertrages beginnt der feste Rhythmus Arbeit – Urlaub – Arbeit. Eine wachsende Zahl Beschäftigter nimmt dies als »Trott« wahr, der ihrem Lebensentwurf zuwiderläuft oder nicht zur Lebenssituation passt, weil kleine Kinder oder die eigenen Eltern zu betreuen sind. Zudem sind in der Sozialarbeit Möglichkeiten für das berufliche Fortkommen praktisch begrenzt, und so sind viele Beschäftige teils Jahrzehnte in der unmittelbaren Betreuungsarbeit tätig. Arbeitgeber müssen sich also auf unterschiedliche Bedürfnisse ihrer Mitarbeitenden einstellen. Dies führe zu mehr flexiblen oder Teilzeitverträgen, so ein Träger, der mittlerweile 74 Prozent der Mitarbeiter in Teilzeit beschäftigt. Tendenz steigend – und das, obwohl Vollzeitstellen angeboten werden. Ein anderer Träger ermöglicht längere bezahlte Abwesenheiten oder den früheren Renteneintritt in Zusammenarbeit mit einem Versicherungsanbieter.

Aber was in einem Unternehmen gut funktioniert, bringt andere in Schwierigkeiten. Sabbatical-Quoten wachsen stetig; in manchen Teams sind stets zwei bis drei Leute gleichzeitig abwesend – für die Dienst- und Urlaubsplanung eine Katastrophe. Doch inzwischen melden Interessenten ihre Bedürfnisse vorausschauender an und planen gemeinsam mit Kollegen und Vorgesetzten ihren zeitweiligen Ausstieg. Auch darin liegt ein Erfolg des Betrieblichen Gesundheitsmanagements: Die verschiedenen Bedürfnisse werden deutlich – und Beschäftigte sind ermutigt, diese in ihren Teams zu erörtern und sich gegenseitig zu unterstützen. Für Personalverwaltungen eine echte Herausforderung.

Paradigmenwechsel in Richtung Selbstverantwortung

Nach einigen Jahren tragen die Bemühungen nun erste Früchte. Ein Träger wertet es als Erfolg, dass Beschäftigte mittlerweile das »System« nutzen, um ihre Belange immer wieder beharrlich einzubringen. Konkrete Belastungssituationen konnten messbar reduziert werden, wie der Drei-Träger-Verbund in seinem »rückenwind«-Projekt nachwies.
Viele Beschäftigte erleben die Einführung des Betrieblichen Gesundheitsmanagements als Aufmerksamkeit für ihre persönlichen Belange – eben als Wertschätzung. Betriebliches Gesundheitsmanagement kann somit eine verantwortliche, achtsame und wertschätzende Unternehmenskultur fördern – auch im Kleinen. Mitunter dauert es lange, bis Beschäftigte etwas für sich selbst tun, obwohl sie im Betreuungsalltag mit größten Herausforderungen zurechtkommen. Diese Erfahrung machten die meisten Träger, die mit einem Betrieblichen Gesundheitsmanagement starteten. Daraus zogen sie unterschiedliche Schlüsse, entwickelten spezifische Fahrpläne: mit eigens geschulten Gesundheitspromotoren in allen Teams, in Gesundheitszirkeln oder in der Sensibilisierung ihrer Leitungskräfte.
Über die Grundvoraussetzung sind sich alle einig: Gesundheitsmanagement braucht Haltung, langen Atem und wirkt nur, wenn die Unternehmensführung von dessen Notwendigkeit überzeugt ist.

***Silke Ihden-Rothkirch** ist als freiberufliche Redakteurin, Kommunikationsdesignerin und Autorin tätig. Seit 2002 schreibt sie für soziale Unternehmen in Berlin.*

Quellenhinweise

Das Gespräch mit Vertretern von aktion weitblick – betreutes wohnen – gGmbH (www.aktion-weitblick.de), berliner STARThilfe e.V. (www.berlinerstarthilfe.org), die reha e.v. – Soziale Dienste mit Kontur (www.diereha.de), GINKO Berlin gGmbH (www.ginko-berlin.de), Träger gGmbH (www.traeger-berlin.de) und Unionhilfswerk Sozialeinrichtungen gemeinnützige GmbH (www.unionhilfswerk.de) fand im November 2016 statt.

Literatur

LAUTERBACH, M. (2015): Engagiert und gesund bleiben. Kluge Selbstsorge in der psychosozialen Arbeit. Köln: Balance buch + medien verlag.

RICKER, S.; HAUSER, F. (2016): Arbeitsplatzkultur und Gesundheit – ganzheitliche Gestaltung der organisationalen Beziehungen zur Stärkung der psychischen Gesundheit von Mitarbeitern. In: BADURA, B.; DUCKI, A.; SCHRÖDER, H.; KLOSE, J.; MEYER, M. (Hg.) (2016): Fehlzeiten-Report 2016. Unternehmenskultur und Gesundheit – Herausforderungen und Chancen. Springer: Heidelberg.

Reihe BASISWISSEN:

Die Basiswissen-Bücher bieten fundierte thematische Einführungen in psychiatrische Diagnosen und Berufsfelder. Sie geben einen schnellen und gezielten Überblick über den Umgang mit bestimmten Klientengruppen und die besonderen Herausforderungen des Arbeitsalltags. Daher ist die Reihe Basiswissen gut geeignet für Berufsanfänger, Quereinsteiger, aber auch für langjährig psychiatrisch Tätige, die ihr Wissen auf den neuesten Stand bringen möchten.

Thomas Bock: **Umgang mit psychotischen Patienten** | Burkhart Brückner: **Geschichte der Psychiatrie** | Michael Büge: **Cannabiskonsum und psychische Störungen** | Astrid Delcamp: **Kontakt- und Begegnungsstätten für psychisch erkrankte Menschen** | Michael Eink, Horst Haltenhof: **Umgang mit suizid gefährdeten Menschen** | Petra Garlipp, Horst Haltenhof: **Umgang mit wahnkranken Menschen** | Jens Gräbener: **Umgang mit traumatisierten Patienten** | Christiane Haerlin: **Berufliche Beratung psychisch Kranker** | Martin Hautzinger, Larissa Wolkenstein: **Umgang mit bipolaren Patienten** | Michael Konrad, Matthias Rosemann: **Betreutes Wohnen** | Georg Kremer, Michael Schulz: **Motivierende Gesprächsführung in der Psychiatrie** | Andreas Knuf: **Empowerment und Recovery** | Malika Laabdallaoui, Ibrahim Rüschoff: **Umgang mit muslimischen Patienten** | Albert Lenz: **Psychisch kranke Eltern und ihre Kinder** | Sascha Lutz: **Glücksspielsucht** | Angela Mahnkopf: **Umgang mit depressiven Patienten** | Rolf Marschner: **Rechtliche Grundlagen für die Arbeit in psychiatrischen Einrichtungen** | Ewald Rahn: **Umgang mit Borderline-Patienten** | Martin Reker: **Umgang mit alkoholabhängigen Patienten** | Andreas Riedel, Jens Claußen: **Autismus-Spektrum-Störungen bei Erwachsenen** | Manuel Rupp: **Psychiatrische Krisenintervention** | Hilde Schädle-Deininger: **Psychiatrische Pflege** | Günther Schwarz: **Umgang mit demenzkranken Menschen** | Edith Scherer, Thomas Lampert: **Angehörige in der Psychiatrie** | Monika Stich: **Patientengruppen erfolgreich leiten** | Andrea Trost, Stefan Rogge: **Umgang mit Menschen im Maßregelvollzug**

Jeder Band ca. 140–160 Seiten, 17,95 Euro

Psychiatrie Verlag

Telefon 0221 167989 -0, Fax 0221 167989 -20,
E-Mail: verlag@psychiatrie.de, Internet: www.psychiatrie-verlag.de